Auf der Reise ins Paradies

Das Reisetagebuch von Heinrich und Christine Gondela aus dem Jahr 1802

Die Andere Bibliothek

Begründet von
Hans Magnus Enzensberger

Auf der Reise ins Paradies

Das Reisetagebuch von Heinrich und Christine Gondela aus dem Jahr 1802

Ediert, kommentiert, mit einem Nachwort und einem Register versehen von Michael Rüppel

Endlich ist unser Wunsch erfüllt. Die schönen Pläne, welche uns im vorigen Winter beym Abendessen, auf unsern Spatziergängen im Frühling und Sommer, vor allem aber auf unsern Sonnabends-Wanderungen nach Tenever[1] beschäftigten, sind ihrer Ausführung nahe. Wir sind wirklich auf der Reise, und gehen mit starken Schritten dem Paradiese von Deutschland, den Ufern der Sächsischen Elbe und dem Rheine entgegen.

Es hat aber auch Künste gekostet, ehe wir so weit kamen. Eine vierteljährige Vorbereitung auf die Reise, hatte doch, wie ich so gewiß gehofft hatte, die lezten Tage vor dem Weggehen aus Bremen nicht von der Quälerey und ängstlicher Anstrengung frey machen können, die Jeder kennt, der aus einem thätigen Leben, wenn auch nur auf ein paar Monate, in die weite Welt hinein geht. – Der lezte des vorigen Monats war längst im Calender als der zur Abreise bestimmte Tag angeschrieben, aber es mußte noch eine Woche zugegeben werden, und als auch die abgelaufen war, erfolgte zum größtem Verdruße meiner Frau noch eine weitre Aussetzung des Termins. Endlich am Sonntag wurde fest und bestimmt die Capitulation[2] mit ihr abgeschlossen, Inhalts derer der Aufschub zwar gestattet wurde, jedoch nur bis heute Morgen um 4 Uhr. Dazu wurde dann alles eingerichtet, der Koffer schon am Sonntag gepackt und ein Laufzettel auf die Post gegeben. Der Montag verging mit Abschiednehmen, wegräumen – und wie nun so gewöhnlich ein Tag vor der Reise zu vergehen pflegt. – Am Abend um 10 Uhr lag noch vieles in unserm Zimmer ungeordnet umher. Wollten wir den folgenden Tag reisen, so mußte ein bedeutender Theil der Nacht zu Hülfe genommen werden. Das war nun einmal nicht zu ändern. Wir bestimmten jedem von uns zwey Stunden Schlaf. Nante[3] übernahm zuerst die Wache, nach zwey Stunden Ruhe trat ich an ihre Stelle. Der Morgen kam, es schlug vier, unser Hinrich erschien mit der Nachricht: die Pferde wären da. Es war unmöglich schon abzufahren; ich steckte noch in einen Wust von Papieren, auch N[ante] hatte die Revision aller Schränke im Hause, besonders in hinsicht der Sicherheit ihrer Schlösser noch nicht angestellt, hatte von Küche und Keller noch nicht Abschied genommen, mit einem Worte: auch sie war noch nichts weniger als zur Abreise fertig – gleiche Noth von beyden Seiten, gleicher Entschluß: die Pferde mußten bis 8 Uhr wieder weggeschikt werden. Der Fuhrmann fand sich in sein Schicksal, und zog bis auf weiters ab. Im Schweiße unsers Angesichts – es war eine Surinamisch-heisse Nacht – hatte ich endlich meine Operationen mit der Feder, N[ante] die ihrige, mit fleißiger Bewegung von Hand und Fuß, um 8 Uhr vollendet. – Der Wagen war schon am gestrigen Abend größtentheils in meiner Schwiegermutter[4] Hofe aufgepackt. Der Rest war heute Morgen hingeschleppt; – Nichts stand mehr der Abreise im Wege. N[ante] eilte mit einem Bündelchen nach ihrer Mutter Hause, wo wir im Hofe aufsteigen wollten. Ich sagte meinen Akten und sonstigen Schreibereyen mit sehr frohen Herzen auf zwey Monate Valet, und folgte ihr nach. – So recht mochte ich mit meinen Ueberhosen und besonders mit meiner modernen ledernen Reisekappe auf der Gasse, die schon ziemlich lebhaft war, mich nicht sehen lassen. Der Ueberrock wurde daher so dicht als möglich zugeknöpft, als wäre es einer der vorigjährigen Decembertagen, und die Kappe, – ich bitte damit keine Nebenidee zu verbinden – es ist eine recht stattliche leichte Hauptbedekung und nichts weiter – in die Hand genommen, der übergroßen Hitze wegen. – So kam ich bey N[ante], die eben dem Aufpacken den Schlußstein anfügte, bey dem Wagen an. – War es wirklich so weit gekommen? Ich konnte es mir kaum denken. – In stiller herzlicher Freude marschirte ich den Hof auf und ab, indeß Alles fertig gemacht wurde. N[ante] meinte ich hätte noch Besorgniße, die Reise sey mir in dem Augenblick nicht lieb. Ach nein! ich freute mich so innig, daß der lang' ersehnte Moment da war. Zwischen durch trieb ich fleißig an, das Werk zu vollenden, ich fürchtete, wie man ein fast errungnes Gut immer zu verliehren

Stuhlwagen im 18. Jahrhundert

fürchtet, es mögte noch irgend ein Hinderniß eintreten. – Kaum konnte ich mich, so lange wir noch in der Stadt fuhren, des lauten Jubelns enthalten. Aber kaum hatte die Schildwache am Osternthor ihre Schuldigkeit gethan, so brach die verhaltne Freude in – – Jubelgeschrey will ich es gerade nicht nennen, aber in etwas, was dem ziemlich ähnlich war, aus.

Es ist mir selten beym Anbeginn einer Reise so gegangen. Immer saß sonst auf der ersten Station der schwarze Horazische Bediente[5] hinten auf dem Wagen, und war nicht wegzubringen. Diesesmal war er, wie ich zu meiner grossen Freude bemerkte, garnicht hinten aufgeklettert. Ich muß dabey sagen, daß der neue Wagen nun auch gar nicht zum hintenaufstehen oder Sitzen eingerichtet ist. – Als wir das Sandmeer, Hastedt genannt, es ist ein Stück der Wüste Zora[6], zurückgelegt hatten, meinte unser Fuhrmann, ein kleiner schiefer heßlicher Aesop[7], sonst ein williger und unverdroßner Mensch – davon hatte er durch 4stündiges Warten die Probe abgelegt – Aesop meinte: der Umweg über

Tenever sey doch wohl, des Arberger Sandes wegen, vorzuziehen. Darauf hatten wir nun freylich nicht gerechnet, denn einmal hatten wir schon den Abschied von T[enever] vor 8 Tagen bestanden, – und nun noch ein da capo? Es war uns nicht recht, und vorbeyfahren, ohne einzusprechen, konnten wir doch auch nicht, – allein den Postillionen, muß man nie in ihren Planen, wenn sie anders nicht aufs Branteweintrinken gerichtet sind, Schwierigkeit in den Weg legen, diese goldene Regel für Reisende kannten wir schon aus Erfahrung; also auf gutes Glück über Tenever. Wir hielten vor dem Hofe. Niemand war zu sehen, das heißt von Menschen, denn die Hunde behandelten uns nicht wie sonst, als alte Bekannte, sondern bellten uns an, als wären wir schon in der Fremde. Sie konnten, glaube ich, die verzweifelten Reisekappen nicht ausstehen, wie mir denn die meinige oben-angeführtermassen schon in der Stadt verdächtig vorgekommen war. – Ich machte es daher hier wie dort, und die alten Bekannten gaben durch augenfällige Zeichen ihr bedauern über das Mißverständniß zu erkennen.

Wir gingen durch das Vorhaus unbemerkt. Im Hause selbst trafen wir meine Schwiegermutter. Sie war über unsern Anblick zur Bildsäule geworden. Mein Schwager Herrmann[8] vernahm auch unsre Harmonischen Stimmen und kam herunter. Wir schwatzten ein halbes Stündchen, besonders mit Herrmann über den Reiseplan, den ich nur im allgemeinen angegeben und H[errmann] dann mit N[ante] näher ausgeführt hatte, und wir nun zu folgen im Begriff waren. Dann schieden wir zwar herzlich aber so froh voneinander, als sähen wir uns den andern Tag gewiß wieder. – Die Schuld des Abschiednehmens mit beklommnen und gerührtem Herzen war einmal schon abgetragen. – So war es uns Reisenden sehr lieb nicht vorübergeschlichen zu seyn. Wir hatten ohne Noth das Unangenehme des wiederhohlten Abschieds gefürchtet.

Zwischen Tenever und Achim giebt es bekanntlich nicht viel zu sehen, das ist ganz richtig, allein wenn man dahin in einen neuen Wagen fährt, und zum erstenmal überhaupt in seinem eignen reiset, dann giebt es auf dem Wege recht viel zu besehen, und es bietet sich dann, wie es bey uns der Fall war, ein sehr reicher Stoff zu sentimentalisch-politischen Bemerkungen über Verbeßerung und Cultivirung der niedern Stände – die beyden Hinterräder unsers Wagens sind nämlich nicht recht gut beschlagen – und über sonstige interessante Gegenstände dar, z.b. wo noch wohl Victualien-Magazine anzulegen, welche wüste Plätze urbar zu machen und zu benutzen seyn mögten.

Hinrich störte uns bisweilen in solchen Betrachtungen mit Fragen, die es sehr deutlich an den Tag legten zu welcher Classe von Reisenden er gehörte: z.b. ob Bamberg nicht zu Östreich zu rechnen sey? ob in Dresden schon alle Leute Böhmisch sprechen? ob in Königsbach auch Mallaga wachse? pp – Meine Frau hielt es für verdienstlich ihn hierüber zu belehren, und bot ihm an heute oder morgen auf einer Station, ihm unsern Weg auf der Landcarte zu zeigen. Er bedankte sich höflichst, entgegnete aber: auf so einem Papiere sich herumzufinden, das lerne er all sein Tage nicht, aber er habe auf seinen Wanderungen als Handwerksbursche recht gut die Wege gefunden, wenn die Leute ihn zurecht zeigten, und noch beßer, wenn einer mitgegangen, der sie kenne.

In Achim fanden wir gleich Pferde. Das Posthaus ist dazu verdammt, einen Renomistenclub abzugeben. Gewöhnlich treiben die feinen Hannöverschen Dragoneroficiere da ihr unsauberes Wesen, heute thaten es ein paar unserer Landesleute, einige Herren Reisediener.[9] Sie mußten in Göttingen auch Geschäfte gemacht haben, denn es war durchaus nicht originell, wie sie einen ihrer Cumpane begrüßten, der ihnen entgegen geritten war.

Campen, Abends um 10 Uhr.

Von Achim bis Verden mußten wir viel von der schrecklichen Hitze dieses Tages leiden. Der innre Mensch wurde ganz kleinlaut, wie der äußere das Vorgefühl des Fegefeuers hatte. – Gegen Abend wurde die Luft rein und milde, die Gewitterwolken hatten sich verzogen, aber uns zog ein anderes Gewitter auf, weswegen wir die Nacht hier in Campen zu bleiben beschlossen. Aus England sind kürzlich mehrere Haufen von militairischen Rothröcken, Fragmente des Regiments York-R., weggejagt oder entlassen.[10] Diese schwärmten seit mehrern Tagen hier herum. Zwischen Verden und Campen trafen wir diese alten Bekannten wieder. Die Leute sahen so verdächtig aus, und ihr: „Krieg den Beutel" war mir aus frühern Nachrichten noch so lebhaft im Andenken, daß ich keine Lust hatte sie, oder ihre Genossen, welche wir Nachts auf der Heide anzutreffen die Aussicht hatten, in Versuchung zu führen, jenes kriegerische Talent, wenn gleich im tiefen Frieden, bey uns einmal wieder in Anwendung zu bringen. – So leicht entsagt man dem Gebrauche erworbener und langjährig geübter Fertigkeiten nicht. – Wir bleiben daher lieber in dem heißen Luftbade zu Campen. – Unser Bett und Zimmer sind vortreflich dazu geeignet – und fahren morgen früh weiter.

Eine Erinnerung muß ich doch noch von dem Wege zwischen Verden und hier festhalten, die an Schwartau. Nie habe ich etwas ähnlicheres gesehen, als eine Stelle, wo man rechts auf die Aller hinsieht: über den Fluß hin lachende Wiesen, jenseits der Wiesen buschigte Anhöhen, vor sich ein dichtes Buchenholz, zur linken die höhere Winterlandstraße mit einzelnen Eichen, hat. – Alles mahnte uns auf das lebhafteste an den Weg von Schwartau nach Lübek, und ganz bestimmt an eine Stelle dieses Wegs, unweit Trems. – Wie manche schöne und schmerzliche Erinnerungen, traten aus dieser Vergleichung beyder Gegenden hervor. Was hatten wir dort nicht für Freuden, und in welchem Kreise hatten wir sie genossen.[11]

Celle, Mittwochs d 11ten August.

Um 4 Uhr diesen Morgen verliessen wir unser heisses und hartes Nachtlager, und machten uns sogleich, nachdem wir Kaffee getrunken hatten, auf den Weg. Es war ein prächtiger kühler Morgen. Als wir aus dem Dorfe fuhren, trat eben die Sonne über den Rand des Horizonts hervor. Das, uns Städtern so seltne Schauspiel machte uns viele Freude. Die einförmige Gegend gewann durch den Nebel, den die Strahlen der aufgehenden Sonne zertheilten, und erhielt dadurch einige Mannichfaltigkeit. – Um 10 Uhr waren wir in Hohnsdorf[12], wo wir ein paar Bremische Kaufleute wiederfanden, mit denen wir die vorige Nacht in Campen zugebracht hatten. Wir kannten sie nicht. Hinrich hatte sich mit ihnen in ein Gespräch eingelassen, und wie er nachher erzählte, den tollen Einfall gehabt, ihnen, auf ihr befragen: wer wir wären? vorzuwindbeuteln: ich sey der Kaufmann Noltenius.[13] Was wir anfangs gleichgültig anhörten, setzte uns nachher gewaltig in Verlegenheit.

Hinter Hohnsdorf fängt ein Tannenholz an, welches mit kleinen Unterbrechungen von Dörfern, angebauten Feldern und wüsten Heidestrichen, sich bis nahe vor Celle hinzieht. Ich hoffte ein paar langweilige Stunden ruhig schlafen zu können, wozu auch die Hitze des Tags unwiderstehlich einlud. Eben bereitete ich mich dazu vor, als – „wie anders säet der Mensch, und wie ganz anders läßt das Schicksal ihn ernten"[14] – auf dem ebensten Wege, ohne alle sichtbare Veranlassung, das rechte Vorderrad des Wagens, mit großem Gekrach zur Erde fiel, und wir auf die Seite geworfen wurden. In einem Nu waren wir alle vom Wagen, und standen um das niedergestürzte Rad her. – Die Achse war gebrochen. – Was ist anzufangen, was war die Ursache dieses Unfalls, wo ist Hülfe zu erhalten? Diese Fragen kamen aus jedem Munde, aber die Antwort blieb überall aus. Neue Fragen, neues Stillschweigen. Auch der Postillon, der zwar nach und nach die Ursache des Bruchs auffand und sie in der schlechten Beschaffenheit der Achse selbst setzte, konnte

Marktplatz und Rathaus in Celle, um 1845

über die Art der Hülfe uns wenig tröstliches sagen. Er meinte nämlich: an Ort und Stelle sey gar keine Ausbeßerung möglich. Der Wage müße ganz auseinander genommen, stückweise auf einen andern Wagen, der von Campen hergehohlt werden solle, gepackt, und dann, weil in Campen kein Schmidt wohne, noch eine Stunde weiter zurück nach Eklo[15] transportirt werden, wo wir uns, bis alles wieder ausgebessert und zusammengesetzt seyn werde, aufhalten mußten. Dieser Vorschlag wurde einstimmig verworfen, und mir schien das einzige hier anwendbare Mittel zu seyn: den Wagen bis zur nächsten Station fortzuschleifen. Der Schwager ließ sich endlich überzeugen, daß dieses wenigstens möglich sey, spannte die Pferde ab, und jagte in vollem Rennen davon, um aus Campen einen andern Wagen, mehrere Pferde und Hände zum helfen zu hohlen. – Da standen wir vor unserm niedergebrochenen Wagen in der brennenden Hitze, mitten auf der einsamen Heide. – In der Nähe wohnten, wie uns der Postillon versicherte, keine Menschen, auch war wirklich, so weit wir die Gegend übersehen konnten, keine Spur von Anbau zu finden, nichts als Heide mit Tannengruppen darauf, und diese ringsum von einem dichten Eichenwalde umschlossen. In 2 bis 2 ½ Stunden hatte der Schwager von Campen (was wohl 1 Meile[16] entfernt seyn mochte) wiederzukommen versprochen. – Wenn er uns im Stiche ließ, oder erst spät, vielleicht ohne hinlängliche Hülfe zurückkehrte; wenn auch nur sein Vorschlag ausgeführt werden mußte, den Wagen auseinanderzureissen, und nach Eklo zurückzubringen, welcher Aufenthalt, wie viel Zeitverlust und was für Verdrießlichkeiten standen uns bevor!

Hinrich, den die Sache am wenigsten zu interessiren schien, und den sie denn auch am wenigsten interessirte, setzte sich in den Schatten des Wagens und machte Anstalt ein Schläfchen zu halten, ich warf mich an einen Tannenbusche nieder und stellte Betrachtungen über vereitelte Pläne an, Nante spatzierte im Sonnenbrande am Wagen auf und nieder, und erstieg die nahen Hügel, um zu sehen ob nicht bald die versprochene Hülfe käme. – Eine halbe Stunde mochte wohl so hingegangen seyn, als die beyden Bremer Kaufleute, bey denen Hinrich uns als Hr. und Fr. Noltenius eingeführt hatte, zu Pferde angesprengt kamen: „Mein lieber Hr. Noltenius“, fing der eine an: „ich bedaure recht sehr ihren Unfall.“ (Sie waren dem zurückreitenden Postillon begegnet). „Das Schlimmste bey der Sache ist, so einige Stunden in dieser einsamen Gegend zuzubringen, besonders jetzt, wo so viele von den abgedankten Yorkschen Jäger in dieser Gegend herumschwärmen, denen gewiß nicht zu trauen ist. Ich traue ihnen so wenig, setzte der Andre hinzu, daß, als wir vorhin einen Trupp begegneten, ich dem Pferde die Sporrn gab, um ihnen nur bald aus dem Gesichte zu kommen, obgleich wir bewaffnet sind; denn die Kerls haben nichts und sind zu allem fähig. Beyde riethen uns: ja beym Wagen zu bleiben, denn sonst könnte das Gepäck leicht ein Raub der Ruhmbekränzten Helden werden.“ Nach diesem tröstlichem Rathe ritten sie ihres Weges. So gern ich es gethan hätte, mochte ich sie, der fürchterlichen Hitze wegen, und weil sie früh in Celle seyn mußten, nicht bitten bey uns zu bleiben.

Wir waren nun aufs neue allein; und unsre Lage hatte sich nicht verbeßert, denn die Äußerungen der Kaufleute hatten in Nantens Gemüth die schon aufkeimende Furcht, wegen Angriff, Raub und Mord zur Wahrscheinlichkeit gemacht; sie wurde durch die anscheinend nahe Gefahr so in Angst gesetzt, daß ich alles aufbieten, und ihr sogar versprechen mußte, unsre ganze Baarschaft hinzugeben, wenn der befürchtete Fall einträfe, um uns gegen Mißhandlungen zu schützen. – Ich war wirklich ebenfalls nicht ganz ruhig bey der Sache und zählte im Geheim einige Louisd'or ab, um sie nöthigenfalls den präsumtiven[17] Räubern als Reisegeld anzubieten, wenn sie unsre Straße ziehen sollten; den Rest meiner Casse wollte ich, sobald sie sich sehen liessen, in einen nahen Tannenbusch, den ich mir als sichern Versteck ausgesucht hatte, verbergen. Daß wir sie früh genug gewahr werden würden, davon konnte ich sicher seyn, weil N[ante] nun noch Falkenmäßiger als zuvor die Gegend jede Minute mit ihrer Lorgnette[18] durchspähte. Sie konnte es nicht begreifen, wie ich so ruhig mich wieder auf meinen vorigen Platz niederlegen konnte. Ich war wirklich bey der Sache so unbefangen nicht, als ich es um ihrentwillen scheinen mußte, denn es schwebte mir zu sehr im Gedächtniße, daß kürzlich in der Nähe von Harburg ein Reisender, und wie man vermuthete von diesen Leuten beraubt und gemißhandelt war. – Was ich aber auch für Gründe hervorsuchen mochte, um N[ante]s Angst zu mindern, sie fanden keinen Eingang. Endlich hörten wir in einiger Entfernung Pfeifen. Es war ein Hirt, der eine Heerde Schafe vorbey trieb. Er konnte nicht bey uns bleiben, versprach aber, gegen ein Trinkgeld, einige Knechte, die etwa eine halbe Stunde von da arbeiteten, zu überreden zu uns zu kommen. – Eine Stunde verging, kein Mensch ließ sich sehen. Indessen zog, um unsre fatale Lage noch schlimmer zu machen, ein Gewitter am Himmel herauf. Schon donnerte es von fern, schon fing der Wind an, die Tannen um uns her zu schütteln, schon wurden wir von einem heftigen Durste gequält, als ein paar rüstige Männer in Bauerntracht, mit dicken langen Stäben bewaffnet, auf uns zu kamen. Einer trug einen Weberbaum. Wir sahen bald, daß sie mit keinen feindseligen Absichten kamen. Sie grüßten uns nämlich, so bald sie uns gewahr wurden, und fragten: ob wir es wären, die beym zurecht machen eines gebrochenen Wagens Hülfe verlangt hätten? Es waren die Knechte, welche der Schäfer aufgefunden, und uns zugeschickt hatte. Wir, und besonders N[ante], empfingen sie mit lauter Freude. Nun schien alles Ungemach vorüber zu seyn, besonders da sie versicherten, wir könnten des Gewitters wegen ruhig seyn, der Wind habe es schon größtentheils vertrieben. Die, jetzt bis auf fünf Personen verstärkte Gesellschaft, lagerte sich in der Nähe des Wagens, und unterhielt sich so gut sie konnte. Besonders zeigte N[ante] sich eifrigst bemüht, die beyden Ankömmlinge, die versicherten, nicht gar lange bleiben zu können, mit Fragen über öconomische Dinge zu fesseln, und sie keinen Augenblick ohne Unterhaltung zu lassen. Ich hohlte eine kleine Flasche mit Rum herbey, und gab ihnen reichlich zu trinken. Durch diese geistige Nahrung vergassen sie ihre zurückgelassene Arbeit und blieben ruhig bey uns. – 2 ½ bis 3 Stunden mochten wir, seit der Entfernung des Schwagers zugebracht haben, als der eine Knecht (beyläufig gesagt einer der schönsten Männer von Gesichtsbildung und Wuchs ein treffliches Modell zu einem Ganymed[19] oder jungen Bachus[20]) in der Ferne den Hufschlag von mehrern Pferden und das Rollen eines Wagens zu hören glaubte. Bald hörten wir es alle, und nicht lange, so kam unser Schwager mit einem Postwagen und vier Pferden in Begleitung zweyer andern Collegen zu uns. – Die drey Kunstverständigen schritten nun zu nähern Ueberlegungen. Ich hörte weitläuftige laute Debatten und, zu meinem nicht geringen Schrecken, das alte Resultat: an Ort und Stelle sey nicht zu helfen; der Stuhlwagen müße, es koste was es wolle, auseinander genommen und nach Eklo zurück gebracht werden: es sey unmöglich ihn zu schleifen, da es die Vorderaxe sey, welche gebrochen. – Ich stellte die Schwierigkeit dieses Hülfsmittels, und die Unmöglichkeit den Wagen auseinander zu nehmen, ohne ihn total zu ruiniren vor; ich gab ein mir einfach scheinendes Mittel ihn fortzubringen an, und versprach, wenn es ausgeführt werden könne, ein ansehnliches Trinkgeld. – Das Leztere wirkte: die Möglichkeit war nun gefunden. Ein Postillon hieb einen der größten Föhrenbäume in der Gegend nieder; die Noth meinte er dispensire[21] uns von dem Gesetze: du sollst nicht begehren deines Nächsten Föhrenbaum und was sonst seyn ist. – Durch vereinte Bemühungen wurde der Baum in wenig Augenblicken von allen Zweigen entblößt. Nun wurde der Postwagen unmittelbar vor unsern Wagen geschoben, und mit Stricken daran befestigt, dann auf die Leiter des vordern Wagens das eine Ende der Tanne gelegt, und mit dem andern, unter die gebrochene Axe geschobenen Ende, unser Wagen wieder in die Höhe gebracht, und aufrecht erhalten. Die Postillone spannten alle mitgebrachte Pferde vor diesen Doppelwagen, wir setzten uns sämmtlich auf den vordern, und der Zug begann. – Herzlich langsam ging es freylich, aber es ging doch, und die Stärcke des untergelegten Balkens hielt unsern Wagen völlig aufrecht. Nur klagten die Postillons, daß es den Pferden zu schwer falle, und versicherten: auf die Art würden wir an die nächste Station (Celle) nicht kommen können, höchstens würde es so bis zu dem 1 ½ Meilen noch entfernten Winsen gehen, wo ein Schmidt wohne, der einstweilig den Schaden ausbeßern könne. – Nach Verlauf von 3 Stunden erreichten wir, ohne alle weitern Unfälle, dieses uns vom vorigem Jahre her wohlbekannte Dorf. Ein Schmidt und Rademacher fanden sich bald, und sie versprachen innerhalb 2 Stunden uns eine Nothaxe fertig zu liefern. Wir wollten im Wagen bleiben, eingedenk der schönen Behandlung vom vorigen Jahre her. Doch siegten endlich die wiederhohlten Aufforderungen der Wirthin, welche uns Hinrich überbrachte, und die Begierde zum Kaffee, der uns angeboten wurde. – Wir hatten nicht Ursache es zu bedauren, daß wir uns zum Einkehren entschlossen hatten. Die Frau Wirthin war wohl etwas übergesprächig, aber sie hatte doch vortreflichen Kaffee; ihre Stube war wohl etwas räuchrig, aber beßer doch hier im Lehnstuhle, als ununterbrochen in einer Stellung. Nach Verlauf einer Stunde sah ich einmal nach: ob die Axe fertig sey, kein Rademacher ließ sich sehen. Eine zweyte Pause von einer halben Stunde, eine dritte, vierte dasgleiche, und immer war nichts zu sehen. Wir schikten Boten über Boten zum Schmidt und Rademacher, der eine schob immer die Schuld auf den andern, aber immer mit dem Versprechen: gleich solle die Arbeit fertig seyn. – Um dem langweiligen des Wartens zu entgehen, besahen wir die Schönheiten Winsens im Mondscheine: wir spatzierten eine kleine Allee neben dem Amthause auf und ab. – Endlich um 10 Uhr kamen die beyden Meister und probirten, zimmerten, tranken und fluchten, bis endlich, endlich gegen 11 Uhr das große Werk zu Stande gebracht war. Daß wir entsetzlich geprellt wurden, daß mein protestiren dagegen nichts half, daß wir so schnell als möglich anspannen liessen, versteht sich. Unter immerwährender Sorge: das Ding möge noch einmal brechen, langten wir gegen 2 Uhr Nachts in Celle an. In dem uns empfohlenen Gasthofe war nicht unterzukommen, unser Schwager brachte uns in einen andern bey Blum, wo wir freundlich empfangen mit kaltem Braten und gutem Wein erquickt und gestärkt wurden, und ein gutes Zimmer erhielten.

Deinen Nahmen muß ich mir noch bemerken, ehrlicher Coord Böttjer, damit ich ihn nicht vergesse, und dich andern Reisenden, wenn sie in Hohnsdorf einen Postillon wählen können, empfehle. Du hast uns unsre Unfälle, durch deine gutmüthige Theilnahme, deinen Eifer, deine Unverdrossenheit, Vorsicht und Thätigkeit leichter ertragen, und unser Abentheuer uns bestehen helfen. Du verdienst als Muster eines Postillons aufgestellt und gepriesen zu werden.

Braunschweig, Donnerstags d 12ten August.

Gottlob, daß wir im Trocknen sind! Das war ein fürchterliches Gewitterschauer! Es würde allen unsern Schutzwehren

Trotz geboten und wenn auch nicht uns, doch unsre ganze Reiseequipage durch und durch eingeweicht haben, wenn es uns früher erreicht hätte.

„Doch Muse halt, erzähl uns fein gelassen, wie Alles nach einander sich begab."[22] – – – Als ich mich diesen Morgen um 5 Uhr mit saurer Mühe den weichen Federn – nun, hier zeigt sich ganz offenbar, die Eingebung der verschönernden Muse, denn fürwahr das Bett war das elendeste Möbel im ganzen Hause, nicht mehr und nichts weniger als ein dünner Strohsak – als ich mich also, um wahr zu seyn, dem unsanften Bette entwunden hatte, das nur nach den Strapazen von gestern als eine Ruhestätte angesehen werden konnte, und nach den Pferden mich erkundigte, traf ich – schon wieder ein paar Bremer, die Herren S. und Kl. mit ihren Demois. Töchtern. Sie wollten auch nach Braunschweig und erkundigten sich sehr genau, ob wir auch in Ohoff gehörig das Mittagsessen bestellt hatten, oder ob sie dieses besorgen, und uns dort Pferde bestellen sollten. Ich bat um das Lezte-re, und verbat das erstere, weil wir sobald als möglich in Braunschweig zu seyn wünschten. Sie fuhren ab, und wir folgten ihnen bald. Mit unsern 4 raschen Pferden (wir bezahlen nur für 2) hofften wir ihnen die Mühe des Bestellens einer weitern Fuhr in Ohoff abnehmen zu können, aber die Trägheit unsers Schwagers der es bequem fand, einen mäßigen Schritt zu reiten, ließ sie uns weit zuvor kommen. Ungeachtet des guten Weges, unsers leichten Wagens und unsers muntern Gespanns, rückten wir so langsam weiter, daß es uns unerträglich ward, in dem Schneckenhause zu bleiben. Der heitre luftige Morgen lud uns, die privilegirten Spatziergänger zu einem Spatziergange ein. Umsonst suchten wir durch unsern raschen Schritt den Schwager zu beschämen, er ließ uns ruhig vorauf gehen, stille stehen, auf ihn den langsam fortschleichenden, minutenlang warten, und ihm dann aufs neue wieder zuvoreilen. Endlich stiegen wir wieder ein, und ich bat und drohete vergebens. Erst gegen Mittag hatten wir die 3 Meilen bis Ohoff zurückgelegt. – Alles war dort beschäftigt, um unsre gedachten Landsleute, zu denen sich auch die beyden Reiter, die wir seit gestern nicht wiedersahen, gesellt hatten, ein Lucullisches, schon vor einigen Tagen bestelltes Mahl, nach Stand und Würden zuzubereiten. Alle Hände waren damit so sehr beschäftigt, daß ich mit Mühe für uns eine halbe Bouteilie Wein und ein Butterbrod habhaft werden konnte. Das muß ich aber eingestehn die Hauptpersonen des Festes halfen treulich zubereiten. Als wir auf dem Hofe zu Ohoff ankamen, fanden wir unsre erwähnten Landsleute eifrig occupirt[23], den mitgebrachten Wein, nach Vorschrift des Hrn. Licentiaten Wachtel (in Iflands Hagestolzen[24]) gehörig im Brunnen abzukühlen. Wir wurden zwar eingeladen an die Herrlichkeit Antheil zu nehmen, mußten aber zu unserm Bedauern das Anerbieten ausschlagen, und eilten, so sehr wir konnten, von Ohoff weg.

Der sonst wenig besuchte Weg zwischen Ohoff und Braunschweig bereitete uns auf das Gewühl in Braunschweig vor. Reiter, Fahrende und besonders Frachtwagen, die schwer beladen, und zum Theil mit 12 Pferden bespannt, ungeheure Lasten trugen, füllten die Landstraße. Unser Schwager, das Gegenstück zu dem Vorigen, ein rüstiger Bursche von einigen zwanzig Jahren, fand sich durch das ewige Ausbiegen und Ausweichen auf der grossen Heerstraße genirt[25], und suchte sich überall Nebenwege. Ob diese durch Sumpf und Gräben, ob über geakertes Land oder durch Kornfelder führten, ob unsre kaum gepflasterte Axe diese Kreuz- und Querzüge aushalten könne oder nicht? das Alles war ihm ziemlich gleichgültig. Oft von den Bauern, über deren Felder er jagte, und von Fußgängern, denen er ihre schmalen Pfade streitig machen wollte, bedroht, setzte er, ohne darauf, oder auf den schwachen Zustand unsers Wagens zu achten, seine Pferde in immer schärfern Trab, und brachte uns so, in weniger als 3 Stunden, glücklich vor das Thor von Braunschweig. Das gestern zurückgetriebene Gewitter war inzwischen wieder am Himmel herauf gezogen, und kam kurz vor der Stadt zum Ausbruch. Als wir auf der Brücke fuhren, fiel, nein goß der Regen auf uns herab. So währte es fort bis wir vor dem blauen Engel hielten. Hinrich, um den Regengüssen zu entgehen, eilte ins Haus, der Postillon aus gleichem Grunde, spannte in möglichster Geschwindigkeit ab. Er glich dem Neptun mit seinen Wasserpferden. – Wir blieben im Wagen, weil es unmöglich war, ungebadet ins Haus zu kommen. Die auf der Diele versammelten Fremden, gafften uns an, die wir im unbespanntem Wagen mitten auf der Straße, ein Stein des Anstoßes der Vorüberfahrenden, hielten. Endlich ließ der Regen etwas nach, und Hinrich kam mit der fatalen Nachricht zu uns: im Engel und in allen benachbarten Gasthöfen sey an kein Unterkommen zu denken: alles sey mit Fremden schon über die Gebühr besetzt. – Sollten wir denn die Zeit unsers Aufenthalts im Wagen, der noch dazu durchaus gebessert werden mußte, zubringen? – So sah es aus, bis ein freundlicher Mann sich uns näherte, und in seinem benachbarten Hause uns ein Zimmer und Platz für den Wagen anbot, zugleich auch einen Regenschirm mitbrachte. – Was konnte willkommner seyn! Wir folgten willig und wurden in eines der finstersten Häuser des finstern Braunschweigs, und dann in ein Zimmer eingeführt, welches unter andern Verhältnissen, unser Hinrich ausgeschlagen haben würde. Hinten im Hause nach einem ringsum verbauten schmalen Hofe gehend, mit Fenstern versehen, zu denen man nur mit Hülfe eines Stuhls gelangen konnte; schwarzbraun die ungemalten Fensterbänke, Thüren und Meubeln, schien es sich zu einer Wohnung der Thiere zu eignen, die vor allem der Westphälinger ehrt; allein es war keine Wahl, wir blieben, um nicht auf der Gasse zu logiren. Unser Wagen wurde ins Haus geschaft, das für ein paar Dutzend Fuhrwerke Raum genug hat. – So widerlich der erste Anblick unsrer Wohnung war; so sehr verlohr sich bald das Unangenehme. Melancholisch, schwarz, finster und altmodig waren freylich Zimmer und Geräthe, aber, wie die nähere Untersuchung zeigte, höchst reinlich, in einem kleinen Alcoven fand sich ein sehr gutes Bett, und unsre Hausgenossen, ein paar junge gutmüthige Leute (Bischof ist ihr Nahme) bewillkommten uns so freundlich, entschuldigten so aufrichtig, daß ihre beßern Zimmer alle besetzt wären, und erboten sich so bereitwillig alles zu thun, um uns das finstre Local weniger unangenehm zu machen, daß es uns schon durch dies Benehmen weniger unangenehm ward, und daß wir bald völlig damit zufrieden waren. – Wir packten das Nöthigste aus, und, nachdem das Wetter sich völlig aufgeheitert, und unser Wirth es übernommen hatte, die Restauration des Wagens zu besorgen, gingen wir aus, die Herrlichkeiten der Messe zu sehen. – Ich kannte das stille menschenleere Braunschweig nicht wieder. Die Gerlingerstraße, wo man ausser der Messe nur einzelne Menschen wandern sieht, war mit Reisefuhrwerken, die kein Obdach hatten finden können, mit leeren und hochaufgepakten Frachtwagen, wie mit einer Allee bepflanzt. Fuhrwerke rollten jeden Augenblick durch die mit Menschen angefüllte Gasse, Lastwagen knarten, überall Geschrey und Gezänk der aneinander Fahrenden, von Orgeln, Gesang und Instrumentalmusik unterbrochen, oder übertönt. In und vor allen Häusern Leben und Thätigkeit, an allen Ecken Anschläge von Dingen die zu sehen oder zu hören waren; Aushängeschilder mit Nahmen von Kaufleuten aus Sachsen, Brabant pp an allen Thüren. – Wir machten noch einen Gang durch das Meßhaus, so wie über den Markt, an demselben, und die daran gränzenden Gassen, alle mit Boutiken, und diese mit Waaren jeder Art angefüllt. – Man war schon dabey für den Tag einzupacken und die Läden zu schliessen. – Im zurükgehen nach unserm Logis fiel uns der heutige Anschlagzettel des Schauspiels in die Augen; Kotzebu's Kleinstädter und der Geburtstag[26] von ihm, war angekündigt. Wir beschlossen wenigstens einen Theil davon zu sehen. Als wir im Schauspielhause ankamen, fiel gerade der Vorhang: das erste Stück war geendigt – das zweyte, ein höchst mittelmässiges, unmotivirtes, unwahrscheinliches Ding, wurde von der Magdeburger Truppe höchst mittelmässig gegeben. Der einzige Schauspieler Schmidt[27] zeichnete sich durch Wahrheit und Empfindung aus. Der Mann verstand was er sagte, er hat Figur, Anstand, Routine, aber leider eine Sprache, die es ihm eigentlich verbietet in edlen Charakteren aufzutreten, die Uebrigen eine Madam Sebastiani, Demoiselle Weinstetter, unsre alte Bekannte[28] waren Stümperinnen geblieben, und werden es ewig bleiben. – Nach geendigtem Schauspiel hielten wir unsre Abendmahlzeit im blauen Engel, wo viele Menschen, wenig Gespräch, viel Hitze, wenig Genießbares zu finden war. Unbefriedigte Eßlust, Müdigkeit, Langeweile trieben uns früh zu Hause.

Braunschweig, Freitags d 13ten August.

Der heutige Morgen war zu einem nochmaligen Gange nach dem Meßhause, wo ich einige Unentbehrlichkeiten einkaufen, besonders ein verlohrnes drittes Auge wieder anschaffen mußte; und dann zu einigen freundschaftlichen Besuchen bestimmt. Die Messe war heute innerhalb der Buden so wohl, als in der Aussenseite derselben ungleich reicher als gestern Abend besetzt. Doch schien mir die Zahl der Schmetterlinge, welche von Bude zu Bude flattern, verhältnißmässig bey weitem so stark nicht, als bey uns im Freymarkte zu seyn; die der Verkäufer aber, und des Waarenvorraths (ich rede hier ohnehin immer nur von dem Verkaufe im kleinen), übertraf, wie es mir schien, die unsrige im Markte zehnfach. Man begreift nicht, wie alle der hier zusammengehäufte Mode- und Luxustand abgesetzt werden könne. Wirklich höre ich aber auch laut klagen, daß es an Abnehmern dieser Waare in der gegenwärtigen Messe fehle. – Nachdem unsere, nicht sehr beträchtliche Einkäufe gemacht waren, gingen wir zu dem Oberzahlmeister Horn[29], der während unsers vorjährigen Auffenthalts in Braunschweig uns so freundschaftlich aufgenommen hatte. Er war zu Hause, auch die Schwester und der dritte Bruder unsers Horns. Wir sprachen viel von dem Leztern in einem Kreise, wo sich Alles, uns mit eingeschlossen, lebhaft für ihn interessirte. Dann gingen wir mit dem jüngern Horn zu seinem vor kurzem verheyrathetem Bruder, und erneuerten da eine

Braunschweig

angenehme Bekanntschaft vom vorigem Jahr. Auf Einladungen wollten und konnten wir uns nicht einlassen, weil es unser fester Entschluß war, diesen Nachmittag noch eine Station weiter zu fahren, im Falle, was wir voraus setzten, Meister Pommer – doch von diesem Ehrenmanne nachher.

Den Mittag waren wir wieder im blauen Engel. Kaum konnten wir an den engbesetzten Tischen des obern grossen Saals ein winziges Plätzchen (wir hatten zwei Plätze bestellt) erwischen, und wir erhielten auch diese nur durch ein Mittel, was einer kleinen Betrügerey so ähnlich sah, als die in unsern Zeiten eintretende militairische Besetzung friedlicher, noch nicht rechtmässig vertheilter Länder, einem Landfriedensbruche; wir liessen es nämlich geschehen, daß die Karten, wodurch zwey uns Unbekannte zu den erwähnten Plätzen berechtigt waren, von ihren destinirten[30] Nachbarn, unsern Landsleuten, vernichtet, und jene Unbekannte dadurch aus der Reihe der Tischgesellschaft, ausgestrichen wurden. Ob wir im Stande der äußersten Noth, wo es erlaubt ist, dem Andern den Bissen vor dem Munde wegzuschnappen, uns befanden, wollen wir dahin gestellt seyn lassen. Vermuthlich war es so, wie die Erfahrung zeigte, wir hatten gesegneten Appetit, wer den hat, muß ja wohl hungrig seyn, wer hungert – – der Schluß ist leicht zu ziehen. – Bey Tische hörten wir, so weit es die rauschende, alles Gespräch mit einem, als dem nächsten Nachbarn durchaus ertödtende Tafelmusik erlaubte, etwas von einem Panorama erzählen, welches hier zu sehen sey. Wir hatten bis dahin noch nichts von der Anwesenheit dieses allgepriesenen Wunderwerks in Braunschweig gehört, beschlossen aber auf der Stelle, es gleich nach aufgehobener Tafel aufzusuchen. Gedacht gethan. Es fand sich auf dem Markte nach langem suchen, eine große runde Bude, und ein großer Zettel daran, verkündigte allen, denen es zu wissen nöthig, daß der Seehafen zu Toulon mit der englischen und spanischen vereinigten Flotte panoramisch dargestellt werde.[31] Mit grosser Erwartung gingen wir in die Bude, und erlegten gern für das Billet einen Gulden. – Aber die Wirkung entsprach unserer, durch übertriebene Beschreibung des Effekts dieses Kunstwerks, vielleicht zu hoch gespannte Erwartung nicht, obgleich dieses hier befindliche Pan[orama] eben dasjenige ist, wovon in Leipzig pp so viel Aufhebens gemacht worden. – Wir beyde sind keinen Augenblick in Versuchung gekommen, durch den Blick in das offne Meer mit seinen hohen Wellen – wie es, ich meine in Leipzig Jemanden betroffen hat, seekrank zu werden. Der mochte sich wohl zu der vorgehabten imaginären Seereise im Voraus über die Gebühr durch Lebenswasser gestärkt haben! – Dies, unser nicht seekrank werden, bewiese wenig gegen die Wirkung des Kunstwerks, aber das ist doch sonderbar, daß wir, und zwey mit uns anwesende Zuschauer, uns eine halbe Stunde hindurch vergebens bemüheten, auch nur einen Augenblick die Darstellung der Gegend, als die Gegend selbst anzunehmen; ungeachtet doch alles darauf berechnet und eingerichtet ist, diese Täuschung, wenn sie anders möglich wäre, hervorzubringen. – Wir wurden gleich beym Eintritt, von einer nach allen Seiten bedeckten Treppe, zu dem mit einem Geländer ringsumher versehnen, und mit einem grossen Sonnenschirm bedeckten runden Platze geführt. Dieser Platz stellt den Thurm eines Forts bey Toulon vor, von welchem herab der Künstler die rings an den Wänden dargestellte Gegend aufgenommen hat. Der erwähnte Schirm ist so groß, daß er den Blick nach dem Obern der Bude völlig abhält, und, da dieser Schirm allenthalben einige Fuß[32] von der Wand absteht, und ringsumher von demselben eine kleine Decke herabhängt, so wird dadurch bewirkt: daß das von Oben einfallende Licht ganz auf das Bild geworfen, zugleich den obern Theil der gemalten Luft scharf abgeschnitten, und dadurch das ganze Gemälde von uns entfernt wird. Allein die Entfernung von 5 bis 6 Fuß (so weit schien mir das Gemälde überall von der Gallerie, unserm Standpunkte, abzustehn) ist zu gering, um durch die Kunst der Malerey sich so sehr täuschen zu lassen, daß das Gemälde als eine wirklich vor unserm Blicke daliegende Gegend erscheine. Dann aber heben die 3 Umstände alle Täuschung:

1) daß man Falten in dem Leinen, worauf es gemalt ist, gewahr wird.

2) daß man beym Umherschauen gar bald die Zusammenfügung der beyden äußern Enden der Leinewand bemerkt.

3) daß das als Dach der Bude übergespannte Leinen, an mehrern Stellen kleine, wenn gleich unbedeutende Oeffnungen und Löcher hat. Dadurch geschieht es, daß kleine Punkte vom wahrem Sonnenlicht grell auf die Gegend fallen, und, andre Nachtheile in hinsicht des Lichts und Schattens pp nicht zu gedenken, das gemalte Sonnenlicht und seine Wirkungen völlig auslöschen und aufheben.

Daß demungeachtet eine Augenblickliche Täuschung möglich sey, wenn sie durch gehörige Anstalten zweckmäßig vorbereitet würde, will ich nicht bestreiten, so wie ich nicht läugne, mit vielem Vergnügen dieses Kunstwerk gesehen zu haben, nachdem ich angefangen hatte, es als solches zu betrachten. – Ein Fremder, der nicht weit von uns stand, und sich im Anschauen des Gemäldes verlohren zu haben schien, fällte zuerst laut sein Urtheil. „Nein“, rief er, „es will mir nicht gelingen! Wenn wir die hier dargestellte Gegend in ihrer Wirklichkeit auf einmal vor uns liegen sähen, ich meine unsre Herzen sollten wohl stark und laut genug schlagen. Hier in diesem optischen Kasten merke ich davon nichts! Ich sehe nur die Bemühung zu täuschen und die Bemühung vereitelt.“ – Er nahm seinen Hut und ging. Wir folgten ihm nicht gleich, sondern sahen noch einmal das Gemälde nach allen Seiten an. Wirklich gewinnt es je länger man es betrachtet, und einige Blicke in das offne Meer oder auf entfernte Gebirge, würden vielleicht am Ende den beabsichtigten Zweck bey uns erreicht haben, wenn die oben gerügten fatalen Störungen der Täuschung nicht überall jenen Zweck entgegengewirkt hätte.

Da wir uns hier schon länger, als es unsre Absicht war aufgehalten hatten, und es uns sehr daran lag, Morgen früh spätstens unsre Reise weiter fortzusetzen, so begab ich mich in eigner Person zum Rademacher, der seine Arbeit bereits vollendet hatte, und dann zum vorerwähnten Meister Pommer, der als Schmidt dem Werke die Krone aufzusetzen hatte. – Ein ächter „Meister Wunderlich“[33] ist dieser Meister Pommer, höflich und grob in einem Augenblicke, und des festen Glaubens: seine Arbeit sey keiner in der Welt zu vergleichen. „Mit Erlaubniß“, erwiederte er, auf meine höfliche und bescheidene Anfrage: ob die Sache denn noch nicht abgethan sey? „Mit Erlaubnis, so muß man mich nicht purren und treiben! Der – – hohle den, der diese Axe gemacht hat und beschlagen! Was kann ich dafür, daß es solche Schlingel giebt! Meister Pommer arbeitet langsamer, aber gut, und mich soll pp, wenn sie mit der Axe, die ich beschlage, nicht nach der Türkey reisen können. Morgen früh um 5 Uhr ist die Arbeit fertig, und nicht eher und damit holla!“ – Diese nicht ganz zierliche Rede, begleitete der Cyclop mit Gesticulationen, die mehr noch als seine Worte, die Festigkeit seines Entschlusses: nicht weiter gepurrt seyn zu wollen, an den Tag legten. Er schritt wieder zu der Arbeit, in der ich ihn gestört hatte, und hämmerte fort, ohne weiter auf mich zu achten. Ich durfte nichts weiter sagen, ohne mich einer fühlbaren Verbannung aus seinem Heiligthume, die er vielleicht, wie seine Rede, auch mit einem: „erlauben sie“ begleitet hätte, auszusetzen. Ich verließ daher die Feueresse und den ungeheuern Pommer, auf den sich das Bürgersche: „zwey Männer umfaßten den Schmerbauch ihm kaum“[34], vollkommen anwenden ließ, ohne weiters, das schien dem Coloß zu gefallen. Mit einem: „Gott befohlen, um 5 Uhr morgen früh ist der Wagen fix und fertig“, wurde ich gnädig genug entlassen. Es blieb nichts übrig als geduldig abzuwarten, ob es dem höflichen Manne belieben mögte seinem Versprechen nachzukommen.

Der Abend war herangekommen. N[ante] hatte nicht Lust das französische Theater[35] zu besuchen, überredete aber mich, doch hinzugehen. Ich ließ mich endlich bewegen. Man gab den Tartüffe[36] und den Diener zweyer Herren[37]. Das Haus war, ungeachtet der Messe, schwach besetzt. Im Parkett war Platz genug zum Spatzierengehen. Die

Hauptrollen in beyden Stücken wurden meisterhaft gespielt. Auch die Schauspieler überhaupt leisteten viel. Alles griff in einander, folgte eines aus dem andern. Was man fast nie in einem Deutschen Schauspielhause erlebt, der Souffleur spielte eine stumme Rolle, und jeder Schauspieler, wenn er auch nicht sprach, blieb in seinem Charackter, und handelte, ohne sich vorzudrängen durch Miene, Stellung, Gebehrde. Die Deutschen stehen, wenn das Stück ihnen Schweigen gebietet, entweder bedeutungslos und untheilnehmend da, oder sie ziehen durch Gesticulation das Auge des Zuschauers von der Hauptperson, dem redenden Schauspieler ab, und auf sich, ohne daran zu denken, daß sie den Faden der Scene zerreißen, daß sie gegen einander wirken, wo sie miteinander wirken sollten; daß sie die Täuschung verscheuchen, die sie herbey zu führen bestimmt sind. Wie ganz anders der Franzose im Lustspiele, für das er gebohren ist. Welche Einheit, welch ein festes Zusammenhalten und Streben nach einem Ziele. – Die beßern deutschen Schauspieler klagen selbst stets darüber, daß sie in ihrem Spiel zu wenig meistens von den Uebrigen unterstützt werden. – Im Nachspiele trat ein französischer Unglaublicher (Incroyable) ganz in der eckelhaften Form auf, wie man sie auch, mit einigen kleinen Abweichungen, auf unsern Gassen gewahr wird. Der Charackter des Incroyable auf dem Theater, wie im Leben ist der des ehemaligen Petitmaitre, nachherigen Elegant. Es ist dieselbe Person, sie hat nur die Jake umgetauscht, fade, schwatzhaft, zu zeiten großprahlerisch, immer furchtsam, vor jedem ernsten Worte zurückbebend. Etwas Manier und Süssigkeit mag der Elegant wohl dem Unglaublichem voraus haben, aber damals als jener galt, war Süßlichkeit Ton der feinern Welt, jetzt fordert die Mode einen Anstrich von Kraft und Männlichkeit. Beyde handeln also im Geiste der Mode, die sie belebt und beherrscht, und so sind sie wieder eins.

Nach geendigtem Schauspiele packten wir noch unsre Sachen zusammen, in der Hoffnung Meister Pommer werde sein gegebenes, und zuletzt unaufgefordert wiederhohltes

Versprechen halten, da wir aber immer nur Hoffnung haben, so wollen wir die Pferde erst Morgen früh bestellen.

Halberstadt, Sonnabends d 14ten August

Nicht versprochenermassen um 5 Uhr, aber doch gegen 9 Uhr diesen Morgen stand unser Wagen wiederhergestellt im Hofe. Eine Stunde nachher fuhren wir aus dem geräuschvollen Braunschweig. – Der Weg nach Wolfenbüttel erinnerte uns sehr lebhaft an den dunkeln Abend des vorigen Jahrs, wo wir von Blankenburg kommend, in dem fürchterlichsten Gewitter und Platzregen diese Gegend passirten! – Bey Wittmer, 2 Meilen von Braunschweig fanden wir die Stelle wieder, wo wir mit Erlaubniß der gutmüthigen Eigenthümerin die ersten Zwetschen pflückten, und den Weg, der uns nach Asse, der Ruine eines Bergschlosses[38] hinaufführte, wo wir einen herrlichen Blick in das fruchtbare Land und auf das Harzgebirge hatten. Die Zeit erlaubte es nicht den Genuß zu erneuern, so sehr wir es gewünscht hatten. Der zerbrochene Wagen hatte uns zu lange aufgehalten.

In Roclum, 3 Meilen von Braunschweig, der ersten Preußischen Post, fürchteten wir sehr, ungeachtet der Leichtigkeit unsers Stuhlwagens, doch mit 3 Pferden behelligt zu werden, zumal da gleich nach unsrer Ankunft im Posthofe, der Wagenmeister, Posthalter und Postillon sich um den Wagen versammelten, ihn mit critischem Blicke betrachteten, und unter Gesticulationen, die uns verdächtig vorkamen, Gespräche führten, die offenbar unser Fuhrwerk betrafen. Die Furcht war indessen umsonst gewesen. Mit dem Bedeuten, eigentlich müßten nach dortigen Gesetzen, 3 Personen mit 1 Koffer 3 Pferde nehmen, wurde mir nur die Gebühr für 2 Pferde abgefordert. Wir freuten uns recht sehr auf diese Weise, und sobald expedirt zu werden, da Hof, Haus und Zimmer, und selbst der Kaffee mit dem wir unsern brennenden Durst zu löschen suchten, den Geruch und Geschmak der eckelhaften Umgebung des Hauses, eines ungeheuren Misthaufens angenommen hatte. – Es war zumal bey der Hitze des Tags, ein ganz unausstehlicher Aufenthalt. – Auch auf unserm weitern Wege nach Halberstadt (3 Meile) plagte uns die glühende Luft nicht wenig. Wir hatten wenig Lust uns umzusehen, und es war auch wenig zu sehen, weil eine Staubwolke, die nähern, ein dicker Dunst, durch die Hitze hervorgebracht, die fernern Gegenstände dekte. So rollten wir, mehr schlafend als wachend, über die schöne Chaussee hin, bis die Sonne sich senkte, der Harz uns zur Rechten sich entfaltete, und die kühlere Abendluft uns zum Genuße aufforderte. – Um ungestörter zu geniessen, stiegen wir vom Wagen, als der Schwager vor einem Wirthshause stille hielt, um sich durch einen Trunk Bier zu erquicken; und marschirten auf dem ebenen Wege eine gute Strecke voran. Die Gegend ist fruchtbar und schön, der Boden wölbt sich sanft, und keine Stelle ist unbebaut. Ueberall zeigen sich Dörfer, deren Häuser meistens mit Ziegel gedeckt sind, und so aus der Ferne beßer als unsre Strohdächer ins Auge fallen, wenn sie schon im Innern an Solidität und Nettigkeit den Unsrigen nicht gleich kommen. – Am Harze entdeckten wir, als eben die Sonne mit ihren lezten Strahlen das Gebirg röthete, die Schlößer zu Blanckenburg und Wernigerode. Viele Dörfer lagen in dem Raume zwischen uns und dem Harze frey, oder halb im Gebüsche verstekt. – Wir wandten das Auge nicht von dieser Gegend, die an sich so reizend ist, und aus der Erinnerung an eine sehr interessante Harzreise mit R.s. und E.b. vor einigen Jahren hervorgingen, die alles noch unendlich verschönerte. – Erst als die Dämmerung eintrat, nahmen wir wieder unsern Platz im Wagen ein, und kamen bald in die Pappelallee, welche etwa eine halbe Stunde vor Halberstadt anfängt, und bis an die Stadt führt. – Die Visitation am Thore war mit der Versicherung: daß wir nichts zollbares führten, und einem halben Gulden, völlig abgemacht, und wir konnten ohne weitern Aufenthalt durch die stillen Gassen der alten Stadt nach dem Könige von Polen fahren, wo wir um 9 Uhr anlangten, eine freundliche Aufnahme, ein elegantes Zimmer, eine gesprächige und geschäftige Frau Wirthin, aber nicht das, was wir hofften, und woran uns mehr, als an jenem lag, eine gute Mahlzeit fanden. Die unsrige war von der Art, daß sie selbst den Heißhungrigen nicht angelockt hätte. So weit ist es denn doch noch mit uns nicht gekommen. Wir wollen versuchen durch Schlaf zu ersetzen, was der Abendmahlzeit abging. Träume wie sie einst dem ehrlichen Scherasmin[39] umgaukelten, von Hesperischen Früchten[40] werden uns entschädigen, und wir erwachen wahrscheinlich leichter und früher, wenn wir im Traume geniessen, was in der Wirklichkeit fehlte, als wenn es umgekehrt gegangen wäre. Das frühe Erwachen aber thut uns morgen Noth, da wir eine lange Tagereise vor uns haben.

Halle, Sonntag d 15ten August.

Um 4 Uhr hatten wir die Ehre von der allzeit geschäftigen Königin von Polen, die in eigner Person an unsre Thüre klopfte, und ihre melodische Stimme hören ließ, geweckt zu werden. Diese ihre Bemühung so wie die von gestern Abend uns etwas Ungenießbares zusammenzurühren, und uns dabey mit faden Gesprächen zu unterhalten, mußte sie bey ihrer Rechnung recht hoch in Anschlag gebracht haben, denn für das, was sie uns, dieses abgerechnet, geliefert hatte, wäre ein Drittheil des geforderten Preises, mehr als genug gewesen.

Ausser unsrer Frau Wirthin schlief noch alles in Halberstadt. Als wir durch die Stadt fuhren, begegnete uns nicht ein einziger Mensch. Auch die Spiegelberge, die, wie wir zum Thore hinaus waren, vor uns lagen, hatten noch ihr Nebelgewand nicht abgelegt. – Ueber die lange Station von Halberstadt nach Aschersleben (4 Meile) läßt sich wenig sagen, als daß die Gegend fruchtbar ist, die Dörfer aus Leim[41] erbaut, mit der Ergiebigkeit des Bodens in Rücksicht der Schönheit und Reinlichkeit der Häuser, nicht im Verhältniß stehen, daß die Landstraße nicht die ebenste ist, und die Gegend bloß durch das ferne Harzgebirge zur rechten Seite des Weges, einige Annehmlichkeit erhält. – Doch darf ich Dittfurt, ein Quedlingburgisches, bis dahin von den Preußen noch unoccupirt[42] gelassenes Dorf, nicht vergessen, wo die besondere Einrichtung statt findet: daß unverheyrathete Leute, besonders Knechte und Mägde verbunden sind, ihre Schuhe und Strümpfe jährlich um Jakobi auf das Gemeindehaus zu liefern. Sie müßen, in Gemäßheit eines Gesetzes oder Gewohnheitsrechts, von da bis Michaelis baarfuß gehen, den Sonntag ausgenommen, wo ihnen auf Verlangen jedesmal die Fußbekleidung eingehändigt wird, die sie aber am Montag wieder abliefern müssen. Da das viele Weitläuftigkeit macht, so sind die jungen Leuten des Dorfs, auch in ihrem schönsten Putze des Sonntags meistens ohne Schuhe und Strümpfe. Durch den uns auffallenden Contrast zwischen dem zierlich geschmückten Obertheil und den unbekleideten Füßen aller jungen Leute, die nach der Kirche ziehend uns begegneten wurden wir auf eine Anfrage über die Ursache dieser eignen Erscheinung geleitet, und so erfuhren wir die seltsame Kleiderordnung, die, wie alle Verordnungen der Art, Erspahrungen bewirken sollen, aber nie bewirken.

Ein uraltes Thor führte uns in das gröstentheils schlechtgebaute, finstre menschenleere Aschersleben. Hätten nicht, als wir da waren, die schöngeformten Preußischen Cüraßire auf dem Markte exercirt, und dadurch einiges Leben in den Ort gebracht, wir würden, glaube ich, kaum bemerkt haben, daß die Stadt Einwohner habe. – In der Vorstadt vor Aschersleben, durch die wir nach Könnern (3 Meile) fuhren, schienen uns die Weinstöcke an den Häusern und die Blumen vor den Fenstern auf eine Annäherung an Obersachsen zu deuten. – Ungefähr 1 Meile hinter Aschersleben entdeckte N[ante] den Petersberg in weiter Ferne und that sich nicht wenig auf diese Entdeckung zu Gute. Etwa eine halbe Meile weiter, beherrschten wir von einer Anhöhe, die wir sehr allmählig hinauf gefahren waren, eine weite im höchsten Grade fruchtbare Ebne, durch den Horizont allein begränzt. Blos der Petersberg tritt, wie eine Insel aus dem Meere, über diese Ebne hervor, die sich durch das Anhaltinische, Chursächsische und den Saalkreis erstreckt, und mit Städten und Dörfern besaet ist. – Hinter Alsleben, einem gutgebauten Marktflecken, der in Norddeutschland für eine nicht ganz unbedeutende Stadt gelten würde (2 Meilen von Aschersleben) kamen wir an die Saale. Wir verglichen sie mit der Wumme bey Borgfeld[43], nur ist sie breiter und trägt größere Schiffe als diese. Auf der Fähre, die uns übersetzte, verzehrten wir unser mitgenommenes frugales Mittagsmahl.

Eine ausgezeichnet fruchtbare Gegend mit Dörfern angefüllt, und mit angenehmen Aussichten auf die, zur Rechten zwischen angebauten Hügeln dahinfliessende Saale, begleitete uns bis Können, wo wir uns schon im Obersächsischem Kreise befanden. – Obersächsischer Dialekt, ausgezeichnete Höflichkeit, und Wohlfeilheit des Obsts (wir kauften in Könnern die schönsten Apricosen für 2 Pfenninge) verriethen, daß wir in ein obstreichers Land übergegangen waren. – Von Könnern, wo wir Nachmittags um 5 Uhr abfuhren, hatte wir noch 3 Meile bis Halle. Nach einer guten ¼ Stunde, erreichten wir wieder die, seit Halberstadt entbehrte Chaußee. – Unser Postillon fand sich auf unser Zureden willig, den Weg über Giebiechenstein zu nehmen, doch gaben wir den Umweg nachher selbst wieder auf, weil der Abend zu sehr heranrückte. – Der Petersberg lag auf dieser Station uns immer zur Linken, und wir mochten kaum 1 Stunde von ihm entfernt seyn. Er zeigt sich, die einzige Höhe in dieser fruchtbaren Fläche, überall, mit den Ruinen eines Klosters auf seiner Spitze. – Lange glaubten wir, es würde die Ebne, in der wir fuhren, bis Halle fortwähren, und wir würden fürs erste, ausser dem Kegelförmigen Petersberge, keinen Berg oder Hügel mehr sehen. Etwa 1 ½ Meile vor Halle, da die Landstraße sich senkte, und immer mehr in die Tiefe hinab lief, merkten wir erst, daß jene anscheinende Fläche der Rüken eines breiten Berges gewesen war, von dessen Höhe wir jetzt hinab fuhren. Nun waren wir wieder in einem engen Thale, in dem wir bis nahe vor Halle blieben. – Gegen 9 Uhr Abends befanden wir uns vor dem äußern

Moritzburg und Domkirche in Halle, um 1855

Thore der Stadt. Nach einem ausführlichem Examen wegen Nahmens, Standes pp, erging an mich die Frage, wie viel Colli ich bey mir hätte? Ich verstand das Wort unrecht und glaubte, daß man nach der Zahl meiner Collegen (Reisegefährten) fragte. Ich gab deren 2 an (meine Frau und den Bedienten) und erhielt dann einen Zettel, worauf stand: daß wir 2 Colli (Pakete, Koffer) bey uns hätten. Ein Preußischer Soldat begleitete unsern Wagen. – Erst als wir mit dieser Begleitung langsam weiter fuhren entdeckte ich das Mißverständniß und fürchtete Unannehmlichkeit bey der Visitation, wenn sich finden würde, daß wir mehr als die angegebene Zahl von Paketen bey uns hatten. – Am Stadtthore selbst erfolgte ein neues Examen, ich mochte es nicht wagen, jenen Irthumsfehler zu verbessern. – Immer von einer Wache, wie Gefangene begleitet, kamen wir durch die engen, krummen, mit hohen Häusern besetzten, Gassen, nach dem unendlich großem Markte, wo wir vor dem Ringe, unserm gewähltem Gasthofe, stille hielten. – Abgepackt durfte nichts werden, ehe der Visitator da gewesen war. Nach einer bangen ¼ Stunde erschien der gefürchtete Mann, höchst freundlich und artig, auch, wie es mir schien, garnicht abgeneigt, der Mühe, des Visitirens enthoben zu seyn. – Wir gingen miteinander in den Hof, wo der Wagen stand, und nach der von meiner Seite vorgebrachten Lüge: es sey nicht das mindeste von Conterbande[44] auf dem Wagen, die ich mit einem freundschaftlichem Händedruk begleitete, durfte ich den mitgebrachten Taback pp ruhig herabnehmen. Den Rest plombirte der freundliche Mann gar vorsichtig, ließ sich aber merken: „wenn ja etwas von unsern Bedürfnisssen für den Abend oder die Nacht vergessen sey, so gäbe es Fälle, wo man neben dem Siegel in den Mantelsack langen könne; wo der, über den Wagen gezogene Bindfaden, etwas nachlasse pp. Er müsse nun einmal seine Schuldigkeit thun und plombiren, der Fremde stehe ja nicht in Eid und Pflicht.“ – Ich dankte in der Freude meines Herzens über die Pünktlichkeit des Visitators mit einem nochmaligen, etwas schwächern Händedruck, und es fehlte wenig, wir wären mit einer Umarmung geschieden. – Es war zu dunkel geworden, um, was wir gehofft hatten, den Abend wenigstens noch die Aussenseite von Halle zu sehen. – Ich legte mich ins Fenster, das nach dem Marckte hinaus geht, um hier auf dem bekanntem Tummelplatze, der Saal-athenischen Musensöhne, noch etwas von ihren Treiben und Thun, wenn nicht zu sehen, doch zu hören. Allein, obschon es Sonntag Abend war, ging alles so philistermässig ruhig zu, als ob sich kein fröhlicher Geist mehr, in den sonst so lauten und ungestümen Hallensern rege. Kein Gesang auf der Gasse, oder auf irgend einem Zimmer, kein Jubel, nicht einmal ein lautes Gespräch. Alles was vorüber ging, zog fein ordentlich und ehrbar seine Straße. – So hatte ich es hier nicht erwartet! Ist es der gute Geist der Ordnung, der die jungen Leute von allen Muthwillen zurükhält; oder wacht eine strenge Aufsicht über sie, ist es Schlafheit und Entnervung, die allen Sinn für Freude tödtet, oder was ist es sonst, das diese Klösterliche Stille hervorbringt?

Leipzig, Montag d 16ten August.

Um 5 Uhr war bestelltermaßen der Kaffee da, aber der Zweck, weshalb er so früh bestellt war, schien nicht erreicht werden zu können. Es fing zu regnen an, und der überall dunkelgraue Himmel versprach weiterhin auf den Tag wenig Erfreuliches. Der Regen wurde immer dichter, es lief alles mit Regenschirmen auf der Gasse umher. Wie konnten wir unter diesen Umständen den Weg von einer halben Stunde nach Giebichenstein machen, und wenn wir es thaten, was half es uns, da die nähern Gegenstände verschleyert, die fernern ganz unsichtbar seyn mußten. Ich ließ N[ante] ruhig schlafen, bis, etwa um 7 Uhr, die Luft sich ein wenig erheiterte. Da weckte ich sie, und in wenigen Minuten waren wir zum Marsch nach Giebichenstein gerüstet. Kaum aber hatten wir die Straße betreten, so erneuerte Gott Pluvius seinen Angriff, und zwang uns zur schleunigen Rükkehr. Sein Ungestüm ließ nicht einmal so weit nach, daß wir das Äußere der Stadt besehen, die Brücke über die Saale betrachten und einen Hallorenjungen[45] ein paar Groschen aus der Tiefe heraushohlen lassen konnten. Alles das mußte unterbleiben, und wir verließen um 9 ½ Uhr Halle, ohne etwas weiter als in Halle den großen vierekten Markt, die Kirche und den Thurm darauf, einige Obstweiber in ihren Boutiken in der Mitte des Platzes, ein paar Dutzend Soldaten, eben so viel Bursche, und die Strassen, durch welche wir ein und wegfuhren, mit einem Worte also – wenig oder nichts gesehen zu haben, wovon jedoch dem Regengotte, nicht uns, die Schuld einzig zuzumessen ist. Den guten Willen hatten wir gezeigt.

Der Regen begleitete uns bis Großkugel, dem leztem Preußischem Orte, wohin eine vortrefliche, erst vor 2 Jahren angelegte Chaußee führt. Wir machten die 2 bis 2 ½ Meilen in 2 Stunden. Gelegener als gerade hier konnte uns die nasse Witterung, wenn wir sie einmal auf der Reise haben sollten, nicht kommen. Den Weg konnte der Regen nicht verderben, weil wir, wie gesagt, auf einer vortreflichen Chaußee fuhren, und die Aussicht nicht, denn hier, auf dieser zwar fruchtbaren, aber einförmigen Fläche, gab es nichts zu sehen.

Um 12 Uhr fuhren wir aus Großkugeln, wo wir uns zur weitern Fahrt durch ein gutes Frühstück gestärkt hatten. Die Regenwolken hatten inzwischen sich fortgemacht, und eine milde, kühle Luft umwehete uns. Wie wohlthätig war das nach der ermattenden Hitze der vorigen Tage! – Etwas interessanter wird hinter Großkugel die Gegend, durch den Buchen- und Eichenwald, der an der rechten Seite der Landstraße, bis Leipzig hin, bald nahe, bald in einiger Entfernung sich hinzieht. Desto schlechter aber ist der Fahrweg, ein holperigter Steindamm, der mit ausgefahrnen Sandwegen abwechselt. So geht es fort bis unmittelbar vor Leipzig. In Kilitz, dem ersten Chursächsischem Städtchen, durch welches wir kamen, ward es uns zwischen den, größtentheils netten und reinlichen Häusern und den freundlichen, höflichen Einwohnern, die uns begegneten recht wohl zu Sinne. Wir wa-

Leipzig, Hallisches Tor, 1804

ren, das war zu merken, im eigentlichen Sachsen, und damit, den uns so widrigen Preußischen Acciseunfug, und den Prellereyen und Grobheiten der niedersächsischen Wirthe und Postillonen fürs erste entkommen.

Je mehr man sich Leipzig nähert, desto häufiger werden die Dörfer am Wege: Wöhren, Meckern, Gohlis folgen unmittelbar aufeinander. Noch immer, eine ¼ Stunde vor Leipzig sieht man von der Stadt nichts als einige Thurmspitzen, welche über dem nahen Eichenholze hervorragen, im übrigen keine Spur, daß man sich einer reichen, bevölkerten, einer Handlungsstadt nähere. An der schlecht unterhaltenen Landstraße keine Allee, kein zierliches Landhaus; der Weg unbesucht, einsam, keine Cabrioletts rollen, keine Reiter sprengen vorüber; kaum ziehen ein paar unansehnliche Fußgänger neben uns dahin. Jetzt sind wir auch das kleine Hölzchen, welches uns den Anblick der Stadt entzog, passirt. Leipzig liegt vor uns, wenig versprechend, da. Wir kommen bey der Barriere der Vorstadt an. Man fragt nach zollbare Sachen, und da ich verneine Desgleichen zu haben, entläßt man uns ohne weiteres mit vieler Höflichkeit. Die Vorstadt ist reinlich, nette zum Theil ansehnliche Häuser, von Wohlhabenheit und Luxus zeugend, bilden eine breite, gutgepflasterte Gasse. Die Häuserreihen hören auf, und nun sind wir mitten unter den englischen Parthien, welche Leipzig umgeben, vor dem Hallischem Thore.

Unser Postillon, dem wir das Schiff[46], als unser gewähltes Logis nennen, zieht es vor durch die Anlagen nach dem Ranstädter Thore, und so in die Stadt einzufahren. – Schöne, zum Theil prächtige Gartenhäuser (die Bremischen sind Schwalbennester dagegen) und andere hohe maßive Gebäude, bleiben uns zur rechten, zur linken Baumgruppen, dichtes Gebüsch, viele schlanke, hochaufgeschossene Lombardische Pappeln, schöngeebnete Schlangenwege dazwischen. Eine Wendung links, wir sind vor dem Ranstädter Thore, und, wie durch einen Zauberschlag, aus den stillen, freundlichen Gartenparthien in das Gewühl einer Handelsstadt versetzt, Kutschen rasseln vorüber, Frachtwagen knarren, überall Leben und Thätigkeit. Nur ein paar Gassen, und wir halten vor dem goldnen Schiff. 2 Kellner bemächtigen sich unser. Der eine übernimmt die Oberaufsicht beym Abpacken des Wagens, der andre weiset uns unser Logis an. Unsre erste Frage: ob heute Schauspiel sey? wird verneinet, aber auf morgen uns Aussicht gegeben. – Wir sehen uns um in dem geräumigen Zimmer, alles hat das Gepräge von Reinlichkeit und Eleganz! Das Zimmer, oder vielmehr der Saal ist mit grünen Papiertapeten ausgeschlagen, durch zierliche Einfassungen von Blumenleisten decorirt. Tische, Stühle, Büreaux[47] von Mahagony, die Stühle mit goldnen Leisten und Rosetten geschmückt, die Betten mit grünseidenen Decken belegt pp.

Der Himmel hatte sich völlig aufgeheitert, die Luft war kühl und rein – alles versprach uns einen schönen Abend, und – wenn wir nur nicht zu lange mit dem Auspacken und Umkleiden säumten – vielen Genuß auf einem Spatziergange durch die Umgebungen der Stadt, oder ins Rosenthal – oder in beydes, wenn es sich thun lasse. – So kurz als möglich fanden wir uns mit dem Geschäfte des Umkleidens ab, welches durch den Staub der uns bisher geplagt hatte, durchaus nothwendig geworden war, und gingen dann ohne Führer aus dem Thore, in welches wir eben eingefahren waren. Auf unsre Frage: wohin man nach dem Rosenthale gehe? erhielten wir sogleich die bestimmteste Nachweisung, und wir fanden uns leicht zurecht, da das Rosenthal kaum ¼ Stunde von der Stadt ist. Auch brauchten wir nur einen Trupp leichtgeschürzter Frauenzimmer nachzugehen, welche vor uns, nur uns etwas zu langsam auf dem eingeschlagenen Weg dahin schwebten. – Bald waren wir im Rosenthale, einem sehr angenehmen Eichenwalde an der Pleiße. Ein breiter, hochaufgedämmter, und mit Grieß aufgefahrner Weg zieht sich in weiten Schlangenlinien durch den Wald, bis an das Dorf Gohlis, welches etwa ¼ Meile von Leipzig entfernt ist. Bänke laden an schönen Plätzen zur Ruhe ein. Hie und da ist der Wald durchgehauen, und das Auge ruhet mit Vergnügen auf einer Wiese, die von Bäumen umschlossen, und im Hintergrunde begränzt ist. Rechts sieht man bisweilen auf die Pleiße, welche ruhig, aber durch ein etwas sumpfiges Ufer, dahin gleitet. – Der Spatziergang war diesen Abend von wenig eleganten Leuten besucht, dagegen trieben sich viele Personen, ihrer Kleidung nach, aus dem Mittelstande, durch die Gänge, nach Gohlis zu, wohin auch in Körben Kuchen und Wein geschleppt wurde. – Es schien dort eine Tanzparthie oder sonst ein Fest zu seyn. – Beym Eingange ins Rosenthal steht eine zierliche Eisbude, die durch ihr Aeüßeres und den uns gerühmten Inhalt derselben, uns zum Einkehren einlud. Eine alte, sehr höfliche, und wohlgekleidete Dame, versorgte uns in einem Nu, mit ein paar Tassen Vanille- und Obst-Eis, welches Alles übertraf, was wir von der Art bisher gekostet hatten. Wir verzehrten es an einem zierlichen, mit einer reinen Serviette bedecktem Tischchen, in der niedlich ausgeschmückten Eisbude, und sahen auf die Vorübergehenden, und die schönen Eichen an der entgegengesetzten Seite. – So gestärkt legten wir bald den Weg bis nach Gohlis zurück, wo wir umkehrten, und auf eben dem Wege wieder am Ranstädter Thor anlangten. Wir waren aufs neue in den Anlagen um die Stadt und schlugen den Weg rechts ein. Durch schöngeebnete Schlangenwege, welche sich neben der Landstraße hinziehen, durch Baumparthien, Grasplätzen und Blumengruppen von den mannichfaltigsten Formen machten wir den Weg ringsum die Stadt, wozu wir mit dem Aufenthalte an einigen der lieblichsten Plätzen, etwa 1 ½ Stunden zubrachten. Hier war der Sammelplatz der eleganten Welt. Der schöne kühle Abend nach dem regnichtem Tage hatte sie, wie es schien in ungewöhnlicher Menge herausgelockt. Gegen 9 Uhr waren wir wieder in unserm Schiffe, wo man uns, für die Strapatzen des heutigen Tages mit einer ausgesuchten Mahlzeit lohnte.

Leipzig, Dienstag d 17ten August.

Ja, wenn alles so ginge, wie es sollte! Um 5 Uhr war diesen Morgen der Kaffee bestellt, und als er ankam war es gegen 8 Uhr. Der Kellner hatte uns nicht wecken wollen, und wir waren nicht von selbst aufgewacht. – Da wir beyde noch Manches aus Nantens Auszügen, und aus einer mitgebrachten Beschreibung von Leipzig zu lesen und dann zu schreiben hatten, so kamen wir ziemlich spät in die Kleider, und konnten nichts weiter vor Tische anfangen, da hier schon um 12 Uhr gegessen wird, als das Äußere der Stadt in Augenschein zu nehmen. Wir durchwanderten die vorzüglichsten Straßen und besahen den Auersbachischen Hof, ein Gebäude von ausserordentlichen Umfange, welches durch die Schätze, die hier in den Meßzeiten zusammengehäuft sind, bekannt ist.[48] – Leipzig hat ein gutes Pflaster, die Peters- und Catharinen-Gasse, der Brühl und der neue Neumarkt sind die besten und lebhaftesten Straßen. Der Markt ist von bedeutenden Umfange. – Gewühlvoll schienen uns heute Morgen diese Straßen alle. Enge scheinen sie zum Theil durch die hohen Häuser von 4 bis 5 Stockwerken. Ungeheure Gebäude der Höhe und Breite nach. Völlig schön und regelmässig habe ich kein einziges Haus in der Stadt selbst bemerkt; aber reichlich mit Zierrathen versehen und mit den Versündigungen gegen den guten Geschmack, mit Ausluchten versehen sah ich viele. Auf Gelaß und Festigkeit scheint man hier beym Häuserbau fast allein in ältern Zeiten ausgegangen zu seyn, auf schöne Formen hingegen keine Rücksicht genommen zu haben. Verfallene, leichtgebaute Häuser sah ich nirgends. Reichthum und Wohlhabenheit sprechen uns aus den colossalischen, zum Theil hell übertünchten Massen entgegen. Am Markte füllt das alte, unendlich lange Rathhaus beynahe eine ganze Seite. Es contrastirt, durch seine dunkle Farbe mit den hohen, hellen gegenüberstehenden Gebäuden. Ueberall erblickt man Buden und Gewölbe, jetzt größtentheils verschlossen, aber mit den Nahmen der Fremden versehen, die in der Meßzeit ihre Waaren aus allen Gegenden feil bieten. Die Messen sind der lichte Punckt in dem Leipziger Jahre, alles scheint darauf berechnet und dazu gemodelt; man spricht jeden Augenblick von der lezten und künftigen Messe.

Ein wenig nach 12 Uhr kamen wir von unsrer Wanderung durch die Stadt zurück. Die Tischgesellschaft hatte sich schon um die Schüsseln gelagert. Ein Hofgärtner aus Berlin rühmte viel von den Vorzügen Berlins vor andern Städten und seine Frau, besonders aber ein Berliner Vollmondsgesicht, das seinen Platz nicht umsonst einnahm, stimmten lebhaft ein, wenn Widerspruch erfolgte. Vorzüglich da, als die Mahlzeit geendigt war, und man nur noch plaudernd um den Tisch saß. Ein Dr. Jur. B. und Studenten machten nebst uns die übrige Tischgesellschaft aus. – Den Nachmittag sahen wir die Nikolaikirche, ein gothisches Gebäude von Aussen, aber im Innern mit vielem Aufwande und Geschmack, in einen modernen Tempel, so geschickt verwandelt, daß man kaum diesen Zwang gewahr wird. Canelirte Säulen tragen jetzt, statt der ehemaligen Gothischen Pfeiler die Decke. – Die Altane ruhen auf zierlichen Säulen. Den Prediger trägt eine marmorne Kanzel; ein geschmackvoll gearbeitetes Gitter von blauem Stahl scheidet das Chor von der übrigen Kirche. Gemälde von Oeser[49] schmüken Altar, Chor und Kirche. – Auffallend schien es mir, daß an den Häuptern der Säulen, welche die Kirche tragen, Palmenzweige hervorragen, und sich bis an die Decke schlingen, gleich als wären sie es, auf welchen die Last dieser Decke ruhete. Auch war es mir auffallend, daß die ganze Dekke, gleich einem Prachtzimmer, durch kleine Quadrate, vermuthlich aus Gips gearbeitet verziehrt, oder – entstellt ist. Dieser krause Himmel thut dem Auge nicht wohl. Der in die Höhe gerichtete Blick, muß, dünkt mich, an der Wölbung des Tempels, sie sey glatt oder mit Gemälden verziehrt, auf grossen Formen ruhen, nicht durch kleinliches Machwerk verwirrt oder gestört, unwillkührlich wieder zur Erde fallen. – Ich kann aber hierüber nicht urtheilen, theils weil wir der eben angehenden Betstunde halber, nur wenig Minuten in der Kirche mit Ruhe verweilen konnten, theils aber und vorzüglich, weil ich Laye bin, der vielleicht über dergleichen kein eignes Urtheil sich anmaßen sollte. – Von der Kirche, in der wir nicht ruhen sollten, ging es sehr natürlich auf den Kirchhof, aber nicht den der Nikolaikirche, dieser existirt lange nicht mehr, da Leipzig unter den deutschen Städten früh seine Gräber ausserhalb den Thoren anlegte. Zu diesem Gottesacker ausser dem Grimmaischen Thore ging es, wo der schon vergeßne, und doch warlich eines längern Andenkens werthe Gellert[50] seine Ruhestätte fand. Sein Grab muß wohl wenig mehr besucht werden, dem Lohnbedienten, der doch schon mehrere Jahre dieses Amt bekleidet, war es eine Neuigkeit: daß hier Gellerts Grab sey. Kein Reisender, auch von denen, die den Gottesacker besuchen, hatte darnach gefragt. – Merkt es doch, ihr in eurem eitlen Wahne Unsterblichen: man vergaß einen Mann, der um die deutsche Litteratur sich so hoch verdient machte als noch kaum eine da war, den seine Zeitgenossen als ein Meteor am litterärischen Himmel anstaunten, dem sie mit Sicherheit einen ewigen Nachruhm verhiessen, auf den er, der bescheidene, edle Mann, nie rechnete oder hinarbeitete. – Auch er ist – in der Stadt, wo er lebte, und mit That und Wort, nicht brausend und zerstörend, sondern einfach und still durch Wort und That zum besten der Menschheit wirkte – vergessen; Niemand besucht seine Grabstätte, einst ein Heiligthum, mehr. Der Küster der Johanniskirche, welche auf dem Gottesacker steht, wurde endlich, da wir lange vergebens gesucht hatten, herbeygehohlt, und wußte uns doch noch den einfachen Grabstein zu zeigen. – Der Kirchhof ist übrigens mit Monumenten, die unordentlich durch einander geworfen sind, überfüllt. – Rings um die Seiten laufen Erbbegräbniße, ein Weg führt neben diesen umher. In der Mitte stehen Trauerweiden, Pappeln, Linden und dazwischen die, zum Theil prächtigen Monumente. Geschmackvoll sind wenige. Ich wüßte als solche nur die marmornen, eines Korsten[51], von dem Grafen von Lippe-Dettmold errichtet, eines fremden Edelmanns, der hier studirte und starb, und das eines Theodor Coch zu bezeichnen. Auf dem Grabe des leztern ruhet das Bild der Hoffnung, von schönen, ihre Zweige tief niederbeugenden Trauerweiden dicht umgeben. – Im Lapidarstyle[52] scheint man hier eben so wenig als in Erfndung schöner Formen von Trauerdenkmalen stark zu seyn; ich habe auch nicht eine, durch Innigkeit und Gefühl sich auszeichnende Inschrift, wie man sie z.b. in Dessau findet, bemerkt. Und doch ist es für den, der eine geliebte Gattin, einen theuren Freund verliehrt, wenn er auch sonst nichts kann, so leicht, eine Grabschrift zu machen. Ein kurzes Wort wahrer Empfindung aus zerrißnem Herzen gesprochen, geht sicher zum Herzen über. Es zündet, wie ein Blitzstrahl, auch der Roheste entgeht ihm nicht. Er hatte in seinem Leben doch einmal, wenn auch nur das dunkle Gefühl eines solchen Verlustes. – In der Kirche zeigte man uns auf unser Verlangen Gellerts Denkmal, wo am Sarkophage die Inschrift steht: „C. F. Gellert, diesem Lehrer und Beyspiel der Tugend und Religion, widmete dieses Denkmal eine Gesellschaft seiner Freunde und Zeitgenossen, welche von seinem Verdienste Augenzeugen waren.“ Das Monument ist, wie es mir scheint, nur dem Material nach, des Verstorbenen würdig. Es ist von Alabaster: Religion und Tugend halten sein Bild. Jene ist in

Wehmuth versunken, diese will sein Bild bekränzen. Die leztere Figur ist, deucht mir, weder von Angesicht noch Gestalt edel. Sie kann den festgeklebten Kranz nicht in die Höhe und auf des Kranzeswürdigen Scheitel bringen. – Gellerts Kopf mag ähnlich seyn – aber es gefalle, wem es kann, er ist – mit Glanzgold verguldet!

Von der Ruhestätte der Leipziger nach dem Tode, begaben wir uns nach dem Place de Repos[53] der Lebenden Leipziger. Place de Repos ist einer auserwählten Gesellschaft „Erhohlung" im Sommer, und liegt ausser der Stadt zwischen dem Peters- und Ranstädter-Thore. Doch tranken wir vorher noch im nahebelegnen Rudorfschen[54] Garten, einem mit vielen Ruheplätzen versehenen, sonst steifen, und besonders nur in der Messe besuchten öffentlichen Garten, Kaffee. – Dann besahen wir, um der Chronologie treu zu bleiben, die Reichelschen Gartenanlagen darauf die Place de Repos und endlich den Garten des Kammerraths Herrmann, alle nicht weit von einander zwischen den gedachten Thoren gelegen.

Der Reichelsche Garten ist in mehrern Betracht merkwürdig, ich mögte sagen einzig. – Das neue Gebäude an der Straße war uns schon gestern, als wir die Anlagen um die Stadt durchstreiften, durch seine coloßalische Größe aufgefallen. Massiv, wie es wenigstens nach der Vorderseite ist, hat es 3 Stockwerke und 50 unter einem Dache in der Breite fortlaufende Fenster. – Der Besitzer, ein Mann, der sein Publicum kennt, hat es ganz dem Geschmack und der Prachtliebe seines Publicums gemäß eingerichtet. Ein Theil bildet ein Kaffeehaus, ein anderer ein Meubelnmagazin, ein dritter ist an reiche Particuliers[55] pp vermiethet, ein vierten Theil bewohnt er selbst. Der Mann war Kaufmannsdiener in Leipzig, setzte sich, heyrathete glücklich – das heißt zwey reiche Mädchen hintereinander, und kaufte für 16000 Rtl. den Platz, den jetzt Haus und Garten einnehmen. Noch ist das Gebäude nicht ganz vollendet, wenigstens wird, nach der Gartenseite, immer noch angebaut. – Wie das Haus, so ist der weit ausgedehnte Garten eine kleine Welt. Nur einen kleinen Theil

Leipzig, Place de Repos, 1793

hat der Eigenthümer sich vorbehalten, und diesen mit den schönsten Obstbäumen, mit Badehäusern pp besetzt. – Der größere Theil ist in kleinere Bezirke getheilt, die durch Hekken oder Gräben von einander geschieden sind, und in Ansehung der Anlagen völlig von einander abweichen. – Hier ist eine Blumeninsel, dort ein dichtes Boskett, dort wieder ein Obst- und Gemüse-Garten. Ueberall sind in diesen Bezirken kleine Pavillons von verschiedener Größe und Form hineingebaut. – Dergleichen kleinere Gärten in dem grossen giebt es etwa 40. Sie werden für den Sommer zu 40, 50, bis 60 Rtl. an Leipziger, die keine eigne Gärten haben, vermiethet. Diese geniessen denn auch das Obst ihrer gemietheten Parthie. Jeder kann für sich völlig allein wirthschaften, wer es hingegen will, trifft mit andern im Garten Eingemietheten, in den Gängen des großen Gartens, die jedem zum Zweck der Promenade offen stehen, zusammen. – Ob alle einzelne Parthien eigne Nahmen haben konnte ich nicht erfahren, einzelne aber haben deren und zwar sehr Barocke, so heißt z.b. eine Insel Maltha, die andre Cypern pp, und die Eingange sind mit diesen vornehmen Titeln versehen. – Man versicherte uns: daß der Garten mit den Gebäuden jährlich an 10.000 Rtl. eintrage. Aus den Kirschen des großen Gartens sollen in diesem Jahr allein 600 Rtl. gelöset seyn. – Ich habe aber auch nie schönre, sauberer gehaltene Obstbäume gesehen. Es ist als ob die Stämme mit einem Firniß überzogen wären. – Die Place de Repos welche sich nicht weit von diesem Garten befindet, hat einen niedlichen, aber kleinen Park – oder soll ich lieber, weil der Platz für diese Benennung zu klein ist, es einige niedliche Baumgruppen nennen. Diese Anlage scheint Nebensache, sie wäre sonst für eine solche Gesellschaft viel zu eng. Diese besteht nämlich aus 155 Personen oder vielmehr Familien aus den beßern Ständen, vorzüglich aus dem hier vorgeltenden Kaufmannsstande. Jeder dazu gehörende Hausvater oder der Einzelne, der es nicht ist, und zur Gesellschaft gehört, bezahlt 4 Rtl. jährlich als Miethe für die Sommermonate, denn nur in diesen wird das Haus von den Interessenten, und zwar der Regel nach alle Mittewochen, zu einer Tanz, Spiel und Schmauseparthie benutzt. Das dazu gehörende Gebäude enthält 2 Säle, einen zum Tanz, den andern zum Essen, ein Billardzimmer und 2 Kabinette zum Kartenspiel oder zur Conversation. In dem ungeheuren Speisesaal können 260 Personen zugleich bequem – sich den Magen verderben. Der Tanzsaal muß, wenn die großen Kronleuchter angezündet sind, und die schöne Leipziger Welt in diesem weitem Raume sich walzend umherdreht, das Ansehen eines Feenpalastes haben. Aus dem dunkeln Gebüsche des Gartens müßte man in diesen hellerleuchteten Saal eintreten, dessen Decke wie ein heiterer Himmel gemalt ist, den man mit seinen lichten Wölkchen durch Blumennetze erblickt. Die Säulen des Saals, von aneinandergesetzten kleinen Stücken Spiegelglases durch Rosenkränze, wie es scheint zusammengehalten, müssen wunderbar, die von oben herabfallenden Strahlen der Krone, und die einzelnen Gestalten der Tanzenden tausendfach dem Auge zurückgeben. Ob die Dunkelheit der Schattengänge des Gartens zu diesem lichten Saale sich ausnehme? ist keine Frage – ob eine solche Dunkelheit in der Nähe des tausendfach erleuchteten Saals für die vom Tanz-Erhitzten und die freye Luft Suchenden nicht nachtheilig seyn könne? ist eine andre Frage. – Eine einzige Anstalt, wie diese Place de Repos, würde in andern Städten, wenn man den Zweck nur noch etwas erweiterte, als Ort des geselligen Vergnügens für die beßern Stände hinlänglich seyn. – Wie wenig sie den Leipzigern genüget, beweisen die vielen, ausserdem noch bestehenden Klubbs für eben die Stände, welche Harmonie, Ressource, und der Himmel weiß, wie noch sonst heissen. Der Garten des Kammerraths Herrmann, wiewohl uns von verschiedenen Seiten angepriesen, konnte mit seinen hohen Hecken, viereckten Wasserbehältern, länglichten Blumenbeeten, uns nur so lange aufhalten, um den Geschmack des Besitzers und der Lobredner dieser Anlage zu belächeln. – Es war mit diesen Streifereyen durch Leipzigs Gärten, die wir, begleitet von Hinrich und dem Lohnbedienten, vornahmen, 6 Uhr geworden. – Wir dankten nun die uns genirenden Begleiter ab, und eilten durch das, von der sinkenden Sonne verschönerte Rosenthal nach Gohlis, wo wir, als an dem uns so geschilderten Versammlungsplatze der Leipziger schönen Welt an dem herrlichen Abend, unter freyem Himmel ein frugales Mahl zu finden sicher waren. – Allein die in Gohlis anwesende schöne Welt, worunter auch Mad. E. Bürger[56], jetzt beym hiesigen Theater engagirt, sich befand, that vor dem Wirthshause zu Gohlis nichts als Merseburger bitter Bier trinken. – Sonst als Bier war da nichts zu haben aber das denn auch dafür in Menge. Wir mußten wohl unter den Biertrinkern auch Bier trinken, so wenig es an sich, und bey der ganz andern Erwartung, uns munden wollte. – Närrisch genug aber sah es doch aus, wie auf den vielen Bänken vor dem Hause die Leipziger Schönen sich am Bitterbier ergötzten. Daß es gerade Personen aus den ersten Ständen waren, will ich nicht behaupten, die Kleidung aber war darnach. – Auf die Länge unterhielt uns auch dieses Schauspiel nicht mehr, und nachdem wir noch, in einem benachbartem Hause, die Bitterkeit mit süßem Kirschkuchen zu vertreiben gesucht hatten, gingen wir durch das Rosenthal, das nun [von] eleganter Welt, die alle nach Gohlis zog, wimmelte, direkt nach Leipzig? Nein, nach der wohlbekannten Eisbude, wo sich auf den Ruheplätzen, nur noch eben ein paar für uns offen fanden. Wir benutzten den Fund, und da noch immer der bittre Geschmack nicht ganz hatte weichen wollen, so wurde hier dem Uebel durch etwas Obsteis völlig abgeholfen. – Mit unserm heutigen Tischgesellschafter Dr. B., der sich zu uns gefunden hatte, wanderten wir unter Gesprächen über Dresden, das er genau kannte, und dessen Umgebungen er auf Kosten Leipzigs bis in den Himmel erhob, in die Stadt zurück. – Er empfahl uns noch einen Garten vor dem Ranstädter Thore, als einen der Vorzüglichsten. Wenn wir morgen den ganzen Tag noch hier bleiben und noch Zeit da ist wollen wir ihn sehen.

Leipzig, Mittwochen d 18ten August.

Bisher hatten wir die schönen Anlagen um Leipzig mit der Leipziger schönen Welt getheilt. Heute Morgen, das hatten wir gestern beschlossen, wollten wir sie einmal allein geniessen, und uns schon um 6 Uhr auf den Weg machen. Wir führten unsern Vorsatz aus, und genossen in den paar Stunden, die wir an dem heitersten Morgen auf der Wanderung durch die lieblichen Parthien, und auf den interessantesten Ruheplätzen, zubrachten, ungestört die Schönheiten dieses, in seiner Art einzigen Parks. – In der ersten Stunde besonders wanderten nur einige blasse Gestalten, Brunnentrinker vermuthlich, langsam bey uns vorüber, und ausserdem streiften verschiedene Leute geringern Standes: Dienstmägde, Arbeiter, durch die Alleen, die ihren Geschäften nachzugehen schienen. Alle diese störten uns nicht, keine Bänke waren durch sie besetzt, kein Gedränge konnte durch sie in den einzelnen Parthien entstehen, wie das neulich Abends der Fall war. – Ich will, so weit es ohne Zeichnung möglich ist, ein Bild dieser reizenden Anlagen zu entwerfen versuchen, um es treu meinem Gedächtnisse einzupregen. Vielleicht ist einiges davon bey uns anwendbar; und wenn das auch nicht wäre, so sollen ja diese Blätter dazu dienen, uns oft an die schönen Tage dieser Reise zu erinnern, und so müßen denn auch die Stunden, die wir in den Umgebungen von Leipzig zubrachten, hell und lebendig wieder vor uns treten, wenn wir uns in das Local zurück denken, worinn wir sie verlebten.

Die Anlagen umschliessen, der Breite nach, bald in größerer bald in geringerer Ausdehnung, ganz Leipzig. Man umgeht die ganze Stadt, und findet keinen einzigen unbeschatteten Punkt auf diesem Wege. Den äußern Rand schliessen, die Vorstädte, Gartenhäuser, Gärten und Wohnungen, welche jedoch nicht unmittelbar an einander stehen, sondern freye Durchsichten lassen, ringsum ein. An diesen Vorstädten pp geht ein Fahrweg vorüber, an beyden Seiten mit Bäumen: Linden, Castanien pp bepflanzt. Dieser Fahrweg wird durch eine holzerne Barriere, von dem für die Fußgänger bestimmten Raume abgesondert. Diesem Raum von der Barriere bis an den ausgetrockneten, ehemaligen Stadtgraben, und an einer Stelle durch diesen nun in Land verwandelten Graben bis an die Stadtmauer, füllen gerade Alleen (wovon manche 24 Fuß Breite haben) gewundene Wege, Baumgruppen, Blumenparthien, Grasplätze. Die Alleen laufen am Fahrwege fort, die freyern Parthien schliessen sich an diese, und ziehen sich bis an die Stadtseite hin. Alles geht, wenige Stellen ausgenommen auf der Ebne weg. Die Grasplätze sind fast alle, um sie gegen das Betreten zu schützen, mit kleinen Geländern, von etwa ¾ Fuß hoch, eingefaßt, die Alleen und Wege mit Kiessand aufgefahren, und in der Mitte erhöhet, die Gruppen aus den mannichfaltigsten Laub- und Nadel-Bäumen, einheimischen und ausländischen Gesträuchen, worunter viel blühende sind, zusammengestellt. – Das Ganze wird sehr durch die grossen und prächtigen Gartenhäuser an der Aussenseite, und, an der Stadtseite durch die Palästengleiche öffentlichen Gebäude, dem Zucht- und Waisenhause, mit seiner vorspringenden Colonnade, und der neuen, noch nicht vollendeten Bürgerschule[57], dann die von den Kaufleuten Ludwig[?] und Kraft bewohnten, und andern colossalisch hohen und breiten Häusern, sehr verschönert; alle diese Gebäude und Häuser, haben einen hellen Anwurf, größtentheils geschmackvolle Aussenseiten, und heben sich überall über die grünen Flächen der Anlagen verschönernd empor. Oft sind die Durchsichten und Ruheplätze auf sie hingerichtet. – Vor jedem der 4 Thore von Leipzig werden die Alleen und Laubgänge durch große Plätze unterbrochen, welche die Einfahrten in die Stadt ausmachen. Diese Plätze sind zum Theil mehr als 150 Schritte lang und breit, und von den Gebäuden der Vorstadt, größtentheils hübschen und hellüberstrichenen, 2 und mehrern Stockwerke hohen Häusern umgeben. Eine doppelte Baumreihe, Pappeln mit Linden oder Castanien pp untermischt, zieht sich um den Platz her, der mit Rasen belegt, und von dem Fahrwege, aus der Vorstadt nach dem Thore durchschnitten ist. Auf dem Platze vor dem Petersthore steht die marmorne Bildsäule des jetzigen Churfürsten. Auf einen, wie es uns schien, zu hohem Postamente, befindet sich die Inschrift Friederico Augusto – duc – Sax S.R.I. Elect – P.P.Pio fet. – Joblonomus Princeps et Senatus pp 1780.[58] – Der Raum worauf die Statue errichtet worden ist viereckt, mit Linden und Italienischen Pappeln umgeben. – Der Churfürst ist im römischen Costüm dargestellt. – Der Verfertiger ist der verstorbene Oeser, dessen Meissel und Pinsel Leipzig vielseitig verschönert hat.

Die bey weitem schönsten Parthien der Anlagen befinden sich zwischen dem Hallischen und Grimmaischen Thore. Bey den übrigen, macht die Allee die Hauptsache, die freyern, sich windenden Wege, nur die Nebensache aus. Der Raum von dem Fahrwege bis zum Stadtgraben ist zu schmal, als das etwas Bedeutendes in diesem Local hätte angebracht werden können. – Bey den Parthien zwischen dem Hallischen und Grimmaischen Thore hingegen ist es gerade umgekehrt. Hier hat die Anlage nicht das Ansehen eines Spatzierganges um die Stadt. Es ist, bey der treflichen Benutzung des Raums, ein Park entstanden, in dessen Mitte man sich fern vom städtischen Getümmel in ländlicher Einsamkeit zu befinden wähnt; besonders am frühen Morgen, wo der Ort weniger besucht wird. Der Platz hat hier die Breite von etwa 150 Schritten.

Den Eingang in diese schönern Parthien bildet ein, im gothischen Geschmacke gearbeitetes Thor, welches an der äußern Allee sich befindet. Es ist nur Holz, aber durch Farbe und Anwurf von Sand, dem Steine so ähnlich gemacht, daß man nur beym Berühren, durch die geringere Kälte, gewahr wird, daß es aus jenem unedlern Material gearbeitet sey. – Hier ist nicht bloß Ebene, wie in den übrigen Parthien. Sanft hebt und senkt sich hier, der, mit dem lieblichsten Grün bedekte, mit Blumen- und Baumgruppen mannichfaltig und malerisch geschmükte Boden. Große Graßflächen dehnen sich vor unserm Auge dahin. Ein Wald, so scheint es, von dunkeln Nadelholz, oder von hellbelaubten Bäumen umschließt sie, und hemmt den weitern Blick. – Einzelne Wege führen zu einem Teiche, der die Länge von ein paar hundert Schritte hat. Man übersieht ihn nirgends ganz. Er gleicht einem Landsee von malerischer Form. Hier engt er sich, dort dehnt er sich freyer in die Fläche aus. 2 zierliche Brücken verbinden die dies- und jenseitigen Fußpfade. Die eine dieser Brücken ist an beyden Ufern mit Trauerweiden dicht bepflanzt. Ihre tiefern Zweige kühlen sich in dem Wasser des Sees. – An den See hebt sich, nach der Seite des Grimmaischen, der grüne Schneckenberg allmählich empor. Tannengruppen und anderes Gebüsch schmücken ihn. Wir besteigen ihn ohne Mühe. Der sich windende Pfad führt den Spatzierenden unmerklich und leicht, anfangs zwischen abwechselnden einzelnen Gruppen, dann durch dichtes Gebüsch auf die Spitze. – Auf einem runden geebnetem Platze, der 40 Fuß im Durchmesser hat, finden wir uns von allen Seiten mit höhern und niedern, aber dichtem Gebüsch, und zunächst von einer Reihe von Italienischen Pappeln umschlossen. Nur nach einer Seite hin, ist alles offen und frey. Hieher wende den Blick Wanderer! Wir sehen den leisen Abhang des Hügels, auf dem wir stehen, mit seinem Schmukke von blühenden Stauden, an seinem Fuße der See, mit den ihn umschlingenden Pfaden. Hohes Gebüsch schließt ihn von beyden Seiten ein, und giebt dem Blicke die Richtung über den See hinweg nach einer Wiese durch Wald begränzt. Nur eine Oefnung in diesem, und ein ferner Kirchthurm macht den äußersten Gesichtspunkt. An der rechten Seite verschönert das Waisenhaus mit seinem Säulenvorsprunge, wie es sich über die grünen Umgebungen hervorhebt, das Ganze. – Leben und Mannichfaltigkeit erhält es, wenn an schönen Abenden die Wege um den See und im Hintergrunde mit Lustwandelnden angefüllt sind, die sich in allen Richtungen begegnen, die sich am Abhange des Hügels, oder am Ufer des Sees lagern.

–

Was diese heitern Lustgänge, zu jeder Zeit des Tags belebt, und sie noch mehr verschönert sind die Gruppen von Kindern, die man in den Alleen und auf allen Plätzen mit ihren Wärterinnen antrifft. Jeder Leipziger, scheint es, benutzt diese Anlagen als seinen Garten, und sendet seine Kinder dahin, um sie dort in den lieblichen Parthien, angeweht von der reinen Luft, ihre Blüthen-Tage dahin spielen zu lassen. Nicht die Zahl der Kinder, aber ihr frisches gesundes Aussehen, war uns auffallend.

Merkwürdig war es uns, daß nirgend, weder am Eingange noch an den Thoren dem Publicum Schonung der Stauden, Blumen pp anempfohlen wird, daß man keine Polizeybediente, Soldaten pp in den Wegen gewahr wird, und daß dennoch alles frisch erhalten und nirgends die Spur einer verwüstenden, oder zerstörenden Hand erscheint. – Anfangs sollen, wie ich höre, scharfe Mandate gegen die Baum- und Blumenschänder erlassen, auch verschiedene Erwachsene und Kinder an Gelde, oder körperlich bestraft seyn, allein wie wenig helfen Verbote und selbst Strafen, wenn das Volk nicht von einer Achtung gegen öffentliche wohlthätige Anstalten der Art erfüllet und beseelt ist, und um des willen Frevel unterläßt, die es verdeckter Weise zu üben, immer auch bey der strengsten Aufsicht Gelegenheit genug findet.

Was ich in diesen Anlagen einzig vermisse, sind einzelne Gebäude, welche gegen Regen schützen und bequeme Ruheplätze. Von den erstern findet man auch nicht ein einziges, und die Sitze sind viel zu sparsam angebracht; auch sind diese unbequem und von Stein. – Lästig sind die Bettler, die, ich will eben nicht sagen häufig, aber doch auch nicht ganz selten, den Spatziergänger ansprechen. Man kann indessen ihrer bald los werden. Sie sind scheu, und sehen, indem sie leise eine Gabe verlangen, sich nach allen Seiten um, ob auch ein Aufseher sie gewahr werde. Ein lautes absagendes Wort hält sie daher von weitern Ansprechen zurück.

Leipzig verdankt fast alle seine Verschönerungen und besonders auch die dem öffentlichen Vergnügen gewidmeten Anlagen, dem Eifer und der Thätigkeit des jetzt verstorbenen Bürgermeisters und geh. Kriegsraths Müller[59], eines Mannes dessen Andenken jeder Einwohner Leipzig[s] ehrt. – Er gab den Plan dazu an, und setzte ihn, nicht ohne Schwierigkeiten, fest und entschlossen, durch. Er führte selbst die Oberaufsicht, und sah das, schon 1770 angefangene Werk gedeihen und vollendet. – Ohne irgend einen Druk, ohne eine Auflage, machte der vortrefliche Bestand der öffentlichen Casse der Stadt, die der Rath verwaltete, diese Anlagen, die einen beträchtlichen Aufwand forderten, möglich.

–

Nach unsrer Rückkehr von den Promenaden machte ich einen Besuch bey dem Professor Tischbein[60], an den ich empfohlen war. Ich sah bey ihm einige vorzügliche Portraits von seiner Hand und eine Landschaft von Poussin[61], die er als ausgezeichnet rühmte, und die mir, so weit ich es beurtheilen konnte, dieses Ruhms werth schien. – Wir wurden auf diesem Abend eingeladen. Ich nahm die Einladung an.

Dann ging ich zu unsern Landsmann, den Buchhändler Göschen[62], den ich leider nicht zu Hause traf. Er war verreiset. – Mein Weg führte mich vor dem Musäum[63] in der Petersgasse vorbey. Ich benutzte den Vorwand mir eine Beschreibung von Leipzig zu kaufen, um es zu besehen. Es ist von einer Privatperson Hrn. Beygang angelegt. Das Local besteht aus einem Conversations und zwey Lesezimmern, die alle geschmackvoll decorirt und meublirt sind. Der Zweck der Anstalt ist die Lectüre der neuesten Bücher, Journale und Zeitungen. Die Bücher aus allen Fächern stehen gebunden in einem Zimmer und jedes Mitglied kann, nach Verlauf eines Monats seit der Ausstellung des Buchs dasselbe auf 3 Tage zum Lesen ins Haus erhalten. – Fast alle existirende deutsche Journale und einige der vorzüglichsten ausländischen werden hier gehalten, und eine Menge von Zeitungen dazu. Ich fand ausser dem Moniteur[64] und den beßern englischen Zeitungen alle bekannte deutsche und viele, deren Existenz ich nicht einmal geahnt hatte, z.b. eine Deutsche Petersburger und Mitauer Zeitung. – Es gehören zu dieser Anstalt 300 Mitglieder, wovon jedes 12 Rtl. im Jahre bezahlt. Man kann aber auch ¼ Jahre und Monate sich abonniren, und Fremde können es sogar Wochenweise. – Den Nachmittag besuchten wir miteinander die Rostische[65] Kunsthandlung, wo wir aber in dem Gewölbe in der Stadt nicht viel andre Dinge gewahr wurden, als was man bey uns im Freymarkte bey Delwi, Fränkel pp und in Hamburg weit schöner und vollständiger, bey von Axen[66] sieht. Einen besondern Zweig des Rostischen Handels machen die Abgüße von Antiken in Gips oder Thon aus, welche, über Verdienst glaube ich, in unsern Gegenden gesucht und gepriesen werden. Die Niederlage davon ist in der Vorstadt, oder eigentlich in dem sogenannten Zwinger. Vorzügliches habe ich hier wenig gefunden. Die Abgüsse, es waren ihrer eine bedeutende Menge, schienen mir meistens ziemlich stumpf, und manche, wo[vo]n ich früher Originale, oder beßre Abgüße gesehen hatte, sogar entstellt zu seyn. Manche edle griechische Gestalt war kaum wiederzuerkennen. – Was uns noch in Leipzig zu sehen übrig blieb, war das Taubstummeninstitut, welches vormals Heineken[67] dirigirte und der bekannte Concertsaal mit den Oeserschen Deckengemälden im Gewandhause.

Den leztern sahen wir eben nicht in seinem Glanze. Die seit 20 Jahren eingeräucherte Decke wurde eben rein gemacht, was sie denn freylich auch sehr nöthig hatte, denn an den noch nicht gereinigten Stellen war es kaum zu unterscheiden, was die Gemälde vorstellen sollten. – Schön und geschmackvoll wie alles öffentliche in Leipzig ist auch dieser hohe, geräumige, ovale, mit den Deckenstücken von Oeser gezierte Saal. Säulenreihen, wie marmor gemalt, trugen das Gesimse. – Die Deckengemälde stellen die Musen und ihren Anführer dar, sie sind leicht und schwebend wie die Wolken, welche sie umschliessen. – Ein schöner Tanzsaal stößt an diesen Tempel der Musen des Gesanges. – Beyde haben ihre jetzige Gestalt dem geh. Kriegsrath M[üller] zu danken.

Lange streiften wir herum, ehe wir das Taubstummeninstitut auffanden, unser Lohnbedienter kannte es nicht, und alle Nachfrage war lange vergebens. Endlich, nachdem wir in der unausstehlichsten Hundestagshitze, durch die Vorstädte, über Felder und Wiesen herumgelaufen waren, fanden wir es in der Grimmaischen Vorstadt. – Gegenwärtig steht demselben ein gewisser Petschke[68] vor. Die Zahl der Zöglinge, die wir antrafen, betrug 15. Es ist zwar blos Privatanstalt, sie wird aber hauptsächlich vom Churfürsten unterhalten, der aus ganz Sachsen Zöglinge hieher sendet, und für sie bezahlt. Gewöhnlich bleiben sie 5 bis 6 Jahre hier, doch machen ungewöhnliche Fähigkeiten einen kürzern Zeitraum möglich, so wie ungewöhnliche Stupidität eine Verlängerung fordert. – Wir sahen nicht die Art des Unterrichts, Hr. Petschke wollte nicht daran, sondern blos die Wirkungen desselben. Vorzüglich zeichnete sich ein junger Mensch aus Schweinfurth gebürtig, aus, der mit vieler Fertigkeit las und deutlich articulirte, alles was ihm der Lehrer sagte, auf eine Tafel niederschrieb, und mit vieler Leichtigkeit rechnete. Ein anderer schrieb keinen Sprachfehler nieder, wenn Petschke diesen absichtlich im Dictiren machte. Er schüttelte dann unwillig den Kopf und schrieb das Rechte auf die Tafel. – Ein paar Mädchen hatten eine Zeitlang sich durch Zeichen unterhalten, wobey sie muthwillig lachten. –

Endlich kamen sie mit ihren Tagebüchern zu uns, worinn gar sorgfältig bemerkt stand, wer in diesen Tagen da gewesen und was sie an Geschencken von den Fremden erhalten hatten. Wir folgten dem Beyspiele unsrer Vorgänger und kehrten dann zur Stadt zurück. – Nachdem wir ziemlich eilfertig unsere Sachen auf den folgenden Tag zusammengepakt hatten, gingen wir, der erhaltenen Einladung zu folge, zum Rath Tischbein[69], wo wir mit dem Oberappellationsrath Körner[70], dessen Frau[71] und deren Schwester, einer Dem. Stock[72], sämmtlich aus Dresden, dem Musikdirecktor Schicht[73] von hier, und der wirklich sehr liebenswürdigen Tischbeinschen Familie den Abend höchst vergnügt zubrachten. Die Töchter[74] unsers Wirths zeigten sich als Virtuosinnen im Gesange, wie ich die älteste, ein sehr interessantes Mädchen, schon als eine vorzügliche Malerin zu bewundern, Gelegenheit und Ursache gefunden hatte. – Die Stunden flogen. Erst gegen Mitternacht befanden N[ante] und ich uns auf der Straße, nach unserm Gasthofe zurück kehrend.

Meissen, Donnerstag d 19ten August

Leipzig, welches wir heute Morgen um 6 Uhr verliessen, scheint mir in vieler Hinsicht Aehnlichkeiten mit einer aristocratischen Reichsstadt zu haben. Die Verbindung mit dem Landesherrn ist nicht von der Art, wie die anderer Landstädte mit dem Fürsten. Der Leipziger Magistrat hat die Verwaltung der Stadtgüter ohne dem Churfürsten oder irgend Jemanden Rechenschaft darüber zu geben. Er disponirt frey über das Aerarium[75]. Kein Mensch darf fragen: wie er es thue. Der Bürger bezahlt die einmal festgesetzten hohen Abgaben, und weiß nicht, wozu sie verwandt werden, und ob die Stadt dieser hohen Auflagen bedürfe. – Der Magistrat hat ein eigenes Corps Soldaten zu seiner Disposition, welches die Stadt besoldet. Dieses Militair, gegen 100 Mann stark, dem gewöhnlichen Reichsstädtischen nicht unähnlich, doch mehr dem ehemaligen Goßlarschen als dem Hamburgischen oder Bremischen gleich, besetzt ausschließlich die Thore. Die Churfürstlichen Soldaten dürfen als solche nur in den Vorstädten ihr Wesen treiben. Viel Respeckt scheint die Städtische Armee, wie das in den Reichsstädten auch nicht selten der Fall ist, den Bürgern von Leipzig eben nicht einzuflößen, aber freylich sehen die Herren darnach aus, und machen es darnach. In ihren gelben weitschichtigen Kitteln, mehr Vogelscheuchen als Soldaten ähnlich, liegen sie an den Thorwachen herum als wäre: sich bey lebendigen Leibe braten zu lassen, der Zweck ihres irdischen Daseyns. An einem Thore, ich meine es war das Petersthor, sieht die Wache nicht einem Aufenthalte von Beschützern des Vaterlandes, sondern einer Vogelhecke[76] gleich. An diesem Thore befinden sich nämlich unter den objectis misericordiai[77] einige Vogelbauerverfertiger, die mit ihrer Waare, um sie jedem Ein und Ausgehenden recht deutlich ins Auge zu stellen, die ganze Umgebung der Wache ausgeschmückt haben.

Auffallend muß es jedem Fremden seyn, daß er in Leipzig von dem Churfürsten eben so wenig als in den nordischen Reichsstädten vom Kaiser, viel aber von dem regierenden Bürgermeister, von den Verfügungen des Raths pp hört. Churfürstliche Verordnungen habe ich nirgends, aber mehrere Verordnungen des Raths an den Thoren angeschlagen gesehen.

Nimmt man dazu: daß Handel die Hauptbeschäftigung und Nahrungsquelle der Leipziger, wie der Bewohner der größten Reichsstädte ist, daß der Kaufmann dort wie hier, durch Aufwand, Einfluß auf die niedern Stände hervorglänzt, daß Handlungsgegenstände den Hauptstoff des Gesprächs auch im gewöhnlichem Leben ausmachen, so wird jene Aehnlichkeit wirklich sehr treffend. – Auch die Art des Lebensgenusses ist dem der nordischen Reichsstädte gleich. Im Sommer eilt jeder Begüterte in die benachbarten Gegenden, auf ein eignes oder gemiethetes Landhaus, und kommt nur an gewissen Tagen oder Stunden in die Stadt. Man liebt gesellschaftliche Zusammenkünfte jeder Art, und begeht diese als Feste mit Aufwand, Glanz und Pracht. Mehr

Leichtigkeit herscht wohl im Ganzen dabey als in unsern nördlichern Gegenden. Nicht leicht existirt ein geselliges Vergnügen ohne Musik oder Tanz und fast an allem nimmt das schöne Geschlecht Antheil. Ja hier wirklich das schöne Geschlecht; schöngewachsenere, Nymphenartigere Wesen als man hier in solcher Menge auf den öffentlichen Plätzen umherschweben sieht, finden sich so leicht nicht an einem Orte so viele zusammen. – Aber, liegt eben in diesem schönen zarten Wuchse der Keim oder der Anlaß zur Verkrüppelung, oder was ist es sonst? Nirgend sah ich zugleich so viele von der Natur oder durch Verwahrlosung verunstaltete Menschen, besonders Frauenzimmer als hier.

Doch endlich einmal weg von Leipzig, zwischen dem und uns, schon eine Strecke von 7 Meilen liegt. – Ich hatte sie mir schöner gedacht diese Strecke, weit schöner als ich sie wirklich fand. Zwar Anbau des Landes, wie man ihn nur immer erwarten kann, Dörfer überall auf und an der Landstraße, diese Dörfer mit Obstbäumen angefüllt, die ihre Last nicht tragen konnten, aber – auch blos Fruchtbarkeit und Fläche. So geht es von Leipzig bis Wurzen (3 Meile) von da bis Wormsdorf (2 Meile) und von dieser Station bis Stauchiz (2 Meile). Hier ändert sich die Gegend. Berge fangen an, und auf und zwischen Bergen geht es bis Meißen (2 ½ Meile) fort. – Zwischen Leipzig und Wurzen passirten wir Borsdorf, ein ansehnliches Dorf, durch seine schönen Äpfel weit und breit bekannt.

Die Hubertsburger Heide zwischen Wurzen und Wormsdorf war wie wir das nicht erwarten konnten, und vielmehr das Gegentheil vermutheten, der interessanteste Theil des Weges. Bey uns würde man diesen Theil des Weges, der mehr als 1 Stunde lang ist, einen schönen Eichen- und Birkenwald nennen, nach den Bäumen, die der Boden trägt. Hier giebt man der Gegend, ohne auf das zu sehen, was der Boden hervorbringt, den Nahmen des Bodens, der an diesem Flekke gerade dürr und Heideartig ist. – Eine halbe Stunde vor Wormsdorf, hatten wir immer das Hubertsburger Schloß vor uns, bekannt durch den darauf geschlossenen Frieden[78],

Ansicht des Burgbergs von Meißen

der nach einem verheerenden Kriege, Deutschland die langersehnte Ruhe wiedergab. In Wormsdorf hatten wir das Schloß, wie es auf dem grünen Hügel unbewohnt und einsam da liegt, nahe vor uns. Es wird jetzt als Kornmagazin benutzt. – Das langsame fahren unsers Leipziger Postillons verursachte, daß wir in Stauchiz, der lezten Station vor Meißen so spät ankamen, daß die Sonne schon tief am Horizont stand und bald von uns zu scheiden drohete. Es war indessen, nach dem schrecklich heissen Tage, ein herrlicher Abend geworden. Da wir nicht gleich Pferde erhalten konnten – die Erndte macht uns gegenwärtig oft diesen Auffenthalt – so benutzten wir die Zeit so gut wir konnten, und nahmen in einer Laube des Posthausgartens mit aller Gemächlichkeit unsern Kaffee ein. Alle Gegenstände waren so schön von der Abendsonne beleuchtet. Die vollen Bäume bogen ihre Aeste um uns nieder, vor uns blüheten mannichfaltige Blumen. So ein Abend in Tharand, oder in den Böhmischen Gebirgen wünschten wir, und sprachen von den Freuden, die unserer warteten. – Ein junger Reisender aus Dresden setzte sich zu uns und rühmte die Herrlichkeiten seiner Stadt und seiner Gegend. – Die Pferde waren endlich angespannt, es war schon dunkel geworden, und wurde immer finsterer. So viel sah ich indessen bald, daß die Gegend sich änderte, und daß die längst ersehnten Berge angekommen waren. Es ging häufig auf und ab, und zwischen Hohlwegen hin. Besonders bey dem Dorfe Zähren ging es ziemlich steil in die Tiefe hinab. Jetzt ging der Mond auf. Ich sah – die Elbe, Lichter schienen vom andern Ufer herüber. Ich wekte Nante, die seit 1 Stunde eingeschlafen war. Sie freute sich das Ziel ihrer Wünsche so nahe zu sehen. Im Mondlichte erblickten wir jenseits der Elbe und disseits buschigte Anhöhen. – So kamen wir um 11 ½ Uhr in Meißen an, das uns mit seinen breiten Gassen und hellen Häusern angenehm überraschte und kehrten im goldnen Hirsche am Markte ein.

Meißen, Freitag d 20sten August.

Wir hatten über das Buschbad bey Meißen von Reisenden und Einheimischen so viel Schönes gehört, daß wir es uns nicht versagen konnten, eine Fußreise dahin zu machen, besonders da es uns hier so nahe lag. Es ist nur eine Stunde von Meißen entfernt. – In aller Frühe um 6 Uhr traten wir unsre Wanderung, ohne Führer an, weil man uns versichert hatte, wir könnten gar nicht irre gehen. Das konnten wir denn freylich auch wohl nicht, wenn uns so gut als den Meißnern jeder Stein auf dem Strassenpflaster bekannt gewesen wäre. So aber schlugen wir gleich vom Markte aus uns in die unrechte Straße, und kamen statt aus dem Thore, auf den Kirchhof der Stadtkirche. Hier wurden wir zwar von einer im Fenster liegenden Dame, die uns herum irren sah, auf einen andern Weg gewiesen, aber der rechte war es wieder nicht, das merkten wir bald; bey der Unterredung mit der Dame vom Fenster herab und wieder hinauf, hatte die verschiedene Mundart uns einen Querstreich gespielt, sie hatte unser Niedersächsisches, oder wir ihren uns etwas Cauderwelsch klingenden obersächsischen Dialekt nicht gehörig verstanden. – Also noch einmal rechts um gemacht, nachdem wir Meißen schon so ziemlich nach allen Richtungen durchstreift waren. Endlich hatten wir die rechte Fährte gefunden, und waren bald aus der Stadt, zwischen hohen, mit Wein bewachsenen Bergen am Ufer eines rauschenden Mühlenbachs, der Trebisch, dessen Krümmungen wir nur folgen durften, um zu unserm Ziele zu gelangen. Auf einem schönen betretenen Fußpfade gingen wir durch das angenehme Thal über Wiesen hin, von der rauschenden Trebisch durchwässert. Wir sahen oder hörten sie überall. Da wo die Berge näher aneinander rücken, und wo dichtere Waldung statt der Weingärten sie bedeckt, wo der Fußpfad durch Baumgruppen sich schlängelt und Felsen aus dem Waldgebirge steil hervortreten, liegt, von diesen Bergen und Felsen umgeben, das einsame Buschbad. – Ein kleines Badehaus – einfach aber geschmackvoll gebaut von einem Stockwerk mit einem auf Säulen ruhenden Vorsprunge, mit Pappeln umpflanzt – 2 noch einfachere Häuser an beyden Seiten zu Wohnungen für Badegäste bestimmt, und mit Tanz- Billard- und Conversations-Zimmern versehen – ein hölzerner Pavillon vor dem Badehause, wo gefrühstückt und zu Mittag gegessen wird, ein schmaler am Waldberge fortlaufender geebneter Pfad – das ist ungefähr alles was die Kunst für diesen stillen Ort gethan hat. Es bedurfte auch ihrer helfenden Hand nicht weiter. Nur ein Obdach brauchte sie dem Badelustigen oder Bedürftigen zu bereiten, für alles übrige hatte die Natur reichlich gesorgt.

Im Pavillon vor dem Badehause schmeckte uns das Frühstück vortreflich. Wir waren noch ganz allein, von den Badegästen schien sich noch keiner aus den Armen des Schlafs losgewunden zu haben. Wo der Pavillon nicht durch herabgelassene Vorhänge gegen die Sonne geschützt war, hatten wir den freyen Blick auf die schöne mit Wald und Berg umschlossene Wiese. Die rauschende Trebisch, die nicht weit vom Bade eine Mühle treibt, wie sie den[n] von Meißen bis

Das Buschbad bei Meißen

dahin ihrer 7 in Bewegung setzt, machte uns die Tafelmusik. – Nach einigen Ausruhen machten wir einen Gang in das, das Bad umschliessende Waldgebirge, wo man von den höhern Standpunkten, angenehme Aussichten in das Thal mit seinem lieblichen Grün und dem sich windenden Bache und auf die jenseitigen Höhen und Felsen hat. Bey unserer Rückkehr im Pavillon, waren einzelne Badegäste hervorgekommen, und hatten sich auf den Stühlen umher gelagert. Viele mochten wohl überhaupt nicht da seyn, denn mehr als höchstens ein Dutzend konnten wir nicht zu Gesichte bekommen, und diese sämmtlich Einwohner von Meißen, wollten es nicht recht von sich geben, daß und wie gering ihr Badeort besucht sey. Sonntags und zum Theil auch schon am Sonnabend Nachmittag ist die glänzenste Zeit des Buschbades. Dann ist hier Musik – der Stadtpfeifer zu Meißen, nebst seinen Gesellen wartet damit auf – und Tanz. Dann kommt die Meißnische Welt heraus, nicht um die heilende Nymphe des Quells zu opfern, sondern um nach den Tönen des Stadtpfeifers in einem sonnigten Saale sich ein Schwitzbad zu bereiten, und am Merseburger Bitterbiere, – jedem Sächsischen Gaumen ein Nektar, sich zu laben.

Da es schon um 9 Uhr das Ansehen zu einem fürchterlichem heißem Tage gewann, so hielten wir es für zweckmäßig uns durch ein kühlendes Bad auf den Rückweg zu stärken. Wir empfanden die wohlthätigen Wirkungen, wie wir gehofft hatten, und traten um 11 Uhr unsre Rückreise an. – Ein unausstehlich schwüler Morgen! – Erst nach anderthalb Stunden kamen wir, bestaubt, glühend und ermattet hier im Gasthofe wieder an.

Das Buschbad, aus dem wir eben zurükgekehrt sind – seinen Nahmen erhielt es von seiner Lage – wurde vor wenigen Jahren von einem Stadtphysikus in Meißen angelegt.[79] Anfangs ward es auch von Entferntern besucht, seit dem vorigen Jahre – war es, weil der Reiz der Neuheit sich verlohren hatte, oder wegen Mangel des Bades an heilender Kraft – seitdem war es größtentheils aus einem Curorte zu einem Place de Repos der Meißner herabgesunken, die hier an gewissen Tagen, wie gesagt, dem Gerstengotte Libationen[80] bringen. – Wirklich ist es zu einem Lustorte ganz geeignet, da der Weg bis dahin kurz und die Gegend äusserst angenehm ist, daß man aber so viel Aufhebens davon macht, als geschieht, muß man wohl der Vaterlandsliebe der Sachsen zuschreiben, die nun einmal alles, was sie von Naturschönheiten haben, zu dem vorzüglichsten der bekannten Welt erheben.

Ein erquikender Nachmittagsschlaf von einer Stunde, hatte uns so weit wieder gestärkt, daß wir den schon aufgegebenen Plan wieder zur Ausführung zu bringen Muth bekamen – vom Thurme der Domkirche herab in das Gelobte Land herein zu schauen, das wir nun betreten sollten. In den Mittagsstunden wäre das wirklich unausführbar gewesen, so ermattend und Gewitterhaft war die Luft. Jeden Schritt im Zimmer mußte man mit einem Strohme von Schweiß erkaufen, wie theuer dann den Berganführenden Weg nach dem Dome und auf seine Spitze? Um 4 Uhr Nachmittags, gestärkt durch die genossene Ruhe, und da eine etwas kühlere Luft durch die Fenster eindrang, glaubten wir uns stark genug, den Weg auf die Höhe vornehmen zu können. – Ohne weitere Nachfrage hielten wir die nahe gelegene, auf einer Anhöhe befindliche Kirche, für die rechte, und erstiegen den offen gefundenen Thurm, wo die Stadt und die bergigte Gegend umher in lieblicher Mannigfaltigkeit unter und vor uns lag. – Ein alte Thurmwächter, den wir durch den ungewohnten Besuch aus seinem Adlerneste gelockt hatten, riß uns auf einmal aus dem schönen Traume: mit so leichter Mühe unser Zweck erreicht zu haben. Ja recht schön ist es hier, sagte er, als wir die Vorzüge seiner Aussicht rühmten, recht schön und luftig zu wohnen; wenn ich aber die Wahl hätte, und einmal auf einem Thurm wohnen müßte; so zöge ich doch lieber auf den Thurm des Doms, da ist die Aussicht – – – Also, fragte ich, ihn unterbrechend, diese Kirche ist nicht der Dom? Bewahre Gott, erwiederte er, hier linker Hand auf dem Berge, das ist der Dom, wo alle Fremde hinaufsteigen, um sich umzusehen, da sieht man Dresden, die Böhmischen Berge, den Königsstein, wovon man hier auf dem niedrigern Standpunkte nichts gewahr wird. – Das waren fatale Worte, hätte der Mensch uns doch nur in dem unschuldigem Wahne gelassen, bey dem wir uns so wohl befanden! Aber die Täuschung war einmal gestört, wir mußten nun doch das Beßere auch noch sehen. Also wieder von Stadthurm herab, um auf den Domsthurm hinaufzuklettern. – Es war doch noch auf dem Wege, den Berg hinan, fühlten wir es, sehr heiß geblieben. Wie aufs neue gebadet, standen wir endlich vor der Thüre des Doms, den Küster, der aufschliessen sollte, erwartend. Er kam, und zeigte uns den Weg in die Kirche. Ich folgte zuerst. Ein Schauer überfiel mich, als ich eintrat, und die kühle, nein die Eiskalte Luft aus dem hohen Gewölbe mir entgegendrang. Nante, mir folgend, schrie bey eben der Empfindung laut auf. – Wir trieben den Küster – er hatte sich bedächtig beym Altar hingestellt, diesen nach Küsterweise mit der linken Hand angefaßt, um die Rechte zum Accompagnement seiner Rede über die Merkwürdigkeiten der Kirche zu gebrauchen – wir trieben ihn von dem heiligen Ort weg, um schnell auf die Höhe zu einer wärmern Luft zu gelangen. – Alles widerreden seiner Seits war umsonst, er mußte fort; nach dem Herabsteigen versprach wir, sollte sein Sermon vier willige Ohren finden (die Seinigen nicht mitgerechnet). Bald waren wir die 188 Stufen hinan, wir hatten, was wir hofften, warme Luft, die Ueberzeugung: daß uns die schleunige Abkühlung nicht geschadet habe – wovon unsre Taschentücher nachzusagen wissen – und einen noch viel schönern Blick in die reiche Gegend. – Jetzt sahen wir – nicht im Traume mehr – Dresden mit seinen Thürmen und Häusern, den Königsstein, und Lilienstein, und hinter allem dem, blaue, 17 Meilen entfernte Böhmische Berge. – Auch die Schneekuppe und Landskrone vom Riesengebirge zeigte uns unser Führer. Ob sie es waren? er muß es ja wohl beßer wissen, als wir, die Fremdlinge. – Als wir wieder unten waren, schenkten wir dem Küster ein Stück Geld, und – seine Rede über den Inhalt der Kirche, wozu er den Mund, so bald wir sie aufs neue betraten, wieder öffnete. Vor Verwunderung blieb das Thor, aus dem der Strom der Rede eben ausfliessen sollte, offen, als wir von dannen gingen, um lieber die wirklich merkwürdige Kirche nicht zu sehen, als uns total zu erkälten. – Beym zuhausekommen, fanden wir die Pferde schon vor unserm Wagen, die wir so spät bestellet hatten, um gerade in der vortheilhaften Abendbeleuchtung die hochgepriesene Gegend zwischen Meißen und Dresden zu sehen.

Dresden, Freitag Abends d 20sten August

Es war fünf Uhr als wir heute Nachmittag das heitre Meißen verliessen. – Wir hätten gern die größte Merkwürdigkeit des Orts, die Porcelanfabrick, die 600 Arbeiter ernährt und beschäftigt gesehen, aber ein strenger Befehl des Grafen Marcolini[81] hatte erst kürzlich die Zulassung der Fremden in die Fabrikstätte der Künstler und Arbeiter auf dem Meißner Schlosse aufs neue untersagt. Die Niederlage konnten wir, wenn wir es wollten, vollständiger und mit mehr Muße hier in Dresden sehen.

Sehr viel, etwas ganz ausgezeichnetes hatten wir von dem Wege zwischen Meißen und Dresden erwartet. Wir mußten es wohl. Ueberall findet man in Reisebeschreibungen diese Gegend als eine der schönsten und erhebensten in Deutschland geschildert, in Sachsen spricht jeder mit Enthusiasmus und Entzücken davon, und auf Kupferstichen sind die interessantesten Parthien herausgehoben, auch durch künstlich gewählte Standpunkte, und hinzu gedichtete Vorgründe so dargestellt, als gehörten diese Parthien zu den erhabensten und höchsten. – Unsre Erwartung mußte gespannt seyn, sie wurde, obgleich wir die schönste Tageszeit gewählt hatten, nicht ganz befriedigt.

Am hohen Ufer der Elbe dachte ich mir, würde die Landstraße die ganze Strecke hinlaufen, hohe Berge von mannichfaltiger Form, würden bald engere, bald weitere Täler bilden, hie und da einen freyen Durchblick in fruchtbare Ebenen gestatten, dann sich wieder an einander ziehen, und die Aussicht schliessen. Ich sah im Geiste die Spitzen der Berge mit Ruinen von Burgen und Schlössern und Warten geziert, Felsen aus dem Bette der Elbe in malerischen Formen sich empor heben, und überhaupt Rauheit der Natur mit milder Fruchtbarkeit wechseln.

So fanden wir es denn nun freylich nicht. Es ging uns gerade wie dem Rath Campe mit der Bergstraße.[82] Wir hatten auf dem ganzen Wege eine reizende, liebliche Gegend um uns her, sahen aber immer in die Ferne hinaus: ob es nicht bald noch beßer kommen würde und es blieb wie es war, bis der Abend heran kam, und wir uns vor der Barriere von Dresden befanden. – Den schönsten Theil des Weges begreift die erste halbe Meile von Meißen aus in sich. Die Elbe floß uns zur Rechten, und schön bewachsene Berge stiegen am jenseitigen Ufer auf. Die Schlößer Siebeneichen und Scharfenberg liegen malerisch auf diesen Höhen. Links an der Landstraße Weingärten an den Felsen hinan gepflanzt, und mit Mauern von Feldsteinen terrassenförmig eingefaßt, damit der Regen die fruchtbare Erde nicht wegspüle, womit der Eigenthümer den nackten Stein belegte. Winzerhütten, kleine Belvederes liegen überall an und auf diesen Felsen, und Dörfer schliessen sich an Dörfer, alle mit Obstgärten versehen. Die Bäume konnten auch auf diesen ganzen Strich ihren Reichthum ohne Stützen nicht tragen.

Bey dem Dorfe Carlowitz verliessen wir durch eine Biegung links die Elbe, und erst nahe vor Dresden hatte wir sie wieder zur Seite. Wir sahen sie auch in der Zwischenzeit überall nicht. – Das raubt der Gegend den schönsten Schmuck. Immer aber bleibt sie im höchstem Grade fruchtbar, immer fährt man durch wohlgebaute Dörfer oder neben diesen hin, immer sieht man die beyden Bergreihen an den entgegen gesetzten Seiten der Elbe, näher oder in der Ferne, und immer sind die, zum Theil meilenlangen Ebenen, über welche der Blick hinstreift voll Anbau, Dörfer, Landsitze und einzelner Wohnungen. Man könnte mit Recht sagen, die Strecke zwischen Meißen und Dresden sey eine lange, nur selten unterbrochene Kette von Wohnungen aller Art. Unbenutzt und unbearbeitet ist auch nicht eine Erdscholle, so weit das Auge reicht, auf diesen 3 Meilen.

Je mehr wir uns Dresden näherten, desto mehr Landhäuser und Pavillons an und auf den Weinbergen, an der linken Seite der Landstraße. Bey Zischewig stehen auf 4, nacheinander folgenden Bergspitzen, eben so viel Belvederes, um die ich die Besitzer beneidete: und gedrängter, als auf dem übrigen Theile des Weges liegen Landhäuser an den terrassirten Weinbergen umher. – Die einbrechende Dunkelheit entzog uns den Anblick Dresdens aus der Ferne beynahe ganz; wir mußten die Thürme, die uns der Postillon zeigte, in der blauen Ferne mehr ahnen, als wir sie wirklich sehen konnten. – Eine vorzüglich schöne Chaußee; die anfangenden Reihen von Pappeln an beyden Seiten des Weges; die sich vermehrenden Reiter, Fußgänger, Cabrioletts und Chaisen, die uns begegneten oder denen wir vorüber fuhren, ver-

Dresden, Wilsdruffer Gasse und Gasthaus zum Goldenen Engel, 1842

riethen die Nähe einer großen Stadt. Nun sehen wir hie und da Lichter hervorschimmern, und sich mehren; wir waren vor der Barriere. Wie in Halle wurde nach accisbaren Sachen gefragt, und ein Zollvisitator kündigte seine baldige Erscheinung im Wirthshause an. Durch breite, schönerleuchtete Gassen kamen wir an die große, uns unermeßlich lang scheinende Elbbrücke, die von auf und abgehenden wimmelte. Zur Rechten liessen wir die catholische Hofkirche, die wir nach unserm Kupferstiche sogleich dafür erkannten; fuhren durch das Schloß eine breite mit hohen Häusern besetzte Gasse hinauf; bogen dann rechts, neben einem großen Platze, in eine andre eben so breite Straße, und hielten vor dem goldnen Engel.

Der Postillon, von einem andern Wirthe bestochen, hatte uns unter dem Vorwande: es sey hier gewiß kein Zimmer mehr frey, nicht hieher bringen wollen, und die Wache, wahrscheinlich in gleichem Verhältnisse gegen jenen Wirth, hatte die Versicherung des Postillons bestätigt. Ich stieg, um mich selbst zu überzeugen: ob wir auch vor dem Engel wären? vom Wagen, und wir erhielten, da ich mich dessen versichert hatte, zwar nicht im eigentlichen Engel, aber doch in einem Appendix desselben, quer gegen über, ein Zimmer für uns und ein anderes für Hinrich ohne Schwierigkeit.

Ein sehr beredter Hausknecht führte uns in unsre neue Wohnung ein, deren Vorzüge er uns anzupreisen eifrigst bemüht war, und brachte uns, nachdem abgepackt worden, und der Visitator, wie gewöhnlich, gegen die Gebühr nicht visitirt hatte, nach dem goldnen Engel zurück, wo wir eine zahlreiche Gesellschaft fanden, die schon am Tische saß. Es wurde uns ein Verzeichniß der vorhandenen Gerichte vorgezeigt, aus denen wir, was wir wollten, auszuwählen hatten. Die Wahl war bald vorgenommen, die Mahlzeit wegen der unausstehlichen Hitze im Zimmer, bald geendigt. Wir werden den Gott des Schlafs nicht lange um seine schöne Gabe zu bitten nöthig haben. Die ausgestandene Hitze des heutigen Tages, unser vortreflich damit contrastirendes, kühles Zimmer und die reinlichen einladenden Betten; denen ich schon manchen sehnsuchtsvollen Blick zugeworfen habe, werden es schon machen, daß die vier Augen bald sich schliessen. Du aber Gott der Träume, den wir hier, in dem Versammlungsorte aller Götter des hohen Olymps, ohne Zweifel werden von Angesicht kennen lernen, führe uns die lieblichen Bilder von Meißens Gegenden noch einmal zurük, damit sie unserm Gedächtniße um so treuer künftig vorschweben, und wir morgen heitern Sinnes und empfänglich für neue Genüße, erwachen.

Dresden, Sonnabend d 21sten August.

Unser Zimmer liegt an einer der lebhaftesten Straßen von Dresden, der Wilsdrufer Straße, und nicht weit vom Thore, das ihr oder dem sie den Nahmen giebt. Ungeachtet unsers gestrigen Entschlusses heute einmal der Macht des Morpheus freyes Spiel zu lassen und bis zum hellen lichten Morgen, das heißt, bis 7 oder 8 Uhr zu schlafen, weckte uns „schon um die sechsste Stunde" (wie man hier spricht) das Geräusch und besonders das laute Gespräch der zahlreich Vorübergehenden. Wir befinden uns ja in Sachsen, wo jeder von dem, was er vorgenommen hat oder vornehmen will, laut und mit jedem der ihm in den Weg kommt laut und ausführlich sprechen muß. Vornehmlich bemerkten wir diese Tendenz an dem weiblichen Geschlechte, von dem einige Individuen sich in früher Morgenstunde in die Nähe unsers Fensters gelagert hatten, und so lebhafte Gespräche mit so heller Stimme führten, daß es durchaus unmöglich war länger zu schlafen. – Wir öffneten die Fensterladen, um beym Kaffee, der bestellet und bald gebracht wurde, das Local, in welchem wir uns befanden, bey Tage zu sehen, und die Vorübergehenden zu mustern. Wir fanden die Straßen über unser Erwarten so früh Morgens mit Menschen angefüllt, meist Bauern und Bäuerinnen, die ihre Waaren zu Markte brachten, und von Dienstmädchen und Leuten geringern Standes, die einkaufen wollten, oder mit den erhandelten Victualien zurückkehrten. Später passirten auch elegante Frauenzimmer vorüber; von ihren Mägden begleitet, oder in saubern Körbchen und Tüchern die eingekaufte Waare heimtragend. Es ist, wie ich später hörte, dieses Einkaufen der häuslichen Bedürfniße auf offenem Markte, hier keiner Hausmutter, wes Standes sie sey, unanständig, und die zierlichsten seidenen oder moußelinenen Schleppen winden sich an den Markttagen zwischen den bestaubten Füßen der einkaufenden uneleganten Welt, und der Sächsischen und Böhmischen Gemüse- und Obstverkäufer hindurch.

Mit diesem Anschauen des Wirkens und Treibens auf der Straße, das durch Fremde, die vor dem goldnen Engel, uns gegenüber ankamen oder wegfuhren, durch aufmarschirende Soldaten, und durch einen Leichenzug, der mit einem Gefolge von schwarzen Kutschen, langsam daher zog, Abwechselung erhielt; und mit Schreibereyen, die wir bis Dresden verspart hatten, verging der Morgen. – Bey Tische trafen wir unter den großen Haufen, ein paar junge Reisende, die durch ihr Benehmen sich vortheilhaft auszeichneten, den Regierungsassessor von Reichenmeister, aus Minden und den Husarenlieutnant von Fink, aus Berlin. Sie suchten Gesellschaft, um die Merkwürdigkeiten von Dresden: das grüne Gewölbe, die Meng[s]schen Abgüsse[83], die Antikensammlung, den Königsstein pp zu sehen, und standen deshalb schon mit einer alten Gichtbrüchigen Geheimeräthin, aus Berlin in Unterhandlung, die, nebst ihrer jungen Reisegefährtin die Tischgesellschaft mit ihrer Gegenwart beehrte. Daß sie der Meinung war, leuchtete aus ihrem ganzen Betragen hervor. Da sie den beyden Andern gegen diesen und jenen Vorschlag Schwierigkeiten machte, und ihr dabey Manches nicht recht war, so tratt ich in die Mitte, und fiel ihr, was ich in Bremen nach unsern Statuten nicht hätte thun dürfen, geradezu in den Handel. Reichemeister und Comp., wie sie merkten, daß mit uns beßer fertig zu werden sey, traten gleich auf unsre Seite, und wir verabredeten noch den Nachmittag das grüne Gewölbe, und die Meng[s]schen

Abgüsse zu sehen, übermorgen aber zusammen den Königsstein zu begrüßen. Nun wurde die Alte auf einmal nachgiebig, sie erklärte sich mit allem zufrieden, und wünschte, um die Kosten zu mindern, sich an uns anschliessen zu dürfen. Ihre Gründe sich zum Nachgeben zu bequemen, bestimmten uns, sie in die Compagnie aufzunehmen und nach aufgehobener Tafel gingen wir jüngern, die alte Geheimeräthin ließ sich überall in einer Sänfte hintragen, nach dem Schloße, wo sich die Herrlichkeiten des grünen Gewölbes vor unsern Augen aufthun sollten.

Unser sehr eilfertiger Führer ließ uns nicht lange bey einem Gegenstande verweilen. Mit der Äußerung: man müße wohl 4 Wochen zubringen, wenn man alles sehen wolle, führte er uns schnell, und, oft die Zurückbleibenden zum weitern fortgehen treibend, durch die, 7 ersten Zimmer, wo er neben artigen Späschen, denen gleich, welche die Lehrer der Jugend auf Universitäten vorzutragen pflegen, uns einzelne Sächelchen, meistens die unbedeutendern, vorzeigte, und weiter nun auch nichts besehen haben wollte. So flogen die Modelle von Monumenten aus Erz im ersten Zimmer, die künstlichen Arbeiten im zweyten, die silbernen Geräthe im dritten, die goldenen und vergoldeten des vierten, die mit Edelsteinen und Perlen besetzten Sächelchen des fünften und sechsten; endlich die geweiheten Kleidungsstücke, Huth und Degen, ein Geschenk des heil. Vaters an König August II[84], und die sonst als merkwürdig gepriesenen Dinge des siebenten Zimmers wie die Schattenbilder einer Zauberlaterne vor uns vorüber. – Einen vortreflich aus Elfenbein von Michael Angelo[85] gearbeiteten Gekreuzigten fand ich von ungefähr auf, indeß unser Führer sich bey einer Spielerey, einem kleinen Modelle eines Schifs ebenfalls von Elfenbein, nach seiner Art ungewöhnlich lange, verweilte. – Von den übrigen habe ich wenig im Gedächtniß behalten können, auch mögen wohl die meisten prächtigen Spielzeuge des Aufbehaltens – in der Erinnerung meine ich – nicht werth seyn. – Ob übrigens ein Onyx, den man uns zeigte, und der mehr als 40.000 Rtl. gekostet haben soll, der größte, oder einer der größten in der Welt sey, kann ich nicht beurtheilen. Merkwürdig waren mir doch die Arbeiten des verstorbenen Künstlers Dinglinger[86] aus Dresden in Emailie, freylich größtentheils Püppchen von der Höhe einiger Zolle, aber die Dinge sind doch wirklich sehr niedlich gearbeitet und die kleinen Personagen haben in Gesicht, Figur und Stellung Ausdruck und Leben, wie manche colossalische neuere Bildsäule oder Gruppe sie nicht hat. Es mögen wohl 100 Figuren seyn, die den großen Mogul in allerley Stellungen umgeben, der hier im kleinen und emaillirt seinen Geburtstag celibrirt.[87] Das Werk hat dem Künstler aber auch einen guten Theil seines Lebens, beynahe 11 Jahre, und dem Könige August II mehr als 80.000 Rtl. gekostet. 15 Personen arbeiteten mit D[inglinger] und unter seiner Anführung daran. Ist das Kunstwerk dieses Aufwandes an Kräften, Zeit und Geld werth? – Ich möchte daran zweifeln. – An die ungestalteten grossen Perlen, aus denen man Menschenleiber gemacht, und Arme, Beine pp von Perlen angeklebt, mag ich gar nicht denken. Der Anblick war mir widerlich. –

Die alte Geheimeräthin war schon seit dem Eintritt ins zweyte Zimmer in Verlegenheit, wie sie alle die Herrlichkeiten genug preisen sollte. Mit einem: ah c'est delicieux hatte sie schon im ersten Saale angefangen, und schon da war sie bis zur Göttlichkeit fortgeschritten. Mir war es wirklich spaßhaft zu sehen, wie die gute Dame sich im zweyten und dritten Zimmer abarbeitete, um ihr Erstaunen und ihre Bewunderung von sich zu geben. Aber, was sollte die arme Frau anfangen, als ihr im achten, und dem Himmel sey Dank, leztem Saale die verschiedenen Garnituren, von Stock- und Rockknöpfen, Schnallen, Epaulets, mit Rubinen, Saphiren, Smaragden und – oh es verblendet die Augen – mit Brillanten zwiefacher Art besetzt vorgelegt wurden. Gar andächtiglich hörte sie zu, als der Herr geheime Kämmerier erzählte, wie Sr. Churfürstl. Durchlaucht sich blos der beyden Garnituren von Diamanten an den beyden großen jährlichen Hoffesten, und zwar das einemal der hochgeschliffenen, das andremal der glattgeschliffenen, bedienten. Sie hätte keinen größern Wunsch, sagte sie, als den Herrn in dem Galla, oder Sr. Durchlaucht, die Frau Churfürstin mit der grossen brillantenen Brustschleife, und was dem anhängig ist, verziert zu sehen. – Wahr ist es denn freylich, blendend und königlich prächtig sind diese Churfürstlichen Verzierungen; das damit angefüllte achte Zimmer des grünen Gewölbes mag immer so viel als manches Deutsche Fürstenthum, werth seyn. Soll doch ein einziger Brillant von den vielen, die hier aufbewahrt werden, von den Prachtliebenden August II mit 200.000 Rtl. bezahlt seyn! – Von diesen Steinen ging es zu andern die der Ew. G[eheime]R[äthin] weniger, uns desto mehr behagten, zu der Sammlung von antiken Statuen und Gruppen, welche im sogenannten Japanischen Palais am weissen Thore aufgestellt ist. Wir hatten uns vorgenommen zu diesen schätzbaren Reliquien mehrmals zu wallfahrten; und so benutzten wir den heutigen Besuch blos zu einer vorläufigen Uebersicht des Ganzen, und dazu: uns dasjenige auszumerken, was uns vorzüglich beym nähern Anschauen interessant werden könnte. – Flüchtiger als wir, die wir blos vorläufig sehen, eilten unsre Gesellschafter beyderley Geschlechts, die diese Sammlung doch nur einmal in Augenschein nehmen wollten vor den Meisterwerken griechischer Kunst vorüber, und die alte G[eheime]R[äthin] kam mit ihrem c'est delicieux! hier erst sehr spät an den Tag. – Mein Urtheil über das Ganze, wie über das Einzelne dieses Kabinetts, in so fern ich darüber urtheilen kann, will ich erst niederschreiben, wenn wir zum Zweytenmal dort gewesen sind.

Die junge Gesellschafterin der alten Dame, welche Leztere ganz das Ebenbild der alten Hofdame in Iflands Elise von Wallberg[88] ist, schien nicht wenig froh, als diese sich nach Hause tragen ließ, und sie mit uns allein, ohne allen Zwang nach dem Garten am Japanischen Palais spatzieren konnte, der mit seinen altfranzösischen, steifen Anlagen uns nicht besonders gefiel. Desto schöner fanden wir die Aussichten von den höhern Standpunkten des Gartens, und auf den Ruhebänken erquikten wir uns an dem milden

Abend, nach der drükenden Schwüle des heutigen Tages. – Durch die hohen Citronenbäume des Zwingergartens kehrten wir, unter herzlichen Wünschen, daß ein Gewitter der lästigen Hitze ein Ende mache, nach dem Engel zurück, wo Hitze und das bevorstehende Lustlager zwischen Dr[esden] u. Pirna fast die einzige Unterhaltung beym Abendessen ausmachten. Zu dem ersten Gegenstande lag den auch die Veranlassung gar zu nahe: das Eßzimmer glühte.

Dresden, Sonntag d 22ten August.

Unser Wunsch ist unerfüllt geblieben; auch nicht eine Wolke zeigte sich am Himmel; der Gott des Tages schoß seine Pfeile fast noch unbarmherziger als gestern auf die Erde herab. – Wir hatten den Morgen dazu bestimmt, die Stadt nach allen Richtungen zu durchkreuzen, und dann uns in die Hofkirche zu verfügen, wo alle Sonntag in Gegenwart des Churfürsten und des ganzen Hofs ein feyerliches Hochamt gehalten wird. – Das Durchkreuzen der Stadt mußte nun wohl größtentheils unterbleiben. Nachdem wir ein paar Straßen der Altstadt durchwandert hatten, fühlten wir uns so ermattet, daß wir unwillkührlich die Gasse einschlugen, die uns zunächst nach dem Engel führte, und ohne darüber uns lange zu bereden, in unser kühles Zimmer zurückkehrten, wo uns die Ruhe treflich ankam. – Gegen 11 Uhr ging es in die catholische Kirche. Kutschen rollten uns auf der Schloßgasse vorüber; die Schweitzer am Schloße waren auf den Beinen, neben uns hin zogen Schaaren von wohlgekleideten Leuten; Hofcavaliere, schwarz, mit grossen befiederten Chapeaubas[89] schwebten leichtfüßig dahin; alles nahm mit uns einen Weg in die Kirche. Hier, in diesem hohen Gewölbe war anmuthige Kühlung. Der Churfürst war schon da, und ein weisser Mann auf dem geistlichen Rednerstuhle, mißbrauchte, so weit ich ihn verstehen konnte, die Gelegenheit den Leuten etwas Gutes zu sagen. In dem fatalen singenden Tone, womit mich schon öfter Katholische Kanzelredner aus der Kirche gejagt haben, saalbaderte er etwas von einem Christlichen Lebenswandel und der ewigen Seligkeit, so trivial und elend, daß, wenn ich Churfürst von Sachsen wäre, dieser Mann heute zum leztenmal sein Amt verwaltet hätte. – Durch Finsterniß geht der Weg zum Lichte, so auch hier. Kaum hatte der Mann im weissen Kleide es so weit gebracht, daß seine meisten Zuhörer ruhig schliefen – das können sie wohl, nur schnarchen müßen sie nicht – als die herrliche Orgel auf die Meße vorbereitete. Auf dem mit sammten Decken belegten Altar, brannten, dem Tageslichte zum Trotz – einige 20 Wachskerzen auf silbernen Leuchtern: das Hochamt begann. Prächtig gekleidete Priester trieben mit den weißen klingelnden Chorknaben ihr langweiliges Wesen vor dem Altar, was mich wenig interessirte. – Ehe das Unwesen seinen Anfang nahm, mußten die in der Kirche versammelten Männer von den Frauenzimmern sich trennen, jene nahmen die Kirchenstühle links, diese die an der rechten Seite liegenden Plätze ein. Wer nicht freywillig dieser Trennung sich unterzog, wurde durch einen Mann im gelben Kleide, der mit einem grossen Silberbeschlagenen Stabe die Kirche durchwandert – Kirchenportier heißt er – an seinen Ort gewiesen. Dieser Mann hat ausserdem darauf zu achten, daß Niemand schnarche – schlafen kann man, wie gesagt, wohl – daß Niemand einer Lorgnette sich bediene – ich that es doch verstekterweise – und daß Keiner die Unhöflichkeit begehe, dem Churfürstl. Stuhl den Rücken zuzuwenden. Das Leztere kann nun freylich sehr leicht geschehen, und das Umdrehen mag wohl des Mannes sauerste Arbeit seyn; denn der Churfürstl. Stuhl ist neben dem Altar, wo die Priester ihren Unfug treiben, und an der entgegengesetzten Seite ist die Orgel, von der herab die göttlichen Töne der Kapelle, der einzelnen Sänger und des Chors herabschweben. Kein Wunder, wenn man sich gegen das Interessante wendet, und den weniger als Gleichgültigen den Rücken zukehrt. – Ueber alle meine Erwartung schön, war die Begleitung des Chors, wenn der Priester vor dem Altar pausirte. Dies himmelansteigende Amen! werde ich nie vergessen. – Dann fällt die Orgel ein, und wenn ihr lezter Ton verhallt ist, die ganze Kapelle. Bald sind es blos Instrumente, bald der Gesang einzelner Stimmen, bald das ganze Sängerchor von den Instrumenten begleitet, was den Messelesenden unterbricht. Und alle diese Stimmen sind rein und vortreflich, alle diese Instrumente werden von Meistern gespielt. Ohne das ermüdende Geplärr vor dem Altar, was einen mit Gewalt aus den höhern Sphären in die Welt zurück reißt, wäre nichts erhabeners als das Hochamt in der Hofkirche zu Dresden, wo die schöne Form des Gebäudes, der Blick auf die Gemälde von Rafael Mengs[90], und diese über alles herrliche Kirchenmusik vereinigt auf die edlern Sinne wirken, und die Phantasie beleben und erwärmen.

Die Kirche war noch nicht geendigt als der Lohnbediente uns abrief, um uns auf die Gallerie zu führen, durch die der Churfürst mit dem ganzen Hofe nach dem Schloße zurückkehrt. Ungern verließ ich meinen Platz, indessen jenen Zug sieht jeder in Dresden anwesende Fremde, also – . Die Gallerie war mit Fremden an beyden Seiten besetzt, es mochten wohl 100 da seyn. Kaum konnten wir noch einen Platz finden. – Alles stand erwartungsvoll. Viele Bediente, ein paar ungeheure Colossen, in türkischer gelb und blauer Kleidung, eine Art von Heyducken, marschirten geschäftsvoll und wichtig bald hin bald zurück. Einige Hoffouriere[91] hatten zwischendurch das große Wort und commandirten als wenn sie Churfürsten, oder mehr als das, wären. Ein junger schwarzer Mann (alles war in Hoftrauer, und dieser ein Kammerjunker vermuthlich) zankte wieder mit den Fouriren. Nach und nach wurden die Passanten vornehmer, Schweitzeroficiere mit ihren blauen, silberbefränzten Uniformen, rothe Gardeoficiere, Kammerherrn, stolzirten, marschirten oder hüpften vorbey, wie es nun gerade einem jeden zu Sinne war. Am besten gefiel mir ein dicker Rußischer Graf, der den Kleinmeister[92] spielen wollte, und um ein Haar gepurzelt wäre. Wenn es dazu gekommen wäre, ich hätte ihn doch bedauert. So vor den Augen des Pöbels, (denn das waren wir in seinen Augen, wie deutlich zu sehen stand) in einer unwillkührlichen, uneleganten Stellung dahin zu sinken, und erdulden zu müßen, wie jeder Mund umher sich zum lächeln verzog – das wäre ein schreckliches Loos gewesen! – Aber es kam nicht zum Falle, es blieb blos beym Stolpern. Schnell kam der gewandte Mann wieder in die gehörige Positur. Das Lachen war an ihm, der Sieg sein.

Diese Scene war ein Intermezzo des feyerlich komischen Schauspiels. – Nach einer Pause zog ein Haufen von Kammerherren, Oficieren, Hofbedienten, von der rechten Seite, wohin sie sich vorhin einzeln verfügt hatten, paarweise und in großer Eile vorüber. Sie hohlten den Churfürsten ab, bedeutete uns der Lohnbediente. Bald darauf kam den auch derselbe Zug, aber verstärkt zurück. Der Churfürst, ein ältlicher Mann mit einem freundlichem aber ziemlich unbedeutenden Gesichte, die Churfürstin mit einem langen Schleppe, der so schwer war, daß ein Page ihn tragen mußte, die Churprinzessin desgleichen, zogen, nach beyden Seiten grüßend, und wie sich das versteht, ehrerbietigst wieder gegrüßt, vorüber. Ihnen folgten der Bruder des Churfürsten, Prinz Anton und eine Schwester des Churfürsten. Alle diese schienen sich herzlich aus dem Gedränge und den neugierigen Blicken zu sehnen, sie marschirten alle rasch vorwärts. Desto bedächtlicher und langsamer trippelte eine alte Hofdame, in deren Gesichtsfalten nichts als Feyerlichkeit und Ceremoniel wohnten, vorüber, ohne zu grüssen, oder den Grüssenden auch nur durch ein kleines Kopfnicken zu danken. Ein Schwarm von Cavalieren, und ein junges sehr hübsches Hoffräulein folgten. Leztere nahm sich die Erlaubniß mit Capriolen über die Gallerie zu fliegen, und setzte dabey den ehrsamen Schleppträger gewaltig in Verlegenheit, der zurückhielt, was er nur halten konnte, und da er das nicht mit Effect konnte, und nicht mit galloppiren wollte, gewaltig lange Schritte machte, um dem muthigen Roße, das er zu zügeln bestimmt war, mit Anstand nachzukommen. Ein Haufen von Officianten schloß den Zug, und wir, nebst den übrigen Anwesenden verliessen, nach geendigtem Schauspiele das Schloß.

Auf dem Rückwege nach dem Engel, stieß unser Tischgenosse und morgender Reisegefährte nach dem Königstein, v. Reichemeister zu uns und verkündigte, sein Freund und Wanderungsgenoße, v. Fink müße heute Morgen schleunig nach Töplitz abreisen, wo seine Eltern ihn erwarteten; er habe aber schon ein paar andere Gesellschafter zu der Fahrt nach Königstein im Auge, zwey Italiener, die auch im Engel logirten. Er kenne sie zwar nicht, verstehe auch kein Italienisch, aber da es nicht auf Mitsprechen, sondern nur auf Mitbezahlen ankomme, so sey er bereit, wenn wir damit zufrieden wären, Jagd auf sie zu machen. Wir hatten nichts dagegen, und da die Italiener eben auch zur Malzeit nach unserm Gasthofe zogen, so schoß er, wie ein Gegner auf sie zu, und machte in französischer Sprache seinen Antrag. Die Italiener, etwas argwöhnisch nach dem Charackter ihrer Nation, und vielleicht schon öfter angeführt, schienen dem Proponenten[93] und dem ganzen Handel nicht recht zu trauen, und wollten nicht recht anbeißen. Erst als R[eichemeister] ihnen sagte: wir wohnten ebenfalls im Engel und äßen dort an der Table d'hote[94] mit ihnen, schienen sie uns doch für einigermaßen rechtliche Leute anzusehen, und erklärten: wir könnten ja um Mittag weiter davon reden. Da wir nun hier wirklich zusammen trafen, kamen beyde nach geendigter Malzeit zu uns, und gaben in gebrochenen französischen zu erkennen, daß sie recht gern mit uns die Parthie machen würden. R[eichemeister] schlug für uns alle ein, und es ward alles auf Morgen früh verabredet. – Unserm Plane gemäß, hätten wir gleich nach Tische, nach dem Linkschen Bade[95], einem Vergnügungsorte der Dresdener, vorzüglich am Sonntage, gehen müßen, aber die unausstehliche Hitze des heutigen Tags verschob die Ausführung bis um 4 Uhr, wo es doch etwas erträglicher wurde. Daß wir, um dahin zu kommen uns nach der Elbbrücke verfügen mußten, und von da aus nur dem Strome folgen durften, wußten wir aus unsrer Beschreibung von Dresden. Wir thaten, wie uns vorgeschrieben war. Ueber die Elbbrücke, wo wir wegen des Dunstes, der bey dieser Hitze alles umgab, die Gegend an beyden Seiten nicht in ihrer gepriesenen Schönheit sahen, wanderte, ritt und fuhr alles nach der Neustadt hin. Wir folgten, itzt unsers Ziels gewiß, dem Zuge, der sich an dem schwülen Tage langsam vor uns hinbewegte, ruhig und langsam nach. Der Strom von Menschen ergoß sich ungetheilt durch die Neustadt, in eine Allee, und aus dieser nach einer ¼ Stunde, den bey weitem größern Theile nach, in eine Gartenanlage rechts am Wege, das Linksche, vormals Lehmansche Bad. Die Alleen des Gartens waren eine Musterkarte aller Stände von Dresden; Oficiere, Räthe, Kaufleute, Handwerker pp nebst ihren Frauen und Kindern drängten und schoben sich nebeneinander hin. Nicht weit vom Hause und der Musik, sassen in Gruppen einzelne Familien aus dem Mittelstande, an unzähligen Tischen beyeinander; Bierkrüge nebst Gläser in Menge, und hie und da Kuchen und Obst vor sich. Gewiß waren, schon als wir ankamen, einige 1000 Menschen in diesem Raume, der an Größe den Aldefeldschen Garten zur Vahr[96] kaum gleich ist. Immer aber entluden sich noch mehrere Wagen, wurden Pferde abgeführt, kamen Fußgänger an. – Die schönste Parthie des Gartens war gerade die stilleste und unbesuchteste, die an der Elbe nämlich, wo man rechts einen Theil der Stadt; links Weinberge mit Lust- und Winzer-Häusern geschmückt, vor sich die breite Elbe, dahinter Wiesen und Gartenhäuser, im Hintergrunde den Königstein und seine Nachbarn, und ganz in der Ferne das blaue, zum Theil Böhmische Gebirge erblickt, das den Gesichtskreis malerisch schön schließt. Die Dresdener müßen zu sehr dieser reizenden Gegend gewohnt seyn, denn, wie eine Gondel neue Gäste ans Ufer setzte, benutzten diese die schöne Terrasse, ohne sich umzusehen, nur als einen Durchgang zu dem bunten Gewühle, das sich hieher nie verlor. – Wir verweilten am liebsten und längsten auf diesem, von den übrigen vernachläßigtem Platze. – Ungeachtet der schrecklichen Hitze konnte ich es doch nicht unterlassen, einen Augenblick in das Theater nahe am Garten zu gehen, wo von der Secondaischen Gesellschaft[97] im Sommer Opern gegeben werden, und heute die Zauberflöte angekündigt stand. Mit einer ¼ Stunde aber hatten wir uns an den elenden Operisten, den armseligen Decorationen und dem abgenutzten Saale satt gesehen, und genug von der erstikenden Hitze ausgehalten. Wir vertauschten gern die untäuschenden Landschaften der Bühne mit der reizenden Gegend auf der Elbterrasse, wo wir fast den ganzen Abend verweilten, und nur dann und wann von R[eichemeister], der sich auch hier eingefunden hatte, in die bunten Kreise der eleganten Welt hineingezogen wurden. – (schön kann ich sie nicht nennen, weil uns viele Häßlichkeiten, wenig hübsche Gestalten begegneten) – Wie es anfing dunkel zu werden, kehrten wir nach Dresden zurük. Noch immer kamen uns einzelne Vergnügensuchende entgegen, ein Schwarm von Gesättigten zog mit uns in die Stadt. Wir bemerkten nur Fröhlichkeit auf dem Wege, keine wildaufschreiende Lustigkeit, die Gefährtin der Völlerey, wie wir sie häufig in unsern Gegenden antreffen. In Scherz, und oft melodischen Gesang ergoß sich der frohe Sinn, auch der geringern Classe. Sie hatte genossen, ohne zu schwelgen.

Dresden, Montag d 23sten August.

Unserer gestrigen Verabredung nach, sollte die Reisegesellschaft heute Morgen um 4 Uhr aus den Federn, und um 4 ½ Uhr auf dem Wagen seyn, um die Reise nach Pirna, Königsstein und Pilnitz anzutreten. Im Engel waren deshalb durch unsern Marschcommissair v. R[eichemeister] die nöthigen Orders gestellt. R[eichemeister] hatte überdem die Verpflichtung übernommen, im Fall der Hausknecht zu fest von den Banden des Schlafs umstrickt seyn sollte, dessen Weckgeschäft zu übernehmen, und gehörig an unsern und der Italiener Zimmer zu pochen. Mit dem Kutscher war ausgemacht, daß wir ½ Stunde, ehe wir abfahren wollten, ihm; der uns gegenüber wohnte, bescheid sagen sollten, damit er nicht unnöthig vor der Thüre wartete. – Ja, wenn wir uns auf den Hausknecht und seinen eventuellen Substituten verlassen hätten! – Glücklicherweise wachte Nante, die mit dem Gedanken an die Reise nach dem Königstein eingeschlafen seyn mochte, vor 4 Uhr auf, und rief mich zum Bette heraus in der Meinung: es sey schon viel später. Wir erwarteten den Klockenschlag 4, und als sich im Engel gegen uns über kein Licht sehen ließ, und nichts sich regte, beschloß ich den Wecker zu machen, und begab mich nach unsrer Hausthür, die aber – verschlossen war, und von innen keinen Schlüssel hatte. Ich hatte nicht daran gedacht, daß wir mit unserm Hauswirthe und seinem Hausgesinde in gar keinem Rapport[98] standen, von denen ich auch bisher noch Niemanden gesehen hatte; ich kannte die ganze Hausgelegenheit nicht, und wußte den Schlüssel nicht aufzutreiben. Unverrichteter Sache ging ich daher ins Zimmer zurück, in der Hoffnung daß der Hausknecht oder Freund R[eichemeister] sich bald zeigen würde. Als um halb 5 Uhr noch nichts zu sehen war, wurde der kühne Entschluß gefaßt, aus dem Fenster zu steigen, und die Nachbarn durch Anklopfen zu wecken. Zum großen Erstaunen einiger Vorübergehenden fuhr ich auf dem unbetretenen, ungewohnten Wege auf die Gasse, und fing die Operation des Klopfens vor der Engelspforte an. Mir wurde nach langem Harren zwar von einem gähnenden Portier aufgethan, allein ich erhielt die mißtröstliche Antwort: da die Italiener und v. R[eichemeister], nicht im eigentlichen Engel, sondern wie wir, in zwey benachbarten Häusern logirten, so ginge das Wecken dieser Herren, nicht ihn, sondern den „Hausmann" (Hausknecht) N. 2. an, der diese Häuser zu bedienen habe. Mit Mühe konnte ich den Schlaftruncknen, der mit dieser Nachricht sich aller Verpflichtung gegen mich entledigt glaubte, und schon die Thüre wieder zu verriegeln Anstalt machte, überreden, seinen Hrn. Collegen N. 2., zu wecken, wozu er sich denn doch endlich in so weit entschloß, daß er den Fensterladen vor dessen Schlafgemach einige herzhafte Schläge versetzte. Da die Operation, wie es mir schien, noch kein Leben in die Kammer brachte, so folgte ich dem Beyspiele des Hrn. Collegen, und erreichte endlich meinen

Zweck, worauf ich mich auf dem vorigen Wege wieder in unsre Wohnung verfügte. – Mit dem Wecken unsrer Reisegefährten, und den übrigen Zubereitungen war es beynahe 6 Uhr geworden, als wir abfuhren. – Die Verspätung, die Ursachen derselben, R[eichemeister]s Entschuldigungen, so wie seine Betheurungen: daß so etwas ihm heute zum erstenmal begegnet sey; meine Erzählung des Vorgangs pp setzten die Deutschen und Italiener bald in Rapport. Die Leztern hatten ihr gestriges Mißtrauen ganz abgelegt. Wir erfuhren bald ihre Nahmen, Geburtsort, Stand, Zweck der Reise pp, so bestimmt, als hätten sie einen Visitator oder Unteroficiere am Thore darüber Rechenschaft abgelegt. Nahmen: Ferdando Roncalli und Ludovico Simonelli; Geburtsort: Bergamo in der Cisalpinischen, itzt Italienischen Republick; Stand: Kaufleute; Zweck: die Welt, itzt, mit uns den Königsstein zu sehen. – Sie, mit ihrer Italienisch-Französischen, und wir mit unsrer Deutsch-Französischen Sprache, wurden viel beßer mit einander fertig, als gestern, nach den ersten Versuchen, zu vermuthen stand. Wir fanden ein paar sehr aufgeklärte, gebildete junge Männer, die seit einem Jahre, Frankreich, England, und einen großen Theil des nördlichen Deutschlands durchreiset waren. – Roncalli, der ältere hatte mehr das Eigenthümliche seiner Nation in Gestalt, Geist und Charackter, er sprach gern und gut über Politik, und besonders über das Verhältniß seines Vaterlandes zur großen Republick[99], was er mit kräftigen Ausdrücken in seinem ganzen Nachtheile darstellte, und, was es auch koste, aufgehoben sehen wollte. Simonelli, der seinen Platz beym Kutscher gewählt hatte, war seinem ganzen Wesen nach mehr Franzose. Er ließ sich häufig mit Arietten und Cadenzen hören, die er bald singend, bald pfeifend vortrug, und sich dabey fleißig umsah –: ob wir ihn auch hörten. Ins Gespräch mischte er sich anfangs weniger; das politisiren war seine Sache gar nicht; aber kaum hatte R[eichemeister] von der Bildergalerie ein Wort fallen lassen, als S[imonelli] ihn mit Fragen über einzelne Meisterwerke in der Dresdener Sammlung dermaßen zusetzte, daß der arme R[eichemeister], der die Gemälde ziemlich obenhin gesehen haben mochte, nicht wenig in Verlegenheit gerieth. Unser Italiener benahm sich dabey als der wärmste Verehrer der schönen Künste in Wort und That, denn wirklich war bey seinen Gesticulationen, wenn er von Gemälden, Statuen, Werken der Baukunst, und besonders wenn er von dem Benehmen der Franzosen gegen sein Vaterland in Rücksicht der Kunstwerke, sprach, unser Kutscher nicht selten in Gefahr, von seinem Throne herabgeschleudert zu werden.

Unser Weg, um einmal von dem Lebendigen, auf das Leblose zurückzukommen, ging durch die schöne Pirnaische Vorstadt, in den mit Recht sogenannten grossen Garten, der mit seinem weiten Umfange, seinen Weihern, Schattengängen, Wiesengründen, etwas ganz anders als ein alter französischer, ziemlich steifer Garten, was er ist, seyn könnte und zu seyn verdiente. – Aus den Hecken und Alleen des Gartens kamen wir auf die vortrefliche Chaußee, die nach Pirna führt, wo wir immer über die fruchtbarste Ebene, zu beyden Seiten des Weges die beyden Gebirgsreihen erblickten, die sich längst der Elbe bis Böhmen hinein ziehen, und bald mit Weingärten, Lust- und Winzerhäusern, bald mit Waldung bedeckt sind. Eine Stunde vor Pirna floß die Elbe zwischen grünen Ufern uns zur Seite. – Pirna mit seinem hochliegenden Schlosse Sonnenstein, und den über die Stadt hervorragenden Bergen, fällt lange und schön ins Auge. – Ehe wir die Vorstadt erreichten, kam ein Gewitter zum Ausbruch, dem wir, als unserm Erretter von der erschlaffenden Hitze, die fast nicht mehr zu ertragen war, mit Sehnsucht entgegen gesehen hatten. Wir kehrten vor der Stadt ein, und sahen indem wir unser Frühstück verzehrten, mit wahrem Wohlbehagen die Blitze leuchten und den Regen herabströmen. Ach nur zu früh hörten Gewitter und Regen auf! Als wir dem Kutscher oder vielmehr seinen Pferden zu gefallen den steilen Berg neben Pirna hinauf marschirten, fanden wir die Luft noch eben so warm und drükend als zuvor. – Von Pirna bis Königsstein (2 Stunden) ging es fast immer etwas Bergan. Nahe vor dem leztern Orte, fuhren wir auf ein

Tannenholz zu, über dessen dunkle Gipfel, die Felsenfestung sich hervorhebt. Wie wir das Tannenholz zurück gelegt hatten, befanden wir uns vor einem Wirthshause am Fuße des Königssteins, wo wir uns ein Mittagsmal bestellten und dann, der fürchterlichsten Hitze zum Trotze, die Felsenwanderung nach der Festung begannen. – Ein sehr bequemer Fußpfad, anfangs mit Obstbäumen besetzt, führte uns bis an das einzige Thor des Königssteins. Steil und schauerlich heben sich die Felsen empor, auf deren Rücken die eigentliche Festung liegt. – Als wären uns feindselige Absichten aus den Augen zu lesen, wurden wir am äußern Eingange examinirt, und von der Wache mein werther Nahme, wie gewöhnlich ziemlich verunstaltet, die Felsenwand hinan geschrieen. Wir erhielten nach einer kleinen Pause, die oben, wie wir hörten, zur Anfrage beym Kommandanten benutzt wurde, die Erlaubnis zum Eingang, von der wir alsobald Gebrauch machten, und durch hohe dunkle Gewölbe, und Gänge, von hohen Mauern eingeschlossen, auf dem in Stein gehauenen Wege in der Wolkenburg anlangten! Ein halbmilitärisch, halbbürgerlich gekleideter Mann (er trug einen grauen Sommerrock und einen Degen – Schuh und Strümpfe, und einen Soldaten Hut), ein bejahrter Wachtmeister, empfing uns dort, und wiederhohlte das Examen mit der wichtigsten Amtsmiene, worauf dann die Wanderung um, und durch die Festung ihren Anfang nahm. Wir mochten sagen, was wir wollten, und noch so viel versichern, daß es uns eigentlich blos um die schöne und weite Aussicht von dieser Höhe zu thun sey, wir mußten den Kreislauf nach dem Sinne unsers Führers machen, wie ihn Tausende vor uns machten, und, wenn der Mann es erlebt, noch Tausende nach uns machen werden. Wir mußten das Zeughaus sehen, was uns gar nicht interessirte, und die Gebühr zahlen; die neuen Casematten, die der jetzige Churfürst anlegen läßt, und die 300.000 Rtl. kosten sollen; den 900 Ellen tiefen, und 7 ½ Fuß im Durchmesser haltenden Brunnen pp; wobey ich, als wohlbestallter Cassenmeister beständig in die Tasche langen mußte, um die Durstenden von allerhand Art, mit Trink-

Die Festung Königstein, um 1810

geldern zu erfreuen. So oft Nante und ich es möglich machen konnte, entwischten wir unserm redseligen Führer, der nur für militärische Dinge Sinn hatte, um über die Felsenwände, hinaus in die herrliche Gegend zu sehen, die von allen Seiten diese Festung umgiebt. Die Elbe floß 900 Ellen unter uns, neben dem Lilienstein und der Stadt Königstein vorbey. Immer wechseln die Ansichten, wie man den Cirkel der Festung nach und nach umgeht. Ueberall fällt der Blick auf Gebirge, denn, mitten zwischen Gebirgen erhebt sich der Königsstein. Bald treten sie mit Felsen untermischt, und mit dunkelm Nadelholze bekleidet, amphitheatralisch hinter einander hervor, und verschliessen den Blick in die Thäler; bald öffnen sich die nähern Berge, und man sieht in weite Ebenen mit unzähligen Städten und Dörfern, die in der fruchtbarsten Landschaft liegen. Bey einem ganz heitern Tage soll man, wie unser Führer versicherte, 240 Orte an einer Stelle der Festung übersehen können. Heute konnten wir das, bey den Dünsten, womit die Luft gegenwärtig angefüllt ist, nicht, auch war gerade die Tagszeit uns nicht günstig. Es war Mittag, als uns unser Wegweiser so viel Muße ließ, die Landschaft umher mit Aufmerksamkeit zu betrachten. – Am längsten verweilten wir bey einem engen Wiesenthale, das sich zwischen dunkeln Fichtenwäldern im Gebirge dahin streckt, worinn einzelne Häuser liegen, neben denen ein kleiner Bach sich hinschlängelt. Der Contrast zwischen Licht und Dunkel, Einsamkeit und Leben, Rauheit und Lieblichkeit that dem Auge unendlich wohl.

Oft flüchteten wir, wenn der Sonnenbrand uns im Anschaun der Herrlichkeiten um uns her, störte, in das Hölzchen aus 100jährigen Eichen, Buchen und Tannen, welches die Festung in sich schließt. Ueberall führen Wege hindurch, und ein Theil desselben hat, durch die geebneten Schlangenwege, die sich durch das niedrige Gebüsch ziehen, das Ansehen eines Bosketts erhalten. In diesen schattigen Gängen, auf diesen dichtbelaubten Ruheplätzen mußten wir es dann und wann vergessen, daß wir uns auf einem Felsrücken befanden, der 1800 Fuß über dem Bette der Elbe erhaben ist. Wenn aber der Wald sich öffnete, und der nahe Lilienstein, oder der Pfaffenstein uns dicht vor das Auge trat, oder die fernen Böhmischen Waldberge, ihre Spitzen so hoch über die nähern Berge hervorstreckten, wie man es im Thale nie sieht, dann wurden wir aus der anscheinenden Ebene im Schattenwalde, wieder auf die Höhe zurückgeführt, auf der wir standen.

Sehr interessant war es mir, von hieraus die Gegend zu sehen, wo im Anfange des 7jährigen Kriegs die Sächsische Armee am Fuße des Liliensteins, durch Mangel an allen Bedürfnissen gezwungen, sich dem großen Friedrich ergab.[100] Unser Begleiter hatte bey dieser Gelegenheit das Gewehr auch gestreckt, was er uns denn ausführlich genug erzählte, so wie seine Thaten im Verfolg des Kriegs unter der Anführung Friedrichs. – Unter diesen Erzählungen wurden wir endlich entlassen. Ich konnte mich nicht trennen, ohne noch einmal die Stelle aufzusuchen, wo man die reiche Landschaft übersieht, worinn Dresden, Pirna, und unzählige Städte und Dörfer, von nähern und fernen Bergen umschlossen, liegen. Diese lieblichere Parthie der Gegend, die man vom

Königsstein erblickt, war für mich auch die anziehendere. Die entgegegesetzte rauhe und wilde Felsgegend imponirt mehr, als jene, aber lieber verweile ich auch mit dem Auge da, wo Anbau, Wohnungen, Spuren menschlicher Kunst und Fleißes die Landschaft beleben, als wo die Natur der Cultur entgegenstrebte, und der nakte Fels oder der düstre Waldberg sein einsames Haupt in die Wolken hebt.

Wenn es möglich war, daß die Sonne noch heissere Strahlen als beym hinaufsteigen, auf uns herabsenden konnte, so that sie es, als wir von der Festung in unsern Gasthof zurückgingen. Ermüdet und erschöpft warf sich die ganze Reisegesellschaft auf die nächsten Stühle, am Eingange des Zimmers. Die Italiener litten noch mehr als wir. Heißer meinten sie, könne es wohl in Italien seyn, aber so erschlaffend und niederdrükend sey der Himmel in ihrem Vaterlande nie. Roncalli entsagte förmlich der Mahlzeit und nahm dafür einen Canapee ein, um ein wenig zu ruhen. Wir übrigen restaurirten uns durch guten Ofener Wein und die frugale Mahlzeit, die unser Wirth sich ziemlich theuer bezahlen ließ. Er mußte es wahrscheinlich sehr dabey in Anschlag gebracht haben, daß er der einzige ist, bey dem man in der Nähe des Königssteins sich neue Kräfte sammeln, und nach dem beschwerlichen besteigen der Festung, zur weitern Reise stärken kann. – Nachdem wir in einem schattigten kühlen Platze des Gartens unsers Wirths, wo man einen schönen Blick in das Felsenthal hat, eine kurze Nachmittagsruhe gehalten, setzten wir uns gegen 3 Uhr wieder in unsern Schwitzkasten, um auf dem Rückwege, den wir nun antraten das Lustschloß des Churfürsten, und seinen fortwährenden Sommeraufenthalt, Pilnitz, mitzunehmen. – Die Aussicht von dem Berge jenseits Pirna, den wir hinabfuhren, muß bey einer andern Beleuchtung, und bey einem von Gewitterdünsten freyen Himmel vorzüglich schön seyn. Wir waren von der Gewitterluft, sämmtlich in eine solche Apathie versetzt, daß auch ein Elisium uns zur Seite schwerlich unsern Blick auf sich gezogen haben würde. Ich machte ein paar Versuche zu sehen, aber die ganze Gegend war mit eben den Flor, wie unsre Sinne umzogen. Die noch diesen Morgen so reizende Landschaft hatte itzt keine Reize, und wenn sie diese gehabt hätte, wir waren unfähig sie aufzufassen. – Im Schlafe mußten wir sämmtlich in Pirna hineingefahren seyn, denn als durch ein lebhaftes Gespräch zwischen dem Kutscher und mehrern Personen in der Nähe des Wagens, ein Theil der Reisegesellschaft, und durch unser plötzliches Stillhalten die übrigen in die Höhe fuhren, und einer den andern mit halboffnen Augen ansah, wußte keiner – daß wir uns mitten auf dem Jahrmarkte zu Pirna, zwischen Buden, denen unser Kutscher den Umsturz drohete, befanden. Die Marktleute hatten eine Straße verbaut, durch welche der Weg nach dem Forsthause, einem Gasthofe lief, auf den der Kutscher zusteuerte. Keiner wollte weichen, und es kam zu so lebhaften Herzensergiessungen, der Kutscher machte so ernstlich Anstalt seinen Deductionen vermittelst des in Händen habenden Scepters Nachdruck zu geben, und die Marktleute schienen sich so ämsig zu ähnlicher Rechtsausführung zu rüsten, daß wir es fürs beste hielten, sämmtlich auszusteigen, um dem Streite ein Ende zu machen. Mit Mühe überzeugten wir unsern Fuhrmann, daß es zwar unrecht sey, eine Straße zu verbauen, aber ihm leichter seinen beräderten Kasten umzuwenden, als den Marktleuten ihre unberäderten Buden zu versetzen. „Nun, um der Herren willen will ich für diesmal euch tummen Pirnaern ausweichen", sagte endlich der noch immer ergrimmte Führer des Wagens, und that wie er gesagt hatte.

Auf dem Pirnaer Markte, den Nante und ich durchkreuzten, war nichts ordentliches von Obst, das wir aufzuspühren hofften, zu haben, wir mußten im Forsthause mit dem Sächsischen Nectar, Braunbier genannt, den Durst zu löschen, versuchen. In einem geräumigen, kühlen Saale, dessen Fenster auf die vorüberfliessende Elbe gehen, sogen wir mit brennenden Lippen den Gerstentranck hinunter, der in diesem Augenblicke auch uns Nectar wurde.

„Gestärkt durch dieses edle Naß, Bewegten wir uns itzt fürbaß" und fuhren in einer Fähre über die Elbe, die Sonne war etwas tiefer gesunken, die Hitze war in erträgliche Wärme übergegangen. Schön lag die Stadt Pirna hinter uns, über ihr der Sonnenstein, um sie her fruchtbare und waldigte Höhen. – Von der Elbe bis Pilnitz, lief der Weg größtentheils in einem Walde von Nadelholz fort. Erst kurz vor dem Lustschlosse fängt eine Castanienallee an. Auf Anrathen des Kutschers kehrten wir bey dem Herrn Hoftraiteur ein, in dessen eleganten Gastzimmer wir keinen Taback rauchen durften, weil Herren vom Hofe da kämen; wo wir aber für unsere aufs neue ausgedörte Kehle nichts als Braunbier erhalten konnten. Das Rauchen mußte um der Herren von Hofe willen, unterbleiben, was insbesondere unsern Reichemeister ärgerte, der in Erfahrung gebracht hatte, wer diese sogenannten Herren von Hofe wären – Kammerlakaien, Läufer und Heyducken. Lieber wollte R[eichemeister] dem Rauchen ganz entsagen, als dem Rathe des Kellners zu folge, „mit seiner Pfeife in die freye Luft spatzieren, was ihm ohne Bedenken erlaubt sey." – Wir wünschten den Englischen Garten in Pilnitz zu sehen: „Wenn der Churfürst da sey, hieß es, dürfe kein Fremder hinein." – Also das Schloß: „Ausser den Sonntag, wo der Churfürst sich in Dresden aufhalte, dürfe kein Fremder hinein." – So besteigen wir den Porschberg, um die Aussicht von der Spitze zu sehen: „Es sey zu spät, wir hätten dazu 3 Stunden nöthig, das gehe heute durchaus nicht mehr an." – Nun so wollen wir denn doch wenigstens in den französischen Garten gehen: „Daran sey nicht das mindeste zu sehen, es verlohne sich gar nicht der Mühe, deshalb einen Fuß über die Schwelle zu setzen." – Aber, weßwegen sind wir denn in Pilnitz? Der Marqeur[101] oder Lohnbediente, der die obigen mißtröstlichen Antworten gegeben hatte, konnte diese Frage blos mit einem Achselzucken beantworten. – Um doch etwas zu sehen schlug er einen Gang über den Schloßhof und in den französischen Garten vor, der nun doch das Interessante einer schönen Aussicht auf die Elbe, seiner Versicherung nach, hatte. – Wir folgten. Zuerst nach dem Schloßhofe. 3 an der Elbe stehende Pavillons, und 3 diesen völlig gleich gebauete gegenüber stehende, machen die Wohnung des Churfürsten und seiner Familie aus. Die vornehmern Hofbedienten, so wie ein Theil der geringern, wohnen in dem alten Schlosse, das die 3te Seite des Platzes ausfüllt; die 4te wird durch die Bäume und Hekken des französischen Gartens begränzt. Das Ganze hat dem Äußern nach, ein wunderliches buntscheckigtes Ansehen. Das alte Gothische Schloß paßt nicht zu den neuen Pavillons und diese wieder nicht zu einander; die Gebäude sämmtlich nicht zum Garten. Die Wohnung des Churfürsten stimmt, da Pilnitz der Sommeraufenthalt des Hofs vom 1sten Mai bis zum lezten October ist, nicht zu dem übrigen Glanze und der Feyerlichkeit dieses höchst steifen, einförmigen, um ein ewiges Einerley von Etikette sich drehenden Hofs. – Die beyden Mittelpavillons, wovon den einen, nicht an der Elbe liegenden, der Churfürst bewohnt, sind im Chinesischem Geschmacke oder Ungeschmacke gebaut. Die Nebenpavillons haben ein chinesisches Dach, aber Säulen nach unsern Regeln der Baukunst. Diese Flügel stehen daher mit sich selbst, und den Mittelgebäuden, denen sie zur Seite stehen, im Widerspruche. Wie harmonirt ferner ein steifer französischer Garten mit chinesischen Gartengebäuden; wie diese, mit dem alten daneben stehenden Gothischen Schlosse?

Ein fürstlicher Livreebedienter, der gern ein Trinkgeld von uns, und einen gnädigen Blick aus höhern Augen verdienen wollte, (wenn er nämlich der Frau Churfürstin berichtete, wer wir wären) bedeutete uns mit wichtiger Miene: Der Churfürst sey spatzieren gegangen, und erbot sich, uns in einige Zimmer der Pavillons zu führen. Wir nahmen es an, und sahen höchst unbedeutende, schlecht verzierte Sääle, die dem Hause eines geschmackliebenden Privatmannes nicht anstehen würden. Das einzige, welches für mich Interesse hatte, war der sogenannte Tempel der Liebe in dem einen Hauptgebäude, ein Saal mit den Bildnissen der Geliebten Königs August II. Die Portraits der Gräfin Aurora von Königsmark[102] und der Kosel[103] zeichnen sich vor den übrigen aus. Beyde sehr schöne Weiber. Die Gräfin Königsmark, ein Gesicht voll Anmuth und Liebenswürdigkeit, die Kosel eine edle Gestalt und Bildung.

Im französischen Garten schreckte uns das fatale Klappern der Scheeren, womit die Hecken beschnitten wurden, von dem Spatziergange zurück, den wir darin vorhatten. So lieb mir in jeder Gartenanlage eine gerade Allee als Promenade ist, so ein Grausen jagt mir jede glattgeschorene, verkünstelte Hecke ein. Es ist eine Unnatur die sich durch nichts rechtfertigen läßt. Der Schluß von einer solchen Hecke, die in unsern Zeiten eine vernünftige Mode, meistens verdrängt hat, auf den Besitzer, ist nach allen Erfahrungen, die ich gemacht habe, ohne Ausnahme richtig. Auch hier ist es so.

Ich bewog meine Gefährten, die an Meister Schneiderscheers Kunststücken auch kein Behagen fanden, ohne viele Mühe, sich mit mir links nach der Elbe hinzuwenden, wo der Blick nicht mehr durch die geschornen Mißgestalten gehindert ward, in der schönen, bergigten, von der untergehenden Sonne auf das herrlichste beleuchteten Landschaft umherzuschweifen. Ihre lezten Strahlen rötheten noch die Elbe als wir mit der fliegenden Brücke nach dem entgegegesetzten Ufer fuhren. Es war völlig dunkel als wir vor dem Engel hielten. Die beyden Italiener eilten den Augenblick zur Ruhe, der sie wirklich auch sehr bedurften. Wir 3 Deutsche begaben uns noch an die Wirthstafel, um uns mit einer kalten Schaale vollends abzukühlen. – Hier traf ich eine mir sehr bekannte Physiognomie. Es schien mir ein ehemaliger academischer Bekannter aus Kiel und Göttingen v. B....s[104] zu seyn. Ich erkundigte mich bey dem Wirthe nach dem Nahmen des Fremden. Er traf zu. – Wer möchte nicht gern auf einer Reise dergleichen Bekanntschaften erneuern. Nach geendigter Mahlzeit stellte ich mich neben ihn, und erinnerte an ehemalige Verhältnisse. Der arme Mensch hatte ein so schwaches Gedächtniß, daß er sich kaum noch, oder nur dunkel unserer Bekanntschaft erinnerte. Er war stolz geworden der Ms. v. B. der so gern in Göttingen bey uns vorlieb nahm. Worauf denn? Auf seine Ahnen? Ach, ganz Kiel wußte ja den Tag anzugeben, wo sein Hochseliger Hr. Vater das Adelsdiplom erhalten hatte. Auf seine Reichthümer? Wie lange mochte es wohl her seyn, als seine Mutter für Geld arbeitete und als Ms. v. B. von der Gnade [des] braven R. in Göttingen lebte? oder auf seine Verdienste? Wie ich höre ist er – Legationssecretair irgend eines Hofes. Groß muß sein diplomatisches Verdienst nicht seyn, weil er es noch nicht über den Secretair hat hinaus bringen können. Auch habe ich von seinen Thaten als Geschäftsmann noch eben nichts gehört. – Armer Hr. v. B. ich bedaure sie, und werde es sie fühlen lassen, daß ich sie bedaure.

Dresden, Dienstag d 24sten August.

Gestern hatte die ganze Reisegesellschaft den Beschluß gefaßt, diesen Morgen die Sammlung der Gipsabgüße zu sehen, welche der berühmte Mengs während seines Aufenthalts in Italien zusammenbrachte und der Churfürst nach dessen Tode ankaufte. Reichemeister hatte auch noch die alte Geheimeräthin aus Berlin wieder aufgesucht, und sie überredet sich an uns zu schliessen. Um 10 Uhr diesen Morgen versammelte sich die ganze Compagnie vor dem Engel. Die Geheimeräthin in ihre Porte-Chaise führte den Zug an. Reichenmeister mit der Gesellschafterin der alten Dame, mit der er sich gern zu schaffen machte, folgten. Die beyden Italiener, Nante und ich machten den Schluß.

Die Sammlung der Abgüße ist in dem Erdgeschoße des Gebäudes der Bildergallerie aufgestellt, wo ein ehemaliger Pferdestall in einen geräumigen, hellen und eleganten Saal verwandelt ist, um diese treuen Nachbildungen der schätzbarsten Werke der Bildhauerkunst aus dem Alterthume aufzunehmen. – Das Licht fällt von den beyden längern Seiten des Saals ein. Er ruhet auf 2 Säulenreihen. – Die Wände sind, wie die Säulen und die Decke, gelb wie Marmor gemalt. Die Wände haben hellblaue Felder; die Decke ist mit röthlichen und weissen Rosetten verziert. Rings an den Wänden herum, sind die Abgüße von antiken Köpfen, kleinern Figuren und Gruppen, an den Fensterwänden die Basreliefs aufgestellt; die Haupt-Statuen- und Gruppen stehen vor den Säulen, rings im Zimmer umher, so daß das einfallende Licht sie auf das vortheilhafteste beleuchtet. Durch eine hölzerne leichte Barriere, sind sie gegen Betasten und Mißhandlungen sicher gestellt. Vortrefflich nehmen sich die weissen Statuen in diesem geschmackvollen Local aus, das ganz dazu eingerichtet ist, um sie, auch dem Auge des Nichtkenners, in der gefälligsten Gestalt darzustellen. – Für den Nichtkenner haben diese Abgüße einen großen Vorzug vor den Originalen. Die Abgüße haben die schöne weiße Gypsfarbe, die Originale sind durch den Rost der Zeit, durch das langjährige liegen in feuchter Erde, unscheinbar, fleckigt, rauh; sie sind grau oder schwarz gelblicht geworden. Die Originale sind fast ohne Ausnahme, verstümmelt, und entweder so geblieben oder ergänzt. Diese Ergänzungen, auch die glücklichsten aus dem Mittelalter stechen doch, wenigstens durch hellere Farbe, gegen die aus dem Alterthume geretteten Theile ab, und man bemerkt die Zusammensetzung des Alten und Neuen fast immer leicht. Bey den Abgüssen ist für den Dilettanten keine Ergänzung merkbar. Alles scheint bey ihnen von einer Hand gebildet, kein Unterschied der Farbe, kein Fleck beleidigt das Auge. – Ich setze dabey immer voraus, daß es Abgüsse von Originalen, wie diese Meng[s]schen sind, die freylich sehr selten vorkommen. Mengs hat sein ganzes Vermögen an diese Sammlung gewandt, und keinen Fleiß, keine Mühe und Zeit gespart, um sie zusammen zu bringen. Sie sind von ihm, oder unter seiner Aufsicht verfertigt. Durch dem König von Neapel war ihm die Erlaubniß, von den Originalen zu Rom und Florenz die Abgüsse zu nehmen, bewirkt worden. – Mit den gewöhnlichen Gipsabgüssen darf man diese daher nicht vergleichen, oder verwechseln. Jene halten gar keine Vergleichung mit den Originalen aus, sie sind ihnen oft kaum ähnlich, oder wenn sie es auch entfernt sind, so ist die schöne Glätte und weisse Farbe doch kein Ersatz gegen Stumpfheit, Incorrectheit, Verunstaltung einzelner Theile, Mangel an Ausdruck im Blick, Stellung und Gebehrde. – Sehr auffallend war uns dieses an der Gruppe des Laocoon, dem Apoll von Belvedere, und der Mediceischen Venus, wovon wir in der Rostschen Kunstsammlung zu Leipzig und hier Abgüße sahen. In jener Sammlung trug Apoll auch nicht eine Spur von Göttlichkeit, und Venus war ein gewöhnliches Weib. – Wie ganz anders hier! – An Gruppen, Statuen, einzelnen Köpfen pp sollen 800 Stücke hier seyn. Ich zählte etwa 70 Gruppen und vollständige Figuren.

Der Hr. Inspector Mathäi[105], der uns die Sammlung zeigte, zeichnet sich sehr vortheilhaft vor andern Aufsehern solcher Cabinette aus. Er führte uns mit Theilnahme zu den einzelnen Meisterwerken und entwickelte mit wenigen Worten aber treffend, mit Geschmack und Gefühl die Schönheiten des Werks. Er eilte nicht, wie die meisten seiner Collegen, treibend vorüber, sondern freute sich: daß wir die Sammlung mit Interesse sahen; er ließ uns ruhig geniessen und nach eignem Gefallen von einer Statue, von einer Gruppe zur andern übergehen.

Aus der Menge zeichne ich nur folgendes aus:

1) Paris, als Hirtenknabe (das Original zu Florenz). Ein schöner Jüngling mit einem Apfel in der Hand, im leichten, enganschliessenden Phrygischem Gewande und einer Phrygischen Mütze.

2) Castor und Pollux, zwey edle sich umschlingende, jugendliche Gestalten. Beyde schön und einander gleichend, doch trägt Pollux in Antlitz und Gestalt deutlich das Gepräge göttlicher Abkunft. Die Gruppe ein liebliches Bild brüderlicher Treue.

3) Flora (Original aus dem Pallast Farnese, jetzt in Paris) Colossal-Figur. Sie ist leicht gearbeitet. Die schöne Gestalt blickt überall durch das sie umschlingende Gewand (ein sogenanntes nasses Gewand) welches als eines der schönsten aus dem Alterthume gepriesen wird.

4) Antinous (Paris, vormals im Mus. Clem.[106]). Eines der schönsten jugendlichen Köpfe aus dem Alterthume. Grazie mit Unschuld und Ruhe der Seele verbunden, macht den Charackter dieses interessanten Gesichts aus. Eine sanfte Schwermuth mischt sich in die unschuldigen Züge. Sein Blick ist gesenkt, eine Locke fällt auf die Stirne herab.

5) Leda mit dem Schwan (Florenz). Wollüstiges Entzükken drückt sich in jedem Theil des schönen Körpers aus. Im Gesicht ist etwas Lauschendes, Erwartendes.

6) Apollino an einen Stamm gelehnt, den linken Arm über den Kopf, in der Stellung der Ruhe (Florenz). Jugendlicher als der Belvederische Apoll, an Schönheit ihm gleich.

7) Juno (Capitol) mit einer Schaale in der Hand. Im faltenreichen Gewande; mit Hoheit und Würde im Blick und Gestalt (nicht Lebensgröße).

8) Venus aus dem Bade steigend. Sie hebt verschämt das nasse Gewand. Ihr Blick entspricht der Geberde.

9) Apoll die Leyer spielend (Florenz).

10) Tragische Muse (Florenz) in einem treflichen Faltenreichen Gewande. Sie redet durch Blick und Stellung zu einer Versammlung.

11) Der Spinarius (Paris). Die Figur eines Knaben, der sich einen Dorn aus dem Fuße zieht. Niedlich und ausdrucksvoll, jedoch ohne die Spuren der Göttlichkeit welche den Abbildungen der Bewohner des Olymps eigen sind.

12) Der Torso (Rom itzt in Paris). Das berühmte Fragment des ruhenden Herkules. Eines der merkwürdigsten und vorzüglichsten Ueberbleibsel griechischer Bildnerey; wiewohl der Figur die ausdrukvollsten Theile, Gesicht und Hände fehlen, so wie auch die Beine. – Kraft ohne Härte sind das Charackteristische dieses schon vergötterten, und wie einige meinen, die Hebe umarmenden Herkules. Ein Künstler hat es gewagt diese Statue zu ergänzen, die nach dem Urtheile der Kenner, mit Schönheit die vollkommenste Richtigkeit der Zeichnung verbindet.

13) Die Gruppe des Laocoon mit seinen Kindern. Ich hatte diese Gruppe oft in stumpfern Abgüssen gesehen, und

noch zulezt in der Rostschen Kunstsammlung zu Leipzig. Nie aber habe ich so vollkommen in die Lobpreisungen aller Kenner über dieses Kunstwerk einstimmen können, als hier, wo wir es in der vollen Schönheit und Kraft des Originals vor uns hatten. Schrecklich ist die Scene, aber man kann sich von dieser edlen Gestalt, die mit fruchtloser Anstrengung gegen ein mächtiger Schicksal kämpft, die in dem eignen höchstem Schmerze, den Schmerz der Kinder noch stärker als den eignen empfindet, lange nicht losreissen.

14) Die Medicäische Venus (Florenz). Das bewunderte Ideal jugendlicher, weiblicher Schönheit. Die Amoretten auf dem Delphin bezeichnen das Original und unterscheiden es (für den Nichtkenner) von den vielen alten Copien, die es beweisen, daß schon im Alterthum diese Venus das Ideal der Künstler war.

15) Apoll von Belvedere (Paris). Leicht und schwebend tritt die göttliche Gestalt, in veredelter männlicher Schönheit hervor. Daß die Statue die aufgehende Sonne bedeute, welches mehrere neuere Erklärer annehmen, ist eine so schöne Idee, daß ich sie gern als die richtige mir zu eigen machen möchte. Ich verweile lieber bey der Erinnerung dieser herrlichen Gestalt, wenn ich mir dabey den Gott als Wohlthäter des Menschengeschlechts, als wenn ich ihn mir als Vertilger des Geschlechts der Niobe denke.

16) Meleager (Mus. Clement. jetzt in Paris). Ruhe des Helden nach vollendeter Arbeit, in einer schönen edlen, männlichen Gestalt, vorzüglich im Gesichte dargestellt, welches als Ideal in dieser Hinsicht betrachtet wird. Ein kurzes kleingefaltenes Gewand bedekt die Schulter und den einen Arm.

17) Ajax, der den todten Patroclos aus der Schlacht trägt. (Colossal-Figuren, Florenz) Man streitet, meine ich, ob gerade diese Personen durch die Gruppe vorgestellt werden sollen. Wie es aber sey, der Contrast zwischen lebendiger Kraft, und Lähmung des Todes, zwischen dem höchsten Ausdrucke des Schmerzes über den Getödteten in dem Krieger, der ihn aus der Schlacht trägt, und der Erschlaffung des

Patroclos ist vortreflich. Man sieht es wie schwer, in jedem Betrachte, dem Tragenden die Last wird.

18) Kopf der Juno (Mus. Clem. Colossalisch). Stolz aber veredelt mit Ruhe in Stirne, Nase und Mund.

19) Der Borghesische Fechter. Ausdruck der Kraft mit Gewandheit verbunden.

20) Die Ringer (Florenz). Zwey Musculose jugendlich männliche Gestalten. Der eine hat den andern zu Boden geworfen, doch ist der Kampf nicht entschieden. Die Glieder sind in einander geschlungen, der Unterliegende hat den Muth zu siegen noch nicht aufgegeben. Erbitterung spricht deutlich aus den Gesichtern beyder.

21) Der sterbende Fechter (Capitol, jetzt Paris), mit einem Stricke um den Hals sitzt er auf der Erde verwundet, und scheint sich mit den Händen zu stützen, um nicht liegend zu sterben. Das Gesicht ist nicht schön, aber, wie es mir scheint, sehr ausdrucksvoll, und den Schmerz des Todes mit dem Bemühen nicht in vermeinter Schande, sondern als Held zu sterben lebhaft und bestimmt angedeutet.

22) Der Hermaphrodit (Villa Borghese) Vereinigung weiblicher und männlicher Schönheit in einer Figur; der Erguß einer sehr üppigen Künstlerphantasie. Das Kissen, worauf die Gestalt ruhet ist im Original Ergänzung, und das Werk des berühmten Bernier.[107] Es ward sehr bewundert, und auch im Abguße sieht man daß die Arbeit der Bewunderung werth sey.

–

Unsre Gesellschaft hielt mit uns nicht in dieser schätzbaren Kunstsammlung aus, wo auf einen Fleck vereinigt ist, was man sonst in Italien zerstreut fand, und was auch jetzt noch zwischen Paris und Italien getheilt ist. – Die Geheimeräthin war zwar beym Eintritt ganz enchantirt[108] von der niedlichen und zierlichen Ausschmükung des Saals und von den schönen weissen und glatten Figuren, die an den Wänden und im Saale umher standen, mit denen auch die rostigen steinernen Figuren im japanischen Palais gar keine Vergleichungen aushielten, aber doch wurde sie des Dinges gar bald überdrüßig, und so begierig sie sich auch bezeigt hatte, den Anacroon zu sehen, der mit der Schlange fechte (den Laocoon meinte sie) so fand sie doch an der Gruppe, die sie sich ganz anders gedacht hatte, wenig Vergnügen; Das grüne Gewölbe, wiederhohlte sie wohl zehnmal, sey doch ein ganz anders Ding als solche Gypsfiguren, die man in Berlin alle Tage auf den Straßen für wenig Geld kaufen könne. – Die Gesellschafterin der alten Dame, wie sie uns die Statuen mit Aufmerksamkeit betrachten sah und bemerkte, daß der Inspector sich vorzüglich mit uns beschäftigte, wollte doch auch nicht geringer wie wir seyn und ergoß sich in Ausrufungen über die Schönheit und Vortreflichkeit der Kunstwerke, die ihr nur Mühe, und uns, ihrer Trivialität wegen, nicht geringe Langeweile machte. – v. Reichemeister hatte mit dem ersten flüchtigen Blicke genug, und sehnte sich, wie wir deutlich merkten, wieder weg, wenn nur eine schikliche Veranlassung zum Weggehen da gewesen wäre. Er war daher sehr froh, als der Lohnbediente die Nachricht brachte: es sey in der Catholischen Kirche heute Morgen Musik. Nun wurde die Geheimeräthin überredet, mit in die Kirche zu gehen, wozu es nicht vieler Gründe bedurfte, da ihr immerwährendes Gähnen bewieß, wie interessant ihr der Umgang mit Göttern und Heroen sey.

Die Italiener, besonders Simonelli wußten die Kunstwerke zu würdigen. Sie kannten die sämmtlichen Originale und erinnerten sich mit Vergnügen des Gesehenen in den treuen Nachbildungen. Der lebhafte Simonelli umarmte und küßte im Uebermaß der bewunderungsvollen Freude mehrern der schönsten Figuren so inbrünstiglich, daß ich oft die Verletzung der umarmeten Statue fürchtete. Seine Bemerkungen waren übrigens sehr interessant. Er kannte die Werke des Alterthums, und wußte sehr fein Schönheiten an ihnen zu entwickeln, die ohne seine Bemerkung uns entgangen seyn würden. Oft stand er mit ineinander geschlungenen Armen vor einem Bilde da, wovon das Original einst Italien besaß, und nun in Paris aufgestellt war. In dieser Stellung hörte ich ihn mehrmals tief seufzen. Als ich endlich nach der Ursache fragte, brach er in Verwünschungen über die Franzosen aus, wie sie über den Gegenstand, nur ein enthusiastischer Verehrer der Kunst ausstoßen konnte, dessen Vaterland mit den geraubten Gemälden und Statuen alles entzogen war, was ihm Werth und Interesse geben konnte. – Ausser den Italienern und uns hatte die Gesellschaft sich bereits nach der Catholischen Kirche begeben, um die Musik dort zu hören, eigentlich wohl nur: um der Langenweile des längern Betrachtens der Kunstwerke zu entgehen. – Gegen Mittag folgten wir übrigen eben dahin, nachdem ich mir beym Inspector Hrn. Matthäi, einem sehr gefälligen, und interessanten Manne die Erlaubniß ausgewirkt hatte, öfter zu diesem Pantheon zurückkehren zu dürfen. – Die zufällige Entdeckung, daß ich seinen Sohn[109] kannte, der vor einigen Jahren in Bremen war, schloß eine nähere Bekanntschaft zwischen uns, deren erste Folge die war, daß M[atthäi] sich erbot, uns die Art der Abformung von Bildsäulen in Gyps zu zeigen, und uns zu diesem Zwecke aus der Hofkirche abzuhohlen.

Die Musik in der Kirche war vortreflich, aber doch nicht so vollstimmig und schön, als am Sonntag, weil heute der Churfürst nicht in der Kirche war. Wenn der nicht da ist, wird mit dem lieben Gott so viel Umstände nicht gemacht, er muß sich mit einem etwas schwächern Lobgesange begnügen. – Hr. M[atthäi] kam pünktlich seinem Versprechen nach. Er kam uns entgegen, als eben die Musik geendigt war, und wir die Kirche verliessen. – Mit vielem Vergnügen sahen wir bey ihm die Arbeit der Abformung von Statuen. Wer sie nicht sah, kann sich keinen Begriff von der unsäglichen Mühe und Genauigkeit machen, welche diese Abformung, wenn sie das Original treu darstellen soll, erfordert; wie langsam die Arbeit fortschreitet, und aus wie unendlich vielen Theilen die Form besteht über welche der Abguß geschieht.

–

Unser bisherige Aufenthalt in Dresden war so ungetheilt den Merkwürdigkeiten dieses, vor den meisten Deutschen Städten, daran so reichen Orts, gewidmet gewesen, und wir hatten bis dahin zu diesem Zwecke, so fest mit unsern Gesellschaftern zusammen gehalten, daß ich kaum Zeit gehabt hätte, unsern alten Bekannten von Bremen her, den braven Skerl[110] aufzusuchen, wenn ich auch früher als heute sein Logis hätte erfahren können. – Er machte gewaltig große Augen, als ich diesen Nachmittag in sein Zimmer trat. Nach den ersten Begrüßungen erfolgte eine Einladung zum Kaffee von seiner Seite. Ich hohlte Nante, die zu Hause geblieben war, ab. Wir hatten während des Kaffeetrinkens tausend Fragen, die ausgebreitete Bekanntschaft unsers Wirths in Bremen betreffend, zu beantworten. Durch die Dazwischenkunft des bekannten Landschaftzeichners und Kupferstechers Zingg[111] wurde diese Specialinquisition eine halbe Stunde unterbrochen, und das Gespräch auf Gegenstände in Dresden, besonders hiesige Kunstsachen geleitet; kaum aber hatte dieser uns verlassen, als es wieder auf Bremen überging, woran S[kerl] noch immer mit dem größten Interesse hängt. – So verging der Nachmittag und die stärkste Hitze. Wie der Abend herankam, nahmen wir gern den Vorschlag zu einem Spatziergange an, und wanderten von S[kerl] geleitet, nach dem großen Garten, von dem wir neulich, beym Durchfahren nach Pirna, nur einen kleinen Theil gesehen hatten. Der Garten soll eine Stunde im Umfange haben, und so sahen wir denn heute nur wieder einen Theil, der dem, was wir neulich beym Durchfahren passirt hatten, im ganzen sehr ähnlich war. Das einzige Schöne des Gartens sind die breiten und dichten Alleen von hohen Linden und Castanien, und das prächtige Schloß von Pirnaischen Sandsteine, welches völlig unbewohnt und unbenutzt dasteht. Im 7jährigen Kriege war es eine Zeitlang der Aufenthalt Fried. d. Großen. – An den Ausgängen des Gartens fanden wir vor den Wohnungen der sogenannten Thorwärter, Gesellschaften zum Theil aus den beßern Ständen, die ein höchst frugales Abendbrod verzehrten. Eine solche Abendmalzeit besteht aus Brod, Butter, und wenn es hochkommt einem Stüke Käse, wozu eine „Cose“ Bier[112] getrunken wird. Der ganze Aufwand ist 2 bis 3 Ggr.[113] – Sehr wohlgekleidete Frau-

Friedrich Wilhelm Skerl, Die alte Augustusbrücke in Dresden, um 1790

enzimmer, Officiere von der Schweitzergarde pp begnügten sich mit dieser einfachen Kost, und waren sehr heiter und gesprächig dabey. S[kerl] sagte uns daß man häufig die angesehensten Personen an diesen Tischen vor den Thorwärterhäuser antreffe. – Im nördlichen Deutschland würde der Handwerker es lächerlich finden, wenn ihm jemand zur Erhohlung eine Parthie bey so einem Restaurateur in Vorschlag brächte.

In der Dämmerung sahen wir noch den Garten des Prinzen Anton[114] (Bruder des Churfürsten) in der Pirnaischen Vorstadt. Dem schönen vom Chevalier de Saxe gebauten Palais geht es, wie dem Churfürstlichen im großen Garten; es ist unbewohnt. Der Prinz kommt selten einmal im Herbste hieher, um Kaffee zu trinken, und in einer Einsiedeley im Garten zu beten. – Desto häufiger wird der Park von den Einwohnern von Dresden besucht, da er sehr in der Nähe liegt und geschmackvoll angelegt ist. Schöne Linden- und Castanienalleen wechseln mit Graßplätzen, und Parthien von niedern Gesträuch und Baumgruppen, durch welche sich Fußpfade schlängeln. Auf interessanten Punkten sind Ruheplätze für einzelne Fußgänger und ganze Gesellschaften. – Freund S[kerl] begleitete uns bis an unser Logis, und blieb den Rest des Abends bey uns. – Reichemeister, der Morgen nach Berlin geht, kam auch noch um Abschied zu nehmen. Er hatte bey der alten Geheimeräthin sich einen Platz im Wagen ausgemacht, und war recht froh diese gute Gelegenheit gefunden zu haben. Wir nekten ihn: daß ein Verständniß mit der Gesellschafterin, wahrscheinlich diese Zusammenreise veranlaßt habe, und er läugnete es nicht, daß ohne diese schwerlich die Parthie mit der alten Dame zu Stande gekommen wäre. – Er verließ uns mit dem Versprechen uns in Bremen zu besuchen.

Dresden, Mittewochen d 25sten August.

Um 9 Uhr hohlte uns S[kerl], seinem gestrigen Versprechen zu folge, ab, um uns auf die Bildergallerie zu führen, und uns dort auf die vorzüglichsten Kunstwercke aufmerksam zu machen, die wir uns merken, und bey einem zweyten Besuche ausschließlich betrachten wollten. Unsre beyden Italiener begleiteten uns.

Die Bildergallerie füllt die obern Zimmer des im Quadrat aufgeführten Gebäudes am neuen Markte, in dessen Erdgeschosse sich die Meng[s]schen Abgüsse befinden.[115] Sie hat zwey Abtheilungen die äussere und die innere Gallerie. Jene erhält ihr Licht von den Fenstern an der Aussen Seite, diese aus dem innern Hofe, den das Gebäude einschließt. Die Sammlung enthält über 1200 Gemälde, die aus der Niederländischen Schule füllen die äußere, die der Italienischen die innere Gallerie. Ein besonderes Cabinett bewahrt Pastellgemälde von R. Mengs[116], dessen Schwester Therese Mengs[117], der Rosalve Carrara[118] und des Joh. Steph. Liotard[119].

Die Gallerie ist täglich jedem Kunstfreunde und Künstler offen. Ueberall sieht man Maler die an Copien der vorzüglichsten Gemälde arbeiten, welche zu diesem Zweck von ihrem Platz genommen, und in das Licht gestellt werden, das der Copierende wählt. Unter diesen befanden sich viele Frauenzimmer, einheimische Dilettantinnen, die unter den Augen ihrer Freundinnen, (welche sie strickend, schäkernd, und über Kunstsachen plaudernd umgaben) zeichneten, tuschten und in Oel malten. Ausser diesen Arbeitenden und der Arbeit zusehenden Frauenzimmer, waren viele Dredenerinnen im Anschaun der Meisterwerke vertieft; sie schienen die Gemälde zu studiren. Dieser seltne Schatz wird, wie es das Ansehen hat, ganz vorzüglich von einem Geschlechte benutzt, dessen Organisation und Verhältnisse sich besonders dazu eignen, von der Hand der größten Meister aller Nationen, in das Reich der Phantasie eingeführt zu werden, und darinn zu wirken und zu leben.

Fast hätten wir als wir in den Saal eingetreten waren unsern Vorsatz, nur das vorzüglichste zu sehen, vergessen, so schwer ward uns die Auswahl des vorzüglichsten. – Der Hr. Inspektor Riedel[120], an den ich von Bremen aus durch M[atthäi] empfohlen war, hatte mit einer grossen Gesellschaft, denen er die Gallerie zeigte, zu viel zu thun, als daß er sich mit uns hätte beschäftigen können. Er bat uns den Nachmittag wieder zu kommen, den er frey habe, und den er gern uns ausschließlich widmen wolle. – Unter S[kerls] Anführung konnten wir seiner fürs erste entbehren. Wir liessen den Inspector mit seiner Gesellschaft weiter ziehen, und folgten ohne auf seine Auswahl zu achten, unserm eignen Kunstgefühl und unsers Führers Winken, um in diesem Meere von Schönheiten diejenigen Punkte zu fixiren, denen wir beym zweyten Besuche der Gallerie unsre ganze Aufmerksamkeit weihen wollten.

Wir verweilten uns lange bey den Niederländern, die durch ein lebhaftes, vortrefliches Colorit, und treue Darstellung der Natur in Landschaften, Figuren und Gewänder interessieren. Kürzer bey den Meisterwerken der Italienischen Schule, die durch edelere Gestalten und Wahl der Gegenstände sich im Ganzen vor jenen auszeichnen, aber in

Die Katholische Hofkirche in Dresden, um 1830

Rücksicht des Colorits meistens den Niederländern nachstehen.

In der äußern Gallerie herrscht eine größere Mannigfaltigkeit. Die Niederländer wählten zu ihren Gemälden, ausser den Scenen aus der heiligen Geschichte und der Weltgeschichte überhaupt, Gegenstände des häuslichen und Bürgerlichen Lebens, Landschaften, Thiere, Blumen, Früchte pp. Die Italiener sind blos Geschichtmaler, und der bey weitem größere Theil ihrer Bilder, stellt Madonnen, Heilige, Christusfiguren und Scenen aus ihrem Leben dar. Die beständige Wiederhohlung religiöser Ideen und Gegenstände giebt der innern Gallerie mehr Einförmigkeit. – Wie bey den Niederländer das Auge oft durch Platheiten und obscöne Dinge beleidigt wird, so wird es bey den Italienern oft durch Gräuelscenen aus den Leben der Heiligen pp zurückgestoßen, die, wie jene gemeine Natur wohl nie ein Object der Kunstdarstellung seyn sollten. – Religiöse Schwärmerey und ein gewisser feyerlicher Ernst schuf die Gemälde der Italiener aus der heiligen Welt und ruhet auf ihnen. Der Niederländer hat im ganzen diese Scenen materieller aufgefaßt und bearbeitet, und oft hat er bey den Leidensgeschichten seine fröhliche Laune in einer Nebenfigur ausgelassen, die denn Barock genug gegen das übrige absticht. – Die Gemälde der Niederländer gefallen mehr auf den ersten Blick, die der Italiener muß man öfter sehen, wenn sie wirken sollen was sie können. Die Schönheiten der Leztern entwickeln sich immer mehr, je länger, je öfter man sie betrachtet, die erstern stehen gleich in ihrer Glorie da, und diese wird beym längern und öftern Anschauen häufig schwächer.

Der Niederländer führet Alles auf das genaueste aus, die Hauptfiguren wie die Nebenfiguren, Gewänder, Meubeln pp. Der Italiener wendet Alles an die Hauptfiguren, und läßt das übrige vernachlässigend liegen. Wie hart sind nicht die Fernen und die Umgebungen der handelnden Personen in den besten Gemälden aus der Italienischen Schule. – Der Italiener hat in seinen Gemälden edlere Gestalten, erhabene ätherische Wesen, Geschöpfe eines glücklichen Augenblicks, Ergüße einer lebhaften Phantasie, Kinder eines kühnen, nur durch Studien der Kunst geregelten Genies. Es sind nicht, wie die meisten Figuren der Niederländer, Nachbildungen aus der wirklichen Welt: es sind Ideale. – In den Bildern der Italiener muß man sich erst an die scharfen Umrisse, die schwarzen Schatten und an das bey vielen fast gänzlich mangelnde Colorit gewöhnen, um sie schön zu finden. – Alles das gilt nur im allgemeinen. Einzelne, z.b. Titian[121], Correggio[122] haben das blendende Colorit der Niederländer mit den Vorzügen ihrer Schule vereinigt. – In wie fern die Italiener an Richtigkeit der Zeichnung vor den Niederländern, oder diese vor jenen Vorzüge haben, und ob überall eine Vergleichung zwischen beyden Schulen in dieser Hinsicht statt finde, mag der Kunstkenner beurtheilen. Jene Verschiedenheiten fielen mir als Layen auf.

Um 12 Uhr, der Stunde, wo die Gallerie geschlossen wird, gingen wir mit S[kerl] nach der Terrasse des Brühlschen Gartens[123], wo wir uns einen schattigten Platz aussuchten, und von da aus dem Leben auf der Elbbrücke zusahen, die wir in ihrer ganzen Ausdehnung hier vor uns hatten. Die schöne Hofkirche lag uns links, und rechts sahen wir die

Elbe hinauf und ihre lachenden Gestade bis zu den begränzenden Gebirgen. Vor uns lag die Neustadt. Wenn es gleich Mittag, und ein höchst schwüler Mittag war, wenn gleich die Luft mit Dünsten angefüllt war, so gefiel uns doch diese Terrasse sehr, und es hatte einen eignen Reiz, aus dem Tempel der Kunst einzutreten in das Heiligthum der schönen Natur. Es ist überhaupt ein ganz eigner Vorzug von Dresden, daß den Ort, der eine solche Maße von den vortreflichsten Kunstwerken enthält, die reizenste Gegend umgiebt, und daß man jeden Augenblick mit diesen Genüssen abwechseln kann, von der eine den andern hebt und erhöhet. – Um 3 Uhr gingen wir wieder auf die Gallerie, wo wir aber leider nicht die einzigen waren, die den Zeitpunkt sie zu sehen gewählt hatten. Ein Haufen vornehmthuender Herren und Damen drängte sich nach Art der Vornehmen, unverschämt zu dem Inspector Riedel, der anfangs aus allen Kräften protestirte, und versicherte: er könne so Vielen nicht zugleich, die Gemälde zeigen, uns habe er auf heute Nachmittag bestellet pp. Endlich aber mußte er, zu unserm Verdrusse den ungestümen Verlangen der hohen Herrschaften nachgeben, die sich nun gerade überall da verweilten, wo sie am wenigsten hätten verweilen sollen, und von den, bis ins kleinste, oft zu treue Detail, ausgemalten Dennerschen[124] Köpfen, und alabasternen von der Werfts[125] nicht wegzubringen waren. Ihre faden Exclamationen über Schönheit und Vortreflichkeit hätten dazu beytragen können, die Kunstwerke weniger schön und vortreflich zu finden, und mit den langweiligen Menschen darüber einen Zank anzufangen, um sie nur zum Schweigen zu bringen?? – Besonders war mir ein junger Hochadlicher Incroyable[126] zuwider, der einem Frauenzimmer aus der Gesellschaft, die noch am meisten Sinn und richtiges Gefühl zu haben schien, ihr Urtheil abhorchte, und dann den übrigen, dies Urtheil, durchwässert und mit Ausrufungen über Göttlichkeit pp verbrämt, weitschichtig und – ach, wie vorlaut und eckelhaft, zurückgab.

Unter den Gemälden der äussern Gallerie waren uns diesen Morgen schon einige Landschaften von Reusdal[127], verschiedene Köpfe von Holbein[128] und van Deick[129], einige historische Darstellungen von Rubens[130], Rembrand[131], und ein paar Schlachten von Wouvermann[132], vorzüglich aufgefallen. Unserm Plane getreu, verweilten wir diesen Nachmittag bey ihnen, unter den Werken der Niederländer am längsten. Mit ein paar Worten muß ich des Einzelnen gedenken.

Auf der ersten Wand:

1) Das Bild Luthers und seiner Frau von Hollbein. Es interessirte mich sehr das treue Bild dieses edlen und kühnen Mannes zu sehen, dem Deutschland so vieles verdankt. Es ist so frisch und lebendig als wäre es heute gemalt.

2) Eine Vestalin von Angelika Kaufmann[133]. Das Bild ist nur an die Wand gestellt, nicht aufgehängt, wie viele andre, weil es an Platz mangelt. Die Figur der Vestalin ist edel, der Kopf voll Anmuth, wie alle weibliche Gestalten von der Hand dieser Künstlerin. Der weiße Schleyer, der die Figur halb dem Auge entzieht, trägt dazu bey, das was man gewahr wird noch mehr zu heben.

3) Ein, dem Ansehen nach mit einem Flor überhängtes Gemälde vom Grafen Rotari[134] (ebenfalls nur an die Wand gestellt.) Ich war in Versuchung die Decke abzuziehen, um das Gemälde zu betrachten. Täuschender kann, bey dem bekannten Wettstreite, der griechische Künstler seine Decke nicht gemalt haben.

4) Ganymed vom Adler in die Wolken geführt, von Rembrand. Ärger und zugleich mit mehr Kunst und Ausdruck, kann kein Künstler eine schöne Scene aus der Fabelwelt verunstaltet haben, als Rembrand in diesem Gemälde gethan hat. Den schönen Jüngling, vom Donnergotte selbst, der die Gestalt des Adlers angenommen hatte, entführt, und weil er für die Erde zu reizend war, zu seinem Dienste im Olymp bestimmt, hat der Maler in einen häßlichen Jungen verwandelt, den der Adler in die Höhe zerrt. Der zum Sitze der Götter empor geführte Ganymed, giebt durch einen weit aufgerißenen Mund, durch ein zum Heulen verzerrtes

Gesicht, durch die in die Höhe gezogenen Beine, und noch durch etwas, was sich nicht wohl sagen läßt, die Herzensangst zu erkennen, in die ihn die fatale Wolkenfahrt versetzte. – Es ist eine wahre Entweihung des Pinsels, einen solchen Gegenstand so darzustellen. Nur ein Niederländer konnte sich dieser Sünde schuldig machen. Die Ausführung ist übrigens so kräftig und lebhaft, daß man nicht umhin kann, bey der tollen Idee zu verweilen, wenn man sich schon über den Künstler ärgert, der den Gegenstand, seine Kunst und sich selbst so herabwürdigen konnte.

Auf der zweyten Wand:

1) Rembrands Bild, von ihm selbst gemalt. Er hat ein Buch und ein Bleistift in der Hand. Es ist Kraft und Leben in dem Manne, wie in dem Gemälde das ihn darstellt.

2) Die Tochter Rembrands (von R.). Mit einer Nelke in der Hand. Es ist ausserordentlich viel Wahrheit in diesem Bilde; übrigens ist das Persönchen eben nichts mehr als ein wohlbeleibtes niederländisches Mädchen mit einem uninteressanten Gesichte. Aber das Mädchen scheint vor einem in der Wirklichkeit dazustehen, und mit seiner Blume zu tändeln. – Treue Darstellung der Natur, ein lebhaftes, dauerndes Colorit, und eine starke Abwechselung von Licht und Schatten, welche die Figuren aus der Leinewand weit hervortreten läßt, scheinen das charackteristische und verdienstliche dieses Vaters zu seyn. In diesem Gemälde nicht, aber in vielen seiner Gemälde ist mir der Hintergrund zu schwarz, und das Licht zu sehr von einem Punkte auf die Hauptfiguren fallend. Kräftig und lebhaft wird dadurch wohl das dargestellte Object, aber es ist immer kräftige, lebhafte Unnatur.

3) Ein Maler, der seine Frau zeichnet von Fr. Miris[135] ist mir als ein zierliches, sehr ausgeführtes und der Natur getreues Bild, aufgefallen.

4) Christus der die Kranken heilt von Dietrichs[136]. Es ist sehr viel Ausdruck in den Gesichtern der Kreuzträger, die Hülfe suchen und erhalten. Das Personale ist sehr groß,

und in den Stellungen, wie in den Figuren viel Verschiedenheit und Abwechselung. Einige sind ein wenig zu sehr der Natur getreu gemalt, sie erregen Eckel und das sollte kein Kunstwerk im Ganzen oder in seinen einzelnen Theilen erregen. In der Gestalt und im Kopfe des Heilandes ist nichts Edles, wie den überhaupt mit wenigen Ausnahmen nur Italiener edle Christus-Köpfe und Figuren gemalt haben.

5) Die Anbetung Christi vom Grafen Rotari. Die Beleuchtung geht von dem Christuskinde aus. Das Stück imponirt sehr. Man muß aber die Nacht von Correggio noch nicht gesehen haben.

6) Eine Parforcejagd von Ruisdaal. Ein Hirsch sucht sich zu retten, indem er durch einen Teich schwimmt. Hohe Bäume verbergen die Sonne, aber man sieht ihre Wirkung um Wasser am Ufer und den Baumstämmen. Der Teich ist so klar und durchsichtig; er giebt die Gegenstände umher so treu und wahr zurück, daß man nichts der Natur ähnlichers sehen kann. Das Wasser ist klar wie ein Spiegel, und nur an den Stellen ist es trübe und in Bewegung, wo eben der Hirsch durchpassirte. – Ich veränderte unwillkührlich meine Stellung, um die ruhige stille Landschaft von einer andern Seite, und die Wirkung der Sonne auf sie, wenn die Bäume ihre Strahlen nicht auffingen, zu betrachten, indem ich wirklich ganz vergessen hatte, daß wir vor einem Gemälde, einer Nachbildung der Gegend, nicht vor der Gegend selbst standen.

7) Eine Abreise zur Jagd von Wouwermann. Seine Figuren und besonders seine Pferde, die auf keinem seiner Gemälde fehlen sind, ihrer Kleinheit ungeachtet schön und lebhaft dargestellt, und treten hell aus dem meistens etwas unbestimmt gehaltenem Hintergrunde hervor. Seine Landschaft und sein, fast immer wolkigter Himmel sind treue Bilder der Natur. Es ist immer viel Leben und Handlung in seinen Gemälden, und die Hauptfiguren bezeichnen sich auf den ersten Blick. Ein Schimmel darf in keinem seiner Stücke fehlen, er ist oder trägt eine der Hauptfiguren.

8) Eine Landschaft von Rubens ist wohl nur darum merkwürdig weil R. wenig Landschaften malte. Mir kommt

es vor, als könne man es dieser ungefälligen rauhen Gebirgsgegend ansehen, daß sie um Pinsel oder Farben zu probiren, nicht aber, um als Kunstwerk aufbewahrt zu werden, gemalt sey. Kräftig genug mag sie gemalt [seyn], aber Kraft ohne Geschmack und Grazie ist, für mich wenigstens, keine Schönheit. Daß dieses Stück etwas merkwürdiges sey, erfuhr ich übrigens blos aus unsers Führers Versicherung, ich hätte es nicht dafür angesehen.

9) Meleager, der der Atalante den Kopf eines wilden Schweins bringt, ebenfalls von Rubens. Hier bedurfte es keines Winkes um die Schönheiten dieses Gemäldes, welches als eines der vorzüglichsten dieses Meisters geschätzt wird, aufzufinden. Beyde Figuren sind so edel, wie man sie in den Werken dieses Malers selten antrifft, die Stellung des Meleager ist der Natur abgesehen, in den Gesichtern ist Schönheit und Ausdruck, das Colorit vortreflich, und das Ganze weich und licht. Ich begreife nicht wie ein Künstler, jene Landschaft und diese Figuren malen konnte.

Dritte Wand.

1) Ein männlicher Kopf von Meerfeld[137]. Der Mann mit den feurigen Augen, und dem glänzend weissem Barte kann nicht gemalt seyn: er lebt!

2) Maria mit dem Christuskinde von Marillio[138], war mir des seltnen Contrastes wegen, zwischen der mit grellem Roth und Blau gekleideten, höchst unbedeutenden, pflegmatischen, fast stupiden Maria, und dem, wenn gleich nicht göttlichen, doch schönen ausdrucksvollen, lebendigem Kinde merkwürdig. Bey diesem hat eine rege Einbildungskraft vom Gefühl des Schönen, und bey jenem Geschmacklosigkeit und Kälte die Hand des Malers geleitet.

3) Eine Ruhe auf der Flucht nach Egypten von Boll[139] (einen Schüler von Rembrand). Maria ruhet und stützt den Kopf auf die linke Hand. Das Kind schläft auf ihrem Schooße. Joseph steht daneben. Ein Bild voll wahren Ausdrucks. Die Mutter trägt die Spuhren der Ermüdung in der hingesunkenen Gestalt. Ein ängstliches Nachsinnen wohnt in den

Gesichten beyder Erwachsenen, besonders in Josephs. Das sanft ruhende, keine Gefahr ahnende, kein Ungemach fühlende Kind sticht angenehm dagegen ab.

4) Einige Köpfe von van Dyck leben und scheinen zu sprechen. Man sieht auf den ersten Blick, daß sie mit leichter Hand hingeworfen sind, und daß nur eine Meisterhand so mit der Natur in wenigen Zügen wetteifern konnte.

Vierte Wand.

1) Schlacht von Wouwermann. Das Gefecht ist auf dem Lande und zu Wasser. Hier ist nirgends Ruhe, alles Anstrengung und Bewegung, dem ersten Anblicke nach sind die Figuren chaotisch durcheinander geworfen, aber wie klar tritt, genauer betrachtet hervor was vorstehen soll, und wie verlieren sich die Nebenbilder in die Ferne.

2) Rubens beyden Söhne (von R.). Der jüngste spielt mit einem Vogel, den er an einem Bande befestigt hält. Ein paar hübsche Knaben voll Unschuld und Fröhlichkeit. Der eine ist ganz mit seinem Schatze dem erhaschten Vogel beschäftigt. Der Natur getreuer in Stellung, Colorit pp und ausdrucksvoller kann auf die Leinwand nichts hingezaubert werden.

3) Landschaft von Boll. Ein hohes Gebirg, Bäume im Vorgrunde brechen die Aussicht. Auf dem Gebirge liegen Ruinen.

4) Eine Himmelskönigin mit dem Kinde vor der eine Familie anbetend kniet, von Hollbein. Nachdem ich dieses Gemälde gesehen habe, kann ich begreifen, wie man H. den Deutschen Raphael nennen konnte. Mögen immer die Gewänder, und auch zum Theil die Stellungen der Anbetenden etwas steif und gezwungen seyn, die Köpfe sind voll Wahrheit und Ausdruck, und das Gesicht der Maria vereinigt Schönheit mit Hoheit und Würde.

5) Neptun gebietet dem Meere nicht weiter zu stürmen, von Rubens. Es ist ein Gelegenheitsstück und bezieht sich auf die Seefahrt des Cardinals Ferdinand von Oestreich aus Spanien nach Italien. Man sieht es, der Künstler hat das

Vos ego des Virgils[140] im Sinne gehabt, und er hat vortreflich das Bild ausgeführt, das dem Dichter vorschwebte. Dieser Neptun ist König des Meers, das zeigt seine Gestalt, seine Stellung, sein Blick. Wer so befiehlt, ist gewiß, daß seinem Befehle folge geleistet werde. –

6) Joseph, der seinen Vater dem Pharao vorstellt von F. Boll. Das edle ausdrucksvolle Gesicht des Sohnes, welches von kindlicher Zärtlichkeit und Freude belebt ist, interessirte mich ganz vorzüglich. Ueberhaupt ist der reiche Stoff, der für den Künstler in dieser Scene, einer der anziehensten aus der Jüdischen Geschichte, liegt, meisterhaft benutzt.

Innere Gallerie

1) Der Genius des Ruhms von Caracci[141]. Eine jugendlich schöne, geflügelte Gestalt mit Lorbeer gekrönt, und von einer Glorie umgeben, durchbricht fliegend die Wolken. In der rechten Hand trägt er Kronen, in der linken einen Pfeil. Will er sich herabsenken auf die Erde, und wen will er kränzen, deutet der Pfeil auf kriegerische Thaten, und sind die Kronen der Lohn dafür?

2) Venus von Titian. Sie ruhet in liegender Stellung. Amor hält einen Kranz über ihrem Haupte. Weichheit und vortrefliches Colorit zeichnen diese Venus von allen ihren Schwestern aus, die ich je in einer Gallerie sah. Mir schien anfangs die Figur nicht genug hervorzutreten, und die einzelnen Theile des Körpers zu wenig durch Licht und Schatten bezeichnet; aber wie wir länger vor dem Bilde standen, ward gerade das, was uns Unvollkommenheit schien, zur Schönheit. Diese Zartheit und Weiche, diese leisen Uebergänge, dieses reizende Colorit bezeichnet die Göttin der Liebe.

3) Catharina Cornara, Königin von Cypern, von Titian. Eine schöne weibliche Figur im Trauergewande.

4) Christus mit der Dornenkrone von Guido Reni[142]. Erhabenheit und stilles Dulden im tiefsten Leiden. Es ist mehr als menschliche Seelengröße in diesem Bilde, und

doch stört diese Größe das Mitleid nicht, das die leidende menschliche Gestalt erregt.

5) Bachus von Guido Reni. Ein niedlicher kleiner Weingott, der an ein Faß gelehnt zugleich Wein zu sich nimmt und sich dessen entladet. Man hätte diese beyden Gemälde eines und desselben Künstlers, die in Ansehung des Gegenstandes in so grellem Contraste stehen, nicht so nahe bey einander aufhängen sollen. Das leztere Bild müßte aus dem innern Heiligthume zu den Niederländern hinaus, wo es viele seines Gleichen gefunden hätte, die es hier nicht hat.

6) Christus der das Brod seegnet, von Carlo Dolce[143]. Das Gemälde war mir wegen des Ausdrucks in der Miene des himmelanblickenden Christus um so interessanter, da wir einen Colorirten Kupferstich nach diesem Bilde haben, der uns lebhaft an das Original erinnern wird.

7) Maria mit dem Kinde, von Raphael d'Urbino[144]. Eine Glorie umgiebt die Hauptfiguren. Der Papst Sixtus V im Hohenpriesterlichen Ornate und die heil. Barbara beten kniend an. Zwey kleine Engeln oder Genien auf einer Wand ganz unten am Gemälde, gelehnt, blicken zu dem was oben ist, hinauf. Die Luft, welche die Figuren umgiebt besteht aus leise angedeuteten Engelsköpfen. Weil sie die Farbe der Luft haben, und nur eben angegeben sind, bemerkten wir sie erst, nachdem wir schon lange vor dem Bilde gestanden hatten.

Ich habe mir alle Mühe gegeben in diesem Gemälde des größten aller Maler (wofür ihn die Kenner einstimmig erklären) alles schön zu finden, weil es Mangel an richtigem Gefühl verräth, wenn man es nicht so findet, aber die blauen Engelsköpfe, sind nun einmal offenbar etwas wunderliches, und die Zusammenstellung von Göttern, Päpsten, Heiligen und Engeln die miteinander, als zugleich existirend dargestellt sind beleidigt mich immer, man mag dagegen sagen, was man will. Ein vollkommenes Kunstwerk, das weit über das Jahrhundert, wo es entstand, hinaus dauern soll, sollte von den Abgeschmacktheiten seines Jahrhunderts frey seyn. – Dann das Gesicht der einen Hauptfigur, der Maria. – Es soll, wie alle Kenner behaupten ein Ideal jugendlicher

Unschuld und edler Einfachheit seyn! Mir kommt es als ein sanftes, aber nicht bedeutendes nicht geistvolles Frauen-Gesicht vor, woraus viel Pflegma – wenig Ausdruck, wenig Gefühl hervorblickt. – Doch ich schweige und bete mit dem Papst Sixtus und der heil. Barbara an. Wenn je ein Kunstkenner das Urtheil hörte, ich wäre auf ewig in den artistischen Bann gethan! – Besonders habe ich mich gehütet in Dresden etwas von dieser meiner Ketzerey merken zu lassen. Ich verhielt mich blos passiv als die übrigen vorhin Bezeichneten, vor dieser Maria ihr ach und oh anstimmten.

Dem Christuskinde, diesem herrlichen Kopfe voll Geist und Leben mit den Feuerstrahlenden Augen huldige ich hingegen, nicht aus Furcht verketzert zu werden, sondern aus vollem Herzen und von ganzer Seele. – Auch die kleinen von unten in die Höhe blickenden Engel, mit der aufmerksamen, unschuldigen, kindlichen Miene und der ganz damit harmonirenden Stellung habe ich aufrichtig bewundert und mit dem größten Vergnügen lange betrachtet.

8) Der heilige Georg, von Correggio. Auch eine Anbetung der Maria mit dem Kinde. Der heil. Georg, der sich unter den Anbetenden befindet, giebt, wahrscheinlich weil er eine Hauptfigur ausmacht, und um die verschiedenen ähnlichen Darstellungen dieses Meisters zu unterscheiden, diesem Gemälde den Nahmen. Das Kind neigt sich unschuldig froh zu den Anbetenden vom Arme der Mutter hinüber. Die Mutter betrachtet den Knaben mit einem ausdruckvollem zärtlichem Blicke. – Wenn man sich etwa 10 Schritte von diesem Bilde entfernt, so treten die Figuren bis in die Mitte des Saals, die ganze Gruppe hat sich von der Leinewand losgemacht, die schönen Gestalten sind dem Zuschauer ganz nahe und scheinen um ihn sich zu bewegen, zu leben.

9) Die heilige Magdalene von Correggio. Ein kleines Bild aber voll Schönheit. Halb in ein blaues Gewand gehüllt liegt die schöne weibliche Gestalt in einer dunkeln Felsengrotte, den Kopf auf den einen Arm gestützt, die Augen auf ein vor sich habendes Buch geheftet.

10) Die Nacht von Correggio. Es stellet die Anbetung der Hirten vor. Von dem Kinde, das auf dem Schooße seiner Mutter ruhet, strömt ein mildes Licht aus, welches das Gesicht der Maria in Glanz hüllet, und die Anbetenden, so wie alle Umgebungen mild und schön beleuchtet. Das Ganze schwimmt in einem magischen Helldunkel. Ich wüßte kein Gemälde, was mich so angezogen und so gefesselt hätte als dieses Bild mit seinen edlen herrlichen ausdrucksvollen Figuren, die in dem himmlischem Glanze wie verklärt erscheinen.

Mit diesem Gemälde muß man schliessen, weil alles übrige nach diesem schaal und kraftlos erscheint. Auch wir machten es so, nachdem wir länger als 3 Stunden auf der Gallerie zugebracht hatten. Wir hatten bey den Gemälden Skerl und seine Einladung zum Kaffee völlig vergessen, und dachten erst wieder daran, als wir um 6 Uhr den Saal verliessen. – Wir gingen doch noch zu ihm und fanden alles zu unserm Empfange bereit. Die Ruhe that uns sehr wohl, wir fühlten es nun erst recht, wie schrecklich das Stehen und das langsame fortgehen von einem Gemälde zum andern auf dem glatten Fußboden, und bey der drückenden Hitze ermüdet.

Unsere Ermüdung und ein aufsteigendes Gewitter vereitelte den, auf heute Abend verabredeten Spatziergang. Wir freuten uns herzlich als das Gewitter zum Ausbruch kam und sahen in ihm einen Vorboten kühlerer Luft. Bey S[kerl] brachten wir den Abend bis 8 Uhr zu, und verfügten uns dann, als der Regen nachgelassen hatte nach unserm Engel. Skerl begleitete uns und machte uns noch auf das große und im reinsten Geschmack ausgeführte Landschaftliche Gebäude[145] aufmerksam, das in der Pirnaischen Straße auf einem zu engen Raume steht, um sich in seiner ganzen Schönheit zeigen zu können. Es hätte vor allen Gebäuden von Dresden eine Stelle auf einem der größern öffentlichen Plätze verdient.

Ein heftiges Gewitter, welches beynahe die ganze Nacht angehalten hatte, hatte endlich die Hitze vertrieben. Als wir heute Morgen das Fenster öffneten, strömte eine erfrischende kühle Luft in unser Zimmer, die wir so lange entbehrt hatten. – Um 9 Uhr gingen wir mit unsern Italienischen Kunstfreunden wieder nach dem Japanischen Palais zu der Antikensammlung. Heute zum erstenmale, war, als wir über die Elbbrücke gingen, der Schleyer weggezogen, der die Gegenden längst dem Strome an beyden Seiten der Brücke eingehüllet hatte. Wir sahen frey hinaus in die herrlichen Berggegenden, und überall zeigten sich auf den Bergen und an den Ufern der Elbe Dörfer, Landhäuser und in den Weinbergen Winzerwohnungen, die wir bis dahin mehr geahnet als erblickt hatten.

Die Sammlung von Antiken erhielt durch den Ankauf einer Gallerie aus Rom (Ciki [Chigi]) von August III ihr Entstehen.[146] Was sich in den Schlössern der Sächsischen Churfürsten noch von Werken aus dem Alterthume fand, wurde mit jener Gallerie vereinigt, und noch einige einzelne Stücke hinzugekauft. So wurde die schätzbare Sammlung, was sie gegenwärtig ist. – Sie wurde früher in einem Salon im grossen Garten aufbewahrt. Erst der itzige Churfürst wies ihr dies schicklichere und geräumigere Local im untern Stock des Japanischen Pallasts an. Die Verfertigung neuer Fußgestelle und der Transport von dem großen Garten nach dem Palais soll mehr als 80.000 Rtl. gekostet haben. – Hier sind sie nun mit mehrern modernen Statuen, in 11 hintereinander fortlaufenden Säälen, deren Wände grünlich wie Marmor tingirt[147] und mit geschmackvollen Einfassungen geschmückt sind, aufgestellet.

Das erste Zimmer enthält blos neuere Statuen von Bronze, Marmor und Alabaster. Sie würden größtentheils die aufmerksame Betrachtung des Kunstfreundes verdienen, denn es sind Sachen der besten neuern Bildner darunter. Hier, wo es darum zu thun ist, die seltnern Werke des Alterthums zu sehen, werden jene mit einem flüchtigem Blicke abgefertigt und unverdienterweise – vergessen.

Im zweyten Zimmer schien mir vorzüglich ein Griechischer aus dem Alterthume geretteter Altar merkwürdig mit Arabesken verziert, und mit Nischen versehen, worinn die Hausgötter standen, und ferner ein Dreyfuß aus einem, dem Apoll gewidmeten Tempel.

Aus dem dritten Zimmer würde ich als das vorzüglichste folgendes auswählen:

1) Kopf der Niobe mit gen Himmel gerichtetem Blick, ein Ideal weiblicher Schönheit im reifern Alter voll Ausdruck des innigen Schmerzes über den Verlust ihrer Kinder. Dieser Schmerz, statt der Schönheit der Züge zu schaden, macht sie nur noch interessanter.

2) Vestalin. Sie trägt einen Sieb, der aber Ergänzung ist. Man hält diese sogenannte Vestale für eine Ceres. Das schöne faltenreiche herabfliessende Gewand hat ihr wahrscheinlich jene Benennung zugezogen, die man allen bekleideten Frauenzimmergestalten gab, davon man keinen andern Nahmen wußte.

3) Silen. Ein vom Wein nicht begeisterter, sondern entgeisterter, aufgedunsener Alter. Der schwere Kopf senckt sich ermattet gegen die Brust herab. Im Kopfe und der ganzen Stellung erkennt man, die der Natur aufs treueste nachgebildeten Wirkungen des übermäßig eingenommenen Traubensafts.

Viertes Zimmer.

1) Ein kleiner Bachus. Nur der schöne Körper ist alt. Man hat ihn geschmacklos genug, in eine Tonne mit Trauben gestellt.

2) Venus von weißem griechischen Marmor, mit einem Gewande von grauem Marmor. Das Gewand ist Römische Ergänzung. Diese ist wahrscheinlich gewählt, weil: eine Hinzufügung der fehlenden Theile des Körpers dem Künstler eine zu schwere Aufgabe war. Er war bescheiden genug einzusehen, daß er den Griechen nicht erreichen konnte, und

gab der Göttin ein Gewand, welches sie vorher nicht trug. Was von dem ersten Werke übrig geblieben ist, bezeichnet durch Zartheit, und den feinen schlanken Bau des Körpers, wie durch den Ausdruck im Gesichte ganz die Göttin der Liebe.

3) Ein junger Athlet der unrichtig als Merkur ergänzt ist. Eine schöne kraftvolle Figur.

Fünftes Zimmer.

1) Ein junger Faun. Er wurde mit 3 antiken Copien zu Antium[148] gefunden. Alle 4 Statuen sind hier. Man würde diese edle Gestalt für einen jungen Apoll halten, wenn nicht die spitzen Ohren bewiesen, daß der Künstler nur eine niedre Gottheit habe bilden wollen. Sorglose Unbefangenheit und Ruhe wohnen in dem schönen Gesichte, dem Eigenthümlichen der höhern wie der niedern Gottheiten.

2) Ein Amor. Kopf, Flügel und Arme sind neu.

Sechstes Zimmer.

Drey sogenannte Vestalinnen. Sie wurden 1706 in einem verschüttetem Gewölbe zu Portici[149] entdeckt, als man auf dem Landgute des Prinzen Elböuf[150] einen Brunnen grub. Sie kamen als Geschenck zu dem Prinzen Eugen von Savoyen nach Wien. Nach dessen Tode kaufte August III[151] sie für 6000 Rtl. – Vestalinnen heißen sie, weil sie völlig bekleidete Frauenzimmer vorstellen. Es sind Abbildungen Römischer Matronen. Zwey davon sind Originale, die dritte eine antike Copie von der zweyten. – Die Statuen sind schon dadurch merkwürdig, daß sie die Veranlassung zur Entdekkung des Herkulanums[152] gaben; aber auch durch ihre eigne Vortreflichkeit sind sie es noch mehr. Die vorzüglichste schien mir die, von der keine antike Copie da ist. Das edle aber ernste Gesicht, worinn sich, wie es mir scheint, ein Zug von Schwermuth befindet ist dem Geist und Charackter einer Römerin angemessen, und harmonirt mit dem weiten Gewande, das die schöne Gestalt umfließt, und in freyen Falten bis auf die Füße herabfällt. Mit der rechten Hand faßt sie das Gewand, das in der Wirklichkeit nicht schöner eine weibliche Figur umgeben könnte.

2) Flora, falsch als Roma ergänzt. Ein herrliches durchsichtiges Gewand, zeichnet das Antike, was sich in dieser Statue findet, aus.

Siebentes Zimmer.

1) sterbender Fechter. Diese Statue ist mir darum merkwürdig, weil nur der Leib antik ist, und man durch angesetzten Kopf, Hände, Füße pp, daraus einen sterbenden Fechter gemacht hat, worauf der aus dem Alterthume gerettete Theil des Körpers überall nicht hindeutet. Die Statue kann in ihrer ersten Gestalt jede andere mänliche Figur so gut als diesen Gladiator vorgestellet haben. – Mir ist die Ergänzung alter Kunstwerke überhaupt zuwider geworden, seit ich diese Figur und mehrere andere in dieser Sammlung sah, woran das Meiste neu ist. Die Vermischung des alten und neuen thut dem Auge, schon der verschiedenen Farbe des Steins wegen, nicht wohl, und bey genauerer Betrachtung findet man oft in dem angesetzten Theile einen ganz andern Charakter als in dem, was aus dem Alterthume gerettet ward. Bey weiblichen Figuren und männlichen die sich durch Weichheit und Anmuth auszeichnen, mag eine Ergänzung der fehlenden Theile, besonders wenn es einzelne sind, nöthig seyn, damit der Eindruck des Ganzen nicht verlohren gehe, aber bey andern Statuen z.b. Helden, kraftvollen Männern, sollte nichts ergänzt seyn, es sollte der Einbildungskraft des Betrachtenden überlassen bleiben, das Fehlende zu ersetzen.

2) Faun mit der Nymphe. Das Gesicht des erstern ist ein leibhaftes – Faunen-Gesicht von der unedlern Art. Grobe Lüsternheit lebt und webt darinn. Er sitzt, die liegende Nymphe, jugendlich schön von Gesicht und Gestalt, strebt mit der Hand und dem ganzen Körper sich dem Unholde zu entziehen.

3) Faun mit dem Hermaphroditen. Die Figuren schlingen sich wunderbar und künstlich in einander. Der alte

Faun fühlt sich von der Hand des Hermaphroditen im Gesichte getroffen, und macht eine höchst ungrazieuse Miene dazu.

4) Eine liegende weibliche Figur als Cleopatra ergänzt. Blos die Beine mit dem vortreflichen faltenreichen, durchscheinenden Gewande sind antik. Der ganze obere Theil ist angesetzt. – Daß es nicht Cleopatra sey, darüber sind die neuern Kunstkenner einig, weil weder Griechen noch Römer Cleopatran abgebildet; was es aber für eine weibliche Gestalt früherhin vorgestellet habe: ob eine Nymphe, oder eine schlafende Ariadne, oder was sonst? mögen die Götter und der Künstler wissen, aus dessen Hand sie hervorging.

Achtes Zimmer.

Vier Fechter. Ein älterer und ein jüngerer. Von beyden ist ein Original und eine antike Copie neben einander aufgestellt. – Diese Gegeneinanderstellung des Originals und der Nachbildung ist darum sehr interessant, weil man so von jedem ein Ganzes erhält. Was am Original fehlte hat die Copie, und umgekehrt. – Es sind Colossalfiguren von vortreflicher Arbeit. Sie sind im Act des Fechtens dargestellt, und im Gesichte wie in den Gestalten herrscht Aufmerksamkeit und Anstrengung. Man hält den ältern Fechter für den Lehrer, den jüngern für den Schüler, und meint daß jener diesen unterrichte. In wie fern diese Vermuthung Grund habe, ist schwer zu entscheiden, das aber möchte ich doch wohl glauben, daß hier nicht auf Leben und Tod gefochten wird. Dazu ist zu viel Ruhe in den Köpfen, die wohl Aufmerksamkeit aber keine Spur von Ängstlichkeit, Wuth oder Leidenschaft haben, wovon das eine oder das andere bey dem gefährlichen Spiele um Seyn oder Nichtseyn doch wohl nicht ganz in den Gesichtszügen fehlen dürfte. – Ob übrigens der ältere Fechter und der jüngere ein Paar ausmachen, ob sie wie man meint, gegeneinander auf einem öffentlichen Platze gestanden haben, ob der ältere Fechter (ein Mann von reifern Alter mit einem Barte) den Kaiser Hadrian vorstellte, alles das mögen die Kunstgelehrten, wenn sie es können ausfechten oder sich in Güte darüber auseinander setzen.

Bey dem jüngern Fechter verderben die angesetzen Arme wieder vieles. So wie sie sind, weiß man nicht, was er eigentlich damit will. Sie sind zwecklos, oder vielmehr zweckwidrig ausgestreckt und gehalten. – Übrigens zeigt der ältere Fechter mehr Gewandheit als der jüngere in Stellung und Haltung des ganzen Körpers. Vermuthlich gab das die Veranlassung, das Verhältniß des Lehrers und Schülers zwischen Beyden anzunehmen.

Neuntes Zimmer.

1) Alexander d. Gr. Colossalstatue, 10 Fuß hoch. Der rechte Arm fehlt. Ehe man im Herkulanum noch eine Statue des Alex. von Bronze fand, wurde diese als die einzige ächte Bildsäule dieses Königs anerkannt. Sie ist von entschiedenem Werth. – Alexander ist als Jupiter dargestellt, mit einem kurzen Gewande. Der Kopf trägt einen Helm. – Die Statue ist im edelsten Griechischen Styl gearbeitet und wird als eines der seltensten und kostbarsten Werke des Alterthums betrachtet. – Den schönen Kopf hält der Aufseher der Kunstsammlung Rath Becker[153] für neuere Arbeit, und die ganze Figur hält er für einen Antinous, dem man ein Alexanders Haupt aufgesetzt habe. – Die kraftvolle männliche Gestalt spricht aber gegen diese Vermuthung, wenn auch wirklich der Kopf die Arbeit eines neuern Künstler wäre.

2) Der sich salbende Fechter. Kopf und die rechte Hand fehlen. Die Statue wird für eine der schätzbarsten, die aus dem Alterthume auf uns gekommen sind, gehalten.

3) Venus, in der Stellung der Medicäischen. Alles, ausser Armen und Beinen ist antik. Sie wird der Florentinischen gleich geschätzt, und von manchen ihr noch vorgezogen. – Ich kann mir darüber kein Urtheil anmaßen, aber meine ganze Bewunderung habe ich dieser zarten, weichen, Liebeathmenden Gestalt, und diesem überirdisch schönem Gesichte gezollet, diesem Ideale weiblicher Anmuth und Reizes.

4) Ein sitzendes Frauenzimmer, mit gestütztem Haupte. Man hielt sie für eine ältere Agrippine, dann für eine Niobe, die über den Verlust ihrer Kinder trauert, itzt für eine Ariadne. – Ihre Stellung wie der Ausdruk im Gesichte bezeichnen ernstes Nachdenken. Das Gesicht ist sehr edel, geistvoll, regelmäßig, schön und voll Ausdruck. Ein durchsichtiges Gewand umgiebt sie halb und fließt bis zur Erde herab. – Die Nase ist angesetzt, so wie ein Stück vom Nacken. – Dieses völlig griechische Ideal im hohen Style des Alterthums wird dem Alexander gleich gehalten und Beyde als die vorzüglichsten Statuen dieser Sammlung betrachtet.

5) Artemisia. Basrelief von Jaspis auf einem Grunde von weissem Marmor. Es ist auffallend wie sehr dieses Bild, dem Bilde der itzigen Königin von Preußen gleicht, sowohl in dem Umriße und im Haarputze, so wie in der Verzierung des Halses.

Zehntes Zimmer.

Die eine Wand, ist zu einem Römischen Grabmal geformt, wovon das Original in der Gegend von Bajäi sich befindet[154]. Mehrere Reihen von Nischen enthalten Römische und Slavische Urnen. Das Grabmal ist wie Stein gemalt, der mit Moos und Gesträuch durchwachsen ist. – Merkwürdig schienen mir in diesem Zimmer vorzüglich 3 Römische Sarkophage mit Basrelief, eine Jagd, ein Bachanal, und einen Triumpf des Bachus vorstellend.

Zwey Mumien. Am besten unterhalten ist eine männliche. Von der Gestalt des Todten ist nichts zu sehen, sondern nur der Ueberzug von Leinewand, der alle Mumien bedeckt, und worauf die darunter liegende Person abgebildet ist. Dieses Gemälde stellt die Figur eines jungen Mannes dar. Gesicht und Hände sind braun. Der Kopf ist mit einem vergoldetem Bunde verziert, worauf Edelsteine abgebildet sind. Am Halse ist eine goldne Kette gemalt, an welcher Münzen hängen. In der Rechten hält er eine Schaale, die Linke ist mit Ringen geziert, die Füße sind mit Sandalen bekleidet. – Außer dieser Mumie sind nur noch zwey in Europa, die so vollkommen wie diese erhalten sind. (Es mögten denn während der neuern Feldzüge in Egypten mehrere aufgefunden und nach Frankreich oder England gebracht seyn.) Daher hat diese Mumie einen ausserordentlich hohen Werth. Die man sonst in Kunstcabinetten sieht, sind zerbrökkelt, oder es fehlt ihnen die obere bemalte leinene Decke ganz oder zum Theil.

Im eilften Zimmer sind wieder blos moderne Statuen aufgestellt. Sie müßen nicht von großer Erheblichkeit seyn, denn wir wurden beyde Male, da wir diese Sammlung sahen, nicht hineingeführt.

Viel Vergnügen machte uns heute wieder das Benehmen unsers enthusiastischen Italienischen Kunstfreundes, der hier wieder durch Umarmungen und Liebkosungen der Kunstwerke, seine Verehrung derselben deutlich an den Tag legte, und seine treue Mitbetrachterin Nante öfter einlud, ein Gleiches zu thun: was denn aber doch vermittelst Kopfschüttelns abgelehnt wurde.

Als wir aus der Neustadt über die Elbbrücke zurückwanderten, verweilten wir noch eine geraume Zeit, auf den über den Pfeilern der Brücke angebrachten Ruheplätzen, von wo sich, ungeachtet des unaufhörlichen Fahrens, Reitens und Gehens, über diesen Verbindungspunkt der Alt- und Neustadt, so ruhig, bequem, und ungestört, auf die Elbe und ihre reizenden Ufer hinüberschauen läßt.

Unsre Tischgesellschaft fanden wir heute durch einen Londoner und einen Leipziger Kaufmann und dessen Frau vermehrt, wovon die Männer auffallend gegeneinander abstachen. Der Leipziger, ein feiner, vernünftiger und dabey höchst bescheidener Mann konnte vor dem Londoner, einem der ärgsten Schwätzer und Aufschneider, die mir je vorgekommen sind, nur selten zu Worte kommen. Die Tischgesellschaft mußte sich vereinigen, um diesen endlich zum Schweigen zu bringen, was aber nicht wenig Lunge, wenn gleich nicht viel Mühe kostete. Er wurde endlich gewahr, daß wir übrigen seinen Windbeuteleien keinen Glauben beymaßen, und mußte sich mit der platten Ausflucht behelfen: wenn wir seinen Erzählungen nicht trauen wollten, so könne er es nicht helfen. Er war nun eifrigst beflissen, das am Essen versäumte wieder nachzuhohlen, und gab uns dadurch Gelegenheit, seine Unverschämtheit aufs neue zu bewundern.

Den Nachmittag sahen wir bey Skerl das Abdrücken der farbigten Kupferstiche, eine Arbeit, die ich mir weit zusammengesetzter und mühsamer gedacht hatte, als ich sie fand. In die Platte wird zur Zeit eine Farbe, wo sie hingehört, eingerieben, und dann abgedruckt. Sind die sämmtlichen Exemplare damit versehen, so wird mit einer andern Farbe dasselbe Experiment gemacht und damit fortgefahren, bis der Kupferstich völlig colorirt ist. Dann hat der Kupferstecher das Blatt nur hie und da auszubessern, die Schatten zu verstärken pp und der bunte Kupferstich ist fertig, dem man es gar nicht ansieht: wie unsorgfältig er mit Farbe versehen wurde.

Um 5 Uhr wandelten S[kerl] und wir nach Loschwitz, einem Dorfe, welches auf einer Anhöhe an der Elbe, etwa eine Stunde von Dresden, liegt. Es gab viel zu steigen, ehe wir die Höhe über dem Dorfe erreichten, von wo man bey heiterm Wetter weit in das schöne Land hineinsieht. Heute blieb die Mühe des Steigens ziemlich unbelohnt, denn Regenwolken waren am Himmel heraufgezogen, und die ganze Gegend lag im grauen Schleyer da. Wir kehrten bald auf einem andern Wege durch das Dorf Loschwitz und den Loschwitzer Grund zurück, liessen uns über die Elbe setzen, und kamen, wie es schon zu dämmern anfing, durch das Dorf Blasewitz (die Gustel von Blasewitz in W[allensteins] Lager von Sch[iller][155]) des berühmten Kapellmeisters Naumanns[156] Geburtsort, wo, neben der kleinen Hütte, die seine Eltern bewohnten, und wo er gebohren wurde, der geschmackvolle Garten mit einem eleganten Gebäude liegt, den Naumann als seinen Sommeraufenthalt anlegte und bewohnte, während seine alte Mutter in ihrer Hütte fortlebte, und, ohne von ihrem Sohn unterstützt zu seyn, in Dürftigkeit starb. – Um 9 Uhr waren wir wieder in Dresden.

Dresden, Freytag d 27sten August.

Wir waren Heute in Tharand. Es war der schönste Tag unserer bisherigen Reise. Wie hatten wir uns schon in Bremen auf diese Wanderung gefreut, und wie schön ging alles in Erfüllung, was wir erwartet, wonach wir uns gesehnet hatten. – Der gestrige kühlere Tag hatte uns bestimmt, den heutigen zur Wanderung nach Tharand zu wählen. Wir waren sehr früh zum Abmarsch fertig, nur der Wolkenbezogne Himmel, der sich lange bedachte: ob wir einen regnigten oder heitern Tag haben sollten, hielt uns zurück. Endlich, da die Entscheidung nicht kommen wollte, wurden wir ungeduldig und wanderten auf gutes Glück zum Falkenschlage hinaus. Es wurde mit jedem Schritte heitrer, und wie wir am Reisewitzischen Garten waren, wie die Weiseritz durch die gewölbte Brücke rauschte, die in den Plauenschen Grund führt, beleuchtete die Sonne die Felsen und waldigten Höhen, welche den Eingang in den Plauenschen Grund bilden, keine Wolke bedeckte den Himmel. Dabey war es kühl, wie ein schöner Herbsttag seyn muß; wir konnten ohne Beschwerde und ohne Furcht raschen Schritts unsere Fußreise fortsetzen. Es war acht Uhr, als wir uns mitten in den steilen Fels und Bergwänden befanden, durch welche links uns die Weiseritz zwischen grünen Ufern schnell, oft über Steine dahinrauschend und schäumend vorbey floß.

Bald ist das Thal ganz enge, und scheint eine Kluft, aus der man zurückkehren müßte, weil kein Ausweg da sey. Es scheint ganz einsam, denn man sieht nichts als kahle Felswände, und steile Höhen mit Wald bedeckt. Dann aber zeigt sich wieder ein Ausgang; bebauete Anhöhen, Mühlen, welche die Weiseritz treibt, Landhäuser auf den lieblichsten Punkten, verrathen Nähe und Gegenwart von Menschen. Ueberall windet sich der Weg, wie die Gebirge es vorschreiben, überall schützt Fels und Wald gegen die Strahlen der Sonne. So waren wir etwa ¾tel Stunden gegangen, als die Bergreihen weiter auseinander traten, das Thal sich erweiterte, die Felsen und dichten Waldungen verschwanden, und wir uns in einer fruchtbaren Ebene befanden. Hier liegt das Dorf Pottschappel. Die Ebene währt etwa eine Stunde fort. Dann treten die Berge wieder näher zusammen, der Weg führt auf eine steile Felswand zu, die den Eingang in den Tharantergrund bezeichnet. Wir hatten eine Zeitlang diese hohen überhängenden Felsen rechts, und die Weiseritz links zur Seite; dann verlohren sich die Felsen und der Bach; ein, sanft sich zwischen waldigten, bald nähern bald fernern Höhen, fortwindender Pfad, führte uns in ¾tel Stunden (seit unsern Eintritt in den Tharantergrund) nach unserm Ziele. Zuerst trat die Ruine des alten Schlosses hervor; dann der Thurm des Städtchens; dann einzelne Häuser.

Schon im Plauenschen Grunde waren uns elegante Wagen vorbeygerollet; noch mehrere trafen wir im Tharanter Grunde, die alle mit uns einen Weg nahmen; auch Reuter zogen die Straße; Fußgänger, ausser uns, keine. Aus der Aufmerksamkeit und Neugierde, mit der die weissen Nymphen in den Kutschen, Berlinen[157] pp uns betrachteten, mußten wir schliessen; daß eine Fußwanderung nach Tharant, für eine Dresdenerin aus den höhern Ständen, etwas ganz unthunliches sey. Besonders schien ihnen Nante, mit ihrem raschen Schritte aufzufallen; die weissen Hälse reckten sich auf das äußerste, um diesen interessanten Anblick im Auge behalten zu können. Nante sah den schönen Neugierigen keck ins Angesicht, ohne sich in ihrem Laufe zurückhalten zu lassen. – Aber recht schön wußte sie Halt zu machen, als im Tharanter Thale, gerade auf einer sehr engen, hohen Stelle, Gewehre aus der Tiefe heraufblitzten, und, wie wir näher zusahen, ein Trupp Sächsischer Soldaten, der in dem Campemant[158] bey Dresden, auch seine Künste machen sollte, uns entgegenzog. Die Martissöhne[159] (es mogte eine Compagnie seyn) nahmen den ganzen Weg ein, und da sie eben keine Neigung zu haben schienen, uns auszuweichen, so mußten wir schon die gewöhnliche Parthie der Schwächern nehmen. – Bey unserm besten Willen war das diesmal so ganz leicht nicht. Der Weg war, so eng an beyden Seiten eingeschlossen, daß ausweichen, hier so viel: als umkehren,

Die Büste Salomon Gessners in den Heiligen Hallen. Im Hintergrund die Ansicht von Tharandt, um 1815

oder den steilen Berg hinanklettern hieß. Um nicht umzukehren, und dann von den Helden ausgelacht zu werden, wählten wir das Gemsenmittel; was denn auch noch so ziemlich mit Anstand ausgeführt wurde. Von der Höhe herab, wo wir uns gelagert hatten, sahen wir die Leute vorüberziehen. Vor allen Thätlichkeiten waren wir, auf unserm Ruhepuncte, sicher; vor unsaubern Scherzen nicht, die gewöhnlich bey solchen Gelegenheiten, zum Verdruße der Frauen vorgebracht werden. Doch diesmal hatten wir umsonst gefürchtet; es waren ja Sachsen; sie gingen singend, ruhig, und, zum Theil uns höflich grüssend, die Straße, die wir ihnen denn auch ganz eingeräumt hatten.

In Tharand sahen wir an den Häusern die Inschrift: Zimmer zu vermiethen, was uns den Brunnenort und daß die „Saison" wohl hier ziemlich vorüber seyn müße, bemerklich machte. – Es war auf dem Wege nach dem Brunnenhause leer von Personen, die das Ansehen von Badegästen hatten. Ueberhaupt war nirgend die Spur eines Gesundbrunnens. Es war überall einsam. Eine alte Französin, die in einer kleinen Boutike vor dem Badehause, uns ihre Modewaaren feil bot, und versicherte: jeder Curgast kaufe von ihren Unentbehrlichkeiten, war das einzige Wesen, das uns diesen Morgen an den Brunnenort erinnerte.

Nachdem wir uns durch Kaffee erquickt und gestärkt hatten, besuchten wir die Spatziergänge um Tharand. Sie verdanken einen Hofrath Lindemann in Dresden ihre Existenz, der eine kleine von Freunden der schönen Natur gesammelte Summe dazu benutzte, die Berge umher mit gangbaren Wegen zu durchschneiden, an den schönsten Puncten Ruheplätze anzulegen pp. Die nachherigen Beyträge der Brunnengäste vermehrten den Fond, und die Anlagen, die sich jetzt um beyde Seiten des Gebirges herumziehen, von welchen Tharand eingeschlossen ist. Durch Geschenke der Anwesenden werden die Promenaden unterhalten.

Wir suchten ohne Führer, weil ein solcher gewöhnlich stört, wenn man im Genusse der schönen Natur schwelgen will, wie wir die Absicht hatten – die Spatziergänge auf den Höhen von Tharand, und fanden leicht den Weg nach den sogenannten heiligen Hallen. Sie sind nur einige hundert Schritte von dem Badehause entfernt. Bey einer Schneidemühle führten uns rechts bequeme Stufen die Höhe hinan in den Buchenwald, in dem, auf einem einfachen Fuße von Sandstein, die Büste Gesners[160] steht.

Das Bild des Dichters ländlicher, einfacher Scenen, könnte auf keinen schicklichern Platze stehen. Die Welt, die er einst besang, ist in diesen schattigten Hainen, aus denen der Blick in das herrliche Wiesenthal, und auf die freundlichen Höhen fällt von Stille und Ruhe bewohnet. – Wie wir den schöngeebneten Pfad weiter hinauf wanderten, waren wir bald in dem dichtesten Walde, der jede Aussicht verschloß; bald öffnete sich die grüne Wand und unter uns lag das Wiesenthal von der Weiseritz durchflossen, deren Rauschen wir überall hörten. Tharand mit seinen rothen Dächern mit seiner weissen Kirche und den Ruinen des Bergschlosses belebt und verschönert das liebliche Thal. Auf der Spitze des Bergs steht eine einsame Waldhütte. Wir waren hier wieder von aller Welt abgeschieden, wir sahen nichts als Tannen und Buchen, die sich bis an den Fuß des Berges hinabziehen, und alle bewohnte Stellen des Thals verdecken, kein Laut kam zu uns, als das Rauschen des fernen Bachs im Wiesengrunde. Wir schrieben unsern Nahmen in diese Borkhütte. Wer einmal von unsern Freunden hieher kommt, möge sie finden, und der Gedanke an uns, seine Freuden in Tharand erhöhen. Es war ein sehr glücklicher Tag, den wir in dieser reizenden Gegend verlebten; ein gleicher Tag werde dem, der unsern Nahmen mit Interesse künftig in der einsamen Hütte lieset. – Wie wir wieder in das Thal hinabgingen, sahen wir auf der Spitze des gegenseitigen Gebirgs den Tempel der Gesundheit, ein einfaches weisses Gebäude, das sich aus dem dichten Walde malerisch hervorhebt. Oft hatten wir zur Seite steile Felswände. Sanft und bequem schlängelte sich der Weg den Berg herab; wo es zu steil ist, fanden wir Stufen, und an schroffen Abhängen Geländer, die den Schwindelnden sichern. – Es war noch Zeit, vor Mittag zu den Ruinen des Bergschlosses, an dessen Fuße Tharand liegt, und ein kleiner See, hinaufzusteigen. Auch auf diese Höhe leitet ein geebneter Pfad. Der Platz vor der Ruine ist zu einer Terraße geformt und in dem alten Gemäuer sind Ruheplätze. Wir benutzten sie, und hatten durch die Oeffnungen der Wände schöne Blicke in die Tiefe. Wie wir die Terraße vor der Ruine betraten, lagen drey Thäler unter uns, die hier sich zu einem vereinigen. Alle drey Gründe sind mit Häusern angefüllt, alle von waldigten Bergen und Felsen eingeschlossen. – Auf das Geländer vor der Terraße gelehnt, standen wir lange, und konnten uns nicht satt sehen an der herrlichen Gegend, wo Anbau und wilde Natur, Wiesengründe und Felsen, bebaute Felder und dichte Waldungen im schönsten Verein stehen. Ich wüßte nicht wo man sich mehr gedrungen fühlen könnte, Hölty's: o Wunderschön ist Gottes Erde[161]: aus voller Kehle anzustimmen, als hier. Ich that es, und Nante, wenn sie auch nicht mit einfiel, gab mir durch Blick und Wort zu erkennen, daß sie mit mir gleich empfand.

Wie wir, etwas spät, im Badehause anlangten, und in den Speisesaal eintraten, hefteten sich aller Augen steif und fest auf uns. Die schon am Tische sitzenden Herren und Damen, wovon uns ein grosser Theil heute Morgen im Tharanter- oder Plauenschem-Grunde in zierlichen Cabrioletts vorübergerollet oder auf stolzen Engländern vorbey gesprengt war, und uns schon da mit Aufmerksamkeit betrachtet hatte, wußten nicht recht: was sie aus uns machen sollten. Vermuthlich hatten sie uns für reisende Musikannten, die ihnen eine Tafelmusik machen würden, gehalten, denn die Verwunderung war nicht gering, als wir nach abgelegten resp. Hut und Sonnenschirm uns unterstanden zwey für uns bestellte Plätze am Tische einzunehmen. Die Gesellschaft bestand aus Sächsischen Officieren und Edelleuten mit ihren Frau Gemalinnen, Müttern, Töchtern und sonstigen lieben Angehörigen. Als ich die Stelle neben einer wohlbeleibten Dame einnahm, war diese eben damit beschäftigt, der Tischgenossenschaft, die sich untereinander sehr genau zu kennen schien, vorzutragen, und es mit triftigen Gründen zu unterstützen: daß Rindfleisch mit einer Meerettigbrühe doch ein weit schmackhafteres Gericht sey, als Rindfleisch mit Kartoffeln. Es wurde, indeß wir unsre Suppe verzehrten, womit die übrigen schon fertig waren, viel für und wider diese Behauptung geredet; doch gingen endlich die Kartoffeln, mit einer grossen Stimmenmehrheit durch. Die Trivialität und das Herabsehen der Leutchen auf uns verdroß mich; ich wollte sie sollten zu uns hinaufsehen, und sich schämen. – Der Triumpf war so leicht. Anfangs wunderte man sich über das Wagestück der vermeintlichen Musikanten, in einer so vornehmen Gesellschaft, den Mund zu etwas anders als zum Essen aufthun zu sehen; man hörte indeß aufmerksam einige Erzählungen von der Reise, einige Urtheile über Sachsen pp zu, ließ sich ins Gespräch ein, und gestattete es endlich, daß ich die Unterhaltung der Tischgesellschaft ganz an mich riß. Nach der Malzeit kam ein alter Herr zu mir, der Nahmens der übrigen nach Nahmen, Stand und Würden fragte, nachdem er davon unterrichtet war, für die angenehme Unterhaltung bey Tische höflichst dankte, und die Gnade hatte, uns Plätze in den Wagen für die Rückkehr nach Dresden anzubieten. Man riß sich um uns. Wir lehnten natürlich das Anerbieten ab, „weil wir aus Wahl den Weg zu Fuße machten, unsern eignen Wagen und unsern Bedienten in Dresden zurückgelassen hätten, um ungestörter und beßer die Schönheit des Weges zu genießen" pp. Die Gesellschaft bedauerte jetzt die unsere entbehren zu müßen, und ließ uns sehr ungern von einer gemeinschaftlichen Kaffeeparthie loß. So bald als irgend möglich, machten wir uns indeß frey, von den Menschen, die nur darum für uns einiges Interesse hatten, weil wir sie gezwungen hatten, uns am Ende interessant zu finden.

Wir bestiegen nun die linke Seite des Gebirgs, die, auf deren Spitze der Tempel der Gesundheit ruhet. Auf einem Steine am Abhange des Gebirgs steht die Inschrift: „Spatziergang durch öffentliche Wohlthätigkeit angelegt in den Jahren 1796 und 97." Steinigte Pfade, hie und da Treppen führen durch den Wald hinauf zum Tempel Hygiens[162]. Das Gebäude ist höchst einfach, weiß angeworfene Wände; Säulen, Gesimse, Einfassungen der Thüre, Holz mit Rinde bedeckt. Ein Geländer sichert gegen den Herabsturz von der schroffen, schwindelnden Höhe. An dieses Geländer treten, uns so bequem als möglich darauf stützen, Hinabsehen in das Elisium vor uns, war das erste, was wir thaten, als wir die Höhe erreicht hatten. Ueber die Spitzen der Fichten am Abhange des Bergs, sahen wir in das Wiesenthal mit seinem runden See, seinen Häusern, seinen Baumgruppen. Jenseits hob sich links der Waldfels empor, den wir diesen Morgen durchstreiften. Rechts die Ruine des alten Schlosses und daneben die Kirche von Tharant. Höhere Berge mit Holz bewachsen und beackert, oder nakte Felsen treten hinter der Ruine und der Kirche hervor und ferne Waldspitzen schliessen die Aussicht. – Wie arm, wie unbestimmt und schwankend ist die Nachbildung einer solchen Landschaft durch Worte, sie nennen nur die einzelnen Theile, aus denen das Ganze wunderbar und lieblich zusammengesetzt ist, ohne dieses Ganze zu charakterisiren, oder es zu versinnlichen; sie führen höchstens einen Gegenstand nach dem andern der Phantasie vor, die das Auge auf einmal alle umfaßt; sie lassen jede Einwirkung fehlen, die durch Schatten und Licht, durch die Vereinigung und Zusammensetzung der Theile beym Anblick der Landschaft hervorgebracht wird. – Wäre ich doch heute, an der Schwelle des Tempels der Gesundheit, Maler gewesen, und liesse sich von der Höhe herab die Gegend nur malen! – Nachdem wir eine halbe Stunde die herrliche Landschaft genossen hatten, betraten wir den einfachen Tempel, von dessen Göttin wir für jetzt nichts zu erbitten, der wir nur Dankopfer zu bringen hatten. Es waren in einer kleinen geflochtenen Flasche, noch einige Tropfen des edelsten Weins zu diesem Zwecke übrig. Wir tranken sie und waren zur Rückwanderung gestärkt. Noch einen Blick in die Gegend, auf den Tempel, noch einen auf jene und wir stiegen wieder hinab. Unsre Worte begegneten sich in dem Wunsche: möchten wir bald und öfter immer stark und heiter wie heute, diese der Gesundheit und dem reinsten Genusse geweihete Stelle wieder betreten!

Als wir beynahe am Fuße des Berges waren, kam uns die ganze Tischgesellschaft keuchend und stöhnend entgegen, meine wohlbeleibte Nachbarin zulezt. Der alte Herr versicherte: sie hätten sich, seit wir weg gewesen, nur von uns unterhalten. Alle wünschten uns eine glückliche Reise heimwärts, unsere guten Wünsche deren sie bedurften, geleiteten sie den Berg hinauf. – Wir sahen sie nicht wieder. – Auf dem Rückwege nach Dresden, wollten wir in Pottschappel uns durch eine Tasse Kaffee erquicken, worauf wir uns recht gefreut hatten. Die Sächsischen Soldaten, die uns heute Morgen begegnet waren, hatten aber alle Milch im ganzen Dorfe ausgetrunken, und allen Vorrath an Wein und Bier dazu. Wir mußten mir trocknem Gaumen abziehen. Im Plauenschem Grunde kam wohl Näße, aber von Oben und zwar so arg, daß wir ziemlich durchweicht waren, als wir in einer Mühle an der Weiseritz ein Obdach suchten und fanden. Schon befürchteten wir, hier die Nacht zubringen zu müßen, als die Luft sich wieder erheiterte. Wir gingen so schnell als es der schlüpfrigte Boden gestattete, ohne von den Schönheiten des Thals weiter etwas zu genießen, denn unsre Augen hatten genug mit dem Wege zu thun. Doch verweilten wir noch einmal beym Felseneingang des Grundes, der Pforte zu den Freuden des heutigen Tags, und kamen, wie schon alles in Dunkelheit gehüllet war, beym Laternenschein wieder in Dresden und im Engel an. – Hätte ich rothe Dinte, den heutigen Tag würde ich, bis auf den lezten Act, so in das Tagebuch eingetragen haben. Sein Bild hatte uns lange in der Phantasie vorgeschwebt; wie oft waren wir, wenn wir nach Oberneunland[163] gingen im Geiste zu Tharant und im Plauenschen Grunde! Wir hatten nicht zu viel, wir hatten zu wenig erwartet, und den Becher des Genusses, wie wir es gehofft und gewünscht hatten, ungestört ganz und rein geleert. Wären nicht die kleinen Unfälle beym Rückwege gekommen, wir wären wirklich zu glücklich gewesen. – Nie müße dieser schöne Tag aus unserm Gedächtniße verschwinden, sondern immer hell und lebendig, und besonders dann vor uns stehen, wenn wir der Erinnerung an eine schöne Vergangenheit am meisten bedürfen.

Dresden, Sonnabend d 28sten August.

Der heutige Tag war vorzüglich dem Wiedersehen des Gesehenen gewidmet, wir wollten auf der Bildergallerie und bey den Abgüssen von Mengs die frühern Eindrücke erneuern und zu fixiren suchen. Um 9 Uhr gingen wir auf die Bildergallerie, wo wir schon wie zu Hause waren. Wir hatten mit Bekannten zu thun, denn nur bey diesen verweilten wir, um ihr Bild rein, unvermischt und treu zu bewahren. – Neu war uns einzig das Cabinett mit Pastellgemälden, in welches uns der Inspector Riedel heute einführte. Ein Amor, der seinen Pfeil schärft von Rafael Mengs, ist unter den vorzüglichsten Pastellmalereyen in dieser Sammlung das Vorzüglichste. Ich mochte die Bilder der übrigen nicht ansehen, um an diesen Amor keinen Augenblick zu verlieren. Der schalkhaft gutmüthige Knabe, mit dem Lichtvollen, göttlichen in die Höhe gerichteten Auge kann mit seinem Pfeile nicht schmerzlich verwunden wollen. Dieses Amors Pfeile sind, was Ketten von Rosen. – Die Mittagsmalzeit füllte den leeren Raum zwischen der Gallerie und den Meng[s]schen Abgüssen. – Bey den Abgüssen sahen wir, ausser den Nachbildungen der Werke des Alterthums, die uns je länger wir unter ihnen lebten, desto mehr anzogen, noch die Abdrücke der Basreliefs an einer Kirchthüre von Erz in Florenz, die Michael Angelo für Meisterwerke erklärte und ihnen einen Platz neben den Werken griechischer Künstler einräumte. Wir mußten viel zu früh von allen diesen interessanten Gegenständen scheiden, da Skerl uns abhohlte, um uns noch einige Merkwürdigkeiten von Dresden zu zeigen. Wir hatten ihn hieher beschieden, sonst hätten wir vielleicht alles übrige aufgegeben, um noch recht lange in diesem Saale bleiben zu können.

Auf der Kuppel der Frauenkirche, die wir miteinander bestiegen, sahen wir zum erstenmale die Stadt von einem höhern, nahen Standpunkte. Eigentlich hätte unser erster Gang hieher seyn sollen, denn auf dieser Höhe lernten wir, beßer als auf allen unsern bisherigen Streifzügen, das Ganze von Dresden kennen. Es hätte uns manche Nachfrage erspart, wenn wir mit dem Plane der Stadt, gleich anfangs diese Kuppel erstiegen hätten. Unsere Führerin – des Hrn. Magisters und Küsters Ehehälfte, zeigte uns die Spuren der Preußischen Kanonenkugeln aus dem 7jährigem Kriege, denen die Kuppel Trotz geboten hatte, wenn schon die Feuerschlünde der Preußen vorzüglich auf sie gerichtet waren, und die Dresdener alle Augenblicke ihrem Einsturz entgegensahen. – Eine ganze Kirche steckt in dieser Kuppel, worinn auch in vorigen Zeiten Gottesdienst gehalten ist. – Die Frauenkirche selbst ist überbaut und geschmacklos verziert.

Um das schöne Aeußere der Kreuzkirche ist es schade, daß sie auf einem so engen Raume steht. – Ein Gemälde von Schenen[164], das Geschenk des Künstlers, würde den Altar von Gypsporphyr mehr zieren, und mehr mit der Einfachheit der Kirche übereinkommen, die von keiner Säule getragen wird, wenn es weniger reich an Farben wäre. – Es fing schon an zu dämmern, als wir aus Skerls Hause, bey dem wir wieder unsern Kaffee eingenommen hatten, einen Spatziergang nach der Ostrawiese antraten. Ihre schönen Alleen hatten uns zu oft, wenn wir über die Elbbrücke gingen angelockt, wir hatten schon längst uns vorgenommen, einen Abend in diesen uns so lieblich scheinenden Gängen zuzubringen. Es sind breite Lindenalleen, die eine große Wiesenfläche durchschneiden und sich kreuzen. Man braucht von der Mitte der Stadt kaum eine halbe Stunde dahin. Wir gingen bis an die Elbe, von deren jenseitigem Ufer wir nur noch schwach das unbewohnte Churfürstliche Lustschloß Uebigau und noch schwächer das blaue ferne Gebirge sahen. – Den Rückweg nahmen wir durch Friedrichsstadt, einer für sich bestehenden Stadt, die ihre eigne Verfassung hat, und nur ihrer Nähe wegen, als ein Theil von Dresden betrachtet wird. Es wohnen, wie auch schon das Aeußere zeigt, eben nicht die angesehensten und honettesten Leute dort, unter ihnen der allesvermögende Graf Marcolini, der sich vor den übrigen Bewohnern, wenigstens durch sein unendlich langes Palais auszeichnet. – Den Rest des Abends brachten wir sehr vergnügt bey unsern Skerl und mit dessen Familie zu. Morgen früh geht es in die Sächsische Schweiz.

Lohmen, Sonntag d 29sten August.

Wir sollen, wie es scheint, immer bey einem zweifelhaften Wetter unsere Fußwanderungen antreten, und nur kühn unserm guten Glücke vertrauen, um die Frucht des Glaubens zu brechen, und nach besiegtem Zweifel doppelt zu geniessen. – So lange wir diesen Morgen bey dem trüben Wolkenbedeckten Himmel anstanden, ob wir unserm Plane gemäß die Reise antreten, oder sie aufgeben wollten, erschien uns kein Strahl der Sonne und der Hoffnung; als wir endlich nur Muth gefaßt hatten, und bis an das Pirnaische Thor gekommen waren, heiterte der Morgen sich auf. – Es war über den Bedenken und hin und herschwanken, 9 Uhr geworden,

Die Lochmühle im Liebethaler Grund, 1838

als wir mit unserm Lohnbedienten, der nichts als unsre Ueberröcke und ein Päckchen mit Nachtzeug trug, durch die Straßen von Dresden gen Pillnitz zogen. Bey dem kühleren, ganz für Fußgänger eingerichteten Tage legten wir in zwey Stunden bequem die Meile bis Pillnitz zurük. Schön ist die Gegend da, wo der Weg längst der Elbe hinführt, wo man den Gebirgen an der linken Seite sich nähert, die dem Weingotte geweiht, mit Landhäusern und Schlößern geziert sind. Pillnitz und wie viele Dörfer schmücken den Fuß des Gebirgs und die Ufer der Elbe. In dem Schiffchen, das uns über den Fluß brachte trafen wir eine ganze Schaar junger Landleute, die sich in ihren reinlichen und einfachen Sonntagskleidern, in ihrer Gefälligkeit uns die beste Stelle einzuräumen, in ihren unbefangenen, lebhaften Gesprächen sehr vortheilhaft vor den Hofcreaturen auszeichneten, die wir bey dem Herrn Hoftraiteur in Pillnitz, wo wir einkehrten antrafen. Diese Herren Kammerdiener, Hoflakaien, Läufer pp sahen auf uns, die wir zu Fuße ankamen, gar gewaltig herab, und gönnten uns kaum das ruhige Plätzchen im Winkel des Zimmers, wo wir unser Frühstück verzehrten. Alle Augenblik kam ein Neugieriger in unsere Nähe, um uns mit seinen impertinenten Anstarren zur Last zu fallen, und dann, als verlohne es sich eben der Mühe nicht, wieder rechts um zu den Herren Collegen zu machen, die am grossen Tische bey kaltem Braten und Liquers sich über den wichtigen Gegenstand des Tages – das bevorstehende Lustlager unterhielten. Was mich wunderte war: daß sie ihre niedrige Existenz sich zur hohen Ehre rechneten, und jede Rede mit einen: mein lieber Herr Kammerdiener, mein guter Herr Läufer anfingen und endigten – wir waren herzlich froh, als unser neuer Führer, ein flinker Bursche aus dem Dorfe, uns von den armseeligen Menschen und ihrem erbärmlichem Geschwätz befreyete. Der Hoftraiteur, ein alter ausgedienter Castrat, geneigte doch, als wir weggingen, uns eine glückliche Reise zu wünschen, nachdem wir unser sehr mäßiges Frühstück mit einem Gulden bezahlt hatten. Vorher hatte er sich um uns nicht viel bekümmert. – „Dahin kommen wir nie wieder", war unser erstes Wort, als wir das Hofgesindel der niedrigsten Classe hinter uns und den heitern Himmel über uns hatten.

Es war 1 Uhr geworden, als wir uns mit unserm Wegweiser auf den Wege nach Lohmen (2 Stunden von Pillnitz) befanden. Wir wanderten anfangs in einer schon bekannten Gegend neben den Weinbergen links und in der schönen Castanienallee, die nach Pirna führt. Wie wir die Straße verliessen, befanden wir uns bey dem Dorfe Großgraupa am Eingange des Liebethalergrundes, eines sanft gesenkten lieblichen Thales voll Baumgruppen. Uns zur linken lag ein dichterer Tannenwald, rechts hatten wir in weiter Ferne Sächsische und Böhmische Berge. Die Wesenitz, ein kleiner Waldbach rauschte durch Erlengebüsch uns vorüber. Wo es nicht schäumend sich über Steine dahin drängte, oder von kleinen Höhen herabfiel, war das Wasser rein und klar wie ein Spiegel, und gab den blauen Himmel und die Erlenbüsche treu wieder zurück. Wir suchten einen schattigten

Platz, wo wir uns lagerten, die Augen immer auf den klaren Bach geheftet, der in vielen Krümmungen der Elbe zueilte. – Bey dem Dorfe Liebethal ging es eine steile Anhöhe hinan. Felsen waren uns rechts zur Seite, aber links öffneten sich je höher wir stiegen, immer schönere Blicke in das reizende Thal. Vor allen zog uns eine Stelle an, wo wir durch zwey Bäume, die ihre Kronen vereinigen, herab sieht auf die herrliche Gegend mit Wald und Städten und Dörfern übersaet und von blauen Bergen überall umschlossen. Als wir hinter dem Dorfe Liebethal uns rechts wandten, überraschte uns ein jäher Abgrund, der zu unsern Füßen lag – der Liebethalergrund. Man ahnet das Daseyn dieses Felsthals auf der angebauten Höhe nicht, und man würde vorübergehen ohne es gewahr zu werden, wenn der Führer nicht an den Rand der Tiefe führte. Steile Sandfelsen an beyden Seiten, vielleicht 80 bis 100 Fuß hoch, lassen nur eben der Wesenitz Raum, den Weg zu verfolgen, den sie sich vor Jahrtausenden, oder wann? durch diese Schlucht bahnte. Sie hat ihren Kampf mit den Felsen noch immer zu bestehen. Ueberall stehen ihr noch Klippen und Steine im Wege, über die, und durch die sie, brausend und schäumend, als zürnte sie dem hartnäckigen Feinde, ihre Wellen dahin wälzt. An vielen Stellen ist durch Steinbrüche das Thal erweitert. Diese kahlen steilen Felswände, zwischen denen zakigte wilde Klippen stehen wie sie aus der Hand der Natur hervorgingen, der üppige Wuchs der Bäume und Gesträuche, die sich überall aus den Ritzen der Felsen hervordrängen, und ihre Häupter bekränzen, die Krümmungen des Bachs, der bald pfeilschnell, aber bis in den Grund durchsichtig, fortschießt, bald in weissen Schaum aufgelößt von kleinen Höhen herabfällt, bald sich durch den Steinen durchwindet, geben dem Thale so viel Reiz, Eigenthümliches, und Mannichfaltigkeit, daß wir es uns nicht versagen konnten, neben seinem Rande fortzugehen, und, wo das Gebüsch es gestattete den Lauf der Wesenitz zu verfolgen. – Wollten wir die rauhe Natur mit einer milden vertauschen, es bedurfte nichts weiter als den Blick von der rechten Seite auf die linke zu richten, wo wir in eine angebaute fruchtbare Landschaft sahen, durch Wohnungen belebt und von Waldung eingeschlossen. – Das Thal geht von Liebethal nach Lohmen, und führt anfangs jenen, dann diesen Nahmen. Bey dem Dorfe Mühldorf durch welches unser Weg ging heißt es schon der Lohmergrund. Wir waren unsers langen Aufenthalts bey den schönen Parthien unsers Wegs ungeachtet, schon um 4 Uhr in Lohmen, einem schönen Dorfe, wo wir ein sehr bequemes Logis im Wirthshause fanden. Es war eigentlich zu früh am Tage um hier zu bleiben, aber wir hatten den Ort einmal im Reiseplane zum Nachtquartir bestimmt, wir fanden so gute Wirthsleute, ein so reinliches, für eine Dorfschencke mehr als elegantes Zimmer, mit einem Sopha, Bureau, Spiegeln pp decorirt, daß wir uns unmöglich entschliessen konnten, diesen Aufenthalt mit einem vielleicht höchst unbequemen in Ottowalde, oder wo sonst zu vertauschen. Zudem hätten wir gern einige Parthien des schönen Grundes noch einmal, und genauer als vorhin gesehen – der Wunsch wurde Entschluß – wir blieben, wenn wir schon nicht mehr als zwey Meilen für heute zurückgelegt hatten. – Der herrliche Kaffee bestätigte unsere gute Meinung von unserm Logis. Wir pflegten im Sopha eine halbe Stunde der Ruhe und führten dann unsern Vorsatz zu einer abermaligen Wanderung nach dem Lohmener Grunde aus. Bey Mühldorf, das wir in einer viertel Stunde wieder erreichten, stiegen wir auf einem bequemen Pfade, der zu einer Mühle führt ins Thal hinab, wo wir aus des Müllers Wohnung den Fall des Bachs, den wir am Rande des Grundes mehr aus dem stärkern Rauschen vermutheten als sahen, in seiner ganzen Herrlichkeit zu betrachten[!]. Fast hätten wir unten unsern Vorsatz wieder aufgegeben. Ein paar furchtbare Hunde vor der Mühle waren so sinnreich angekettet, daß, wenn sie sich so weit als möglich hervordrängten, und ihre Ketten so straff als thunlich anzogen, zwischen den aufgesperrten Rachen der beyden Cerberusse[165] nur ein winzig schmales Plätzchen blieb, durch welches ein ehrlicher Mensch kaum hindurch schlüpfen konnte. So gern wir auch den Fall gesehen hätten, durch den engen

Claude Lorrain, Pastorale mit Konstantinsbogen, 1648

Paß mochten wir nicht zum Himmelreich gelangen, besonders Nante nicht, die nun einmal von einer gewaltigen Hundescheu geplagt ist. Zu umgehen waren die Unholde nicht. – Wir wollten schon umkehren als ein Müllergesicht aus dem Fenster kukte, den Bellenden Schweigen gebot, nach unserm Verlangen fragte, und, als [es] uns unverdächtig fand, die Hunde mit barschen Worten dermaßen in die Enge trieb, daß sie demüthig schweigend in ihre Höhlen krochen. Der eine wurde nun kürzer angefesselt, und wir zogen wohlbehalten in die Mühle ein.

Nicht dort sondern auf einer Brücke von der Mühle nach dem jenseitigen Ufer sahen wir den Fall der Wesenitz, die hier zwischen Klippen enge zusammengedrängt wird. Die Höhe des Falls mag etwa 6 bis 8 Fuß betragen. Wir hatten mehr erwartet, aber doch war der Anblick der Ufer an beyden Seiten der Brücke, der kleinen Mühe des Hinabsteigens werth. Eine Treppe von 163 Steinstufen führte uns auf die jenseitige Höhe, wo wir das Felsenthal, den Wasserfall und die einsame Mühle im Grunde, mit einem Blicke übersahen. – Als wir die Treppe wieder hinabstiegen, waren unsre Feinde schon wieder wach geworden; sie empfingen uns aufs neue mit lautem Gebell, und das vorige Experiment mußte erneuert werden, um uns den Ausweg aus dem Thale zu verschaffen.

Auf der disseitigen Höhe suchten wir einen Platz, wo wir eine Strecke des Grundes und den Lauf der Wesenitz in demselben übersehen konnten. Hier wollten wir den Untergang der Sonne erwarten, da wir uns von den Wirkungen der Abendlichen Beleuchtung auf diese romantische Gegend, viel versprachen. Nach langem Prüfen, Wählen und Verwerfen, fanden wir einen Felsenvorsprung mit weichem Moos bekleidet, und von einer Buche überschattet, der alles, was wir nur immer wünschen konnten, in sich vereinigte, Schatten, Bequemlichkeit und den freyesten Blick in das zu unsern Füßen liegende Thal. Hier hoben sich, 100 Schuh hohe Klippen aus dem Bette der schäumenden Wesenitz empor, zakigt, steil, hie und da ihre Spitzen bis in die Mitte des Grundes hervorstreckend. Tannen, Erlen, Hollunder, Pappeln und Linden, unten aus der Tiefe, oder aus den Spalten der Felsen hervorgewachsen, oder auf Abhängen schwebend, nehmen mit dem bunten Moose das überall und mit allen Farben die Felsen schmückt, der Gegend aller Rauhe und geben ihr Reiz, Leben und Mannigfaltigkeit.

Wie wir so da saßen, und uns des schönen Abends und der herrlichen Gegend freueten, war der dunkle Himmel heitrer geworden. Einzelne Strahlen der sich zum Untergang neigenden Sonne, welche das Gewölk am Horizont durchbrachen, erhelleten hie und da das Felsenthal und die Gipfel seiner Bäume. Nur Augenblicke verweilte der Glanz auf diesem Theile, dann deckte wieder eine neidische Wolke die Sonne, neues Licht, und eine andere Stelle des Grundes, wurde mit rosigem Glanze erfüllt. Wir sahen lange dem Kampfe des Lichts und der Finsterniß mit wechselndem Gefühle zu, bis die Sonne hinter eine dichte Nebelbank sich völlig verborgen hatte, und alle Hoffnung, ihre Wirkung auf die romantische Gegend noch einmal zu sehen, verschwunden schien. – So nahe am Rande der Tiefe als möglich uns haltend, kehrten wir nach Lohmen zurück. Öfter sahen wir den Bach von Steinblöken und Felsen uns zur Seite sich hinabstürzen. – Als wir dem Dorfe ganz nahe waren, rötheten sich auf einmal Thurm und Häuser und Bäume um uns her. Die Sonne hatte noch einmal über den Nebel gesiegt. Ohne uns lange zu bedenken, kehrten wir wieder um, um auf einer freyen Stelle die herrliche Beleuchtung der Gegend beßer zu geniessen. Ein röthlicher magischer Duft umzog die fernen Berge, die in diesem Dufte schwammen. Alles eckigte Scharfe war verschwunden, sanft geründet, und wie in einen verschönernden Schleyer gehüllet, lag die Gegend vor uns da. Mit dem Verschwinden der Sonne, veränderte der röthliche Abendhimmel sich in ein liebliches Violett, bis er in ein dunkles Blau überging, und die Formen der fernen Berge, und dann die nähern Gegenstände sich dem Auge verlohren. – Wir glaubten beyde, nie einen Abendhimmel und nie eine Beleuchtung gesehen zu haben, die den Gemälden von

Claude Lorrain[166] näher gekommen wären. Eine solche Beleuchtung schwebte seinem Auge oder seiner Phantasie vor, als er das herrliche Gemälde zu Söder[167] entwarf.

Den guten Lohmern, und besonders dem weiblichen Theile der Dorfbewohner, mochte unser hin und herlaufen wunderlich genug vorkommen. Eben die Leute, die vor ein paar Stunden in ihrem Orte angekommen waren, bald darauf wieder auf dem Rückwege; dann noch einmal auf dem Fußsteige nach Lohmen; aufs neue zum Dorfe hinaus, und noch einmal wieder zurückwandern zu sehen, das war allerdings keine alltägliche Sache. Da es gerade Sonntag und alles unbeschäftigt war, mochte die Aufmerksamkeit auf unser Thun und Lassen noch stärker als sonst geheftet werden; wir fanden bey unserm lezten Einzuge in Lohmen, alle Thüren mit Neugierigen besetzt, die durch ihr freundliches: „Gott grüß Euch!" nun sich auch berechtigt hielten uns recht dreist in die Augen zu sehen, um vielleicht aus dieser Quelle einige Anzeigen zu schöpfen: was denn für eine Art von Wahnsinn oder Narrheit uns eigentlich beywohnen mögte? So von beyden Seiten angestaunt, kamen wir wieder in unserm Logis an. – Gern hätten wir noch den Prediger Nicolai[168], bekannt durch seinen Wegweiser durch die Sächsische Schweiz besucht; er war in Wählen und wurde erst morgen zurückerwartet. – So brachten wir denn den Rest des Abends mit der Erinnerung an die Freuden dieses Tags zu, und sahen den morgenden froh entgegen, der uns, wenn wir anders unserm unbekannten Wegweiser trauen dürfen, noch schönere Scenen verspricht.

Dresden, Montag d 30sten August.

Dem Wirthshause zu Lohmen gebührt der erste Rang unter den Dorfschenken. Eine so gute Bewirthung, eine solche Reinlichkeit, so vortrefliche Betten, die Bescheidenheit, Aufmerksamkeit, und eine gleich billige Behandlung möchte man in Sachsen selten, und ausser diesem Lande wohl

Das Felsentor im Ottowalder Grund bei Wehlen, um 1830

nirgends in Deutschland finden. Für alles, was wir mit unserm Führer verzehrt hatten, und für das Nachtlager, bezahlten wir kaum 1 ½ Rtl.

Wir brachen heute Morgen um 5 ½ Uhr mit unserm neuen Wegweiser, dem Schulzen des Dorfs, auf. Der Mann war für seinen Stand nicht ohne Kenntniße, die er nach Art der Obersachsen vortreflich anzubringen verstand. Er hatte manches über die neuern Welthändel gelesen, und urtheilte einfach und bescheiden, aber treffend und gut, über Begebenheiten, Handlungen und Charackter einzelner gepriesenen Männer unsers Zeitalters. Dabey war er ein treflicher Führer, achtsam auf unsern Fragen über Gegenstände auf dem Wege, selbst wenn sie seine politischen oder cosmopolitischen Urtheile durchkreuzten, und bekannt genug mit den Merkwürdigkeiten seiner Gegend um den Erkundigungen befriedigend zu begegnen. – Es war ein herrlicher Morgen. Anfangs lagen die Nebel noch wie Seen in den Thälern und die Spitzen der Berge ragten mit ihren Tannenwäldern, wie Inseln aus dem Wasser hervor. In ¾ Stunden waren wir am Eingange des Ottowalder Grundes.

Eine Treppe von 114 Stufen führte uns in die enge Schlucht hinein, in eine Doppelreihe von Felsenwänden, die an manchen Stellen wohl die Höhe von 200 Fuß[169]haben mögen. Ein wenig betretener Pfad, oft von herabgestürzten großen Steinblöcken und Baumstämmen unterbrochen führt durch das enge, oft nur 12 bis 18 Fuß breite Felsenthal. Diese Enge giebt den Klippen mehr Höhe; sie verdecken da, wo sie überhängen, den Horizont bis auf einen schmalen Streifen über uns. Nur kurze Zeit weilt ein Sonnenblick in diesen Gründen. Tannen, Buchen und Gesträuche auf der Stirn der Felsen beschatten sie, und eine reiche Vegetation steigt auch an den Abhängen, die nur eine Handvoll Erde bedeckt, und aus den Spalten der Klippen empor. Hie und da reiften Himbeeren und auf den häufigen Brombeerbüschen begann die Frucht sich zu röthen. Weiden und Erlen entgrünen dem feuchten Boden, und schlingen sich dicht an den engen Pfad. Kein Bach rauscht hier, kein Laut belebt diese einsamen Gründe.

Wir gingen lange, durchdrungen von der Neuheit und dem eigenen Reiz dieser wilden Gegend unserm Führer schweigend nach, und achteten den feuchten Boden und die Näße des Grases nicht, die der Dichtigkeit unserer Stiefeln Trotz bot. Unser Wegweiser brach das Stillschweigen zuerst. Es ist hier prächtig zu singen, sagte er, und oft haben Reisende, die ich führte, hier ihr Morgenlied angestimmt, dann marschirt es sich noch einmal so leicht. Ich nahm das für eine Aufforderung an mich und sang die vortrefliche Hymne: „Groß ist der Herr"[170] so weit ich die Worte wußte, und Hölty's Aufmunterung zur Freude[171] hinterdrein. – So kamen wir an eine Höhle, durch ein von der Höhe niedergeworfenes Felsenstück, das sich an eine steile Klippe gelehnt hatte, gebildet. Der Eingang war eng und beschwerlich, wir mußten hineinkriechen. In der Mitte war Platz genug für uns Drey zum Stehen. Ueber und um uns nichts als nackter Stein, rechts und links eine Oeffnung, der Ein- und Ausgang, durch welche aus der Finsterniß, die uns umgab, der Blick in das Thal, auf die Klippen und die Bäume und Gesträuche an

Wehlen an der Elbe

denselben, fiel. – Diese Höhle heißt der Schwedenkeller oder das Schwedenloch, aus der Zeit des 30jährigen Kriegs, wo die Einwohner der umliegenden Gegenden sich und ihre Habseeligkeiten in dieser Höhle verbargen. Verschiedene andre Stellen des Grundes haben Nahmen aus jener schrecklichen Zeit, und erinnern an die Furcht, welche der Schwedische Nahme damals den Sachsen einflößte. – Wir wandten uns dann links und kamen in den sogenannten Reingrund, dem Ottowalder Grunde ähnlich aber rauher noch und unfreundlicher. Eingehauene Kreuze bezeichnen die Stellen, und Jahrzahlen die Zeit, wo hier Menschen beym Baumfällen herabstürzten oder auf andre Weise ihren Tod fanden. – Wir kehrten aus dem Reingrunde auf unserm vorigen Weg zurück, den wir nun bis Wehlen verfolgten. – Die Felsen wurden niedriger und flächer, bald waren wir in einem dichten Tannenwalde, aus dem der Weg sich links auf eine Höhe hinaufzog. Wie wir sie erstiegen hatten, lag vor unsern Blicken, die seit einigen Stunden blos auf nahen Felsen und

Baumparthien geruhet hatten, die Elbe, das Städtchen Wehlen und die lachenden Ufer des Flußes, von der Morgensonne auf das herrlichste beleuchtet. – Uns, die wir aus den einsamen, schauerlichem Thale kamen, schien der belebte Fluß und die blühende Landschaft noch einmal so schön, und wir empfanden es einmal wieder recht lebendig, daß die rauhe Natur auch bey der größten Erhabenheit und Abwechselung nur durch den Reiz der Neuheit fesselt, und nur auf Augenblicke anzieht. Ein Uebergang aus ihr in die angebaute von Menschen bewohnte, oder ihre Nähe verrathende Landschaft, ist doch wie ein Auferstehen aus dem Grabe, wie ein Uebergang in eine beßere Welt.

Ein steile, steinerne Treppe führte uns in das Städtchen Wehlen hinab. Es schlug 9 Uhr als wir unsern Einzug hielten. – In dem reinlichen Gasthofe bey Uhlemann zum Schiff, wenn ich nicht irre, fanden wir freundliche Aufnahme, Geschäftigkeit uns nach der Mühseeligkeit der Fußreise (so sahen es die guten Leute an) zu erquicken, und ein Frühstück, das diesem guten Willen unserer Wirthe, vollkommen entsprach. Die Frau konnte nun gar nicht begreifen, was wohl so viele hübsche Leute in dem dunklen Steingrunde zu schaffen haben könnten, in dem sie nur einmal hineingeblickt, und da nichts besonders daran gefunden hätte. – Nachdem wir eine halbe Stunde geruhet und unsern ehrlichen Führer mit einem Frühstück und vielen Grüßen an unsere Lohmer Wirthe zurückgeschickt hatten, meinte Nante, es sey doch Schade, um den herrlichen Anblick von der Anhöhe über dem Städtchen, ihn so kurz und flüchtig genossen zu haben; wir vereinigten uns bald über die Rückkehr dahin, und beschlossen die Ruine eines alten Raubschlosses zu besteigen, das uns zur Rechten gelegen hatte. Im Hause sagte man uns, wir würden sehr leicht den Zugang dahin finden. Wir gingen und stiegen Bergan, ohne den Eingang zur Ruine zu entdecken. Wir waren wieder auf der vorigen Höhe, das Schloß lag uns zur Rechten, aber die umgebende Mauer hatte nirgend eine Öffnung. Endlich hörten wir in einem unten liegenden Hause sey der Schlüssel zur Eingangspforte zu haben. Wie wir endlich dies bezeichnete Haus fanden, war auch dessen Thüre verschlossen. Wir klopften lange, niemand war der uns aufthat. Endlich erbarmte sich unser ein Nachbar Leineweber, der den Schlüssel zu jener Wohnung hatte. Ins Haus kamen wir so, aber der Eingang zur Ruine war fest verschlossen, und dazu das gewöhnliche Oeffnungswerkzeug nirgend im ganzen Hause zu finden, obgleich die ganze Wohnung kaum 16 Fuß Breite und Tiefe hatte, und mithin leicht zu durchsuchen war. Wir wollten schon umkehren, nachdem ich unserm ehrlichen Leineweber einige Groschen für seine Mühe in die Hand gedrückt hatte, er meinte das Geld müße nicht umsonst ausgegeben werden, er wolle schon alles verantworten, man müße suchen die Thüre zu forciren. Sein Muth machte ihn auch mir; wir stellten Versuche an, den Riegel des Schlosses zurück zu schieben, es ging nicht; – dann die Pforte aus den Angeln zu heben, und siehe da, das gelang, der Eingang ins Paradies war offen.

Die weiten Höfe des Schlosses waren in Baumgärten verwandelt, die Ruinen der Mauern zu Weingeländern benutzt, und die Gräben zu Gemüsefeldern eingerichtet. Wir stiegen mit Mühe die verfallenen Steintreppen zum ehemaligen Hauptgebäude des Schlosses hinauf, von dem nur noch die untern Mauern stehen. Man hat die verwitterten Thürme abgetragen, weil bey Herbst und Winterstürmen, häufig herabgeschleuderte Steine die Wohnungen der Wehlstädtler feindlich begrüßten. – Wir suchten uns einen Platz auf der höchsten Spitze der Anhöhe, wo eine halbabgetragene Mauer einen Vorsprung bildete, aus dem sich die ganze Gegend, besonders die Elbe hinauf übersehen ließ. Dahinaus sahen wir die Anhöhen und Felsen aus der Elbe hervorsteigen die den Radewalder Grund bilden, oder sich an diesen schliessen. Wir überlegten lange: ob es thunlich sey, von hier aus noch diesen zu besuchen, und doch noch am Abend wieder in Dresden zu seyn? So ungern es geschah, wir mußten dem weitern Eindringen in die Sächsische Schweiz entsagen, wenn wir nicht unsern ganzen, genau nach unserer

Zeit berechneten Reiseplan ändern, und andere Dinge aufgeben wollten, die uns doch auch hier schon, noch vorzüglicher schienen. Wir entsagten also, erneuerten die Genüsse von heute Morgen und verliessen unsern Sitz und die alte Veste. – Gegen 10 Uhr schwammen wir schon auf einem kleinen Nachen Pirna zu. An beyden Seiten der Elbe blieben Felsen auf den Höhen mit einem Saume von Nadelholz und damit durchwachsen. Fast unmittelbar an der Elbe, und nur durch einen Weg von dem Fluße getrennt, steht bis Pirna hin eine Reihe kleiner Häuser die nur durch Obstgärten von einander getrennt sind. Auch hier reifte ein Segen von Früchten, die von den Eigenthümern nach Dresden, Magdeburg, und selbst nach Berlin geführt werden. Die neuern Häuser hatten fast alle Ziegel, weil die Regierung diese Dächer begünstigt, und den Anbauern eine Quandität von Ziegeln umsonst reichen läßt, wenn sie sich dazu entschliessen, dem unter den Landleuten auch hier beliebten Strohdache zu entsagen.

Gegen 12 Uhr waren wir in der Nähe von Pirna, das sich mit seinem Bergschlosse Sonnenstein, und den waldigten Anhöhen, die es umgeben, mit den reinlichen weissen an den Berg hinangebaueten Häusern, von der Elbe ganz vorzüglich ausnimmt. Wir hatten auf diese eine Meile zwey Stunden gebraucht, und standen daher, als wir in Pirna landeten lange an, ob wir den Schiffer weiter bis Pillnitz bedingen, oder den Weg dahin, wie es unser erster Vorsatz war, zu Fuße machen wollten. Die Langsamkeit der Wasserfahrt sprach für das leztere, die Hitze des Tages für die Fortsetzung der bisherigen Art zu reisen. Die Mühe mit der wir uns aus unserm Nachen nach dem Wirthshaus schleppten, das uns der Schiffer zeigte, entschied endlich für die Elbfahrt. Indeß unser Charon[172] sich zur weitern Reise stärkte, machten wir den Versuch, die Veste Sonnenstein zu ersteigen, zu der man unmittelbar aus der Stadt bequem hinaufsteigt. Wir kamen aber nur bis an den Eingang, der, wir sollten heute überall ein verschloßnes Thor finden, nicht zu öffnen war. Hier war das Forciren nicht wohl thunlich. Wir mußten zurück ohne für unser saures Hinaufklimmen den gehofften Lohn des freyen Bliks in die paradiesische Gegend um Pirna einzuerndten. Doch sahen wir auf der Höhe die Stadt größtentheils zu unsern Füßen und einen Theil ihrer Umgebungen. Heiß und ermüdet kamen wir wieder unten an, und eben nicht zum besten gestimmt bey unsrer vereitelten Hoffnung. Wir durchschlichen einige Straßen der reinlichen, heitern Stadt, nicht um sie zu sehen, sondern um uns Obst einzukaufen, nach dem wir, um so begieriger waren, da unser Logis uns wenig Labung versprach. Auf dem Markte fanden wir was wir suchten, und kehrten mit unserm Vorrathe nach der Herberge zurük, wo sich eine Schaar ehrsamer Nadlergesellen eingefunden hatte, die vor ihrem Abzuge aus Pirna, mit dem Krugvater, unserm Wirthe noch ein Abschiedsmal feyerten, bey welchem die Krüge mit Schäumenden Braunbiere fleißig die Tafelrunde machten. Unser Schiffer hatte sich so nahe als möglich an den heiligen Kreis geschlossen, um von dem Ueberfluße des braunen Nektars, der besser als der gewöhnliche seyn mochte, seinen Theil zu erhalten. Ihm wurde fleißig auf gute Fahrt zugetrunken, und nicht ohne Mühe brachten wir ihn zu dem Versuche: ob jene frommen Wünsche sich wohl realisiren sollten. Es war 1 Uhr als wir wieder im Nachen uns befanden. Der Wind war uns entgegen, es ging sehr langsam, besonders da unser Schiffer durch sein schläfriges Rudern uns praktisch den medicinischen Satz demonstrirte: es sey vortheilhaft nach geendigter Malzeit zu ruhen. Wir hatten also ganz das Gegentheil von dem bewirkt, was wir durch die Aufforderung an den Krugvater: ihn wohl zu behandeln, d.h. ihm tüchtig aufzutischen, bewirken wollten. Alle meine Beredsamkeit sich fortzutummeln zerschellte an diesem Felsen. Auch der Versuch, unsers Schiffers Ehrgeiz rege zu machen, fruchtete wenig. Ein mit Obst schwer beladenes Böhmisches Fahrzeug, das wir, wie wir aus Pirna fuhren weit hinter uns gesehen hatten, kam uns immer näher und näher, und ruderte endlich, so sehr ich auch unsern Schiffer auf dieses Herannahen aufmerksam machte, neben uns. Ich fing eine Unter-

Schloss Pillnitz bei Dresden, um 1810

redung mit den Leuten an, wir verstanden uns nicht. Es sind Stockböhmen[173] sagte der Schiffer, die mit Obst nach Dresden gehen. Sie waren uns vorüber, und ich mußte, damit wir sie nur nicht aus dem Gesichte verlohren, selbst ein altes Ruder, das in unserm Nachen lag, zur Hand nehmen, und auf die Weise thätig – denn Worte halfen ja nicht mehr – unserm schläfrigen Capitain zu Hülfe kommen. Es lag uns zu viel daran vor Dunkelwerden in Dresden zu seyn, als daß ich nicht ein wenig Mühe und Schweiß daran hätte wagen sollen. Zudem hatte die Gegend, seit wir Pirna aus dem Gesichte verlohren hatten, besonders jetzt, wo die Sonne hoch stand, und keine Schatten in die Landschaft fielen, wenig Reiz. Die Ufer werden niedriger, oft ganz flach, und Weidenbäume decken, an den meisten Stellen, die fernen Gebirge. Ich kann es mir lebhaft denken, daß den Reisenden, die von Böhmen die Elbe herabkommen, diese gepriesenen Gegenden durchaus nicht gefallen können. – Es war 3 Uhr als wir die weissen chinesischen Häuser, das Schloß des Churfürsten in Pillnitz erblickten. Der Strom der Elbe zwischen den grünen Inseln in der Nähe des Lustschloßes wurde stärker, ich konnte meine Arbeit einstellen; wir waren bald, wo wir seyn wollten. – Unsern gestrigen Führer nach Lohmen hatten wir nach der Schenke in Pillnitz, nicht nach dem Hoftraiteur, bestellt, der sich uns mit seiner ganzen Wirthschaft zu wenig empfohlen hatte. In der Dorfschenke, einem kleinen, noch nicht einmal völlig ausgebauetem Hause, war so wenig unser bestellter Führer, als dort irgend etwas anders, wie – Braunbier zu haben war. Wir mußten – das gewöhnliche Loos der Fußreisenden, in ein Zimmer mit Kutschern und Bedienten deren Herrschaften beym Churfürsten zur Tafel waren. Ich bat die Wirthin mir einen Boten nach Dresden zu besorgen, und bezahlte den doppelten Preis für das geforderte Bier, um sie zu dieser Gefälligkeit zu bewegen. Sie nahm, versprach und ließ keinen Führer besorgen, wenigstens war nach Verlauf einer halben Stunde, als ich mich darnach erkundigte noch nach Niemanden geschickt. Es wäre auch Niemand zu haben, wurde allgemein versichert. Wir hatten inzwischen unsere Ueberröcke im Zimmer gehütet, wo es zwischen den Kutschern und Bedienten, die es sich nach ihrer Art wohl seyn ließen, wunderlich und bunt genug herging. Wir wollten unsre Sachen nicht verlassen, weil in dem engen Loche alles durcheinander lag, und kein Mensch darauf sah, wenn ein Kutscher, der eben wieder abfahren wollte, seine Siebensachen aus dem Haufen von Mänteln pp, der da lag, heraussuchte; vor der Thüre war es unausstehlich heiß, und um das Haus [k]ein schattiger Ruheplatz; Nante allein bey den Sachen zwischen den naseweisen Menschen lassen, und in eigner Person einen Führer aufsuchen wollte und konnte ich nicht, und mit unsern Mänteln bepackt im Orte herumzuziehen und wegen eines Boten uns zu erkundigen, dazu war es zu heiß, und es war wahrscheinlich, daß wir doch unsern Zweck nicht erreichten. – Ein Wagen war auch nicht zu haben, die zurückkehrenden waren alle besetzt. – Es war ein peinlicher Zustand, und ich konnte nicht umhin, mir durch ein paar in die weite Welt hineingesandte Verwünschungen unserer wortbrüchigen

Wirthin Luft zu machen, wobey ich den äußerte, daß ich gern ein paar Thaler für einen Führer und einen Louisd'or für einen Wagen nach Dresden geben würde. Diese Worte halfen uns aus der Verlegenheit. Ein Miethkutscher aus Dresden, der nach unserer Wohnung fragte, und die seinige als gerade dem Engel gegen über, angab, erbot sich, wenn auch nicht uns selbst, doch unsere Sachen für ein billiges Trinkgeld nach Dresden, und zwar heute Abend noch zu liefern. Die hohen Anwesenden bezeugten, daß er wirklich der Mann, für den er sich ausgab, sey, wie sie denn überhaupt viel höflicher wurden, als sie den Engel als unsern Gasthof, und unsern Bedienten, als denjenigen nennen hörten, an den unsere Sachen auszuliefern wären. Wir wagten unsre Mäntel daran, und gingen frohen Muthes unserer Bürde entledigt durch das Schloß, der Elbe unserer Wegweiserin nach Dresden, zu. Es war 4 Uhr als wir uns auf der Fähre befanden. Am jenseitigen Ufer suchten wir Kühlung in den Waldungen, die sich an der Elbe hinziehen, wir verfolgten, oft mit Gefahr uns zu verirren, immer den Pfaden, die sich durch Gehölz zogen, doch hielten wir uns stets so nahe als möglich an der Elbe. Ehe wir den Fluß ganz verliessen, wandten wir uns noch einmal um, um von den Gegenden, die wir in diesen Tagen durchstrichen hatten, Abschied zu nehmen. Es war ein schöner, auch für uns, die wir doch schon uns gewöhnt hatten, in einer reizenden Natur zu leben, überraschender Anblick. In ungewohnter Klarheit strahlte die Elbe, Pillnitz, die Gebirge umher, und das ganze Ufer des Flußes lag zum erstenmal völlig entschleyert vor uns da. Ganz deutlich sahen wir den fernen Königsstein, mit seinen Gebäuden, den Lilienstein und die Berge und Felsen bis in Lohmen hinein. Die nahe Elbe gab uns Kühlung, ein dichter Baum, Schatten, wir fühlten die Sonne nicht, wir empfanden nur ihre wohlthätigen Wirkungen, da sie mit abendlichem Strahle die reizende Gegend bis auf die weiteste Ferne hell und lieblich beleuchtete. Hier war ein Platz zum Ausruhen. Einige Tropfen aus der bewundenen Flasche, dem einzigen Reisegepäck, das wir bey uns führten, erquickten und stärkten uns, indeß unsere Augen in der Landschaft umherschweiften. Ungern verliessen wir die angenehme Ruhestädte, und sagten Pillnitz und den Lilienstein und allen bekannten Bergen Lebewohl.

Wir mußten nun auf der Landstraße bleiben, die schattigten Nebenwege waren verschwunden. Was uns dafür viele Unterhaltung gab, waren die Menge von eleganten Fuhrwerken, die alle nach Pillnitz eilten. Wir waren es schon gewohnt, daß die Inhaber dieser schönen Whiskys[174], und wie sie sonst heissen, mit Uebermuth auf die demüthigen Fußgänger herabsehen. Wir sahen dagegen keck und auch wohl kopfnickend zu ihnen hinauf. Wie wir uns Dresden näherten, begegneten uns auch unsersgleichen – Fußgänger und Fußgängerinnen, die sich von uns nur durch weniger bestaubte Schuhe und Kleider unterschieden, denn, wenn auch nicht leichter, eben so leicht und rasch als jene, zogen wir unsers Wegs. – Der Anblick von Dresden war uns wohl erwünscht, wir hatten uns nach diesem Ziele gesehnt, aber der nicht erfreuliche Gedanke: daß wir nur einzögen, um morgen wieder auszurücken, daß wir noch auf tausend schöne Genüße in und um Dresden hätten rechnen können, wenn die Zeit unsers Aufenthalts nicht eine so kurze Spanne Zeit hätte seyn müßen, mischte unangenehme Gefühle in die Freuden des Wiedersehns. – In der Pirnaischen Vorstadt drängte sich Alles, aufs zierlichste gekleidet, uns entgegen, um des über alle Beschreibung schönen und milden Abends zu geniessen. Um den aufmerksamen Blicken dieser Elegants zu entgehen, mit denen wir, mit unsern unordentlichen Haaren und nachlässigem Anzuge zu sehr contrastirten (sie kamen eben aus den schöpferischen Händen ihrer resp. Kammerjungfern, Bedienten, Friseurs pp) bogen wir in der Stadt selbst links ab, um durch kleine Gassen zum Engel zu gelangen, aber auch sie waren von wohlgekleideten, ins Freye eilenden Menschen voll. Wir hatten die Straßen von Dresden noch nicht so brillant und belebt gesehen. – Um 6 Uhr waren wir im Engel. Es war uns, ehe wir alle Büreaux zum Einpacken geleert hatten, ganz heimisch in unserm

Zimmer zu Sinn, wir fanden alles auf seinem gewohnten Platze, wie man es in seinem Hause mit Vergnügen nach einer Landparthie wiederfindet. Nur kurze Zeit genossen wir der angenehmen Täuschung, wir mußten sie selbst stören, und alles zum Einpacken ordnen. Es schlug 7 und wir waren lange noch nicht fertig, wir unterbrachen die unangenehme Arbeit, um noch vor Sonnenuntergang von der Elbbrücke, und dann von Skerl und seiner Familie Abschied zu nehmen. Wir verschlossen das Zimmer und gingen die wohlbekannte Schloßstraße hinab, durch die Residenz, der catholischen Kirche vorbey nach der Elbbrücke. Sie wimmelte im eigentlichsten Verstande von Menschen. Reuter und Fuhrwerke kreuzten sich an allen Puncten in der Mitte, und Lustwandelnde drängten einander auf den Seitenwegen auf und ab. Fröhlichkeit und stiller Genuß der herrlichen Aussicht und des ungewöhnlich reizenden Abends war in allen Gesichtern, in den Gebärden und Gesprächen der Lustwandelnden. Wohl ihnen, die, was sie immer haben, diese schöne Natur, fröhlich und dankbar genießen, so oft ein heiterer Tag sie ins Freye lockt. – Es war unbillig, so schien es uns wenigstens in dem Augenblicke, daß die Einwohner alle Sitze in den Aussprüngen der Brücke sich zu eigen gemacht hatten, ohne uns, die wir ja scheiden mußten, auch nur eine kleine Stelle freygelassen zu haben. Endlich fanden wir doch einen Platz an der rechten Seite der Brücke von der Altstadt gerechnet. Die Elbe glich einem klaren Spiegel, die Berge lagen hell im violetten Dufte, der Himmel war unbewölkt, die Sonne wollte eben untergehen. Das schöne Gebäude der catholischen Kirche lag uns zur Seite, wir sahen noch einmal die Alleen der Ostrawiese und die fernen blauen Gebirge im Hintergrunde; wenn wir uns wandten lagen die Weinberge mit ihren lachenden weissen Landhäusern vor uns. Gegenden, die so oft von neidischen Dünsten verschleyert waren, und die wir jetzt, da wir Dresden verlassen sollten, erst in ihrer vollen Schönheit sahen. Es war als sollten uns diese Momente an diesen Ort länger fesseln. – Wir blieben auf unserm Platze bis die Dämmerung sich auf die Landschaft senkte, nahmen Abschied von ihr und gingen zu Skerl um dort ein Gleiches zu thun. – Wir mußten noch, um des schönen Abends willen uns in die bekannte Laube setzen, von unserer Wanderung erzählen, Bitten: noch länger in Dresden zu verweilen, ungern abschlagen, und dann uns losmachen von den guten Leuten, die viel dazu gethan hatten, unsern hiesigen Aufenthalt uns durch Gastfreundschaft, Zurechtweisung und Gefälligkeit interessant zu machen.

Als wir zum Abendessen im Engel kamen, fanden wir auch keinen unsrer alten Tischgenossen mehr, wir hatten sie alle überlebt; lauter fremde Gesichter waren da, und so wenig anziehende, daß wir nicht Lust fanden, uns mit ihnen auf die kurzen Augenblicke unsers Zusammenseyns, noch in Rapport zu setzen. – Wir brachen bald auf, um das Geschäft des Einpakens zu vollenden. – Unsre Ueberröcke waren getreulich vom Miethkutscher abgeliefert. – Auf morgen früh um 5 Uhr sind die Pferde nach Töplitz bestellt. – Gute Nacht Dresden, ungern verlassen wir dich, wenn wir gleich noch schönen Genüßen entgegengehen. – Kehren wir einmal wieder zurück? Wir hoffen es, und wollen mit dieser Hoffnung, werde sie auch erst spät erfüllt, fröhlich? oder sey es auch nur minder ungern – scheiden.

Töplitz, Dienstag d 31sten August.

Es war doch 6 Uhr geworden, als wir von unserm traulichem Zimmer Abschied nahmen, dem ehrlichen Aufwärter, der wie ein guter Genius für alle unsre Bedürfniße, treu und immer bereitwillig, gesorgt hatte, die Hand drückten, und unsern zur Gebirgsreise wohl gestärkten, und mit Zugbändern versehenen Wagen, wieder bestiegen. – Nicht ohne Besorgnis traten wir die Reise nach Böhmen an. Es war uns von jedem Reisenden, der in dieser Zeit von daher nach Dresden gekommen war ein Unfall erzählt, den er auf dem Wege von Töplitz oder Carlsbad bis Dresden an seinem Fuhrwerke erlebt hatte, und die Wahrheit dieser Erzählungen wurde durch den Zustand der Kutschen und Wagen, die aus Böhmen kamen, und wovon wir täglich eine Menge vor unsern Fenstern stehen sahen, nur zu sehr bestätigt. Alle hatten irgend einen Fehler, gebundene Räder, geflickte Federn, eine zerbrochene und wieder aneinander geheftete[te] Deichsel pp, oder ein ganz neues, noch ungemaltes Rad, eine neue, eben verfertigte Achse, deutete auf kürzlich erlittene Unfälle hin. – Wir hätten, um nicht ein Gleiches zu erleben, Töplitz, Carlsbad und Böhmen aufgegeben, aber, nach dem Rhein mußten und wollten wir einmal, und ohne einen großen Rückweg zu machen, konnten wir nur den Weg durch Böhmen, oder durch das Erzgebirge nehmen. Auf dem leztern hätten wir, nach allen übereinstimmenden Nachrichten, zu erwarten, daß unser Stuhlwagen, der in Sachsen keine Spur hielt, und – vielleicht unsre Arme und Beine mit ihm, in den Klüften und Klippen des Erzgebirgs, seinen totalen Untergang finden würde. Wir mußten das Schlimme wählen, um dem noch Schlimmern zu entgehen. – Auf der Route nach Töplitz war uns besonders der Weg durch den Ort Peterswalde, welchen die Post nimmt, als fürchterlich beschrieben worden, auch stammten fast alle obige Wagenreparationen von Peterswaldischen Schmieden und Rademachern her, wir glaubten daher beßer zu fahren, wenn wir mit Miethpferden dieses Krähwinkel umführen. Unser Besorgniß der Böhmischen Wege halber, war gestern Abend durch Hinrichs schlimme Nachrichten, die er in unserer Abwesenheit wie ein Schwamm eingesogen hatte, und nun wieder von sich gab, aufs neue erwacht. Der fürchterliche Geyersberg stand immer vor seinen Augen, und lag ihm schwer, schwer auf dem Herzen. Auch uns hatte dieser Alp die vorige Nacht oft schwer genug gedrückt. Unsere erste Frage an den Fuhrmann betraf diesen Colossen, der auf dem eingeschlagenen Wege nun einmal nicht zu vermeiden war. Wir erhielten die beruhigende Versicherung: er habe den Weg schon 100mal gemacht und den Hals nicht gebrochen. Auch den Wagen nicht? – Auch den nicht; wir sollten nur seiner Vorsicht und Erfahrung trauen.

Wir thaten es, da der Schwager der Herr unsers heutigen Schicksals – wir hatten die Pferde ganz bis Töplitz bedungen – durch die ehrlichste Miene von der Welt die Wahrheit seiner Versicherungen und seinen guten Willen, versiegelte. Der Abschied von Dresden wurde durch die eben erhaltene Beruhigung über unser künftiges Geschick erleichtert. Wir fuhren aus dem Pirnaischen Thore durch einen Theil des grossen Gartens, dann eine Meile auf der Chaußee nach Pirna, und wandten uns hierauf rechts. Wir schlugen einen Feldweg ein, der nur für einen Wagen paßt, und für unsern gar nicht paßte, weil in der zu engen Spur, die wir nicht immer vermeiden konnten, die Räder gewaltsam zusammengezwängt wurden. Ihr beständiges Aechzen verrieth die Noth, welche sie litten. Sicher wäre hier schon ein Rad gebrochen, wenn nicht die Zugbänder, die Theile jedes einzelnen fest aneinander gehalten hätten. In Dohna, einem Städtchen, 2 Meile von Dresden, wurde nur für einen Augenblick halt gemacht. Gegen Mittag befanden wir uns in Gebbersdorf, 2 Meilen von Dohna, wo denn auch Mittag gehalten wurde. Die Straße glich im ganzen der bis Dohna. Selten lief, seit wir von der Chaußee abgebogen waren, der Weg auf der Ebne fort, es ging fast immer eine Höhe hinauf und wieder hinab, doch war es auffallend, wie viel weniger im ganzen wir uns senkten, als hoben. Der Boden ist fruchtbar und fruchtreich, doch wurde er gegen Gebbersdorf hin steinigter und weniger thonigt. Zwischen Dohna und Gebbersdorf stand noch viel Haber, der um Dresden schon längst überall in den Scheuern lag. Links lag der entfernte Königsstein mit seinen Gefährten schon tief unter uns. Den Sattelberg, den man uns von Dresden aus, als einen, durch seine Höhe und Form sich auszeichnenden fernen Berg an der Böhmischen Gränze zeigte, lag nahe, deutlich und nicht ungewöhnlich hoch vor uns, alle Anhöhen um uns her schienen nur Höhen, keine Berge zu seyn. Nadelholz deckte sie alle. – Wir waren, das zeigte sich aus allem diesen, schon hoch aufs Gebirg gekommen; was uns umgab, was uns Hügel schienen, waren die höchsten Spitzen der Berge dieser Gegend. – In Gebbersdorf konnten wir nicht umhin, eine förmliche Malzeit zu halten, der Wirth drang sie uns auf. Er wollte sich an uns schadlos halten, da ein Fremder in einer eignen Equipage, der zugleich mit uns angekommen war, für seine Person nichts, für seine Bedienten wenig Bier, und für seine Pferde blos etwas Brod forderte. – Während unsre Mittagsmalzeit aus allen Töpfen zusammengesucht wurde, um 4 Schüsseln[175] zu Stande zu bringen, oder, um sich dafür bezahlen lassen zu können, hatten wir unsern Spas daran, der Wirthschaft des Reisenden, eines Obersten aus Berlin, Nahmens – Hieronymus Knicker[176] denke ich – zuzusehen. Ein schöner modiger Wagen mit 4 raschen und prächtig aufgeschmückten Pferden hielt im hellen Sonnenschein vor der Thüre; ein Reitpferd von gleicher Qualität stand daneben. Eine junge hübsche reichgekleidete Frau, des Hieronymus Gemalin hatte sich in eine Laube, dem Hause gegen über, gesetzt; ein Kammermädchen saß neben der Laube auf einem Steine. Madam verzehrte wohlgemuth ein Stückchen kalten Braten und Brod, das aus dem Wagen gebracht wurde. Die arme Zofe nagte an einem Stückchen trocknen Brods. Der alte Herr (es mochte ein 60jähriger seyn) stand gestiefelt und gespornt, auch Braten verzehrend, bey seinen Pferden, dann das eine dann das andere streichelnd. Zwey männliche Bediente in saubern Livreen hatten unaufhörlich, dem Befehl ihres Gebieters zu folge, mit den Pferden zu thun. „Mehr Brod für die Pferde“ schrie der alte Herr zweymal ins Haus; „zu essen für die Leute“ rief er nicht einmal. Er ließ ihnen auch nicht Zeit dazu. Striegeln, Füttern, Träncken, das Geschirr abreiben und Nachsehen, füllte die ganze Zeit ihres Hierseyns aus. – Zwischendurch nagten auch sie an Brodrinden. – Die Zofe kam endlich herzu und klagte über Durst. „Das Bier sey gewiß sauer“, versicherte Hieronymus. – Er selbst hatte ein Gläschen Wein aus seinem Flaschenkeller zu sich genommen, Fr. Gemalin desgleichen. – Der Kutscher ließ sich durch die Gegenreden des Herrn nicht abhalten, auf Bier zu bestehen. Ein Mensch, könne doch nicht verdürsten, meinte er, und hörte auf zu striegeln. „Für 2 Groschen Bier", rief nun der gestrenge Herr, dem Wirthe der vor der Thüre stand, zu. Er nahm es selbst in Empfang, that, da er es nicht sauer finden mochte, einen herzhaften Zug und gab es dann dem Kutscher, der mit der Zofe und dem Bedienten redlich theilte. Inzwischen zahlte der Gebieter schnell, jedoch brummend und über Theurung klagend, unter unserm Fenster die Zeche, und befahl, als dies Geschäft noch nicht beendigt war, ein und aufzusteigen. Ihm war bange daß noch mehr zu trinken verlangt werden möchte. Als die Geldgeschäfte abgemacht waren, warf auch er sich schnell in den Wagen, und rasch ging es davon. Von der ganzen Reisegesellschaft war niemand, als die Pferde, satt geworden. – Wir mußten unserm Wirth, für den ihm an den hohen Herrschaften entgangenen Gewinn schadlos halten.

Hinter Gebbersdorf werden die Dörfer selten, die Häuser kleiner und schlechter, die Obstbäume auf den Feldern verschwinden immer mehr. Fürstenwalde, das lezte Sächsische Dorf, gleicht den nebeneinander hingebaueten Schafställen auf unsern niedersächsischen Heiden. Von da hatten wir noch etwa 2 Meilen bis Töplitz. – Bey Ebersdorf ½ Stunde von Fürstenwalde erreichten wir die gefürchtete Kaiserliche Gränze; gefürchtet, weil man uns in Dresden überall wegen der genauen Durchsuchung unserer Sachen bey der Zollstätte (dem Mauth) gewarnt hatte. Wir hielten vor der Barriere. Meinen Taback hatten Nante und ich, auf das sorgfältigste in unsern Taschen und in den verborgenen Schlupfwinkeln der Chaise verstekt. – Ich stieg ab, um so gut als möglich zu capituliren. Der Zöllner trat mit einem höflichen: was bedienens Ihr Gnaden, und, wohin schaffens Ihr Gnaden? mir aus der Thüre des Zollhauses entgegen. Was ich beantwortete, documentirte ich zugleich mit unserm Reisepaße, dem ich vom Kaiserlichen Gesandten in Dresden hatte visiren lassen. – Um nicht aufgehalten zu werden, bat ich ihn zu plombiren, da es meine Absicht sey, in Töplitz visitiren zu lassen. Er besah den Wagen von allen Seiten, und war nach eingenommenen Augenschein der unvorgreiflichen Meinung: das Plombiren habe bey so einem „absonderlichen" Fuhrwerke große Schwierigkeiten, und in Töplitz werde man gewaltig mit der Visitation aufgehalten. – „Wenn es denn hier schnell, und ohne viele Umstände geschehen könne", erwiederte ich, „so möge das Geschäft hier seinen Fortgang haben." Ich versicherte dabey, daß wir nichts als unsere Reisebedürfniße, wie es denn der Wahrheit gemäß war, bey uns hätten. Bey dieser Gelegenheit mochte mir zufällig mein Geldbeutel, der ziemlich mit Silbergelde beschwert war in die Hände gerathen seyn; vielleicht beschwerte er im Stehen meine Rocktasche zu sehr: Wie es seyn mochte, der Anblick that dem Zöllner wohl. Wollte ich bey ihm kleine Münze einwechseln, oder weshalb ging aus dem Beutel ein Silberstück aus meiner in seine Hand? ich erinnere mich nicht mehr recht daran, aber das weiß ich wohl, daß ich die Mühe des Visitirens, wenn es nur schnell gehe, gern und reichlich zu belohnen versprach. Nach nochmaliger Ansicht des Wagens und nach einigem Bedenken, öffnete der Zöllner den Mund, und sprach die erfreulichen Worte: „Schnell geht es mit der Durchsuchung so eines Fuhrwerks nicht, aber da Euer Gnaden versichern, sie führten nichts mauthbares – (das hatte ich wohl bleiben lassen) so will ich denn ihnen einen Schein geben, der durch ganz Böhmen gültig ist, und sie brauchen sich hier gar nicht aufzuhalten. Beliebens ins Büreaux zu treten." Ich that es, jener schrieb und zeigte mir dann ein Mauthpollet[177] (so war es gedruckt), worin der Ehrenmann die Lüge schriftlich niedergelegt hatte: der Wagen, Koffer, Mantelsack pp (er hatte nicht einmal ihr Äußeres gesehen, ich mußte ihm die Zahl und die Form der Behältniße angeben) sey gehörig und Stückweise durchsucht und nichts mauthbares darinn gefunden worden!! Er hatte das saubere Document noch nicht aus den Händen gegeben. Als ich den Geldbeutel hervorzog, die Mühe des Visitirens zu belohnen, setzte er sich nieder, um zu signiren; dann tauschten wir Geld und Waare, und, nachdem uns tausendfach eine glückliche Reise gewünscht, und mir noch zuletzt ins Ohr geflüstert war: „versteht sich, Euer Gnaden machen mich nicht unglücklich", wobey er bedeutend den

Finger auf den Mund legte – fuhren wir von dannen. – Ist es nicht eitel Geldprellerey mit den Zöllen? –

Das Berganfahren hatte immer fortgewährt, meistens sehr allmählig, aber doch hatte es mächtig geholfen. – Als wir vom Mauth zu Ebersdorf wegfuhren lag die Spitze des Geyersbergs, hier nur noch eine kleine Anhöhe, nahe vor uns. Der Weg bestand von der Gränze an, aus unordentlich übereinandergeworfenen Kieseln, so ging es auch den Rest des Berges hinan. Wir waren noch nicht völlig oben, als wir schon die Spitzen des Böhmischen Mittelgebirgs über dem nahen Tannenwalde hervorragen sahen. Dann verschlossen die Bäume, zwischen denen wir uns befanden, die Aussicht ganz. Als wir auf eine freye, von Waldung entblößte Stelle kamen, lag Böhmen in weiter Ausdehnung tief zu unsern Füßen. Das große Thal übersahen wir mit einem Blicke, welches gegen Mitternacht durch das Erzgebirg, gegen Morgen und Mittag durch das Böhmische Mittelgebirg gebildet und eingeschlossen wird. – Groß war der Anblick freylich, das Mittelgebirg ist das höchste von allen, die wir bisher gesehen haben. Dunkelblau stiegen die breiten Colossen uns gegenüber, himmelan, und hoch über den übrigen ragten die Böhmischen Basaltberge, der Schimmerberg und der Milschauerberg, 4 bis 5 Meilen von uns entfernt, empor. Groß war der Anblick, aber weit weniger interessant, als wir ihn nach allen Beschreibungen erwartet hatten. Rauh war der Vordergrund, ein dichter Tannenwald, der sich den Abhang des Geyersbergs, auf dessen Spitze wir hielten, hinabzog. Die Farbe des daran gränzenden Thals, in das wir nun hinab sollten, oder mußten, war ein ödes Braun; (der eben umgeakerte thonigte Boden, aus dem die Gegend besteht, gab der Landschaft diese Farbe), das wenige Grün das wir bemerkten, wurde von ihr, wie verschlungen. Unbebaut, menschenleer, wie gesagt, ein dichter, finstrer Tannenwald machte den Vorgrund, unbewohnt und menschenleer schien das Thal zu unsern Füßen, das von einem leichten Nebel bedeckt war. Finster traten die unbeleuchteten Bergcoloße im Hintergrunde hervor. Ihr düstres Blau stach hart gegen das braune

Thal, und dieses wieder eben so hart oder härter noch gegen das Schwarzgrün der Nadelholzwaldung am Geyersberge ab. – Wir stiegen vom Wagen, um lieber unsre Gesundheit, uns selbst, als einem zerbrechlichem Fuhrwerke anzuvertrauen.

Bald senkte sich der Weg so schroff hinab, daß der Schwager hemmen mußte. Wir waren nun ganz vom düstern Tannenwalde umschloßen. Da der Weg anfing so eng zu werden, daß nur ein Wagen passiren konnte, so mußte Hinrich eine Strecke voraus, und auf Geheiß des Kutschers, von Zeit zu Zeit aus allen Kräften: Holla, holla! schreyen, damit die etwa heraufkommenden Fuhrwerke sich darnach richten, und an den breitern Stellen, deren es mehrere giebt, halten könnten. Er that, wie ihm geheissen war, und wir hörten sein: holla, holla immer ferner und ferner aus der dunklen Tiefe zu uns heraufschallen. Der Wagen folgte ihm in ziemlich weiter Ferne nach. Wir schlossen den Zug. Anfangs glitt der Wagen leicht und in hüpfender Bewegung über die Kiesel, die in mässiger Größe nur hie und da im Wege lagen, hin, aber so währte es nicht lange; die Laufbahn wurde durch spitze, oft mehr als eine Elle hohe Steinblöcke unterbrochen, der Kutscher mußte sich darüber und durch die Felsenklüfte hin arbeiten, welche diese unerhörte Passage einschliessen. Wenn wir so ein enges, von der Natur wie verrammeltes Felsenloch vor uns sahen, glaubten wir oft: Pferde und Kutscher und Stuhlwagen würden in Stücke zerschlagen wieder hervorkommen, aber dank sey es unserm vorsichtigen Schwager, es passirte alles glücklich durch. Bey jeder Wendung des Wegs hofften wir vergebens eine ebnere Bahn vor uns zu sehen, es wurde nur noch ärger. Ein Glück für uns, daß wir selten auf das Schicksal des Wagens zu denken Muße hatten; wir mußten fast immer auf unsere Füße achten, die, getrieben von einer höhern Gewalt, (die Jähe des Bergs ließ uns nicht zu, fein ehrbar im Schritte zu bleiben), von Stein zu Stein hüpften, und uns schnell genug, wider unsern Willen schnell, dem Wagen nachführten. Wenn wir so viel Zeit gewannen, uns einmal umzusehen, begeg-

Ansicht der Drehe von dem Geiersberge, um 1830

nete nichts als ein grausenvolles Gemisch von Klippen und Tannen unsern Augen; oft lagen auch unabsehlich tiefe mit Nadelholz bewachsene Thäler uns zur Seite, auch aus ihnen traten Felsen hervor, und kein menschlicher Fuß regte sich, keine Spur von Anbau und Cultur zeigte sich in diesen düstern unwegsamen Gründen. – Auf Hinrichs rufen: zu halten, hielten wir, an einem Platze, wo zwey Wagen einander begegnen konnten. Ein leichtbeladner Frachtwagen wurde von 6 Ochsen, den Berg mühsam hinaufgeschleppt, Pferde können dazu nicht gebraucht werden. Auch muß jeder Reisende, der [den] Geyersberg hinauf will, sich der Ochsenpost bedienen. – Dem Wagen folgten 3 Fußreisende aus Nordhausen, Kaufleute, die das Bad in Töplitz gebraucht hatten. Auf so einer Stelle, und bey gleichen Mühseligkeiten, knüpft sich eine Bekanntschaft leicht. Wir sprachen nebeneinander stehend, über – den schlimmen Weg und den Zweck unserer Reisen. – Da wir unsern vorangefahrnen Wagen nicht mehr rasseln hörten trennten wir uns, und setzten eiliger noch, als zuvor, die Fußreise weiter fort. Die Ursache des größern Eilens? weil, aufrichtig gesagt, uns beyden in dieser schauerlichen Gegend, die Einsamkeit eben keine angenehme Empfindungen zuführte. Mit aller Mühe konnten wir aber den Wagen nicht wieder gewinnen, und, ob es gleich erst 5 Uhr war, fing es doch schon an, in diesen engen Schluchten, von hohen Felswänden eingeschlossen, oder von noch höhern Bergspitzen und ihren Wäldern beschattet, zu dämmern. – Selten kam eine menschliche Gestalt uns entgegen, und wenn es geschah, war es ein Bettler, der mit einem: gelobt sey Jesus Christ, anfing, und mit den Worten: schenken Euer Gnaden mir etwas! endigte. Ich kaufte mich überall gern und schleunig los; und, wie ich nur jemand den Berg herauf kommen sah, hatte ich schon, ohne seine Litaney abzuwarten, das zum Abkaufen bestimmte Kreuzzerstück in der Hand. Die Menschen die uns begegneten, bettelten – oder, da ich sie zulezt nicht mehr dazu kommen ließ, – nahmen alle. War es die einsame wilde Gegend oder die bigotte Miene dieser Leute und ihr zerlumpter Anzug, was mich in jedem Bettler einen Räuber sehen ließ, dem wir, unbewaffnet, wie ich war, nicht schnell genug entfliehen zu können glaubten. Ausser jenen Gestalten kamen uns doch auch noch 2 Träger entgegen, die sich mit der Sänfte einer gnädigen Frau aus Dresden, deren sie sich in Töplitz bedient hatte, den steilen Berg hinauf quälten. – Ihnen folgten wieder Jammerbilder. – Wie froh waren wir, die wir unsern Schwager nicht erreichen, und ihn durch zurufen, wenn er es auch gehört hätte, wegen der Beschaffenheit des Weges, nicht aufhalten konnten, als wir bey einer Biegung, links ein Gebäude erblickten. Wir hielten es für ein bewohntes Haus, und für das nahe Ziel unsrer Reise: für ein am Fuße des Berges belegenes Wirthshaus, oder das erste Haus eines Dorfs. Vergebene Freude? Es war die Ruine einer ehemaligen Bergfeste, die Drohe [Drehe][178] genannt, wie wir nachher erfuhren. Wir konnten es nicht über uns gewinnen, dem wenig betretenen Fußpfade dahin, vorbeyzugehen; vielleicht entdeckten wir auch auf dem Vorsprunge, auf dem die Ruine liegt, eine Spur von unserm Fuhrwerk. Wir arbeiteten uns zwischen Brombeergesträuch und Hecken durch, und erreichten den Eingang der alten Veste; allein ausser den öden Mauern, und den rauhen Bergen und eben so rauhen Waldthälern, sahen wir nichts von dem was wir suchten, nicht das Ende unsers beschwerlichen Wegs, kein Haus, keinen Wagen. – Eilig gingen wir den Fußpfad wieder zurück, und rannten, wo es nur immer möglich war, den Berg weiter hinab. Aber oft mußten wir wohl, fein säuberlich und langsam zwischen den Steinhaufen einhertreten, und das hielt uns denn wieder gewaltig auf. Wenn eine recht arge Stelle kam, freuten wir uns nur, daß der Wagen darüber hingerutscht seyn müsse, weil wir keine Fragmente von ihm in der sogenannten Straße antrafen. Bewegte der Wind aber die Tannen ungewöhnlich, so hörten wir mit den Ohren unserer Phantasie, ihn von einer Höhe in die jähe Tiefe hinabstürzen, wenigstens ein Rad oder Achse brechen. Endlich liessen die schlimmen Stellen etwas nach, und wir kamen nun auf den Zweifel: ob wir auch wohl den rechten Weg in unsrer Eilfertigkeit vorbeygegangen seyn möchten, ob dies wohl ein Abweg sey, der Gott weiß, wohin führe? Die zunehmende Dämmerung, die noch immer fortwährende Einsamkeit und Rauheit der Gegend, gaben diesem Gedanken eine schrekliche Gestalt. Wir mußten, auf der einmal betretenen Bahn fortgehend (was konnten wir anders wählen?) unserm geängstigtem Herzen durch lautes Rufen Erleichterung geben. Wir lauschten auf Gegenruf, kein freundlicher Ton kam zu uns herüber; endlich, nach manchem vergebenen Versuche, hörten wir in einiger Entfernung, rechts vom Wege ab, Stimmen; wir näherten uns, so schnell wir konnten, es waren die bekannten Stimmen unsers Schwagers und Hinrichs, die abwechselnd die Wälder durchdrangen. Wir waren doch, wie wir nun überzeugt wurden, aber erst zulezt auf einen Abweg gerathen. Ein kleiner Durchbruch durch das uns trennende Holz, führte uns zu unsern Reisegenossen, und unsern Wagen zurück. Alles war unverletzt und im besten

Stande; auch waren wir, der Himmel sey gepriesen, am Fuße des Bergs. – Mit Freuden folgten wir der Einladung unsers Schwagers, wieder Platz im Wagen zu nehmen. – Wir hatten doch 5/4 Stunden von der Spitze des Bergs bis hieher, fürwahr nicht im bequemsten und angenehmsten Zustande hingebracht.–

Jezt befanden wir uns in einer andern Welt. Aus der Dämmerung waren wir wieder im Tageslichte, oder vielmehr im schönen Lichte des sich herannahenden Abends. Der Geyersberg, ein Theil des Erzgebirgs, und diese hohe, in einer angenehmen Bogenform sich hinstreckenden Bergkette, lag hinter uns. Die wohlbekannte Ruine sprang kühn aus den dichten Nadelwäldern am Geyersberge hervor. Vor uns lag das noch höhere Mittelgebirge mit seinen majestetischen, jetzt von der Abendsonne röthlich gefärbten Bergspitzen. Auf den Erhöhungen im Thale, das nun nicht mehr im Nebel gehüllt war, lagen Städte und Dörfer und Klöster, mit ihren Thürmen wo wir nur hinsahen. Nicht mehr trauriges Nadelholz, Wallnüße und Castanien und Obstbäume aller Art schmückten mit ihrem frischen Grün das volkreiche und angebaute Thal. – Wie die Gegend sich geändert hatte, so auch die Menschen in Tracht, Gesichtszügen, Benehmen. – Die fröhliche, gutmüthige Höflichkeit der Sächsischen Landleute war verschwunden, wir hörten kein herzliches: „Gott grüß Euch“ mehr. Ein ernster, schwermüthiger Zug veredelte nicht, nein verstellte die wahren Gesichtszüge dieser Thalbewohner. Nicht höflich – demüthig ihren Hut abziehend, oder sich verneigend, flüsterten sie ihr: „gelobt sey Jesus Christ“ und gewärtigten die Antwort: „in Ewigkeit“. – Nicht durch andre Kleidung zeichnen sich diese Menschen von ihren Nachbarn, den Sachsen so sehr, als durch ihren vernachlässigten, oft unreinlichen, häufig zerrißenen Anzug aus. Seit 14 Tagen war uns dergleichen fast gar nicht vorgekommen. – Die herrschende Religion offenbart sich durch die prächtigen Klöster, die unendlich vielen Capellen, Heiligenbilder, Kruzifixe auf dieser kleinen Strecke. Die Betteley währt auch im Thale fort. Sie mag wohl eben der

Ursache, die die Klöster und Heiligenbilder errichtete, ihr Daseyn zum Theil zu danken haben, zum Theil aber auch wohl der Nähe des besuchten Brunnenorts, wo die Verschwendung Müßiggänger erzieht, anlockt und erhält; Bedürfniße schaft und sie unbefriedigt läßt; neue Erwerbsquellen hervorruft, und wieder vernichtet.

Der Weg vom Fuße des Geyerberges an, bis Töplitz, scheint, da man den Schloßberg, nahe bey jenem Brunnenorte, bald ins Gesicht faßt, und selten wieder verliert, kurz zu seyn, aber er windet und dreht sich so oft und vielseitig, daß noch beynahe 2 Stunden vergingen, ehe wir das Ziel unsrer heutigen Reise erreicht hatten. Wir kamen noch neben dem prächtigen ehemaligen Jesuiter-Kloster Marienschein vorüber und durch Soberten, ein Dorf, wovon die Christen, wie sichs gebührt, die Rechte, Judenfamilien die linke Seite, bewohnen. – Freylich kommt es hiebey darauf an, von welcher Seite man in das Dorf kommt? allein die Christen behaupten einmal: die rechte Seite sey die ihrige, und die alleinselig machende Kirche wird sich ja wohl nicht irren. Die Landstraße war auch im Thale, wenn gleich nicht so steinigt doch holpricht und schlecht. Erst ¼ Stunde vor Töplitz wird der Weg beßer, aber immer noch für einen so besuchten Gesundbrunnen nicht geebnet und gerade und breit genug. Noch nahe vor der Stadt passirten wir enge Hohlwege. Es war beynahe 8 Uhr als wir in Töplitz ankamen. Wir fuhren durch breite, mit niedlichen zum Theil ganz neuen Häusern besetzte Straßen. An Vielen ward noch gebaut. – Von der Lebhaftigkeit eines Badeorts bemerkten wir nichts mehr, die größte Stille herrschte auf den Gassen. Wir hielten vor dem blauen Stern einem uns empfohlenen Hause. Viel Verkehr war auf der Diele, aber nicht der interessanteste, Fuhrleute und Juden drängten sich um unsern Wagen, den sie wie ein Wunderding neugierig begafften. Ich mochte Hinrich nicht allein das Abpacken überlassen, sondern blieb bis das Geschäft geendigt war im Wagen. Als ich nun zu Nante auf das uns angewiesene Zimmer kam, Himmel welch ein Abstand gegen unsere reinliche elegante Wohnung in Dresden. Dicker Staub lag auf Tischen, Stühlen, Büreau, und der Boden schien seit Monaten nicht gereinigt. Nante beklagte sich noch mehr, als über diese Unreinlichkeit über die unverschämte Neugier der Aufwärterin, die alles was sie von unsern Sachen herauftrug, visitirte und über ein Frauenzimmer im weissen Kleide, die mit jener sich zu diesem edlen Zwecke, vereinigt hatte. Auf dem Vorsaale hatte Nante Beyde bey dieser Visitation betroffen, und sie natürlich durch ihre unerwartete Gegenwart auseinander gesprengt. Wir hatten nichts eiligers als bey so bewandten Umständen alles auf das sorgfältigste zu verschliessen, aber wir fanden uns sehr unbehaglich über das Local und das Benehmen der Menschen, die zunächst um uns waren. – Jetzt kam auch der Herr Visitator, der sich indessen beruhigte, und ohne weiters abzog, als ich ihm das glaubwürdige Attestat seines Herrn Collegen zu Ebersdorf vorgezeigt hatte. Er schien kein Mißtrauen darinn zu setzen, oder hieß es bey ihnen vielleicht: Gleiches mit Gleichem? Er sowohl als die Aufwärterin beehrte uns unaufhörlich mit hohen Titeln. Immer waren wir Euer Gnaden, und die Worte Unterthänigkeit, befehlen pp sprangen jeden Augenblick mit ein. Das saure Gesicht unsers weiblichen Kellners, und ihr mürrisches Wesen, contrastirte sonderbar genug mit der übergrossen Höflichkeit ihrer Rede. – Eine sehr dünne Wand, noch dazu mit einer Thüre versehen, trennte uns, von einer sehr gesprächigen lauten Nachbarin, ohne Zweifel der unberufenen Visitatorin unserer Sachen. Sie hatte Gesellschaft in ihrem Zimmer. Ihre Stimme war die einzige weibliche darunter. Die Unterhaltung bey Tische, wir konnten jedes Wort verstehen, war leider von der Art, daß wir fürchten mußten, in jeder Rücksicht das schlechteste Haus in Töplitz zu unserm Logis gewählt zu haben.

Auch keine Spur von einem besuchten Brunnenorte zeigte sich heute Morgen, als wir vor unsern Fenstern uns nach vorüberrollenden Wagen, eleganten Morgenanzügen und nach allem dem umsahen, was den momentanen Wohnsitz der Schwelgerey und des Elends auf den ersten Anblick zu bezeichnen pflegt. Eine einsame Gasse lag vor uns; nur Juden und ehrsame Bürger des Orts betraten sie; hübsche Häuser standen uns gegenüber, – ungeöffnet war die Hausthüre und keine elegante Haube, nicht einmal die einer Zofe, streckte sich der reinen Morgenluft entgegen. Ist denn alles hier schon verschwunden, sind wir die einzigen Fremden in Töplitz, fragte ich verwundert, daß wir uns so in unserer Erwartung getäuscht fanden, unsre finstre Aufwärterin, die eben hereintrat. Euer Gnaden sind zu spät hieher gekommen, war die Antwort; ausser ein paar Russischen und Polnischen Herrschaften ist alles schon wieder heimgekehrt. Nun, so müssen wir doch wenigstens die Vergnügungsplätze und die Quellen der heilbringenden Nymphe besuchen, wenn schon die Opfernden verschwunden sind. – Ein Schneider und Lohnbedienter, beydes in einer Person, bot sich uns zum Begleiter an, als kaum jener Vorsatz ausgesprochen war. Wir gaben an, was wir sehen wollten und folgten dann seiner Leitung. – Wir durchstrichen zuerst einen Theil des Städtchens, das, wie die umliegende Gegend dem Fürsten Clary[179], jedoch unter kaiserliche Hoheit, gehört. Ein kleiner, freundlicher Ort mit vielen neuen, hübschen, größtentheils zu Wohnungen für Churgäste eingerichteten Häusern, die seit dem Brande von 1793, der einen großen Theil der Stadt verwüstete, aufgebauet sind. Das Schloß des Fürsten zeichnet sich nur durch Umfang, nicht eben durch Schönheit, Geschmack oder Pracht vor den übrigen Gebäuden aus. Es liegt an einem grossen freyen Platze, ein altes Gebäude wie es scheint, das mit seinen modernen Fenster und Verzierungen einer geschminkten Dame im reifern Alter gleicht. Schön und geschmackvoll ist der Park des Fürsten am Schlosse, der gewöhnliche Vergnügungsort der Badegäste, besonders derer, die auf weitre Spatziergänge in der herrlichen Gegend um Töplitz, Verzicht leisten müssen. Wir gingen in den Park durch den Gartensaal, einem Belustigungshause der Fremden, die, in mehrern grossen Zimmern, Tischgesellschaften bilden, Frühstücken, Tanzen und Billard, oder Carten spielen. Das Local ist geräumig, alle Zimmer hell und geschmackvoll mit Malerey oder sonst decorirt. Man sieht bald, daß hier alles auf elegante Welt berechnet, und daß es ihr, ausschließlich bestimmt ist. Jetzt herrschte Stille und Einsamkeit in diesen hohen Sälen. In einem Nebenzimmer saßen 2 junge Männer, die sich mit Carten und einem Frühstück die Zeit vertrieben; ausser ihnen sahen wir niemand. Auch im Park ging es fast eben so. In der langen Mittelallee wandelten ein paar Frauenzimmer, und einige Männer; in den schattigten gewundenen Wegen, die durch ein schönes Eichenholz führen, waren wir die einzigen Spaziergänger. Ein paar große Teiche, mit ihren bald vor, bald zurücktretenden Ufern, von mannigfaltigem Gehölz umgeben, über das, hie und da, ferne Höhen und Berge hervorragen, bilden die angenehmsten, interessantesten Theile des Parks. Bequeme Schlangenpfade ziehen sich bald offen, bald durch Gebüsch neben den klaren Wasser hin, und offne Ruheplätze oder Tempelförmige Pavillons bezeichnen Gesichtspunkte oder geben sie. Man kann eine Stunde wenigstens, im Park umhergehen, ohne ihn ganz zu kennen. Jedem Curgaste, wie jedem Fremden, steht er zu jeder Tagszeit offen. Er ist der besuchteste Theil von Töplitz in den schönern Monaten, und wie der Gartensaal, der tägliche Vereinigungspunkt der schönen Welt. – Das Schauspielhaus ziert einen freyen Rasenplatz im Park. Säulen tragen den Vorsprung. Am Frontispiz steht die Leyer Apolls. Diese, und die Bildsäulen der beyden Musen des Schauspiels, an beyden Seiten des Eingangs aufgestellet, bezeichnen den Zweck des Gebäudes. Alles, Haus und Verzierungen ist von hellem Sandstein, und die Form des Gebäudes wie die Statuen verrathen Geschmack und Kunst. Das Ganze ist klein, aber höchst einladend und gefällig. Mir ist keine schönere Aussenseite eines Schauspielhauses vorgekommen.

Aus dem Garten, wo wir noch einige Reste der blühenden Zeit des Badeorts zu finden hofften, und unsere Erwartung nicht erfüllt fanden, gingen wir nach dem Schloßberge, zu den Ruinen der alten Tempelherrenburg, Dobro[w]ska Hora. Die Ruine scheint, wenn man aus den Häusern und Garten von Töplitz ins Freye kommt, so nahe, und der Berg, worauf sie liegt, gegen die hohen Gebirge, die überall hier den Gesichtskreis begränzen, so klein zu seyn, und doch brachten wir, – gewiß nicht die schwächsten Fußgänger – eine Stunde bis zum Ersteigen des Gipfels zu. Es war ein sehr heisser Tag, und der immer Berganführende ganz schattenlose Weg hatte uns ungewöhnlich ermüdet, und alle Poren geöffnet. Wir kamen wie gebadet oben an. Wir suchten Ruhe, und Schutz gegen die drückenden Sonnenstrahlen, und gegen den immer auf dieser Höhe sich regenden Luftzug, hinter einem alten Gemäuer. – Unsere Begleiter, der Lohnbediente und Hinrich, thaten ein Gleiches. Da wir gehört hatten, daß bey einem Jäger, der hier mitten in den Ruinen – sich behilft – ein Frühstück haben könnten, so forderten wir Wein und Zwieback. Der Ruinenmann konnte aber nur mit Bier und Schwarzbrod aufwarten. Auch das wurde angenommen, und schmekte – besonders da doch Butter und Käse dem Brod zugefügt wurde – vortreflich uns, und noch beßer unsern Begleitern. – Wir waren schon eine halbe Stunde auf den höchsten Puncten des Bergs gewesen, als sie noch immer hinter der Mauer sich gütlich thaten.

Ueber unsere Erwartung schön war der Blick durch die Fensteröffnungen der alten Hora Dobro[w]ska, oder durch die Risse, welche Krieg und Zeit in dem festen Gemäuer gemacht hatten. – Zu unsern Füßen lag das fruchtbare vom Böhmischen Mittelgebirg und dem Erzgebirg umschlossene Thal, das wellenförmig, denn ein Hügel folgt dem andern und nirgend ist totale Ebene, sich von Osten nach Westen hinzieht. Wir sahen in den verschiedenen Standpuncten, Töplitz, Marienschein, Osegg, das zwey Meilen entfernte

Aussig mit seinen Felsen umher, unendlich viel Schlösser, Meyerhöfe, Dörfer mit ihrem Kranz von Obstbäumen, und alle Straßen, die von einem Ort zum andern führen mit Obstalleen besetzt. Am Erzgebirg entdeckten wir klar die Drehe wieder und höher noch erschienen uns von diesem hohen Standpuncte die erhabenen Pyramiden des Mittelgebirgs der Milschauer und der Schimmerberg. Wir hatten nicht die glücklichste Zeit für diese Gegend gewählt, es war Mittag und noch dazu lag ein schwüler Dunst über dem Thal; aber doch glaubten wir eine der mannigfaltigsten, reichsten Aussichten vor uns zu sehen, die uns je vorgekommen waren; ihr fehlte nichts als Wasser. – Sähe man auch nur einen Landsee in diesem Thale, oder schlängelte sich ein Fluß dadurch hin, es würde kaum von irgend einem übertroffen werden. Wo trifft das Auge sonst, zwey so erhabene und so verschieden geformte Bergreihen, wo, diesen Reichthum, diese Mannigfaltigkeit? Ein Thal, das überall wieder mit Höhen und Tiefen wechselt, das eben daher, in sich selbst, bey jedem veränderten Standpuncte, Gegenstände aufschließt und andere verbirgt, – wo kein unangebaueter Fleck sich findet, und das, wie irgend eines, mit Kirchen und Klöstern, Schlössern und Ruinen und Wohnungen angefüllt sich mehrere Meilen dahin streckt, wird wohl selten dem suchenden Auge des Freundes der schönen Natur begegnen.

Bis 1 Uhr verweilten wir zwischen den Ruinen. – Auf dem Rückwege sahen wir das Stadtbad, welches in der Vorstadt liegt, ein neues geschmackvolles Gebäude mit einer Kuppel, die oben eine weite Oeffnung hat. Unter dieser Kuppel, mitten im Badehause, ist das grosse Bassin, das die dort entspringende, warme, grünliche Quelle auffängt und bewahrt. Aus diesem Bassin wird das Wasser in, wenn ich nicht irre, 12 reinliche und bequeme Badezimmer abgeleitet.

Es war unsre Absicht, uns mit den wenigen, noch anwesenden Curgästen im Gartensaale bey der Mittagstafel bekannt zu machen, wenigstens mit ihrer Aussenseite und ihrem Benehmen. Auf weitere Unterhaltung konnten wir, bey diesen Russen und Polen schwerlich Anspruch machen. Das Vergnügen dieser, von unserer Seite auf allen Fall stummen Unterhaltung, wurde uns indessen durch das absagende Wort des Hrn. Restaurateurs geraubt, der bey so wenigen Fremden, auch nur auf diese wenigen, sich eingerichtet hatte. Wir mußten, da wir nicht vorher bestellet hatten, wieder abziehen, und zu Hause, mit uns allein, auf unserm Zimmer, vorlieb nehmen.

Die heissern Stunden des Nachmittags, konnten wir nicht besser als im fürstlichen Park zubringen, der unserm Logis sehr nahe liegt. In den Alleen wanderten noch einige mongolische Nasen, unserer Vermuthung nach Russischen Herren und Damen zugehörig, und einige scharfgeschnittene und hübsche, aber unbedeutende Physiognomien, allem Ansehen nach aus Polen stammend. Auf einem schattigten Platze am See uns lagernd, hielten wir Musterung über die Vorüberwandernden, und sahen dem Spiel der Fische im klaren Wasser zu, die in ungeheurer Menge von Sonnenscheine angelokt auf der Oberfläche sich herumtrieben. – Gegen Abend bestiegen wir eine der nächsten Anhöhen, um die Stadt, um die Gegend, die uns diesen Morgen schon so sehr angezogen hatte, im schönern Lichte wiederzusehen. Wir kamen gerade in dem Moment, da die Sonne, dem Untergange nahe, alle Nähen und Fernen mit mildem Schimmer übergoß. Unser Gesichtskreis war enger als heute Morgen; aber was das Auge faßte, in wie unendlich schönerer Gestalt lag es da! Jetzt hätten wir auf dem Schloßberge seyn müßen. Wir blieben, bis auch die höchsten Spitzen des Mittelgebirgs ihr hohes Roth in nächtliches Blau verwandelt hatten, und gingen dann, von diesem großen Schauspiele, zu einem kleinern und dürftigern über, das auf großen Zetteln an allen Straßenecken angekündigt war: dem noch anwesenden Grafen Panin zu Ehren, wie auf den Anschlag stand, wurde Clara von Hoheneichen[180], von der Gesellschaft des Hrn. Gramm[181] aus Prag vorgestellet. Die Operation hatte längst ihren Anfang genommen, als wir in den geschmackvollen, hellerleuchteten, aber menschenleeren Saal eintraten. Es war gerade Zwischenact. Die Säulenreihen des Saals, mit den eleganten Verzierungen in den Feldern und an den Logen, der hübsche Vorhang, architektonisch als eine Fortsetzung der Säulenreihen gemalt, die vortrefliche fürstlich Clarysche Capelle, welche das Orchester ausmachte, alles bereitete auf etwas Schönes, Glänzendes vor. Arg aber war wirklich der Contrast als der niedliche Vorhang aufrollte. Statt Täuschung zu geben, nahm die offne Bühne sie nun alle. Nicht, daß die Rittern in Zimmern mit Arabesken geschmückt, auftraten, daß Tische und Stühle pp auf das Jahr 1802 hindeuteten; daß das ganze Local viel zu klein und enge war – man findet dergleichen auch in Theatern größerer Städte, – aber, daß die Helden und Heldinnen nicht deutsch, was sie doch wollten, sprachen; daß sie ihr Undeutsch, alles aus dem untern magischen Kasten hervorhohlten; und dann wie Rasende heulten, schrieen, fochten, sich abarbeiteten, und einander handhabten, das war ärger, als ich mir je etwas vorgestellt hatte. Weniger schlecht, und wir wären weggegangen, oder hätten das Ding als eine Farce belacht. So zogen die Ausbrüche der Tollheit der Menschen, wirklich durch ihre Ausserordentlichkeit an, und man konnte vor Erstaunen nicht zum Lachen kommen.

Zu Hause fanden wir eine unerwartet große Gesellschaft, zwar nicht auf unserm Zimmer, aber doch so gut als darauf. Unsre schöne Nachbarin, ein Fräulein aus Prag hatte eine Punschgesellschaft zu sich eingeladen. Das schwatzte so laut und so arges Zeug, daß wir es für gut fanden, unsre Nähe durch ein lebhaftes Gespräch, dann durch künstliches Husten, Gähnen und Niesen kund zu thun. Es verschlug nichts. – Während wir unser Abendbrod verzehrten, ward es doch allmählig ruhiger, der größere Theil der Gesellschaft hat unsre Nachbarin verlassen. – Da wir morgen früh um 5 Uhr zu einer Fußreise, nach dem 2 Meilen entfernten Aussig aufzubrechen gedenken, und wenn wir dort ein Schiff erhalten auf der Elbe nach Tetschen und vielleicht noch weiter gehen, so kommt uns der Lärm auf der Nachbarschaft höchst ungelegen. Wir wollten uns früh zur Ruhe begeben.

Nante hat auch schon den Vorsatz ausgeführt, und da es stiller geworden, ist sie schnell eingeschlafen. Ich werde gleich ihrem Beyspiel folgen. – Wie süß sie schläft: gute Nacht Nante. Sie ist im Traume schon in der romantischen Gegend um Tetschen.

Töplitz, Donnerstag d 2ten September.

Der gestern Abend bestellte alte Riese, ein Vater unsers gestrigen Führers, war schon vor 5 Uhr heute Morgen vor unserm Zimmer. Wir erstaunten: daß der mehr als 60jährige Mann sich zu einer so weiten Fußreise entschliessen wollte. Er versicherte, schon oft den Weg gemacht zu haben, und daß er es wohl mit uns aushalten würde. Von ihm geführt und von Hinrich, der zum Leibüberrocksträger für heute ernannt war, begleitet, traten wir um 5 ½ [Uhr] unsern Marsch an. Der Morgen war so neblicht und kühl, daß wir die eben gedachte Function vor der Hand selbst zu übernehmen für gut fanden. Hoch stieg, wie wir an die warmen Quellen bey der Stadt kamen, aus ihnen der heiße Dampf empor, und breitete sich weit über die Gegend. Alles war im Thale um uns in dicken Nebel gehüllt. Wie er sich in den höhern Stellen vertheilt hatte, lagen die tiefern Parthien des Thals noch wie Landseen vor uns. Wie der Morgennebel die Gegend verließ, entledigten wir uns schnell unserer Oberröcke. Die Kühle war auf einmal in Hitze übergegangen. Heute fühlten wir noch mehr, als wir gestern es sahen, wie wellenförmig der Grund zwischen dem Erzgebirge und Mittelgebirge ist, es war ein ewiges Auf- und Abgehen, aber so leise sind diese Abhänge, daß sie uns wenig ermüdeten. Unser Führer hielt sich traulich immer uns zur Seite. Er erzählte uns viel vom 7jährigen Kriege, wo auch er eine Zeitlang, den Oesterreichischen Trommeln gefolgt war. Hinter den fernen Bergen uns zur Rechten liegt Lowositz[182], wovon er, immer nach jener Seite deutend, uns lange erzählte. Er haßte recht aus Herzensgrunde Friedrich II und das ganze Preußische Haus. Aber

Ansicht von Töplitz, um 1820

fast noch mehr die Franzosen, die nun in Böhmen, wenn sie hineingekommen wären, alle elendiglich hätten ins Graß beißen müßen; – meinte er. – Sie hätten das auch wohl gewußt, und wären darum nicht gekommen. Maria Theresia[183], seinen Kaiser Franz[184] und den Erzherzog Carl[185] verehrte er abgöttisch. Joseph[186] war nicht ganz sein Held, besonders wegen der aufgehobenen Klöster. Wir hatten viele Freude an dem ehrlichen alten Manne, und an dem Contrast zwischen Vernunft und Unvernunft in ihm. Jene galt immer vor, sobald nicht von den Franzosen und von der Catholischen Kirche, mit ihrem Anhange von Priestern, Reliquien, Wundern pp die Rede war. Doch war er tolerant genug den Protestanten ein Stückchen Seligkeit zu lassen.

In weniger als 2 Stunden waren wir vor dem Wirthshause zu Wiklitz, wo wir uns vor die Thüre unter einem Vorsprunge setzten, wie sie in den Böhmischen Dörfern häufig sind, liessen die lechzende Zunge unsers ehrlichen Redners mit einem Glase Bier anfeuchten, und sorgten auch für unsre Erquickung. Wir waren eben damit beschäftigt, als der bey uns stehende Wirth eine Mordgeschichte zu erzählen begann, die sich vor ein paar Tagen bey Aussig zugetragen hatte. Wir hörten alle sehr aufmerksam zu. Wie aber der Erzähler auf den critischen Augenblick kam, fiel dem alleraufmerksamsten Zuhörer, unserm Hinrich, das große Butterbrod, eben zum Munde geführt, glatt aus der Hand auf die Erde. – Es ward uns doch allen wunderlich zu Muthe; ganz nahe bey Außig, keine 1/4 Stunde von der Stadt war ein Handwerksgesell, ermordet und geplündert, auf einem Fußpfade gefunden worden, und das vor ein paar Tagen! Wollten wir Aussig und seine romantische Gegend, den Schreckenstein, die Elbfahrt aufgeben? wir deliberirten[187] sehr ernstlich darüber. Der Wirth sprach uns Muth ein. Unserer 4, wie wir wären, hätten nichts zu fürchten, meinte er, es werde sich niemand an uns wagen. Zudem würden wir ja auch keine einsame Fußpfade einschlagen, und auf der Straße nach Aussig, wie am Ufer der Elbe, sey es völlig sicher. Das versicherte Riese denn auch, und da wir ungern dem Vergnügen, das uns bevorstand entsagt hätten, so erschienen nach diesem zureden und versichern, die Gefahren so bedeutend nicht mehr. Wir setzten unsern Stab weiter. Was wir vorhin nicht bemerkt hatten, bemerkten wir jetzt sogleich: daß der Weg nach Aussig wirklich sehr besucht war. Ein Trupp von Landleuten schloß sich an uns, oder wir uns an ihn, wir mischten uns in ihr Geschwätz und kamen so, manchem Heiligen-Bilde und mancher Capelle, vielen Höfen und Wohnungen vorbey, oft zwischen Obstanpflanzungen, immer auf einem bequemen, zwischen Aekern durchlaufenden Fußpfade, in ein paar Stunden in Aussig an. Unter den vielen Wirthshäusern des Städtchens wählten wir den Schwan, wo wir uns Kaffee geben liessen, der sehr theuer bezahlt werden mußte. Ob wir ein Schiff nach Tetschen bekommen konnten, war in der Stadt nicht zu erfahren, wir mußten uns in Person ans Ufer der Elbe begeben. Aussig hatte für uns nur 2 Merkwürdigkeiten, das ganz abscheulich elende Steinpflaster, das unsern Füßen gar wenig anstand, und die Hallen vor den Häusern am Markte und in einigen Gegenden der Stadt, die mich sehr lebhaft an Bern erinnerten, auf die Weise nämlich, wie man beym Kleinern des Größern eingedenk ist. Wo wir diese Hallen antrafen, unterliessen wir nicht sie zu benutzen, weil wir hier bessern Weg und Schatten, und was wir auf der Elbe gebrauchen konnten, gutes Weisbrod und schöne Pflaumen antrafen, die unter diesen Steinlauben feil geboten wurden. Wir beluden unsern Riese und Hinrich damit, und kamen so verproviantirt ans Ufer der Elbe. Wo wir auch anfragen mochten, nirgend war ein Fahrzeug, nicht einmal ein Nachen zu haben, alles war mit Reisenden und Obst heute früh und gestern nach Dresden hinab gesegelt. Aufgeben wollten wir doch die schöne Elbgegend so leicht nicht, vielleicht sagte man uns, wäre in Schwaden, einem Dorfe, eine Stunde weiter den Fluß hinab ein Schiff zu bekommen, wir machten uns also zu Fuße dahin auf den Weg. Die Furcht vor räuberischen Anfällen war ganz verschwunden, da wir das Elbufer mit Wohnungen besetzt, und den Weg längst dem Strome durch Menschen belebt sahen. Wir hatten bald die hohen Felswände zur Linken an denen Podskalsky, ein berühmter böhmischer Wein wächst. Die Sonne durchglüht diese Felsen, aus denen der edle Wein mit Mühe sich hervorzuarbeiten scheint. Die Terrassen auf denen die Reben hingepflanzt sind, können größtentheils nur mit Mühe, manche nicht ohne Lebensgefahr bestiegen werden. Nur die edelste Frucht kann die Mühe des Pflanzens und Wartens dieser Weingärten lohnen. – Neben diesen Felsen gingen wir, uns zur Rechten die Elbe und hohe kahle Klippen jenseits des Ufers. Aber nicht lange so verschwand die rauhe Natur und längst den Krümmungen des Flußes zog sich an beyden Seiten ein hohes Waldgebirge, malerisch hie und da mit vortretenden Felsen untermischt, unterbrochen von fruchtbaren, durch ferne Höhen bekränzte Ebenen. Dörfer mit ihren Kirchthürmen blickten aus einem Kranze von Bäumen aus den Ebenen hervor, oder ruheten am Abhange der Berge, und überall, wo nur der Boden es irgend gestattete, boten Ceres, Bachus und Pomona[188] sich freundlich die verschwisterte Hand. So kamen wir bis Schwaden. Da auch hier kein Fahrzeug aufzutreiben war, so

Die Burg Schreckenstein an der Elbe, um 1830

ließen wir uns mit einer Fähre über die Elbe setzen, um an jenem Ufer den Schreckenstein, ein, wegen seiner romantischen Lage weit berühmtes zerstörtes Bergschloß zu besteigen. Wir suchten eine bequeme und Aussichtreiche Lagerstätte, und hatten nicht lange zu suchen. Auf einem grünen Teppich vom üppigstem Grase warfen wir uns nieder um erst eine kurze Ruhe zu geniessen und mit Muße umher zu schauen. Obstbäume beschatteten uns die ringsum mit Stützen versehen waren, und deren Zweige sich doch tief zu uns herabbogen. Aber nach welcher Gegend sollten wir unsere Blicke richten? Rechts, wo zwischen den begrünten Bergen ein Colossalischer Basaltfelsen sich erhob, und majestätisch die Gegend beherrschte, wo von hohen waldigten und durch Wohnungen belebten Ufern der breite Fluß in einen Landsee umgestaltet schien, wo seinen Fluthen nirgend, wie auch das Auge ihn suchte, ein Ausweg gebahnt schien? Oder links auf die Felsen des Podskalsky mit der Ruine auf seinem Scheitel, auf die Klippen am jenseitigen Ufer, und die, zwischen diesen Steinwänden uns entgegenströmende Elbe und auf Aussig und das ferne Erzgebirge? Die leztere

Gegend fesselte uns mehr, aber auch jene zog die Blicke oft dahin hinüber. Indeß wir unser mitgebrachtes frugales Frühstück, Mittagsmal, oder was es seyn sollte, mit unsern Begleitern theilten, nahm ich, so gut ich es vermogte, eine leichte Skizze beyder Gegenden auf, blos zur Erinnerung für uns bestimmt. – Durch eine halbstündige Ruhe, und den mannigfaltigen Genuß gestärckt, wanderten wir anfangs auf einem ebenen durch Wiesengrund sich schlängelnden Pfad, den immer Obstbäume mit den reichsten Seegen bedeckt, beschatteten, dann näherten wir uns wieder Aussig und seinen Felsen. An einer Stelle sahen wir nichts als die Elbe und Klippen um uns her, dann einige Schritte weiter und Fruchtbarkeit und Abwechselung so weit das Auge nur reichte. Sehr auffallend war uns die Höhe der jenseitigen Felsen, durch den Maasstab den uns neben ihnen vorbeyfahrende Wagen am jenseitigen Ufer gaben. Fliegen schienen die Pferde und Menschen gegen die aufgethürmten Felsenmassen zu seyn. Wir meinten Beyde auf einem Gemälde würde man den Künstler der Uebertreibung beschuldigen, der die Wirklichkeit so wie wir sie vor uns hatten dargestellt hätte. – Wir liessen Aussig rechts, jenseits der Elbe, liegen, und wanderten längst dem Fluße, alle Nebenwege der Räuber und Mörder wegen vermeidend, dem Schreckenstein, eine halbe Stunde von Aussig, zu. Viele Kähne mit Äpfeln pp beladen schwammen uns vorbey. Auf unserm Wege war man überall beschäftigt frühreifes Obst abzulesen und in kleine Fahrzeuge auf der Elbe zu laden. Strohwische an die Bäume gebunden, bezeichneten den Verkauf des disjährigen Obstes an Landleute, die von diesem Handel leben und das zusammengekaufte Obst in Sachsen und weiter die Elbe hinab feil bieten.

Der Schreckenstein lag vor uns, auf der höchsten Spitze eines, nur von einer Seite zugänglichen Felsen[s] vor uns. Nicht ohne Beschwerde stiegen wir den waldigten Berg hinan, der von der Landseite den Felsen umgiebt. Es war wieder drückend heiß geworden, es war Mittag, und wir hatten schon mehr als 3 Meilen zurückgelegt. Vor einem Thore neuerer Bauart, das in einen Hof führte lagerten wir uns, und schickten unsre Begleiter voran, den Zugang zu dem eigentlichen Bergschlosse auszuspähen. Ihnen war es wohl nicht eigentlich darum, sondern um einen Trunk Bier zu thun, den sie in den Gebäuden, zu denen der Thorweg führte, zu finden hofften. Als sie zurük kamen, meldeten sie, daß ihr und unser Zweck erreicht sey, und wir brachen auf, die äusserste Höhe zu erklimmen. Durch den Hof, worinn ein Amthaus steht, kamen wir zu einem höher liegenden Gebäude, worinn die Freudenquelle unserer Begleiter sprang, sie hohlten auch für uns ein paar Gläser Sächsischen Nectars, der es in der That für uns in diesem Augenblicke war, wo wir nach dem starken Marsche und der Hitze Stärkung bedurften, und wo wir, abgekühlt während des Ausruhens am Thorwege, ohne Schaden den erquickenden Tranck zu uns nehmen durften. Wir wollten bezahlen, es wurde aber von den Bewohnern des Hauses standhaft geweigert; dagegen drangen sie in uns nach der Rückkehr von dem Felsen wieder vorzusprechen, und uns bey ihnen auszuruhen. Unaufgefordert gaben sie uns eine Dienstmagd mit, uns den bequemsten Weg zu zeigen, den wir sonst verfehlen könnten. Wir erkannten den Werth dieser Gastfreundschaft, die wohl nur in einsamen, selten von Menschen besuchten Gegenden zu Hause ist, und die uns um so willkommner war, je seltner wir bis dahin dergleichen erfahren hatten. Noch bis diesen Augenblick ärgert es mich, nicht nach den Nahmen dieser gutmüthigen, einfachen Menschen, und nach ihrer Lebensweise, gefragt zu haben. Doch soll uns ihr zuvorkommendes, freundliches Benehmen gegen Fremdlinge, die ihnen nichts, als einen herzlichen Dank bieten konnten, unvergeßlich seyn. – Unsre Führerin, ein flinkes, leichtgeschürztes böhmisches Mädchen, flog die ausgewitterten Felsenstufen hinan, als ob sie den geebneten Pfad eines Lustgartens unter den Füßen hätte. Wir keuchten mühsam und langsam genug nach. Wenn sie uns weit unter sich sah, hüpfte sie mit der größten Behendigkeit wieder hinab, und wollte Nante helfen. Daß sic ihr Muth einsprechen wollte, und die Versicherung geben, es sey die Beschwerde bald überstanden, sahen wir wohl aus Blick und Geberden, aber verstehen konnten wir es nicht, so wenig sie das meiste von unsern Fragen, und was wir mit ihr verhandeln wollten, verstand, obwohl wir beyderseits Deutsch, jeder nach seiner Weise, sprachen.

Wie wir in das alte Gemäuer kamen, hemmten oft Schutthaufen den Weg, und eingestürzte Gewölbe lagen uns zur Seite. Hie und da sahen wir noch Keller und Zimmer mit ihren Fenstern und Gothischen Bögen, und selbst einige Verzierungen an den Wänden. Thorwege deuten noch die Eingänge in die innern Höfe an. – Auf der Spitze des Felsen steht noch unversehrt, Zeit und Ungewitter trozend, ein alter hoher Thurm. – Wir stiegen hinan, und wählten uns dann zur Ruhestätte die Stelle, wo man über verwittertes Gemäuer und über Felsen hinab sieht in den Strom, der tief, vielleicht 6 bis 800 Fuß unter uns, zwischen Bergen und Klippen eingeengt, und über Felsen, die hier einen Strudel veranlassen, an manchen Puncten schäumend und tosend, dahinrauscht. Links lag unten im Thal das Dorf Schrekenstein, Baumlos, kahl und öde, seinen Nahmen entsprechend. Aber rechts, die Elbe hinab, keimte, wo der Fels sich verlor, Fruchtbarkeit und Cultur aus dem fruchtbaren Boden hervor, und zog sich hin bis Aussig, und die Gebirge, die wir diesen Morgen schon in größerer Nähe begrüßt hatten. Auch aus den Klippen, zwischen denen wir hauseten, zwischen dem verwitterten Gemäuer, wuchs frisch und ästereich ein junger Baum hervor. – Aus den Ruinen der Vergangenheit, grünt er der beßern Zukunft entgegen. – War das hinaufklettern schwer gewesen, das hinabsteigen wurde es noch weit mehr, besonders für Nante, die an Abhängen schwindelnd, mehr hinabrutschte als ging. Hier leistete die freundliche Böhmin getreulich Hülfe, warnend, die schlimmsten Stellen anzeigend, und führend, war sie für Nante die schützende Oreade[189] des Schreckensteins. Aber auch nur für sie war sie es. Auf unsern Hinrich, der sich in nicht geringen Nöthen oben am alten Thurme befand, erstreckte sich ihre

Hülfe nicht. Diesen Ehrenmann hatte eitle Neugier verführt, den Kopf in eine Oeffnung des Thurms zu steken, um dort die Sterne, oder der Himmel weiß, was sonst zu betrachten. In diesen Betrachtungen hatten sich ein paar Ziegen, die hier in der Gegend weideten, neugierig wie er, herzugeschlichen und den Sternseher einige Stöße mit den Hörnern an den Theilen des Körpers, die nicht im Thurm stekten, versetzt. Erschrocken hatte er sich umgesehen, die Friedensstörer zu vertreiben gesucht, aber es nicht vermocht. Als der schwächere Theil hatte er weislich die Flucht ergriffen, aber die Feinde hatten ihn verfolgt, und er war noch auf voller Retirade, unablässig von den Nachsetzenden geplagt und geschreckt, als er unten am Fuße des Felsen wieder bey uns anlangte. Nun flohen die Feinde zwar, aber der alte Riese plagte den Verfolgten nicht wenig, mit der Rache, die die Collegen an ihm dem Abtrünnigen der Zunft geübt hätten. Auf dem Wege hatte H[inrich] nämlich bey unserm Führer das Handwerk gegrüßt. Er konnte sich den ganzen Tag nicht wieder zurecht finden, in eine so üble Laune hatte ihn das fatale Abentheuer versetzt. – Wir kehrten noch einen Augenblick bey unsern gastfreundlichen Bekannten ein, mit denen wir doch etwas beßer als mit unserer Führerin uns unterhalten konnten, und nahmen dann von ihnen und unsrer flinken und gutmüthigen Führerin Abschied, die unsere kleine Gabe, wie ein ganz unverdientes Geschenck kaum annehmen wollte, und endlich mit so vielem Danke, als wären es Schätze gewesen, annahm.

Als wir uns nach Aussig übersetzen liessen, warf ich die Ansicht des Schreckensteins mit ein paar flüchtigen Umrissen aufs Papier. Zwischen den hohen Waldgebirgen tritt der Felsen mit seinen Gebäuden, von der Elbe umschlungen und benetzt höchst kühn und malerisch hervor.

Um 4 Uhr Nachmittags waren wir wieder zwischen den Gärten um Aussig, wohin wir unsern Führer vorausgesandt hatten, um am Ufer der Elbe noch eine Weile die romantische Gegend zu betrachten. Im Schwan fanden wir uns mit unsern Begleitern wieder zusammen. Podskalsky-Wein war nicht zu haben, aber ein sehr guter Böhmischer Wein aus dieser Felsgegend, womit wir uns, und unsern alten Führer, der doch müde zu werden anfing, zum Rückwege stärkten. Die Medicin half ihm wohl im Anfange, aber bald ließ ihre Wirkung nach, und wir waren fast immer um mehrere hundert Schritte voraus. Der Wunsch vor Abend in Töplitz zu seyn, mochte sie wohl etwas beflügeln. Nach einer Stunde mußten wir schon wieder stärkende Arzney anwenden, aber immer langsamer und langsamer ging der Zug. Wir gewannen freylich dadurch Zeit in der schönsten Tagszeit, die Sonne neigte sich schon, uns an den interessantesten Puncten zu verweilen, aber die Furcht in der Dunkelheit forttappen zu müssen, hier, in dieser, seit heute Morgen so verrufenen Gegend, spornte uns doch mehr an, als uns die herrliche Landschaft für diesmal anzog. In Wiklitz mußten wir, unserm Riese zu gefallen, noch einmal halt machen. – Der Abend überfiel uns doch, wenig Menschen begegneten uns mehr, aber desto öfterer kamen die Schreckgestalten unserer Phantasie uns entgegen, Steine und Gebüsch am Wege, wurden durch sie in auflauernde Räuber verwandelt, und, was das Schlimmste war, wir konnten ihnen um unsers nun ganz ermatteten und kraftlosen Führers willen nicht entlaufen, sondern mußten langsam und ehrbar dem Schicksal entgegen gehen. Nante glaubte öfter, hier Pfeifen, dort ein leises verdächtiges Gespräch zu hören. Was uns tröstete, war, daß wir unserer Rechnung nach ganz nahe bey Töplitz seyn mußten, auch versicherte Riese das; aber wir gingen und gingen, und kamen nicht ans Ziel. Endlich Licht und Häuser nahe bey uns, aber die Freude war kurz, es war nicht Töplitz, es war ein Dorf, durch das wir diesen Morgen nicht gekommen waren – wir waren vom rechten Wege. Meine Anfrage in einem Hause, die Riese umsonst zu verhindern suchte, machte es klar: wir hatten uns verirrt. Einen Wegweiser nach Töplitz, das noch eine Stunde entfernt war, konnten wir nicht erhalten, auch versicherte der Führer: von hier wisse er den Weg nach Hause sehr gut, und eigentlich sey er gleich einen kürzern Fußsteig, der durch dies

Dorf führe, eingeschlagen. Daß er seiner Sache nicht gewiß sey, sahen wir bald, denn jetzt wandten wir uns rechts, dann schlugen wir einen Pfad nach der entgegengesetzten Seite ein, und immer wollten die Lichter von Töplitz, unsere ersehnten Polarsterne nicht aufgehen. Endlich nach langem Herumirren kamen wir auf betretenere Wege, aber es ging immer Bergan, und wir waren, wie R[iese] zulezt gestand, fast oben auf dem Schloßberge, den wir gestern Morgen erstiegen hatten. – Von hier aus war der Weg bekannt, wir konnten nicht weiter irren. Wir sahen die Lichter von Töplitz schimmern, wie wir uns am Abhange des Bergs wandten, und um 9 Uhr befanden wir uns schon auf unserm Sopha im blauen Stern. Wie uns die Ruhe wohlthat, und die Abendmalzeit schmeckte nach dem heutigen Marsche von mehr als 6 Meilen!!! – Auch unsern ehrlichen Alten ließ ich versorgen, so gut es seyn konnte. Die ungewöhnlich gute Pflege soll, denke ich, die ungewohnten Mühseeligkeiten versüßt haben. – Als er zu uns kam, um Abschied zu nehmen, dankte er für gute Behandlung, und: „wenn Ihr Gnaden wieder nach Töplitz kommen, so marschiren wir halter noch eins mit einander", – war unter freundlichem Händedruck, die Rede, womit er von uns schied.

Serwitz, Freitag d 3ten September.

Ehe wir diesen Morgen Töplitz verliessen machte ich noch einen Streifzug durch die Stadt, die wir weniger als ihre Umgebungen kennen gelernt hatten. Nante vollendete indeß das Geschäft des Einpackens. Die größeren und zum Theil neugebaueten Gassen contrastiren sehr mit den entfernten, weniger für Badegäste gelegenen Straßen. In leztern stehen kleine, ärmliche, schmutzige Häuser, in jenen, wenn nicht große, doch reinliche, helle, zum Theil elegante Gebäude. An jeder Ecke der Gasse ist ihr Nahme Böhmisch und Deutsch bemerkt. Meistens wurde von den Vorübergehenden Deutsch, nur von einzelnen eine fremde Sprache, ohne

Zweifel die Böhmische gesprochen, doch schienen das nicht Einheimische zu seyn. Sehr todt und stille war es überall. Vor einigen größern Häusern standen aufgepakte Kutschen und Chaisen, der Rest der Badegäste wollte fort, es sollte bald noch stiller und einsamer in Töplitz werden.

Schönheit und Reichthum scheinen im Ganzen ihren Wohnsitz in dieser Stadt eben nicht aufgeschlagen zu haben. Es kommt und geht hier, Geld, Luxus und Eleganz, schnell und rauschend vorüber. Die Badegäste bringen für den Moment ihres Aufenthalts, Leben und Mannigfaltigkeit in das Thal und eröffnen reiche Quellen des Erwerbs. Sie verlassen es, und Stille, unbefriedigtes Bedürfniß kehrt zurück; alle Hände, die sich für sie beschäftigten, ruhen, das schnell Erworbene schwindet schnell, und es bleibt nichts als die Hoffnung auf nächstes Jahr. Uebel ist es, daß der reiche Erwerb während ein paar Sommermonaten, viele blos auf die Fremden berechneten Handwerker nach diesem Brunnenort zieht, die sich fixiren und es zu spät bereuen, daß durch den Glanz des Augenblicks geblendet, sie einen dauernden geringen Erwerb, mit einem reichern aber schnell vorübereilenden vertauschten. Viele Einwohner nähren sich, wenn auch nicht beßer, doch sicherer von ihren Strumpfwirkerstühlen, deren es hier viele giebt, und von Obstcultur, die hier ganz vorzüglich getrieben wird. Ein schöner Schlag Menschen wohnt übrigens in Töplitz nicht. Viele häßliche, braune Gesichter begegneten uns, noch mehr entstellt durch schmutzige, unordentliche Kleidung. Ein Zug von Bigotterie zeichnet die Einwohner meistens aus. Höflich sind sie, wie die Bewohner aller Brunnenorte, durch Beyspiel und Abhängigkeit von den Fremden, die auf alle Stände Einfluß haben, und deren häufigere oder sparsamere Gegenwart, Wohlhabenheit oder Dürftigkeit hervorbringt.

Gegen 8 Uhr war ich von meiner Wanderung, von der ich schönes Obst mitbrachte wieder zurück und wir fuhren von einem raschen Taxischen Postillion[190] geführt schnell davon. Wir hatten 2 Meile bis Brix. Reizend und fruchtbar blieb die Gegend, immer lief die Straße zwischen Kornfeldern mit Obstbäumen bepflanzt dahin. Das Erzgebirge blieb uns zur Rechten, das Mittelgebirge links. Die lange Dürre hatte uns auf dem thonigten Boden einen festen ebenen Weg bereitet, nur hie und da mußte der Wagen über Kiesel, die als Wegebeßerung unordentlich in den Fahrweg geworfen waren, hinweg. Jetzt waren die Felder alle leer, Wiesen sahen wir fast nirgend. Vortreflich liegt das heitre Kloster Osegg an einem Waldberge, der sich mit den weissen Gebäuden in einem kleinen Landsee spiegelt. Auch Dux, das Schloß des Graffen Wallenstein[191], eine Meile von Töplitz mit einem berühmten Garten, und mit Reliquien aus den Zeiten Friedlands liegt an einem größern See. Wir hatten, da wir heute bis Podersam wollten nicht Zeit den Park und das Schloß mit seinen Merkwürdigkeiten zu sehen. Das Dorf Dux hatte ein Thor durch das wir fuhren, an welchem der Nahme des Dorfs in Deutscher und Böhmischer Sprache gemalt war. Hinter Dux ward das Thal weiter, die Zahl der Obstbäume minderte sich, dagegen standen desto mehr Kreuze, Heiligenbilder, und – Bettler am Wege. Es war Jahrmarkt in Brix gewesen, viele Marktleute kamen fröhlig und singend daher, und eine Fahrt Krämer, die ihre Karren, statt der Pferde mit Doggen bespannt hatten. Die Thiere schlepppten ansehnliche Lasten den Berg, wo wir ihnen begegneten, hinan. Brix auf einer Anhöhe liegend, fällt mit seinen 7 Thürmen vortheilhaft ins Auge. Das Innere entsprach der Erwartung, die die Aussenseite erregte, nicht. Die Häuser klein und unansehnlich, doch hell und rein. Eine schöne Kirche, der wir vorbey kamen, hatte ganz das Ansehen, als gehöre sie zu einem ehemaligen Jesuitercollegio. Ich weiß nicht anzugeben woran? aber man kann es den Jesuiterkirchen auf den ersten Blick ansehen, daß sie diesem Orden angehören, oder angehört haben. Die regelmäßigere Form, die helle Farbe, und die beyden Thürme, womit sie meistens geziert sind, geben, glaube ich, ihnen das Charackteristische. – Um den grossen Markt herum waren Hallen wie in Aussig, wo Victualien feil geboten wurden. Die Zierde, oder die Unzierde des Markts macht ein Gothisches Rathaus, das von oben bis unten mit den grellsten Farben, buntscheckig wie eine Narrenjacke bemalt ist. Es fehlt keine einzige Farbe des Regenbogens in diesen abgeschmackten Pinseleyen. – Wir hatten Zeit genug das Rathaus, und die Hallen am Markte zu betrachten, denn dem Hrn. Postmeister war mit unserer hohen Gegenwart, wie er deutlich zu verstehen gab, nicht sonderlich gedient. Wir waren nämlich auf sein Postcomtoir, wo er sich eben mit der Toilette beschäftigte, geführt um hier die Pferde abzuwarten. Aber wir konnten es bey dem alten Brumbär nicht aushalten, der unaufhörlich auf die vielen Reisenden, die heute unerwartet kämen, fluchte, und sie, uns wahrscheinlich mit eingeschlossen, zu allen T. wünschte. Nachdem wir gegeben hatten, was des Kaisers ist, das Postgeld, retirirten wir uns vor die Hausthür unter die Hallen, wohin wir uns durch Hinrich feines Weißbrod hohlen liessen, und so unser Frühstück verzehrend, auf die fremden Töne der Vorübergehenden lauschten, hier wird schon viel Böhmisch gesprochen, und die fremde Tracht und Physiognomien musterten. – Ein Trupp Gefangener in Ketten wurde vorübergeführt, Strassenräuber wie man mir erzählte.

Um 12 Uhr verliessen wir Brix (von da bis Saatz 3 Meile) das Thal wurde weiter, die Gegend öder. Wir kamen durch Haveren[192], ein ganz baumloses Dorf aus kleinen leimernen[193] niedrigen Häusern mit Strohgedeckten Dächern bestehend. Wie contrastirten Menschen und Wohnungen mit den Sächsischen. Eben so war das Dorf Bohmschloß.[194] Pferde sieht man hier nirgend vor den Wagen und Pflügen der Landleute. Kleine Ochsen ersetzen in dem ganzen Strich von Böhmen seit Töplitz die Pferde. Der Wellenförmige Boden dauert fort. Von den Anhöhen verdeckt bleiben die Dörfer meist unsichtbar, ausser auf den höchsten Puncten der Gegend, man schließt nur aus dem ununterbrochnen Anbau der Felder auf eine starke Bevölkerung des Landes. Gewahr wird man die Menschen wenig, da sie sich in den Niedrigungen anbaueten, wo sie den besten Boden und Schutz gegen Stürme fanden. Nahe vor Saatz auf einen beträchtlichen Hügel entdeckten wir auf einmal eine Menge der vermißten Dörfer. Die Stadt Saatz selbst liegt hoch, wir mußten einen steilen Berg hinan fahren, ehe wir in die elende von Armuth zeugende Vorstadt gelangten. Eine hölzerne bedeckte Brücke über die Eger führt in die Stadt, die gegen die Vorstadt durchaus, mit ihren reinlichen Gassen und größtentheils gut gebaueten Häusern stark und angenehm contrastirt. In der Stadt begegneten uns viele Officiere zu Pferde, in zierlichen grünen Uniformen mit vergoldeten Kaskets[195] auf dem Kopfe. Das Dragonerregiment in Saatz hatte ein Lager bezogen, wohin sie sich verfügten. Am geräumigen Markte zogen sich auch hier Hallen an den Häusern umher, und ein hoher Obelisk mit heiligen Bildern versehen zierte den Platz. Ähnliche hatten wir schon in Töplitz und Brix angetroffen. Mit unserm Eintritt in Böhmen hatten wir zuerst die Noth gefühlt, die der Mangel an kleiner Münze in einem Lande herbey führt. Was man in Bremen so nennt, kommt gar nicht dagegen in Betracht. Aller Geldumsatz geschah in Papiergelde. Für einen Friedrichsd'or erhielten wir 9 Gulden in Banknoten, und 20 bis 30 Kreuzer in kleinem Gelde. Wenn das verzehrt war, und weniger als 1 Gulden ausgegeben werden mußte, konnte nur mit der allergrößten Mühe, und nachdem in der ganzen Stadt herum geschickt war, der kleine Bankzettel gewechselt werden. Auf dem Lande war nun gar nirgends kleine Münze zu haben. In Saats, einem nicht unbedeutenden Orte ging mit dem Umsetzen eines Guldenbillets eine Stunde verlohren. Es wäre gar nicht zu Stande gekommen, wäre es nicht der Wirth gewesen, der uns auf die Rechnung zurük zu geben gehabt hätte. Mit 15 Kreuzern Silbergeld mußten wir Saats verlassen. – Das reinliche, freundliche Logis und die gutmüthigen Leute im Hause hätten uns fast bestimmt in Saats zu übernachten, besonders da man uns in Podersam kein gutes Quartir versprach, aber da es erst 5 Uhr war, und wir in Saats nichts zu sehen hatten, so zogen wir doch das schlechtere Logis, der zwecklosen Verzögerung der Reise vor. So dachten wir damals. Ach hätte unser guter Genius in Gestalt der freundlichen Saatzer Wirthin doch etwas vernehmlicher zu uns gesprochen, wir wären vieler Angst, Gefahr und Unbequemlichkeit entgangen.

Um 5 Uhr fuhren wir aus Saatz nach Podersam? nein, in der Intention, bis Podersam (2 Meile) noch vor Nacht zu kommen. Die Gegend hatte wenig Reiz, das Gebirg zu beyden Seiten immer ferner, wenig Dörfer und fast nirgend Bäume. Der Wagen rollte auf dem ebenen, steinharten, braunen Leimgrunde schnell genug, uns nur zu schnell davon. Weil ich bey den Vertiefungen, die es hie und da gab, und durch die unser Schwager immer in vollen Rennen jagte, für unsern Wagen bange zu werden anfing, der wirklich schwere Anfechtungen seit Dresden bestanden hatte, so bat ich den Postillon es etwas sachter gehen zu lassen. Er sah sich um, warf uns einen trotzigen Blick in den Wagen, und fuhr wie bisher, wenn nicht noch ärger. Hinrich folgte meinem Beyspiele: „Bekümmern der Hr. Bedienter sich um seine Sache, das Fahren überlasse er mir", war die Antwort in einem barschen Tone gesprochen. Das brachte den zum Schweigen, aber nicht mich: „Kerl, du sollst fahren, wie ich es verlange", fuhr ich ihn an. – „Wenns Euer Gnaden beliebt im Gewitter zu campiren, so kanns geschehen" war das Gegencompliment. Er deutete dabey nachlässig mit der Hand nach der rechten Seite, und ließ es im vollem Rennen fortgehen. Ich sah aus der Chaise und mit dunkeln Gewitterwolken war der Horizont hinter uns bedeckt. – War es die drükende Luft oder ahnete ich einen Unfall? ich befand mich in einer quälenden Unruhe. Sollte ich darauf bestehen, durch Drohungen, mit Gewalt darauf bestehen, daß der störrische grobe Mensch die Pferde anhielt, statt sie unaufhörlich anzutreiben, und das Gewitter überfiel uns, hier in einer unbekannten, von Dörfern und Schutzörtern ganz entblößten Gegend? sollte ich um das Gewitter zu entgehen, uns der Gefahr eines neuen Wagenbruchs, wo wir von aller Hülfe entfernt waren, aussetzen? Ich schwankte und zweifelte, und hoffte dann wieder: wir würden Podersam wohlbehalten, und vor dem Ausbruch des Gewitters erreichen. Auch Nante war im höchsten Grade ängstlich, ich mußte meinen Zustand ihr verbergen, um das Uebel nicht noch ärger zu machen. – Ich sah fleißig nach der rechten Seite hinaus. Von einem schnell entstandenen Sturm getrieben, wälzten sich die finstern Wolken immer höher und höher am Horizonte herauf. Was brennt da Schwager? rief ich dem Postillon zu, als ich einen dicken Rauch und eine Flamme aus demselben in einiger Entfernung entdeckte. „Ein Dorf", erwiderte er kalt. – Woher mag das Feuer entstanden seyn? Mögen wohl schlechte Leut angezündt han, bekam ich zur Antwort. – Also auch die Gefahr noch! und meine Angst stieg in jedem Augenblick: der Mord bey Aussig, und ich glaube selbst die dunkeln Erinnerungen an die Scenen in den Böhmischen Wäldern, aus Schillers Räubern, standen auf einmal schreckend vor mir. Ich würde gern unsern ganzen Geldvorrath gegeben haben, wenn ich den Wunsch in Podersam zu seyn, hätte sogleich in Wirklichkeit setzen können. Mit einer wahren Herzensangst sah ich, wie gewiß, einem Unglücke entgegen. –

Jetzt ging es eine Anhöhe hinab, und eine andre lag vor uns: „um Gotteswillen langsamer", rief ich den Schwager zu; er hörte es nicht vor dem Sturme, der schon laut heulte, oder er wollte nicht hören. Im schärfsten Trott ging es hinab, und sollte so allem Anschein nach wieder hinaufgehen, aber, noch unten in der Tiefe knarrte es hinten am Rade, wir hörten den Ton, und einige Augenblicke später ein stärkeres Krachen. Auf einmal schlug der Wagen mit Gewalt auf die rechte Seite nieder. Die Achse war von der gewaltigen Erschütterung gebrochen. Nach dem plötzlichen Niedersinken schlug er vollends, jedoch leiser um. Der Postillon lag unter Hinrich, sie hatten Arme und Beine in einander verschlungen, und konnten sich lange nicht losmachen. Endlich rafte sich Hinrich, und nach ihm, unter den fürchterlichsten fluchen, der schändliche Böhme auf. Mit Mühe arbeitete auch ich mich in die Höhe, und half Nante aus der Chaise hervor. Das Rad lag vielleicht 10 Schritte vom Wagen. Nante zitterte vor Angst, ich bebte vor Wuth; sie hielt mich mit Bitten und Thränen zurück, daß ich den Postillon, der durch sein unbändiges fluchen mich noch mehr empörte, nicht, mit dem schon aufgehobenen Stocke, den Lohn für sein schändliches Benehmen zuzählte. Ich war, meiner Guten und seiner schlechten Sache bewußt, zum Faustkampfe mit ihm bereit, und ich glaube, mein damaliger Zustand hätte mir Löwenstärke gegeben. Nantens Bitten und Vorstellungen brachten mich zur Besinnung zurück. Ich sah bey einiger Ueberlegung ein, daß das Strafamt zu üben, in diesem Augenblick zwecklos sey. Ich suchte mich zu fassen, und es gelang. Ruhig dem Aeussern nach, fragte ich meinen Feind, der bey seinen Pferden kramte: was er wolle? Abspannen war die Antwort. – Und was dann weiter? – Nach Hause reiten, wenn er sein Trinkgeld erhalten habe; zu helfen sey hier nicht, der Mons[ieur] Bediente müße die Nacht beym Wagen bleiben; wir könnten sie in Serwitz[196] ½ Stunde von hier zubringen, wo ein Wirthshaus sey. Ich zwang mich, ihm kalt zu sagen: das gehe nicht, er müße gleich nach Serwitz, einen Balken zum Unterlegen, und Hülfe hohlen. Da er sich bedachte, versprach ich ein sehr gutes Trinkgeld: ich mußte ja wohl. Ich bot 2 Gulden. Das liesse sich hören, meinte er, aber ich würde mich wohl beym nächsten Postamte über ihn beschweren, da ich vorhin so böse gewesen sey. Er könne doch nicht dafür, daß die Achse so schwach sey. – Wollte ich aus der Klemme heraus so mußte ich meines Zorns, völlig Herr zu werden suchen, und versprechen ihn nicht zu verklagen, wenn er dagegen gelobe, sich von jetzt an ordentlich zu benehmen. Nun ging er. Während der Capitulation, die mir bey meinem Groll gegen den elenden Menschen, Mühe genug gekostet hatte, blitzte und donnerte es schon nahe. Aber bald trieb der Sturm ein Hagelwetter herauf, Schlossen, wie ich sie vorher nie gesehen, fielen; wir konnten in dem niedergebrochenen Wagen kaum Schutz finden, und hätten wir es auch gekonnt, wir durften es wegen des nahen Gewitters nicht. Weit umher waren wir und unser Fuhrwerk, die einzigen, über der Oberfläche der Erde hervorragenden Gegenstände, und so mußten wir wohl unser eisenreiches Obdach, als unsern gefährlichsten Feind fliehen. Wir waren schon halb durchnäßt, als ich für Nante und mich die Mäntel aus dem Chaos im Wagen hervorgeholt hatte. Mit ihnen, und gegen die Windseite gekehrt, suchten wir in einiger Entfernung vom Wagen, Sturm und Hagel zu trotzen. Das Gewitter war indessen in unsrer Nähe zum Ausbruch gekommen. Ich habe nie ein fürchterlichers erlebt. Der ganze Horizont war mit schwarzen Wolken bedeckt, und die öde Gegend lag, wie in nächtliche Schatten gehüllet, vor uns. Aber jeden Augenblick wurde sie durch einen Blitzstrahl erhellet, dem die Donnerschläge ohne merkbare Zwischenräume folgten. – Noch war die Höhe unsers schlimmen Zustandes nicht erreicht. Alle die fürchterlichen Naturphänomene, Sturm, Hagel, und das sehr nahe Gewitter, machten die Pferde vor dem Wagen wild. Sie fingen an sich zu bäumen, suchten sich loszureissen, und arbeiteten, da sie es nicht konnten, die Erde unter den Füßen auf. Ich befürchtete, daß sie den Wagen zerschlagen, oder ihn, umgeworfen wie er da lag, mit sich fortreissen und zertrümmern würden. Dem mußte vorgebeugt werden. Ich rief Hinrich herzu; wir faßten jeder ein Pferd am Zügel, und bemüheten uns durch Streicheln und glatte Worte die Unbändigen zu beruhigen. – Nante war mir ganz aus dem Gesichte gekommen, ich rief wiederhohlt ihren Nahmen, aber der Orkan riß ihn mit sich fort: sie hatte meine Stimme nicht gehört. Hinrich zitterte daß er kaum den Zügel halten konnte; ich selbst war in der peinigendsten Ungewißheit wegen Nante, und überdem von der Gefahr, die uns umgab, nicht wenig beunruhigt. Jeden Augenblick konnte ich erwarten, daß ein Blitzstrahl einen von uns treffen würde. Endlich – ach es schien Stunden gewährt zu haben, – ließ das Gewitter etwas nach, der Sturm hatte es über uns hingetrieben; ich bemerkte wieder Zwischenräume zwischen Blitz und Schlag. Aber nun goß der Regen herab; in wenig Minuten war der thonigte Boden wie aufgelöset; wir standen in einem zähen Moraste; und, trotz des Mantels fühlte ich Schultern und Arme durchnäßt. – Wie ich ohne Gefahr den Zügel loslassen zu können glaubte, arbeitete ich mich nach der Stelle an der andern Seite des Wagens, wo ich Nante vermuthete. Ich fand sie, aber wie? der Sturm hatte sie zur Erde geworfen; sie hatte sich nicht wieder aufzurichten vermocht. Ich hob sie auf, aber auf meine Anfrage: wie es ihr gehe? konnte sie nichts erwiedern. Erschrocken bat ich sie, nur um eine Sylbe, sie konnte mir blos mit einer schmerzlichen Miene, die sie so gern in ein Lächeln verwandeln wollte, antworten. Ich war wie von Sinnen, da ich nicht anders glauben konnte, als der Schrecken, die Angst, hätten auf ihre Gesundheit nachtheilig gewirkt; und ich konnte hier, nichts für sie thun, nicht einmal ihr einen Ruheplatz, oder etwas zu ihrer Erquikung schaffen. Sie lehnte sich an mich, ich umfaßte sie, und alles geschehene Ungemach vergessend, nur für sie in Sorge, bat ich nach einer Pause, sie nochmals um ein einziges Wort. Mit der allergrößten Anstrengung und kaum hörbarer Stimme, sagte sie endlich die tröstenden Worte, ihr – fehle – nichts. Sie erhohlte sich zusehends wieder. – Das Gewitter kam noch einmal, eben so schrecklich als vorher zurück, ich achtete es weniger, ließ Hinrich allein bey den Pferden quälen, und suchte alles hervor, Nante, die mich noch immer fest umklammert hielt, zu beruhigen. – Es ging schneller vorüber; aber der darauf folgende Regen war noch heftiger als zuvor, und wir konnten nun nicht mehr durchnäßt werden. Auch der ließ nach, der Sturm wurde weniger; der Himmel erheiterte sich wieder, die Wolken traten auseinander, und ein Strahl der untergehenden Sonne [erhellte] – ich sah in dem Moment nichts weiter –, das freundliche, mir zu gefallen so freundliche Gesicht, meiner guten, theuren geretteten, mir wiedergeschenkten Frau.

Eine heisere Stimme, es war die unsers Hinrichs, verkündigte die Rückkehr des Schwagers. Er kam mit einem grossen Baume auf der Schulter zurük. Auf meine Frage: warum er allein komme? antwortete er sehr kurz und kräftig: weil bey dem Wetter kein Christenmensch einen Hund aus dem Hause gejagt haben würde. – Er hätte nur Geld bieten sollen, sagte ich. – Er habe Geld und gute Worte genug in Serwitz geboten, aber auch nicht einer sey zum Mitgehen zu bewegen gewesen. – Nante konnte ich jetzt wieder sich selbst überlassen. Ich hatte nichts als meinen Stock ihr zur Stütze zu geben. – Mit vieler Mühe brachten wir den Wagen in die Höhe, und den Baum unter denselben, das Rad mußten wir liegen lassen. Langsam ging endlich in dem zähen Schlamme das Fuhrwerk weiter. Nante, die ich so gut es gehen wollte, führte, versank bis über die Halbstiefeln. Ungeachtet der Näße am ganzen Leibe, glühten wir nach den ersten 50 Schritten, die wir auf die Weise gemacht hatten. Und nun noch – o des neuen Jammers, – der Baum unter dem Wagen war zu schwach, der Leztere sank auf einmal so auf die Seite, daß die eben geendigte mühsame Operation, aufs neue vorgenommen werden mußte. Unter vielen fluchen des tollen Schwagers, und manchem Seufzer unsers sehr abgematteten Hinrichs wurde der Schaden wieder gebeßert, und wir kamen, nach einer kleinen Stunde seit unserm Abmarsch vom Platze des Schreckens und der Angst, in den langersehnten Serwitz an. Es war dunkel geworden. Doch bemerkte ich bald, daß wir in einem elenden, kleinen Dorfe waren, denen ähnlich, die wir auf unsrer heutigen Tagereise gesehen hatten. Der Dunkelheit und des tiefen Koths ungeachtet, der auch im Dorfe nicht fehlte, waren doch alle Einwohner vor die Thüren gekommen. Ein Theil hatte uns schon bey den ersten Häusern empfangen, und begleitete uns bis an das Wirthshaus. Wir wollten es nicht glauben, daß die Hütte, vor der wir hielten, unser Nachtquartir abgeben sollte. Eine finstre, niedrige Spelunke mit kleinen Fenstern und einem ungeheuern Schornsteine. Aber wir hatten keine Wahl; der Wagen wurde ohne weiters in den Hof, wir, in die sogenannte Gästestube geführt, wo bey einer Lampe ein halbes Dutzend Bauern um den Tisch sassen, und sich am Braunbier und einer Pfeife labten. Schon beym Eintritt in das finstre, von den übrigen Wohnungen etwas abgelegene Haus, überfiel mich ein Schauder. Der Eintritt in die niedrige nur mit schwarzbraunen Tischen und Bänken versehene Stube, von dem matten Lichte einer einzigen Lampe erhellet, verstärkte die unangenehme, widrige Empfindung, mit der ich den Fuß über die Schwelle der Hausthüre gesetzt hatte. Die Mordgeschichte bey Aussig, das heutige brennende Dorf, die Böhmischen Wälder aus den Räubern von Sch[iller], schwebten mir immer vor; es war mir unmöglich, den Gedanken zu verbannen: hier ist Gefahr für Eigenthum und – Leben. Die körperlichen Anstrengungen seit unserm Unfalle, die Furcht welche ihm vorangegangen war, die Angst, die ich während des Gewitters für mich und Nante ausgestanden hatte, alles das hatte mich so angegriffen und herabgestimmt, daß ich, vollends in diesem finstern Local, mich zu keiner frohen Empfindung empor heben konnte. Ich glaubte in diesen Momenten an Ahnungen; die schrecklichsten bestürmten mich und schlugen mich nieder. – Da ich erfuhr, daß kein anders Zimmer im Hause sey, ergab ich mich darinn, als in das kleinste Uebel leicht, und ging, mit ineinander geschlagenen Armen nachdenkend, oder vielmehr, mich meinen schwarzen Träumen ganz dahin gebend, im Zimmer auf und ab. Ich bemerkte die Leute im Zimmer nicht; nicht, daß ich vom Kopf bis zum Fuße völlig durchnäßt war; nicht einmal Nantens Abwesenheit. Erst als unser Koffer, Mäntel pp ins Zimmer gebracht wurden, fragte ich nach ihr, und erfuhr: daß sie Hinrich beym Abpacken geholfen hatte. Als ich sie ablösen wollte, kam sie selbst; das Geschäft war schon geendigt. Sie hatte damit geeilt, und es ohne mein Wissen vorgenommen, weit sie befürchtet hatte, die kühle Abendluft könne, nach der Erhitzung und den Anstrengungen meiner Gesundheit, (die vor der Reise freylich sehr herunter gewesen war) schaden wenn ich beym Abpacken hülfe. Wir schoben das Gepäck unter die Bank, um es, soviel als möglich, den Augen der Gäste zu entziehen. Wenigstens war das meine Absicht dabey, denn es machte mir neue Angst, wie ich die neugierigen Blicke der Biertrinker, sich stier und lange auf unsre Sachen richten sah. Diese Furcht so wenig als irgend eine andre, durfte ich Nanten verrathen, die es gar nicht begreifen konnte, weshalb ich nicht froher wäre, da wir doch ein Obdach gefunden hätten. Das konnte ich aber doch nicht unterlassen, meiner Herzensbeklemmung durch Verwünschungen des Reisens Luft zu machen, der Narrheit, den väterlichen Heerd zu verlassen, um in einen fernen, unbekannten Lande, Unbequemlichkeiten, Strapatzen und Gefahren aller Art entgegen zu gehen. Nante ließ mich ungestört meine Verwünschungen ausstoßen, und suchte mich nur von Zeit zu Zeit auf die Vorzüge unserer jetzigen Lage, vor der, aufmerksam zu machen, worin wir vor ein paar Stunden gewesen waren. Ich sah nur getäuschte Hoffnung, und eine unglücksschwangere Nacht. – So gut es in Gegenwart der Gäste gehen wollte, kleidete ich mich doch, auf Nantens dringendes Zureden, um. Auch sie that es. – Mit wurde wohl cörperlich dadurch beßer, aber die schwarzen Ahnungen verschwanden damit nicht. – Nachdem ich mich wegen eines Schmidts und Rademachers erkundigt, und erfahren hatte, daß ein Schmidt in Schaab, eine halbe Stunde von hier wohne, ein Rademacher aber in der Gegend nicht zu haben sey, und nachdem der erste auf Morgen früh herbestellt war, warf ich mich auf die Bank, und hing, die Hände und den Kopf auf den Tisch gelegt, meinen Grübeleyen nach. Die Unruhe trieb mich bald wieder auf, ich fing aufs neue meine Wanderung, von einer Ecke der Stube zur andern an, ohne heiterer gestimmt zu werden. – – Auf einmal hörte ich, ganz in meiner Nähe, unter unserm Fenster, einen Choral auf Blaseinstrumenten voll, rein, und harmonisch anstimmen. Ich erwachte, es war, als wenn ich mit einmal in eine andre Welt versetzt wurde. Die Sorge ging in stille Schwermuth, und endlich in ein freudiges Gefühl über. Als die lezten Töne des Chorals verhallt waren, setzte ich mich zu Nante auf die Bank, und, indem ich ihre Hand faßte, stürzten meine Thränen stromweise nieder. Ich habe nie etwas ähnliches empfunden. Der dunkle Flor, womit Gegenwart und Zukunft überzogen war, verschwand, das überstandene Uebel gab schon der Gegenwart Reiz, und die Zukunft lag im Rosenlichte wieder da. – Nachdem ich Nante versichert hatte, daß ich nun wieder froh, daß alles Vergangene rein vergessen sey, erkundigte ich mich nach der Veranlassung und der Quelle dieser wundervollen harmonischen Töne. Es war der Nahmenstag unserer Wirthin hörte ich; zur Feyer dieses Tages brachten die jungen Leute aus dem benachbarten Dorfe ihr diese Musik, die nicht hätte gelegener kommen können. – Die Böhmen, wie die benachbarten Sachsen, sind gebohrne Tonkünstler, oder werden es durch geringe Uebung. Daher hört man hier auf dem Lande nicht jene Uebellaute, die für jeden, der nur ein halbes Ohr für Musik hat, um die Niedersächsischen Dorfschenken, wo getanzt wird, einen weiten magischen Kreis ziehen. Ein solcher Wirwarr von unharmonischen und gellenden Tönen, hätte mich wohl aus meinen Träumen wecken, aber nicht zu einer beßern Stimmung hinüber leiten können, wie es durch diesen Choral geschah. – Wie ich die Veranlassung der Musik erfuhr, wurde es mir zur Gewißheit, in dem Hause sey nichts zu fürchten. Ich empfand es nicht blos wie vorhin im ersten Taumel; die Reflexion bestätigte die Richtigkeit des ersten dunkeln Gefühls. Denn die Menschen konnten nicht böse seyn, deren häusliches Fest, Bewohner eines andern Dorfs, auf eine solche Weise zu erhöhen suchten. Ich machte den Schluß, ohne mir in jenen Augenblick nur einen Zweifel an seiner Richtigkeit zu erlauben; ich wollte mich ja ganz der Freude über die vorübergegangene vermeintliche Gefahr hingeben. Das that ich denn auch. In unserm Flaschenkorbe war noch eine Bouteilie Portwein, das Lezte was wir von unserm Vorrathe noch übrig hatten. Sie mußte hervor. Ich trank dem Wirthe auf das Wohl seiner Frau zu, Nante mußte ihr selbst eine Gesundheit zubringen, allen Anwesenden wurde eingeschenkt, bis – die Bouteille geleert war. – Nun wurden die Gäste im Zimmer, durch den Genuß des unbekannten edlen Getränks fröhlich und zutraulich. Ich setzte mich zu ihnen, und da ich mich ziemlich in ihren Dialeckt hineinzufinden wußte, so unterhielten wir uns lange über Gegenstände, die ihnen am nächsten lagen, Oeconomie, Abgaben pp. Sie waren, wie alles zeugte, zufrieden und hingen mit Wärme an ihrem Kaiser. – Wie es später wurde, verlohr sich einer nach dem andern. Jeder reichte mir zutraulich die Hand zum Abschiede. Endlich waren wir mit dem Wirthe allein, der uns ein wenig Milch und Brod zur

Abendmalzeit, und ein paar Bündel Stroh zum Nachtlager brachte. Unsere Mantelsäcke wurden zu Kissen, die Mäntel zu Decken benutzt. Hinrich legte sich in einer Ecke des Zimmers zuerst zur Ruhe. Auf mein Zureden bezog auch Nante, in einer andern Ecke unsere Streu, indem ich versicherte bald ein gleiches thun zu wollen. Sie schlief schon, als ich mir vom Wirthe den Schlüssel zur Stube, und ein paar Lichter erbat, der sich dann entfernte, und uns früh zu wekken versprach. – Ich verschloß die Stube, und da ich noch keine Spur von Müdigkeit empfand, setzte ich mich an einen der grossen Tische, um zu schreiben. Es ist darüber Mitternacht geworden; die fieberhafte Spannung, in der ich mich, nach den Ereignissen dieses Tages, befand, hat nachgelassen, aber auch die Ueberzeugung, daß alle Gefahr verschwunden sey, hat sich verlohren, seit der Rausch vorüber ist, in den die Serenade mich versetzte. – Wenn doch erst der Morgen da wäre. – Der Freudentaumel ließ mich alles widrige und unsichere dieses Locals übersehen. – Die Thüre habe ich verschlossen, aber die kleinen Schiebfenster kann ein jeder ohne Mühe von aussen öffnen. – Wir sind von andern Häusern entfernt. – Unverschlossen liegen unsere Sachen umher. – Wenn unter den Gästen auch nur ein Bösewicht war, der auf unsere Habseeligkeiten Jagd macht? Wer will ihn hindern? Der Wirth, wenn ihm auch zu trauen ist, schläft entfernt, und ich bin ohne alle Vertheidigungsmittel. Wer kennt die Gesinnungen der Einwohner eines Böhmischen Dorfs? und war es nicht in der Nähe, wo noch kürzlich Raub und Mord verübt wurde? – Draussen pfeift der Wind um die Ecke des Hauses, die alten Fenster klappern, und das Bellen der Hunde höre ich immer aus der Ferne. – Wie ein Gespenst steht der ungehäure grüne Kachelofen in der Ecke, um den die Mücken in Schwärmen herumsausen, seit ich ein Licht dahinter gestellet habe, damit, wenn ich mich niederlege, das Zimmer schwach erhellet werde, ohne uns und unser Gepäk zu beleuchten. – Wie schwarz ist alles in dem öden Raume um mich her. Ich will versuchen zu schlafen. – Wenn doch erst der östliche Himmel, den ich von meinem

Lager übersehen kann sich röthete! – Noch ist der ganze Horizont trübe; der Wind hat dike Wolken heraufgetrieben, die alles verfinstern. – Morgen werde ich vielleicht über meine Besorgniß lachen, aber es ist mir, als sähe ich Bremen und alle meine fernen Freunde nicht wieder. – Doch wozu das? – Nante schläft so ruhig. – Plage ich mich nicht wohl wachend mit bangen Träumen? – Ich muß versuchen zu schlafen, auch der Versuch zieht mich von mir selbst ab, und vielleicht gelingt es doch, da ich mich jetzt sehr ermüdet fühle – Wenn doch der erste Strahl der Sonne nur erst da wäre, und ich mit Nante über meine thörigten Ahnungen lachen könnte?

Serwitz Sonnabend d 4ten Sept. Morgens

Meine Phantasie spielte auf dem Strohlager mir wunderliche Streiche. Das Sausen des Windes, das Gebell der Hunde aus der Ferne, das Summen der Müken, die einen Ringeltanz um den Ofen, und das Licht dahinter machten, hörte überdem nicht auf. – Ich konnte lange nicht einschlafen, und hatte, wie es endlich geschehen war, nicht lange Ruhe. – Ein Geräusch wekte mich und Nante; wir fuhren ängstlich in die Höhe. Es wurde stark ans Fenster geklopft. – Ich sprang vom Lager auf, und rief, mit der entschlossensten Stimme, der ich mächtig war: wer uns störe? wobey ich auf den Kopf desjenigen, der es that, mein ganzes Magazin von Flüchen ausleerte. – Eine Baßstimme unterbrach mich, mit den furchtbaren Worten: „macht nur auf, macht nur auf!“ – Sie tönen mir noch in den Ohren. – Was konnte ich in der Situation, nachdem meine Einbildungskraft kurz vor dem Schlafengehen sich mit nichts als Räubern und Mördern beschäftigt hatte, anders erwarten als Angriff, und zwar Angriff mit solcher Uebermacht, daß man sich keines Einschleichens zu bedienen nöthig hatte, daß man uns wecken, und zum Einlaß, ohne viele Umstände, auffordern konnte? – Daran zweifelte ich, in dem Augenblick nicht; ich mußte das lezte Mittel wagen. Ich rief mit lauter Stimme Hinrich, der im Fall der

Gefahr, statt zu helfen, unter den grossen Kachelofen gekrochen wäre, und drohete unter den ärgsten Flüchen, und so laut ich konnte, mit Pistolen – die ich nicht hatte. So erwartete ich den Ausgang der Dinge. Die Stimme von Aussen ließ sich von neuen hören: „Ein Reisender könne doch wohl den Wirth wecken, und zu trinken verlangen." „Nicht in dieser nächtlichen Stunde rief ich zurück, und, wer nicht vom Fenster weicht, den schiesse ich sogleich nieder." Ich machte dabey einen hastigen Griff unter die nahestehende Bank, und in dem Augenblick hörte ich einen Sprung und Fußtritte, die sich entfernten. Was hatte ich nicht zu thun Nantens unruhige Besorgniß zu heben, und wie mußte ich mich dabey selbst verläugnen, da ich immer noch Rückkehr, und verstärkte Rückkehr fürchtete. Etwas beruhigte ich sie doch, und vor Müdigkeit fiel sie wieder in einen, wenn gleich unruhigen Schlummer. Ich recrutirte das Licht hinter dem Ofen, das eben erlöschen wollte, mit einem andern, und legte mich, doch ohne schlafen zu können, wieder auf die Streue. – Es fiel mir ein, ob ich den Wirth wecken sollte, aber ich wußte in der alten Spelunke, seine Schlafstelle nicht aufzufinden. Auch mochte ich Nante nicht dem schwachen Schutze unsers Hinrichs überlassen; und, wußte ich denn auch: ob ich nicht einen Feind mehr herbeyhohlte, der jetzt doch, durch die verschlossene Thür von uns geschieden war. Ich blieb also in meiner Lage, und wenn ich je den ersten Stral der aufgehenden Sonne, mit sehnsuchtsvollem Velangen entgegen gesehen habe, so war es in den Stunden; jedes Geräusch trieb mich in die Höhe und erneuerte meine Angst. Dabey mußte ich immer N[ante], die alle Augenblicke aus einem bangen Traume erwachte, zu beruhigen suchen. – Die Minuten wurden dabey zu Stunden, es war mir als wenn die Nacht ewig währe. Aber, als der östliche Horizont sich zu erhellen anfing, als ich, um mich zu überzeugen, ans Fenster gesprungen war, und mich keine Täuschung blendete; die Vorboten des Tages wirklich den Himmel färbten, da war, nach der ersten freudigen Aufwallung, mein einziger Gedanke Ruhe und Schlaf. Ich durfte mich nun hinstreken auf mein

Strohlager, ohne alle weitere Besorgniß, mein heisester Wunsch war ja erreicht; die Sonne ging auf, wir lebten, und hatten nur in der Einbildung gelitten! Ich kann die Süssigkeit des Gefühls nicht beschreiben, das ich immer erneuerte, und unter dem ich einschlummerte. – Es war 6 Uhr als die wohlbekannte Stimme des Wirths uns weckte. Die Unbequemheit des Lagers, mochte uns das Aufstehen wohl so leicht machen. Im Nu war das Zimmer geöffnet, und da wir zu unserer grossen Freude Kaffee bekommen konnten, so setzten wir uns, ich mit meiner Pfeife, an den grossen Tisch, woran ich gestern Abend mich meiner Besorgniß überlassen hatte. – Als die dampfende Kanne vor uns stand, setzten wir, um des gegenwärtigen Augenblicks recht froh zu werden, unsern jetzigen Zustand und den, worin wir uns gestern, und vor noch ein paar Stunden befunden hatten, gegen einander, alle Vortheile des jetzigen, alle[s] Schlimme des Vergangenen wurde sorgfältig hervorgesucht, um das Resultat hervorzubringen, und es in das hellste Licht zu stellen: ein paar beneidenswerthere Leute, als wir in diesem Augenblicke könne es überall nicht geben.

Indeß kam der Schmidt aus Schaab. Er setzte in einigen Stunden die Nothaxe aus Winsum[197], die Hinrichs Sorgsamkeit aus Meister Pommers Klauen gerettet, und bis hieher gebracht hatte, wieder an. Wir wären ohne diese Hülfe wirklich sehr verlegen gewesen, weil kein Rademacher in der Nähe war. – Das am Wege liegen gebliebene Rad, war gestern gleich wieder herbey geschaft. Um 10 Uhr war alles fertig. Unser Wirth gab uns seine Pferde. Wir mußten die in seinem Hause ausgestandene Angst ziemlich theuer bezahlen. An und für sich war mir das in diesem Augenblicke sehr gleichgültig; es verdroß mich nur, daß ich doch einigermassen mich in meiner gestrigen guten Meinung geirrt habe. – Adieu Serwitz. Möge kein künftiger Reisender auf dem Wege hieher und in diesem düstern Hause die Seelenangst auszustehen haben, die ich ausstand und die jetzt gottlob vorbey ist. Adieu Serwitz.

Podersam (Podhorsam) d 4ten Sept. Abends.

In weniger als 1 Stunde waren wir in Podersam, einem kleinen schlechtgebauetem Städtchen. – Die unruhige Nacht und die vorhergegangenen Beschwerden hatten die Begierde, den Park in Schönhofen[198], eine Stunde von hier zu sehen, nicht niedergeschlagen. Der herrliche Tag, ein Gegenstük zu den gestrigen, fachte den Wunsch nur noch mehr an. Nachdem daher mit dem Postmeister in Podersam, einem gefälligen Manne, die Reparation des Wagens verabredet, er die Besorgung übernommen, Hinrich zum Oberaufseher und Betreiber angestellt war, und wir uns durch ein Frühstück gestärkt hatten; machten wir uns, ohne die Mittagsmalzeit abzuwarten, zu Fuße auf den Weg nach Schönhofen. Ein Fuhrwerk war nicht sogleich zu haben, und lange säumen durften wir nicht, wenn wir alles in Schönhofen sehen und geniessen wollten. – So lauteten wenigstens die Nachrichten, die wir hier einzogen. – Es war gerade Mittag, als wir aus dem Städtchen die Höhe hinauf wandelten, deren Gipfel die Gränze unserer Wanderung deckte. Als wir diesen erreicht hatten, lagen die weissen Gebäude des Schlosses am Fuße waldigter Berge, hinter denen wieder höhere hervortraten, vor uns. Wir hatten nur dem Fußpfade, der sich da hinab zog, zu folgen. Die Sonne brannte sehr, und nirgend bot in der Strecke, die zwischen uns und dem Ziel unserer Wanderung lag, ein schattigter Baum uns Kühlung. Ein braunes, einfärbiges Thonfeld, hie und da sich hebend und senkend, füllte diesen ganzen Zwischenraum. – Jezt entwikelten sich die einzelnen Gebäude und Parthien; Spitzen von Pavillons ragten auf den Höhen, über das Dickigt der Anpflanzungen und des Waldes, hervor; die Gegend wurde Mannigfaltiger je näher wir kamen; Alleen führten auf das Schloß zu. Wir machten einen Querweg über das Feld um den Rest des Weges unter einem von diesen dichten Laubgewölben zurück zu legen. Wir fühlten nach dem bisherigen schattenlosen Wege, die erfrischende Kühlung, die sich hier auf uns niedersenkte, doppelt. Ein freundliches Mädchen zeigte uns den Weg zum

Wirthshause, das schon gewissermassen im Parke liegt. – So vortreflich hat lange kein Kaffee geschmeckt, als der uns hier in dem geräumigen hellen und, was die Hauptsache war – kühlem Saale des Schönhofener Wirthshauses, vorgesetzt wurde. Wir genossen wohl eine Stunde der Ruhe und des Kaffees; meiner Seligkeit gab noch die Pfeife eingeschmuggelten Bremer Kanasters, einen grossen Zusatz. Die Verschiedenheit unsers gestrigen und heutigen Zustandes wurde hier noch einmal mit Bedacht erwogen, und die Betrachtungen darüber machten uns so ausgelassen lustig, daß Nante und ich uns gedrungen fühlten, den Saal Arm in Arm auf und abzutanzen, ohne an die heute ausgestandene Hitze, oder an Müdigkeit, und ohne an den Gang durch den Park, und an den Rückweg nach Podersam zu denken, worauf wir unsre Füße, denen alles das noch bevorstand, wohl hätten schonen mögen. – Der gleich anfangs bestellte Gärtner, unterbrach unser pas de deux. – Auf dem Wege zum Eingang der eigentlichen Anlagen erfuhren wir von ihm, daß das Gut einem Grafen Zschernin[199] gehöre, der, ohne an ein bestimmtes bürgerliches Verhältniß gefesselt zu seyn, den Winter in Wien, das Frühjahr auf einem Landgute in Oestreich, den Sommer in Schönhofen und den Herbst auf einem andern Schlosse in Böhmen, zehn Meilen von hier, zubringt.

Vor ungefähr 10 Jahren ist der Park zu Schönhofen angelegt. Er schließt Waldung, Kornfelder, Wiesen in sich, und mag wohl einige Stunden im Umfange haben. Theils zieht er sich an den Höhen hin, die den Landsitz begränzen, Theils streckt er sich durch die Ebene längst dem Fuße der Waldberge hin. Diese Verschiedenheit des Terrains, die weiten Aussichten über eine fruchtbare Landschaft, von dem Erzgebirge und dem Böhmischen Waldgebirge begränzt, die man auf den höchsten Punkten genießt; die Graß und Blumenreichen Gründe, von Wald umkränzt, in den untern Parthien des Parks mit ihren Bächen und Seen, den wilden Felsparthien auf den höhern Puncten, der üppige Baumwuchs und die Mannigfaltigkeit der Stauden in der Ebene, alles das und die Ausschmükung dieser verschiedenartigen

Parthien, durch Pavillons, Tempel, Ruhesitze, Brücken pp, geben der Anlage einen seltnen Reiz und eine Abwechselung und Mannigfaltigkeit, wie ich sie kaum sonst gefunden habe. Hie und da mag wohl ein wenig zu viel an den Gebäuden gekünstelt seyn, oft ist das Aeußere dem Innern nicht entsprechend, es ist auf diesem, freylich grossen Raum, doch wohl zu viel verschiedenartiges durcheinander gebauet, Gothische Gebäude, Griechische Tempel, und Chinesischer Ungeschmack: aber wo ist dieser Uebelstand ganz vermieden? Unter allen Anlagen die ich kenne, in dem einzigen Schloßgarten zu Eutin. Man übersieht diese wunderbaren Zusammenstellungen, auf die man sich beym Eintritt in jede englische Anlage vorbereitet, hier leichter, wegen des ungewöhnlich geräumigen Locals, wegen der zierlichen Form der meisten Gebäude, ihrer geschmackvollen und prächtigen innern Verzierung und wegen der vortreflichen Benutzung dessen was die Natur vorbereitete, und womit sie diese Gegend schmückte. Vorzüglich gilt das von dem untern Theile des Parks, der auch zulezt angelegt worden ist, und wobey es sich zeigt, wie sehr der Anleger im fortbilden seinen Geschmack ausgebildet habe. – Wir sahen auf unserm Wege zuerst den freundlichen Tempel der Liebe einsam im Thale und in der dichtesten Umschattung des Waldes, dann höher eine Felsengrotte, noch weiter hinauf und auf einem der höchsten Puncte der Anlagen eine Eremitencapelle. Die Aeussere Bekleidung der Wände und der beyden vorspringenden Säulen ist Baumrinde, das Dach von Stroh. Wir traten ein und zierliche Wände mit blauen Seidenen Tapeten umgaben uns, weiche Ottomanen luden zum bequemen Ausruhen ein, alle Tische waren mit Kaffeegeräth vom feinsten Porcelan geschmückt. Es ist diese Eremitencappe, dem ihr Aeusseres lügt – ein Pavillon zum Frühstükken bestimmt und in allem Betracht vortreflich dazu eingerichtet. Man setzt sich unter den Säulenvorsprung, oder auf einen der Ottomannen des Pavillons, immer streift das Auge über die nahe dichte, sich bergab senkende Waldung, und über die fruchtbare Ebene, bis an die hohe Kette des Erzgebirgs. – Eine 50 Schritte lange, und 9 Klafter hohe Brücke, verbindet mit einem Bogen 2 Berge. – Wir kamen zu einem chinesischen Hause auf einer Felsengrotte ruhend. Die Aussenseite mit kleinen Figuren, blau auf weissem Grunde bemalt. Thürme, mit ewig vom Winde bewegten Klocken, zieren oder verunzieren das Gebäude. Im Innern ein 8ekigter Saal, die Wände mit Seidenen Vorhängen behängt, die, nur an den Fenstern und Thüren aufgegriffen, in weiten Falten herabfallen. In eine Blume ziehen sich oben die Vorhänge zusammen. –

Durch Wald und Boskett führte unser Begleiter uns zu einem Gothischen Gebäude, einer Capelle mit 2 Thürmen. Es liegt auf freyem Platze auf dem Rücken des Bergs. Wir bestiegen einen der Thürme, und übersahen von da den ganzen Park und die weite reiche Landschaft, überall vom Erz- und Böhmischen Waldgebirge eingeschlossen. Auf das eiserne Geländer uns stützend, hätten wir leicht den übrigen Theil der Anlagen, unsern Rückweg und unsere beschränkte Zeit vergessen, wenn nicht der Gärtner uns oft daran erinnert hätte. Wir mußten auch das Innere sehen. Es war eine verkleinerte Nachbildung unserer Vaterländischen Kirchen, mit ihren spitzen Bögen, schmalen Fenstern, und allen den kleinen Eigenthümlichkeiten der sogenannten Gothischen Gebäude. Das Licht fiel gefärbt, durch die rothen, gelben und blauen Fensterscheiben der Kuppel und der Seitenwände ein. Auf dem Fußboden von Backstein lagen alle diese Mischungen wunderbar genug da. Eine eigentliche Bestimmung, als die: zu zeigen wie ein Gothisches Gebäude aussieht, hat diese Capelle, die 36000 Rtl. gekostet haben soll, wohl nicht. Doch ist es hübsch kühl darinn. – Wie wir eben das Gothische Gebäude verlassen hatten, sahen wir schon die holländische Meyerey vor uns, die kaum ein paar 100 Schritte davon entfernt ist. – Der Weg dahin ist etwas öde, auf dem steinigten Boden gedeiht kein Graß, die verkrüppelten Tannen und andre Gesträuche bewiesen, daß von der Natur hier die Vegetation versagt sey. Ein Blumengarten schließt die Meyerey ein, die von Backstein einfach aufgeführt ist.

Es ist ein niedliches Wirthschaftsgebäude mit Ställen, worinn Schweizerkühe gehalten werden – sollen, Milchkammer pp. Ein niedliches Cabinett mit Englischen Kupferstichen geziert hat die Aussicht auf die Doppelreihe des Waldgebirgs. Aber weit schöner noch als hier, ist sie auf einem Ruheplatze, unfern der Meyerey. Der Vordergrund ein schöner Rasen mit Gruppen von Gesträuch, und von Eichen beschattet; tiefer das Schloß Brotis[200] auf einer Höhe, und un[ter] dem Schloße das Dorf dieses Nahmens, dahinter eine Hügelreihe mit Wald bewachsen, und jenseits dieser Hügel die zwiefache Kette des Böhmischen Waldgebirgs. – Auf mehrern Stellen hatten wir die Spitze eines Obelisk über den umgebenden Wald hervorragen sehen, jetzt näherten wir uns diesem lange bemerkten Gegenstande, jetzt standen wir vor ihm. – Auf einem freyen mit Gebüsch umgebenen Platze, am Ende einer grossen 36000 Fuß langen Allee, steht ein einfacher Obelisk von grauem Sandsteine, dem Erzherzog Carl[201] gewidmet. Am Fuße die Inschrift: Hoste Gallo – Caroli virtute ad Ambergam fuso – a patriae finibus depulso 1796 – vota concepta – pace parta – 1801 soluta.[202] – Die Pyramide soll dem Grafen gegen 80.000 Gulden gekostet haben. – Sie spricht die herrschende Stimmung für diesen Fürsten aus, die ich seit dem Eintritt in Böhmen bemerkt habe. Ein allgemeiner Enthusiasmus für ihn, ist in dem Herzen und Aeusserungen aller Stände dieses Landes. Die hohe Steinmasse auf einem der erhabensten Puncte dieser Gegend, beherrscht das Land weit umher, und mag wohl dazu mitwirken, die vorübergehende Stimmung der Menschen zu erhalten, und dem Flüchtigen und Wandelbaren, Dauer und Festigkeit zu geben. – Von diesem Denksteine ab senkte sich rechts ein schattigter Weg. Auf ihm gelangten wir zu den tiefern, reizenderen Parthien der Anlage. Durch die Gebüsche blickte, wie wir von der Höhe herabkamen, ein spiegelheller See von der lieblichsten Form. Anhöhen mit dichter Waldung umgaben ihn; ein Wasserfall rauscht durch das Dunkel der Bäume; auf einem hohen Vorsprunge ruht eine Rotunde von Sandstein; die Spitze des Obelisks ragt über dem Walde hervor, eine Fischerhütte steht am Ufer. Nahe der Hütte lagerten wir uns, links die Rotunde, den Wasserfall die waldigten Höhen, und die Spitze des Obelisk gegen uns über. Die sinkende Sonne goß einen rosenfarbnen Schein über den See und seine Umgebungen, die fernern Gegenstände schwammen schon im milden abendlichen Dufte.

Es war schwer von dieser Stelle wegzukommen, doch die herannahende Dämmerung, und die Unruhe unsers Gärtners, trieben uns weiter. – Wir gelangten nun zu Pans Tempel, einem weissen Gebäude von schöner antiker Form, das auf einer Rasenfläche, zwischen Gruppen von mannigfaltigen Bäumen und Gesträuchen liegt, die es bald ganz dem Auge entziehen, bald halb verstecken, bald den freyen Blick auf den Tempel gestatten, je nachdem der Weg sich krümmt und wendet. Es ist viel Kunst in dieser Anordnung, und doch ist sie so wenig zu merken, daß man in einem von der Natur gepflanzten lieblichen Hayne zu wandeln glaubt. – Die Thüre des Tempels öffnet sich. Wir treten in einen weiten hohen Saal, dessen Wände von Säulen getragen werden. Zwischen den Säulen schmücken Arabesken, von einer Künstler Hand gemalt, die Wände. Sie sind leicht und mit Geschmack hingeworfen, alle haben auf Pan und Ceres Beziehung, Fußboden und Tische sind Marmor, Sessel und Canapee von antiker Form sind mit seidnen Ueberzügen geschmückt. – Nahe dem Panstempel liegt die Blumeninsel, von den übrigen Anlagen durch ein kleines Wasser, und durch dichte Laubumgebungen abgesondert. War es der Reiz dieser Parthie, oder der über alles schöne Abend, oder war es beydes, daß wir beym Eintritt in die stillen Schattengänge, uns in ein Elisium versetzt glaubten. – Ein Rasen so schön gefärbt, als ich ihn nie vorher sah, deckte überall den Boden. Keine Wege durchschneiden ihn, blos ein schmaler Pfad windet sich in leisen Krümmungen um diese, der ruhigen Heiterkeit geweiheten Flur. Aus der Mitte hoben sich uralte Eichen; von malerischer Form; sie senken hie und da, tief ihre Zweige zur Erde herab. Von dichten mannigfaltigen Grün bin ich überall umschlossen, nirgend wird mir eine Durchsicht gestattet, damit das Auge den Bach verfolge, der sich in magischen Krümmungen durch die Landschaft schlängelt, und auf den Blumen ruhe, die, wohin ich mich wende, in allen Farben prangen, die Laubparthien umgeben, und die Stämme der einzelnen Bäume umranken. –

Unter dem dichtesten Gebüsche an Stellen die einen weitern Ueberblick gewähren, stehen hie und da einfache Bänke. – Nun hätten wir alles gesehen, sagte unser Führer, als er uns die Eingangsthüre zu diesem, von uns kaum halbgenossenen Tempel wieder öffnete, und erwartend, ob wir seinem Winke nicht bald folgen würden, daneben stehen blieb. Der röthliche Glanz am westlichen Himmel, der sich durch die Laubumgebungen stahl, das milde Licht, das die Spitzen der Bäume vergoldete, mahnte noch mehr als die Worte und Gebehrden unsers Führers, aber der Abschied wurde auch um so schwerer. Wir gingen, sahen noch einmal zurük und kamen wieder in die Gegend des Pantempels. Jetzt nur noch einige Minuten, und wir sind auf dem Rückwege nach der Schenke, sagte der Gärtner, Sie sollen bald dort seyn. Wir liessen uns den Rückweg bezeichnen, und da wir ihn begriffen hatten, lohnte ich unsern Begleiter ab, um mit Nante allein noch eine Viertelstunde an einigen schönen Stellen des Parks zu verweilen. – Zu der Blumeninsel konnten wir nicht zurük, der Eingang war verschlossen, aber auf der lieblichen Parthie in der Nähe des Tempels weilten wir, und am längsten am See mit den waldigten Höhen umher, der uns vorhin so sehr angezogen hatte. Die drükende Hitze war längst vorübergegangen, es war ein Sommerabend, wie wenige, kein Lüftchen regte sich, keine Wolke war am Himmel, ein schöner Duft hatte alle Gegenstände zauberisch umzogen.

Endlich mußten wir mit Ernst an die Rückkehr denken. Wir fanden den Weg zum Wirthshause, nach der Bezeichnung des Gärtners, ohne Mühe. – Durch etwas Wein, stärkten wir uns auf die Wanderung nach Podersam. Ewig lange mußten wir bey der Berichtigung unsrer Zeche verweilen, weil es große Mühe kostete ein Bankozettel von

2 Gulden gewechselt zu erhalten. – Der Mangel an baaren Gelde brachte mich im Schönhofener Park ein paarmal in arge Verlegenheit. Für 1 Gulden Kreuzergeld hatte ich mit aller Mühe nur in Podersam auftreiben können. Damit und mit kleinen Bancozetteln versehen zogen wir gen Schönhofen, ich dachte ziemlich mit ersterm auszureichen, da ich den Wirth und Gärtner mit Papiergeld zu bezahlen dachte. Ich hatte aber nicht darauf gerechnet, daß bey jedem größern Gebäude im Garten, eigen[s] dazu angestellte Leute, aufschliessen und Trinkgeld erwarten würden, wie es nachher der Fall war. Ich sparte so gut ich konnte, und gab offenbar zu wenig, dem ungeachtet ging mein baares Geld so auf, daß ich zulezt nur ein paar Kreuzer zu geben hatte. Als wir allein im Park herumgingen hatte ich auch nicht einen mehr. Ein paarmal wollten uns, wenn wir an schönen Puncten standen, Gärtnerbursche Stühle bringen, wir mußten dann aber immer davon laufen, weil wir ihnen, auch nicht die kleinste Belohnung für ihre Mühe bieten konnten, worauf sie doch offenbar rechneten. – Auf dem Rückwege von Schönhofen nach Podersam konnte ich doch die Bettler wieder mit Kreuzer abkaufen, was mir sehr lieb war, da uns viele mit andächtigwidrigen Physiognomien begegneten. – Nicht weit von Podersam, kamen wir, während wir noch einmal in der Erinnerung die Reize des Schönhofener Parks genossen, und während des Gesprächs darüber, vom rechten Wege ab. Wir mochten schon ¼ Stunde irre gegangen seyn, als wir es gewahr wurden. Es dunkelte schon, und das beflügelte denn unsre Schritte. Bald waren wir wieder auf dem rechten Fußsteige, und – in Podersam.

Wie die Ruhe schmeckte, und die Abendmahlzeit. – Ich wünsche keinem meiner Freunde die Anstrengungen und Sorgen des gestrigen Tags, auch nicht die erzwungene Mässigkeit, die wir seit 2 Tagen beobachtet hatten, aber jedem einen Tag voll Genusses wie den heutigen im Park zu Schönhofen, und dann einen Abend im Canapee vor dem gutbesetzten Tische zu Podersam. – Wie wir es uns treflich schmekken liessen, kam Hinrich mit einem höchst betrübten Gesichte ins Zimmer, und beklagte sich, daß ihm nichts Genießbares aufgetischt worden sey. Wir gaben dem armen Schelm von unserm Ueberflusse, und einen Rest Landweins dazu, womit er sich in die Ecke des Zimmers verfügte, und sichs äusserst wohl seyn ließ. – Wir gehen mit dem Troste zur Ruhe, den uns eben der Rademacher bringt, daß unser Wagen Morgen in aller Frühe völlig curirt seyn soll.

Carlsbad, Sonntag d 5ten September.

Um 5 Uhr hatte diesen Morgen die neue Achse fertig seyn sollen: erst um 8 Uhr war das große Werk vollendet. Um 8 ½ Uhr konnten wir nach Lickowitz[203] (2 Meilen von P.) abfahren, was denn freylich unsern Plan, heute noch vieles in Carlsbad zu sehen, zerstörte. Wir fuhren auf einem festen, oft dunkelrothen Leimboden, jetzt einem sehr ebenen, aber bey feuchtem Wetter gewiß selbst im Sommer, scheußlichem Wege. Ein kurzer Sandfleck, der diesen festen Boden unterbrach, war uns hier eine Seltenheit. In zwiefacher Rücksicht, war uns das ewige Berg auf und Berg ab fahren, (eigentlich sollte es hier Hügel auf und ab heissen) zuwider, einmal, weil es schrecklich aufhält, und besonders, weil durch die breiten Anhöhen, über welche die Landstraße führt, die Ansicht der fernern Umgebungen fast ganz gehindert wird. Der fruchtbare Boden ist übrigens nicht unbenutzt gelassen. Kornfelder schliessen noch immer an beyden Seiten den Weg ein; nur von den Wohnungen der Landleute wird man nicht viel gewahr. Wenig Dörfer sahen, durch noch weniger fuhren wir. Die wir berührten, waren uns nicht erfreulich. Die durchführenden Wege, drohten unserm Wagen aufs neue Tod und Verderben. – Die Häuser aus Leim gebauet, mit Schindel- oder Strohdächern, ganz kleinen Fensteröffnungen und elenden dunkeln Scheiben. Wenig Gartenland umgiebt das Haus und wenige Bäume stehen darinn. Nakt, öde und kahl, scheinen die armseligen Hütten, sich bald wieder mit dem Boden vereinigen zu wollen aus dem sie hervorgingen. Die

Kirchen hingegen beweisen überall, wer ehemals hier herrschte. Sie sind hell, geräumig mit weißem Anwurf aus Steinen aufgeführt. – Nahe vor Lickowitz kamen wir durch das Dorf Libenz[204]: in dieser Gegend berüchtigt durch die hier vor kurzem verübten Greuelthaten. Eine Räuberbande von vielleicht 60 bis 100 Personen hatte in diesem Dorfe vor wenigen Monaten noch ihre Niederlage. Ein zweyter Carl Moor commandirte sie als Räuberhauptmann. Die saubern Gesellen machten die Landstraße höchst unsicher, fielen in die Häuser, mordeten, wenn es ihnen so gefiel, bestohlen Kirchen pp. Der Wirth in Libenz gehörte zur Bande, ein sehr vermögender Mann, und im Besitz einer Wirthschaft, die allein ihn mehr als hinlänglich nährte: Er herbergte seine Genossen, ohne daß sie Zeche zahlten; aber einen reichlichen Antheil bekam er dagegen von allem geraubten Gute. – Ein anderer vermögender Bauer gehörte auch mit zur Bande, und mehrere Weiber aus diesem Dorfe. Der Postillon zeigte uns das Haus des Wirths zu Libenz, ein ansehnliches von Wohlhabenheit zeugendes Gebäude, so wie die Wohnung des durch die Bösewichter beym Einbruche ermordeten Geistlichen daselbst. – Glücklicherweise für die Gegenden und für uns, ist der großtetheil der Rotte, 47 Mann, vor einigen Wochen durch Kaiserliches Militair gefangen und geschlossen auf 7 Wagen nach Saatz und Brix geführt, wo jetzt die Untersuchung im Gange ist. Der Räuberhauptmann, der immer zu Pferde die Bande commandirte, ist entflohen. Man hat noch keine Spur von ihm. Es ist nun sicher im Lande geworden; seit der Verhaftung der Rotte, oder des größern Theils derselben, hört man von keinen Plünderungen pp mehr.

Heute hatten wir zum erstenmale einen sogenannten Stockböhmen, aus dem Theile des Königreichs gebürtig, wo man nur die Landessprache redet, zum Postillon. Ein flinker gutmüthiger Bursche. Er war erst seit einem Jahre in Podersam, hatte dort erst Deutsch gelernt, und konnte doch recht gut mit der Sprache zurecht kommen. Ich ließ ihn Böhmisch sprechen. Die Sprache schien uns weich und wohlklingend. Wir sprachen ihm manches Böhmische Wort nach; er gab

Nante den Vorzug in Ansehung der Aussprache. So viel ich es habe merken können, hieß Miesd'o eine Stadt; Wä's' ein Dorf, Pane ein Mann, Panny eine Frau, Pense Geld pp[205] Kurz vor Lickowitz erreichten wir die Kaiserliche Chaußee, welche Carlsbad mit der Hauptstadt Prag verbindet. Die Gegend, welche wir auf dieser Station durchschnitten hatten, war und blieb bis Lickowitz ohne malerische Ansichten, ohne besondern Reiz. Fruchtbarkeit, nicht Schönheit ist ihr Charackter. Die dann und wann hinter den nahen Hügeln hervorragenden fernen Berge, hatten für uns, die wir aus den Bergen kamen, kein Interesse. Sie gleichen dunkeln Wolken am abendlichen Himmel.

In Lickowitz, einem unbedeutenden Orte, fanden wir gleich Pferde. Man merkt daraus, wie durch die Schönheit des Weges, und durch das größere Verkehr auf demselben, daß er auf die Hauptstadt des Landes führt. Auch hier geht es bis Buchau (2 Meile) Berg auf und ab; allein in geraden Richtungen, läuft ¼ und ½ Stunden lang die Straße fort, und, wo es schroff hinab geht, hemmen sanfte Vertiefungen in der Chaußee, das zu rasche fortrollen des Wagens. Wo ein Abhang am Wege ist, ist auch ein Geländer, das den Fahrenden sichert. – Auf den Anhöhen unfern des Weges steht hie und da Nadelholz, und selbst durch einen kleinen Tannenwald führet die Straße, hier eine seltne Erscheinung, wo alles Land, was nur irgend Getraide tragen kann, es auch trägt.

In Buchau, einem kleinen Landstädtchen mit holzbegiebelten, und Holz gedekten Häusern, breiten Gassen, und einem unverhältnißmäßig großem Markte, hörte ich ganz unerwartet eine Musik, die eine angenehme Erinnerung an vergangene schöne Tage weckte – den Schweizerischen Kuhreigen[206]. Der Buchauer Kuhhirt ließ sich damit, nach geendigter Predigt auf offnem Markte hören. Den Männern und Frauen von Buchau, mogte das eine sehr alltägliche Sache seyn, die Kirchenparade zog vorbey, ohne auf den Mann mit dem langen Horne zu achten, der auch wohl eigentlich den Kühen der Stadt, nicht den übrigen Einwohnern etwas vormusiciren wollte.

Von Buchau, wo wir um 3 ½ Uhr schon wieder expedirt waren, hatten wir nur noch eine Post (2 Meilen) auf hier. In 2 Stunden hofften wir sie zurückzulegen. Wir hatten indessen dabey nicht auf ein Gewitter, mit heftigem Regen begleitet, und nicht auf dem Berg vor Carlsbad gerechnet. Das Gewitter überfiel uns 1 Stunde (½ Meile) vor der Stadt in einem Fichtenwalde, der am Wege und auf den benachbarten Anhöhen stehend, uns dicht umgab. Der Donner rollte fürchterlich in den Gebirgen, die Blitze leuchteten feuriger in der düster waldigten Gegend; der Regen wurde so arg, daß wir auch nach dem festesten Zumachen unsers Wagens nicht trocken blieben. – Häuser waren nicht in der Gegend, wir mußten ruhig fort fahren, da der Regen durch jede Oeffnung der Chaise schlug, unsre Kleider einweichen lassen, und den Donner wie den Blitz unfreywillig Aug' und Ohr öffnen. Fataler wurde das Ding noch durch die unangenehme Erinnerung an die Fata des vorgestrigen Abends.

Glücklicherweise ging das so plötzlich heraufgekommene Gewitter eben so schnell vorüber und als wir den steilen, steinigten Abhang vor Carlsbad erreichten, war heller Himmel über und um uns. Nur ganz fern donnerte es noch, und auch das war bald vorüber. Wir mußten einen hölzernen Hemmschuh miethen, weil der Postillon unsern eisernen für unbrauchbar auf diesem Abhange erklärte. Nachdem wir ausgestiegen und der Wagen gehemmt war, schoß er vor unsern Augen in die Tiefe hinab. Wir folgten ihm langsam, die Augen immer, wo es der Boden zuließ, auf das, vom hohen Tannengebirge eingeschloßene, wiesenreiche und angebaute enge Thal gerichtet, das tief zur linken Seite da lag. Wir waren auf einmal in eine andre Gegend versetzt. – Wir mochten etwa 20 Minuten so bergab gegangen seyn, als der Weg sich rechts wandte und Carlsbad mit seinen weissen Gebäuden zu unsern Füßen lag. Es ging noch immer steil bergab, und wir waren schon in den Gassen der Stadt, als der Wagen noch beständig des Hemmschuhes bedurfte. Er wurde erst vor unserm Logis, den beyden Löwen in der Sprudelgasse, abgenommen. – Wir erhielten ein paar schöne

Zimmer, die, wie wir bald benachrichtigt wurden, vor einigen Jahren, der Herzog von Mekelnburg Strelitz bewohnt hatte. – Fürstlich sind sie nun zwar nicht meublirt und decorirt, aber was uns mehr als das werth ist, und was wir bisher in Böhmen vermissen, geräumig und rein. Ob es gleich schon zu dämmern anfing, als alles abgepackt war, machten wir doch noch einen kleinen Streifzug durch die sonderbar in das Gebirg hineingeklemmte Stadt, von der Töpel durchflossen. Es ward uns sonderbar zu Sinne in den engen Straßen, zwischen den gespenstermäßig weissen und hohen Häusern, über die das Waldgebirge überall hervorragt. Die Häuser lehnen sich an manchen Stellen an Felsen, und hie und da tritt eine schroffe Klippe zwischen den Häusermassen hervor, und unterbricht die Reihe der Gebäude. Wir kamen auf einen etwas breitern Platz, vermuthlich den Markt, und zulezt in Alleen, worinn verschlossene Boutiken standen, vermuthlich den nächsten Spatziergängen der Brunnengäste. Es war schon völlig dunkel geworden als wir aus diesen düstern Gängen nach Hause kehrten. Auf einer Brükke über die Töpel sahen wir in dem Waldberge über der Stadt einen hell erleuchteten Punct. Lampen schimmerten aus der Dunkelheit hervor. Ein Vorübergehender erklärte uns die Erscheinung, es war eine Muttergottescapelle auf der Felshöhe, die alle Abend erleuchtet wird, und zu der die Andächtigen des Abends wallfahrten um zu beten. – Mit Mühe fanden wir unser Logis wieder. – Curgäste scheinen wenig, oder keine mehr hier zu seyn. Wir sahen auf unserer Wanderung Niemand der das Ansehen eines solchen hatte. Ueberhaupt war es still auf den Strassen.

Carlsbad, Montag d 6ten September.

Das gestrige Gewitter hatte die Luft nicht gereinigt und abgekühlt. Wir wurden in der Nacht durch laute Donnerschläge gewekt, die in dem engen Thale bey der nächtlichen Stille furchtbar wiederhallten. Beym Wiedererwachen am Morgen war der Horizont, so weit wir ihn übersehen konnten, mit Wolken überzogen, und wir machten uns schon auf einen ganz regnigten Tag gefaßt, der uns nun gerade hier höchst ungelegen gekommen wäre. Gegen 8 Uhr wurde es indessen heiter, und wir konnten guten Muthes eine Wanderung durch die Stadt, zu den Bädern und in die Gegend umher antreten. -- Ich finde das, was ich gestern nach unserer ersten Wanderung über das Aeussere der Stadt niederschrieb nach der heutigen Revision bestätigt, und unsere Vermuthungen bewahrheitet. Was wir gestern für den Markt und die sogenannte Wiese hielten, sind wirklich diese beyden Theile der Stadt. Den Markt würde man an einem andern Orte eine breite Gasse nennen; hier, wo alles, wegen des engen Locals zusammengedrängt seyn muß, wird die breitere Straße zum Platze. Die sogenannte Wiese (denn jetzt bezeichnet der Nahme die Sache nicht mehr) ist nebst dem sogenannten Markte, der schönste Theil der Stadt, und in der Brunnenzeit sind die darann stoßenden Häuser an die angesehensten, reichsten Badegäste vermiethet. Die Wiese ist in ihrer gegenwärtigen Gestalt, eine lange Reihe wohlgebauter Häuser von 3 bis 4 Stockwerken, neben denen ein ungepflasterter mit Kies bedeckter Weg an der Töpel fortläuft. Diese ist mit einer Mauer eingefaßt. An dieser Mauer stehen, den Häusern gegenüber, kleine Gebäude von Stein, die zu Waarenniederlagen und Werkstätten von Handwerkern, die für Brunnengäste arbeiten, dienen. Vor diesen Gewölben, Boutiken oder wie man sie sonst nennen will, zieht sich eine Reihe von Wallnußbäumen hin, so daß der Fußgänger an der einen Seite diese Baumreihe und die Buden, an der andern die Häuser hat, in denen die Erdgeschoße größtentheils auch zu Gewölben von Galanteriehändler pp eingerichtet sind und so benutzt werden. Jetzt war diese Gegend der Stadt die Menschenleerste. Die Gewölbe waren fast alle verschlossen, und nur noch hie und da kuckte der Kopf eines oder einer hölzernen Unglaublichen[207] mit der modischen verstellenden Perücke bekleidet aus dem Magazin eines Haarkräuslers hervor.

Wenn man diese beyden Plätze, und überhaupt die beyden Häuserreihen an dem Ufer der Töpel gesehen hat, die noch so ziemlich in der Ebene fortlaufen, so hat man von Carlsbad als Stadt das beste gesehen. Die übrigen kleinen engen Gassen haben schlechtere Häuser und laufen bergan und ab. – Was diesen kleinen Ort schuf, ernährt und unterhält, sind bekanntlich die berühmten Bäder, deren Entdeckung in das graue Alterthum fällt; deren Heilkraft allgemein gepriesen wird; die Fremde aus ganz Deutschland und fast aus allen Ländern von Europa hieher ziehen. Die 4000 Einwohner des Städtchens leben größtentheils von diesen Fremden, deren oft mehrere Tausende hier in den Monaten Juni und Juli zusammentreffen, wenn man die Nebenpersonen, Bediente pp mitrechnet. Bedürfniß, Gewohnheit, wohlfeile Preise der Dinge und die romantische Lage des Orts, bringen diese Menschen zusammen. Im Mai wird der stille Ort einigermassen belebt, im Jun. u. Jul. ist, wie man mich versichert, ein Treiben und Drängen in dem engen Local, daß man sich kaum ausweichen kann; im August verliert sich das Gewühl und im Sept. kehrt die Todtenstille zurük. So finden wir es jetzt hier; kaum habe ich noch ein Dutzend Fremde gesehen, und vielleicht müssen wir uns selbst dazu rechnen, um diese Zahl voll zu machen. Morgen reisen wir, und wie ich höre, noch zwey Parthien ab. Uebermorgen werden die Einwohner von Carlsbad ganz wieder sich selbst überlassen seyn. – Natürlich ist hier gegenwärtig weder Schauspiel, noch Tanz, noch Musik. Mit dem Abzuge der Gäste fliehen alle Vergnügungen, und den Einwohnern bleibt nichts, als ihre leeren Häuser, das gewonnene Geld, und – der Reichthum der sie umgebenden herrlichen Natur. Es scheint, daß die Carlsbader in dem Genuße der Leztern den Ersatz für das Verlohrne suchen, nicht, wie in andern Bädern darauf ausgehen, das Gewonnene nach Art der Fremden zu verprassen, und mit der Hoffnung auf nächstes Jahr den Winter hindurch sich zu trösten, wenn Mangel eintritt. – Als ein gutmüthiges, treues, dienstfertiges Völkchen werden diese, in der rauhern Jahrszeit von allen Menschen jenseits der Berge getrennten, Carlsbader geschildert. Wir sind zu kurze Zeit hier um aus Erfahrung dies Urtheil bestätigen oder widerlegen zu können. – Höflichkeit und Gutmüthigkeit leuchtete inzwischen aus dem Betragen und aus den Gesichtszügen, der einzelnen, die wir sahen, hervor. Die Schönheit der hiesigen Frauenzimmer, ihre schlanke Gestalt, und das ovale schöngeschnittne Gesicht muß jedem Fremden, der auch nur einen Tag hier verweilt, auffallen.

Doch zurück zu unseren heutigen Beschäftigungen. – An einem Badeorte muß man ja wohl die heilbringenden Quellen zuerst besuchen, selbst wenn man Laye ist, und ihrer nicht bedarf, der Lohnbediente wird das schon machen. So auch der Unsrige. Wir gingen zu dem neuen Brunnen, der sehr heiß ist; zum höher liegenden Theresienbrunnen, der rückweise hervorsprudelt und warm ist; zum noch weniger heissen Schloßbrunnen, und endlich zum berühmten Sprudel. Theils trinkt man das Wasser, theils dient es zum Baden. – Was die Quellen für Uebel vertreiben, was sie zulezt wirken sollen, darüber ist viel geschrieben worden, ich habe darüber kein Urtheil; was der Genuß des Carlsbader-Wassers aber zunächst wirkt, darüber kann der Fremde nicht lange in Zweifel bleiben, wenn er in der Gegend des neuen Brunnens einige 60 kleine Places de repos[208] gewahr wird, mit Nummern versehen, und dabey hört, daß gerade diese Gegend eine der Besuchtesten von Carlsbad während des Brunnentrinkens ist. – Merkwürdig war doch auch uns der sogenannte Sprudel, eine Quelle die siedend heiß aus dem zu ihrem Ausfluße eingerichtetem Behältniße hervorsteigt, und dann schäumend und dampfend in die Töpel hinabfällt. Lange raucht auch das vermischte Wasser noch fort. Da wo die heisse Quelle in die Töpel fällt, waren Frauen damit beschäftigt, Geflügel abzubrühen, auch zu dem unedlen Zwekke die geschlachteten Schweine von den Borsten zu reinigen, soll diese heilende Quelle fast immer von den Einwohnern gebraucht werden. – Ehe das Wasser zum Baden taugt, muß es mehrere Stunden in den Wannen sich abkühlen.

Nahe bey dieser Quelle, die alles was man hinein legt, mit einer Kruste überzieht, zeigte der Führer uns eine Salzsiederey. Das Wasser dampft hier in Eimern nach und nach ab. Das bereits etwas verdunstete gießt man in andere Eimer und fährt damit fort bis die Sole in den Keller gebracht werden kann, wo das Salz in Krystallen zusammen schießt.

Von den Quellen, dem Magneten der Genesungsuchenden Besucher von Carlsbad, gingen wir zu den Magneten der Vergnügensuchenden, dem Sächsischen und Böhmischen sogenannten Saale, am Ende der Wiese und in einige der daran gränzenden Spatziergänge. Die beyden genannten Säle sind Häuser von bedeutendem Umfange dem öffentlichen Vergnügen gewidmet. Sonntags und Donnerstags werden Woche um Woche bald in dem einen bald in dem andern Bälle gegeben. Vor dem Böhmischen Saale ist die Allee, vormals nebst der Wiese der einzige Platz zum Lustwandeln für Kranke, zum Bergsteigen zu schwache Personen. Die Wiese taugt am Tage gar nicht dazu, weil es an Schatten fehlt, die Allee, ein länglichtes Viereck mit 7 Reihen Buchen besetzt, hat nur 124 Schritte in der Länge. Ein offenbar zu engen Raum, hier mußte man sich jeden Augenblick begegnen, und es war in der besuchtesten Zeit wohl mehr ein durcheinander Drängen und Schieben als Spatzierengehen. Auch hat diese Parthie, bey einem trübe Tage gewiß etwas sehr düsters, weil, wohin man auch sieht, hohe, ganz nahe Waldberge (es giebt hier noch dazu fast nichts als Tannen) mit Felsen untermischt sich aufthürmen und hervordrängen. – Seit kurzem ist auch für schwächere Fußgänger durch schöne Anlagen gesorgt.

Wir, die wir nicht zu dieser Classe von Fußgängern gehören, machten, nachdem das Wetter sich völlig aufgeklärt hatte, einen Gang nach der, der Stadt gegen Süden liegenden Capelle, die wir gestern Abend erleuchtet gesehen hatten. Sie ragt, an dem mit Tannen besetzten Berge liegend, über den Häusern der Stadt hervor. Die Capelle war mit frischen Blumen, den schönsten der Jahrszeit geschmückt. Das Marienbild elend gearbeitet, reich mit Flittern, und hellen Farben geziert hinter einer Glasthüre, der Capelle gegen über einige

Karlsbad, Aussicht von Lord Findlaters Tempel, um 1825

mit einem Dache versehene Bänke für die Andächtigen, die Abends hinauf wallfahrten, um zu beten. – Wir machten von diesen Bänken für diesmal keinen Gebrauch, sondern wandten uns rechts, und kletterten auf einem für jeden Schwächling unpassenden Wege durch den Tannenwald nach dem sogenannten Hirschsprung, einem spitzgezakten, mit einem Krucifix geschmückten Felsen hinauf, der sich über die Stadt hervorhebt. – Hier war es, wo der Sage nach, Kaiser Karl IV im Jahr 1319[209] einen Hirsch im Jagen hinauftrieb:

„Hinter dem fliehenden Damhirsch
Schallt der Doggen Gebell, daß rings erwachte
der Nachhall.
Plötzlich stürzte das Wild im Entfliehen und zappelt
am Boden,
Hinten am Schenkel gelähmt vom heißauf-
sprudelndem Bergquell,
Der dort unter Wachholdergesträuch sich ergoß,
Und berühmt ward bald das Genesungsbad. pp“[210]

Herrlich war von diesem Puncte der Blick auf die tief zu unsern Füßen liegende Stadt, wie die Töpel sie durchfließt, und wie sie überall vom hohen Waldgebirge eingeschlossen ist, das auf schroffen Felsen ruhet und nur an einzelnen Stellen Anbau des Bodens gestattet. – Wie wir uns wandten sahen wir durch die einzige größere Schlucht in diesem Kessel in der Ebene die Töpel mit der Eger sich mischen. Fernere Höhen schlossen auch diese Ebene ein. Auf einem geebneten Pfade auf dem Gebirge, der ähnliche, nur meistens beschränktere Blicke, auf die sonderbar im Bergkessel liegende Stadt und die Berge und Wälder umher gewährt, kehrten wir, da es Mittag geworden war, nach unserm Logis zurück. – Sehr wild würde die Wald und Felsgegend seyn, wenn nicht, wo es der Boden zuläßt, Anbau des Landes wäre. An den Stellen wo man diese bestellten Felder antrifft, die sich die Höhen hinaufziehen, wo der Boden es gestattete, da erscheint die Gegend weniger rauh, als an den Stellen, wo man nur dunkles Nadelholz auf den Bergen und Felsen dazwischen und darunter gewahr wird.

Die entferntern, schönern Promenaden von Carlsbad besuchten wir heute Nachmittag, den Hammerberg und das Töpelthal. – Der Hammerberg danckt seine jetzige Gestalt dem Lord Findlater[211], einem reichen Engländer, der sich seit mehrern Jahren in Deutschland, jetzt in Altenburg, aufhält und jährlich Carlsbad besucht. Der Berg ist einer von den die Stadt einschliessenden Waldbergen. Ein sehr bequemer breiter mit Kies bedeckter Pfad windet sich durch den Tannen- und Fichtenwald der die Anhöhe deckt, bis zu einem Ruheplatze, von wo wir durch den ausgehauenen Wald, wie durch einen Rahmen gerade auf die Wiese, die Judengasse und die dazwischen fliessende Töpel herabsahen. Jenseits hebt sich der höchste Berg um die Stadt, das „ewige Leben“ empor. Wir hatten Carlsbad schon von mehrern hohen Stellen, im Thale liegend, betrachtet, aber dieser Blick hat das Eigene, daß man gerade die gedachten Gassen entlang sieht. Es ist als ob man darüber schwebte. Die Menschen in den Straßen scheinen fliegengroße Marionettchen zu seyn. Diesen Blick hatten wir, die wir vom Markte aus heraufstiegen waren links, einen viel lieblichern und malerischen gewährt in einiger Entfernung davon die rechte Seite. Hier steht am südwestlichen Abhange des Hammerbergs ein von dem Lord Findlater errichteter Tempel, vorn auf 4 Säulen ruhend, die ein Geländer verbindet, im Hintergrunde des Gebäudes eine Gesellschaftsbank. Hier setzten wir uns – wer könnte wohl vorübergehen, ohne hier auszuruhen? Vor uns lag das liebliche, von der Töpel in weiten Krümmungen durchwässerte Thal, im schönsten Wiesengrün, mit Gruppen von Erlen und Buchen geschmückt. In der Entfernung sahen wir rechts die Papiermühle. Die dunkeln Tannenwälder, die sich vom engen Thale aus, bis zu den Gipfeln der angränzenden Berge hinanziehen, contrastiren vortreflich mit dem lichten Grün des Thales. Bey der schönen Beleuchtung, die Sonne warf ihre Stralen nur noch auf die linke Seite des Gebirgs, konnten wir uns von diesem über alles reizendem Ruhepuncte lange nicht trennen. – Eine Inschrift an der innern Wand des Tempels meldet, daß eine dankbare Erinnerung an die hier genossenen Freuden diesen Tempel dem Vergnügen des Publicums weihe. – Schade daß er nur von Holz ist. Auf der Höhe wo er steht und auf der einsamen Stelle wird ihn der Anwurf von Sand und Steinen nicht gegen die Witterung; und der Knabe, der für 12 Kreuzer täglich hier oben den Tempel hütet, nicht gegen die Zerstörungen der Classe von Menschen schützen, die nun einmal zum Verwüsten sich gedrungen fühlen. – Den Knaben bedauerte ich doch, der hier täglich vom frühen Morgen bis zum späten Abend sitzt und den Tempeldienst versieht. – Von hier aus gingen wir die steile Höhe auf stark sich windenden Pfaden bequem in das Töpelthal hinab. Eine herrliche Buche mit breiten tiefherabhangenden Zweigen, steht ehe man vollends unten ist. Der Lord hat sie mit einer Bank umgeben lassen, von wo aus man durch die herabgebogenen Zweige auf die vorbeyrauschende Töpel und die ihren Lauf bestimmenden Felsen gegenüber sieht. Am Stamme der Buche steht mit goldnen Buchstaben die Worte Stahls Ruhe. – Es war diese Stelle schon früher der Lieblingsplatz des Kreishauptmanns Stahl, eines Freundes

des Lords. Ihm wurde diese Buche daher gewidmet. – Auf einer Chaußee so vortreflich, als sie vielleicht in Deutschland nirgend existirt, ebenfalls einem Werke des erwähnten Verschönerers von Carlsbad, wanderten wir die Papiermühle vorbey, nach dem Dorfe Birkenhammer, wo wir im freyen Kaffee tranken, und in Neubek[212] lasen. – Beym Zurückkehren sahen wir den Eisenhammer und die Papiermühle. – Wir liessen nun den Hammerberg links und gingen ganz unten im Thale nach Carlsbad zurück. Sehr viel Aehnlichkeit fand ich zwischen diesem Thale und dem Tharanter Grunde. Alles erinnerte uns hier an jenen. – Ueberall hat man hier die Felsen an beyden Seiten des Wegs mit Inschriften versehen, die auf weissen Tafeln gemalt oder eingegraben sind. Die meisten finden sich bey dem sogenannten Freundschaftssitze. Um sie alle zu lesen muß man an der einen Seite in das Bett der Töpel hinabsteigen, und an der andern die steilen Felsen hinan klettern. Wir thaten das nicht weil das, was wir an den bequemern Stellen lasen, uns eben nicht sehr auf das übrige begierig machte. Es sind meist wäßerigte Verse, durch Local oder individuelle Verhältniße der Verfasser veranlaßt, und ohne Interesse für den Dritten.

Bey Stahlsruhe verweilten wir noch einige Augenblicke. Zwischen Waldbergen und steilen, oft überhangenden Felsen zieht sich der Weg in malerischen Krümmungen nach einer, der Herzogin Dorothea von Curland[213] gewidmeten Rotunde hin, welche uns zur Rechten auf einer kleinen Felsenerhöhung dicht beschattet lag. Sitze gehen im Innern der Rotunde herum; in der Mitte steht ein Altar mit einer Schlangenumwundenen Urne. Zwey Inschriften stehen an den Seiten des Altars, die eine: „ach könnten wir vergangene Tage künftig machen." Die andere: „Dorotheens Aue – der Durchl. Herzogin von Curland geb. Gräfin von Medem gewidmet 1793."

Es war schon Dämmerung als wir in diesem einsamen Tempel ruheten und kaum konnten wir noch den vorbey rauschenden Bach und die jenseits desselben sich erhebenden Waldberge unterscheiden. – Der schöngeebnete, breite, mit jungen Bäumen besetzte und von Fels und Gebirg eingeschlossene Pfad führt von da in 2 Richtungen in die Stadt zurück. Als wir über eine der Brücken gingen, war die Waldcapelle schon wieder erhellet und in einigen Häusern an der Wiese bezeichneten noch einzelne erleuchtete Fenster die Wohnungen der wenigen noch anwesenden Curgäste.

Die Anlagen des Lord Findlater, die wir diesen Nachmittag erstiegen und durchstrichen haben, sind ganz neuen Ursprungs. Erst im vorigen Jahre wurden sie angefangen, und kaum, vor einigen Wochen sind sie vollendet. Carlsbad hatte, ehe sie geschaffen wurden, wenig Spatziergänge, und besonders wenige für Personen, die ihres Körperlichen Zustandes halber, geebneter bequemer Wege zu ihren Wanderungen bedürfen. Für diese haben die vortreflichen bequemen Gänge einen unendlichen Werth, so wie jedem Freunde der schönen Natur, der hier eine Zeitlang verweilet die Anlagen am Hammerberge den schönsten Genuß in den Umgebungen von Carlsbad gewähren. – Sehr viel haben wir an diesem heitern Tage in Carlsbad genossen, um so mehr, da wir auf schöne Beleuchtung bey dem grauen mit schwarzen Wolken behangenen Morgenhimmel, nicht rechnen konnten. Aber auch nur an einem so heitern Tage kann die Gegend um Carlsbad Reiz und Annehmlichkeit haben. Ohne Sonnenblicke und an einem dunkeln Tage müßen die grauen Felsen und die überall aus dem engen Thale bis an die Berggipfel emporschiessenden Tannen, die nur auf erhabenen Standpuncten einen Durchblick ins Freye gestatten, der Gegend etwas so düstres und melancholisches geben, daß nur dem Schwermüthigen, mit der ganzen Welt in Unfrieden Lebenden, dieses Thal gefallen kann. Ein Sonnenblick hingegen und die rauhe Gegend wird, wie durch den Schlag des Zauberstabes, aus einer Wüste die freundlichste Landschaft. Die Felsen röthen sich, der Wald verliert seine schwarze Farbe, sein dunkles Grün sticht malerisch mit dem hellen Teppich des Töpelgrundes ab, und die Schattenparthien der zurücktretenden, die lichten Stellen der hervortretenden Berge, bringen Mannigfaltigkeit und Leben in das sonst einsame Thal. – Sehr interessant muß es in der gewühlvollen Badezeit seyn, sich aus dem bunten Kreise, aus dem Strudel der sogenannten Vergnügungen des Badeorts, den Dejeunees, Bällen, Piqueniks pp sich hinauszubegeben in die stillen Gänge des Schattenthals, wo alles schweigt, und nur der Waldbach, bald durch Klippen rauschend, bald sanft in grünen Ufern hinfliessend, ein Bild des Lebens, an das Leben erinnert.

Eger, Dienstag d 7ten Sept.

Da unsre früh bestellten Pferde sehr lange auf sich warten liessen, so lasen Nante und ich miteinander, oder blätterten vielmehr in den Listen der in Carlsbad seit dem Aprill d. J. angekommenen Fremden. Was für Menschen kamen da zusammen, von welchen entgegengesetzten Himmelsstrichen; aus wie verschiedenen Absichten und Zwecken! – Auffallend waren uns besonders ein „Hr. von Poser, Oberstleutnant in Preusischen Diensten, wohnte in den 3 (warum nicht 4) Königen; und eine Frau Barbara von Kritschel Gemalin des Kaiserl. königl. Taback und Siegelgefällen[214] Administrations-Amtsexpeditors von Prag, wohnt in dem halben Monde." Die Frau muß sich doch selbst so, mit diesem etwas corpulenten Titel angegeben haben, wie käme sonst der Titel in die Liste? – In einer neuen Ausgabe seiner Kleinstädter, könnte Hr. von Kotzebu[215] von ihm Gebrauch machen, um die Volubilität[216] der Zunge der Schauspieler auf eine noch härtere Probe zu stellen.

Um 7 statt um 5 Uhr kam unser Schwager. – Als eben die lezten Häuser von Carlsbad hinter uns waren, befanden wir uns in einer ganz andern Gegend, in einem weiten Thale. In einer halben Stunde waren wir an der Eger, über die eine hölzerne Brücke ohne Geländer führt. Nur die wiederhohlte Versicherung unsers gutmüthigen Postillons: es sey gewiß nichts zu fürchten, konnte uns bestimmen im Wagen zu bleiben. Die Gegend bis Zwoda[217] 3 Meilen hat wenig ausgezeichnetes. Wir sahen viel schöne Wiesen, seit unserm Eintritt in Sachsen und auf dem ganzen Wege durch Böhmen etwas Seltnes; und viel Nadelholz stand auf den Höhen. Die Berge treten zurück. Der Boden bleibt immer bebauet. Wären aber auch die Landschaften um uns her elysisch gewesen, wir hätten sie nicht geniessen können, so ein arges auf und abfahren auf der ganzen Station und so über alle Beschreibung elend waren die Wege. Der Boden, der zäheste rothe Leim, war durch den Gewitterregen der vorlezten Nacht schon so weich und bindend geworden, daß ganze Lagen davon sich an die Räder hefteten, und sie bisweilen wirklich am Umlaufen gehindert wurden, dann aber war es noch am schönsten. Ja und vor den Dörfern, und überall da, wo eine seynsollende Wegebeßerung vorgenommen seyn mochte, lief der Wagen jeden Augenblick Gefahr, in seine ursprüngliche Bestandtheile gewaltsamer Weise aufgelöset zu werden. Aehnliche Wege muß es in Europa nicht mehr geben. Die Landstraße von Hamburg nach Lübeck, ist, gegen diese gehalten, die ebenste Chaußee. Daß die Bauern die überflüßigen Kiesel von ihrem Lande in den Weg werfen, davon ist garnicht einmal die Rede; aber das ist doch arg, dem Reisenden anzumuthen; sich über fußhohe, spitze in den Spuren liegenden Felsstücke mit dem einen Rade hinwegreissen zu lassen und dann wieder mit dem andern in den zähen Leim hinabzusinken. Und wirklich geht es so, und währt auf diese Weise Viertelstunden lang fort. – Jeden Augenblick fürchtete ich, ein Rad gebrochen auf der Seite liegen zu sehen. Daß es nicht geschah verdanken wir wohl vorzüglich unserm Postillon, der auf mein dringendes Bitten sehr vorsichtig fuhr, und dann der Erleichterung, die wir dem Wagen dadurch verschafften, daß wir, bis auf ein paar Stellen, die ganze Station samt und sonders zu Fuße machten. So beschwerlich das war, wegen des abscheulichen durchnäßten Leimbodens, und des heftigen Westwindes, der sich alle Mühe gab uns zurückzublasen, so wollten wir doch lieber diese Unannehmlichkeiten dulden, als die Gefahr eines Wagenbruchs durch das Sitzenbleiben herbeyführen. Es war Mittag geworden als wir in Zwode auf diese Weise anlangten. – Hier waren fürs erste keine Pferde auf Eger (3 Meilen) zu haben. Wir mußten es uns gefallen lassen, bey dem Hrn. Postmeister von Zwode, 2 lange Stunden, und zwar in seinem eignen Zimmer, ein anderes war nicht da, zuzubringen. Um die Zeit zu vertreiben, las ich die umherliegenden Zeitungen, wo ich mit sehr vielem Vergnügen die Vorschläge zu den Bedingungen gewahr wurde, unter denen Hannover zum Besitz von Osnabrück gelangen soll.[218]

Ein recht allerliebster Ton herrschte übrigens in diesem Posthause. Der Herr zankte fluchend mit seiner Frau, diese mit der Tochter, Beyde mit dem Gesinde. Es war nicht auszuhalten. Wir setzten uns lieber in den Wagen, und erwarteten da die Ankunft der Pferde um nicht das ewige Bellen und Widerbellen länger anzuhören.

Etwas leidlicher wurde doch die Straße hinter Zwoda, wir konnten doch ohne Gefahr im Wagen bleiben, wenn gleich der Weg holprigt und unbequem genug war. – Ungefähr auf dem halben Wege bis Eger sahen wir links das Kloster Culm, welches auf einer Höhe mit seinen weissen Gebäuden sich gar stattlich präsentirt. Nicht fern davon begegnete uns eine Schaar von zierlich geputzten Bauern und Bäuerinnen, die auf das Kloster, aus voller Kehle singend, lossteuerten. Es war eine Wallfahrt wegen des morgen einfallenden Festes: Mariä Geburt. Dem ersten Zuge folgten mehrere, und weiterhin trafen wir am Wege viele Dorfschönheiten, die bis dahin baarfuß gegangen waren, jetzt aber in der Nähe des Klosters aus den Taschen Schuhe und Strümpfe hervorhohlten, um sich damit zu bekleiden. Ganze Gruppen sassen auf dem Rasen, auf diese Weise ämsig beschäftigt. Das schöne Geschlecht scheint hier auch das frömmere zu seyn; gegen 1 Mann waren wenigstens 5 Frauen auf der heiligen Wanderung, oder schickten sich dazu an. Die Männer hatten sich weniger der heiligen Jungfrau zu Ehren festlich geschmückt, daß sie sich, wie die Weiber auf offner Landstraße mit der Toilette abgaben, habe ich noch weniger gesehen. Hinter dem Dorfe Katzengrün wurde der Weg merklich beßer, und von da bis Eger (1 ½ Stunde) ging es leidlich. Je mehr wir uns Eger näherten, desto breiter wurde das Thal, desto mehr entfernten sich die Gebirge. Die Stadt sahen wir lange, aber es währte eine Ewigkeit ehe wir sie erreichten. Manche Anhöhe mußte noch umfahren und mancher Hohlweg passirt werden, ehe wir die Mauern der alten Stadt erreichten, die, mit den daran stehenden Thürmen, ihre Befestigung ausmachen. – Durch ein altes, Grausenerregendes Thor fuhren wir in die alte Stadt hinein, und langten um 6 Uhr Abends vor dem Hirsche am Markte an, wo uns ein geräumiges gutes Zimmer angewiesen wurde. Unser erster Gang war nach dem alten Schloße durch Wallensteins Schicksal merkwürdig.[219] Wir fanden eine Ruine. Das Schloß wurde in den lezten Jahren des 30jährigen Kriegs von den Schweden zerstört. Die Kirche ist noch erhalten und von dem niedrigen Thurme zeigte unser Begleiter uns den Saal, wo Wallensteins Oficiere ermordet seyn sollen. Der Saal war oben offen, da das Dach des Gebäudes zertrümmert ist, und wir sahen nichts als leere Wände und Fensteröffnungen von Gothischer Form. Der Phantasie bleibt freyer Spielraum sich hier alles auszumalen. Wallenstein selbst fand, wie wir ungern hörten, hier seinen Tod nicht, sondern in einem Hause, welches der Gouverneur oder Commandant in der Stadt bewohnt. – Das Bild des seltnen Mannes, dessen Ges[ch]ichte in Nacht gehüllt ist, wenigstens in so fern von den Motiven seines Handelns die Rede ist, hängt hier auf dem Rathhause. Gern hätten wir es gesehen, aber der Rathhausdiener oder Castellan war ausgegangen, und Niemand konnte zu dem Schlüssel kommen. Wir bedauerten es sehr, dies Bild nicht sehen zu können. – Weiter war für uns keine Merkwürdigkeit in Eger, das mit seinen lichten Häusern, und den dazwischen liegenden ältern, sich so übel nicht ausnimmt. Wir gingen zu Hause und erwarteten sehnlichst den Augenblick der uns, auf die Last des Tages, erquiken sollte. Der ersehnte Augenblick kam und erquikte. – Morgen in aller Frühe verlassen wir Eger, um uns nach Franken hin zu wenden. Zuerst auf Bayreuth 7 Meile von hier.

Auf der ersten Station von Eger nach Thiersheim, gingen wir diesen Morgen aus Böhmen nach Franken über. Die Gränze wird nicht so stark, als die, zwischen Sachsen und jenem Königreiche bezeichnet. Ein Crucifix jenseits der Brükke, ein Preußischer Adler[220] disseits, machten uns blos den Uebergang bemerklich. In Mühlheim, dem Kaiserlichem Gränzorte, einige Stunden von Eger, mußte unser Paß wieder unterzeichnet werden, wie das vor dem Eintritte in Böhmen, bey dem ersten Kaiserlichen Gränzort, und hernach in Eger geschehen war. Ich begreife nicht, wozu diese Ceremonie, denn weiter ist es doch nichts, Nutzen soll, da sie auch nicht einmal dem Unterschreibenden etwas einbringt. In dem ersten Preußisch-bayreuthischen Dorfe Schirmettingen[221] wurde die Vorzeigung unsers Paßes überall nicht verlangt, und der Visitator oder Weggeldeinnehmer hatte nur die einzige Frage: ob wir auch Ebräer wären?[222] Bey meiner Verneinung beruhigte er sich sogleich, ohne auf Beweise unsers Christenthums zu bestehen. – Nach dem Eintritt in die Markgrafschaft Bayreuth verschwinden die Heiligenbilder und Crucifixe gänzlich, und an ihre Stelle treten in den Dörfern die sogenannten Kirmeß oder Kirchmeßbäume, hohe Stangen, den Freiheitsbäumen ähnlich, deren Abbildungen ich sah. Die Straßenbetteley verschwindet mit den Heiligen. Die eigenen catholischen Gesichtsbildungen hören auf; die Kleidung des Landmanns ändert sich; und, was dem Reisenden, er gehöre zu welcher Classe er wolle, am meisten und am angenehmsten auffällt, die Wege beßern sich; statt der ungeebneten Leimstraßen, kommen hie und da Chaußeen zum Vorschein. Sind sie auch nicht so gut als die oesterreichschen, so halten sie doch länger an, und der Abstich zwischen Chaußee und Nichtchaußee ist nicht so grell als in Böhmen. Sehr wohlthätig fürs Auge sind die Wiesen, die wir bald nach dem Eintritt in Franken gewahr wurden, und die man in Böhmen, auf unserm Wege wenigstens, fast garnicht antrifft. Etwas mehr Obstbäume und Laubholz steht hier auch wieder an, oder unfern der Landstraße, die Häuser in den Dörfern sind nicht mehr mit Schindeln allein, sondern auch zum Theil mit Stroh, zum Theil mit Ziegeln gedeckt; und mit der fränkischen Gränze nimmt ein höherer Grad von Reinlichkeit an und in den Wohnungen seinen Anfang, wenn diese Veränderung gleich, weiterhin erst recht auffallend wird. – In Thiersheim, der ersten Station (2 ½ M. v. Eger) mußten wir eine Ewigkeit nach Pferden warten. Auf dem Wege von da bis Weissenstadt (2 Meile) sahen wir den Ochsenkopf, die höchste Spitze des Fichtelbergs, in einer Entfernung von etwa 2 bis 3 Stunden von uns. Von Weissenstadt kann man in ein paar Stunden bequem bis zu dieser Spitze kommen. – Sehr unmerklich waren wir von Eger aus bis zu dieser Höhe gelangt. Da der Weg wie gestern und seit einigen Tagen, noch immer berg auf und Bergab lief, so hatten wir es kaum bemerkt, daß die Strecken, die wir hinauf fuhren, viel bedeutender waren, als die, wo es von den Höhen hinabging. Endlich mußten wir es aber wohl gewahr werden, daß wir ungewöhnlich über die Meeresfläche uns erhoben befanden, da bey Weissenstadt wieder kein anders Holz als Nadelholz grünte; da hier noch alles mit Mähen des Getraides beschäftigt war, und noch viel ungemäht auf den Feldern stand; da die Spitze des Fichtelbergs, bey der Nähe der selben, uns so niedrig erschien, als wäre es eine ganz gewöhnliche Höhe (wovon das Gegentheil uns doch ganz wohl bekannt war); da wir an dem heitern schönen Tage, eine solche Kälte fühlten, daß uns um Mittag die Ueberröcke sehr wohl thaten; und da in Weissenstadt das Gastzimmer tüchtig geheizt war. – Gern hätten wir von da einen Abstecher nach dem Ochsenkopfe, nächst dem Brocken vielleicht die höchste Bergspitze in Deutschland, gemacht, aber wir hätten beynahe einen Tag daran wenden müßen, und den durften wir, bey unserer genau zugeschnittenen Zeit, nicht dazu hergeben. Ich tröstete mich denn auch damit, daß man so selten von hohen Bergen herab, eines freyen Umblicks genießt; (ich hatte die traurige Erfahrung schon zweymal am Brocken gemacht) und daß am Ende eine Aussicht in die unendliche Weite –

für mich wenigstens – keine schöne Aussicht ist. Eben hinter Weissenstadt, wo wir schon in der Stadt das Rad sperren mußten, so jähe ging es zum Thore hinab, hatten wir rechts einen herrlichen Landsee, mit holzbewachsenen Anhöhen rings umgeben, ein Anblick, der mich ganz nach Holstein versetzte. Auch begegneten wir auf dem Wege bis zum Städtchen Berneck (2 ½ Meile) den weissen Mayn, und, wenn ich nicht irre, zu wiederholten malen die Eger, hier kleine Bäche, die auf oder neben den Fichtelberg ihren Ursprung haben.

Kurz vor Berneck wird die Gegend, die ausser jener Landsee-Parthie selten malerisch, wenn gleich Korn-Wiesen- und Waldreich war, wieder höchst interessant. – Zwey Reihen von Nadelholzbergen treten hier nahe zusammen, und bilden eine enge Schlucht, durch welche ein gutgeebneter Fahrweg läuft. Ein kleiner Bach fließt in diesem Thale. – Am schönsten ist dies enge Thal da, wo links über den hohen Tannen die Ruinen von 3 nahe aneinanderliegenden Bergschlössern hervortreten, wovon einiges, wie der am meisten rechts stehende Thurm, noch sehr gut unterhalten ist. Der Blick war um so schöner, da die Sonne bereits so tief stand, daß sie bloß noch die Ruinen und die Höhe worauf sie liegen, nebst den höchsten Gipfeln der Tannen im Thale, vergoldete. Alles übrige war schon in nächtliche Schatten gehüllt. – Bey näherer Betrachtung schien es mir doch, daß sämmtliche Ruinen wohl zu einem großen Bergschloße gehörten, und daß die Zerstörungen des Krieges und der Zeit, welche die Verbindungen zwischen dem weitläuftigen Gemäuer trennten, jene Täuschung, als ob es Ueberbleibsel von 3 verschiedenen Schlössern wären, hervorbrachte. Schwerlich hätte man in den Zeiten, wo niemand einander traute 3 Vesten so nahe aneinander hingebaut, oder gestattet, daß es geschähe. Der Zweck jeder einzelnen würde dadurch vereitelt worden seyn.

Das Städtchen Berneck liegt malerisch unter den Ruinen im Thale. Gebirg und schroffe Felsen bilden das Thal. – Von da bis Bayreuth 2 Meilen auf einer ununterbrochnen Chaußee. Das Thal erweitert sich bald, und statt der Felsen und hohen Berge erscheinen in weiterer Ferne schöngeformte Hügel, die eine weite fruchtbare Ebene einschliessen. Es war schon zu dunkel geworden, um die einzelnen Gegenstände genau zu unterscheiden, doch unterschieden wir, eine Stunde von Bayreuth, wo wir eine steile Anhöhe hinab fuhren, im Mondlichte die Stadt, und mehrere Dörfer. – Um 9 Uhr fuhren wir in der Vorstadt Brandenburg, deren grade breite Gassen und hübsche Häuser auf eine schöne Stadt vorbereiteten. Eine Allee verbindet diese Vorstadt mit der ehemaligen Residenz. Ohne durch ein Thor zu passiren, gelangten wir in die Stadt, deren schöngepflasterte Straßen, und hohe, zum Theil prachtvolle Gebäude der Erwartung, zu welcher uns die Vorstadt berechtigte, entsprachen. – In dem goldnen Anker, einem Logis, welches Freund B. uns empfohlen hatte, wurde uns ein Prachtzimmer mit getäfeltem Boden, vergoldeten Meubeln, seidnen Gardinen und Ueberzügen, Porcelainaufsätzen pp angewiesen, von dem wir nicht glauben konnten, daß es uns bestimmt sey. Da sich dieses indeß bestätigte so nahmen wir ruhig den goldenen Saal in Besitz.

Hohlfeld, Donnerstag d 9ten Sept.

Als wir diesen Morgen uns mit der Aussenseite von Bayreuth näher bekannt machten, fanden wir manches von dem, was wir gestern im Mondenscheine zu sehen glaubten, bestätigt, doch hatte das magische Licht einiges verschönert, und unter den Flügeln des Abends war manche Ungestaltheit der Stadt unsern Augen verborgen geblieben. – Bayreuth ist mit seinen breiten, gutgepflasterten, und hie und da mit recht hübschen Häusern besetzten Straßen ein niedliches Städtchen, und einige Gassen, z.b. die Friedrichsstraße würden eine große Residenz nicht verunzieren. Doch sind einige der größern Gebäude, das alte und neue Schloß pp nur groß, nicht regelmäßig und schön. Wie wir diese Gebäude gestern Abend sahen, konnten sie imponiren, beym Sonnenlichte

Bayreuth, 1847

konnten sie es nicht mehr. – Die Häuser könnten indessen immer noch weniger schön seyn, und der heitre Ort würde doch gefallen, wenn nicht Verfall allem an die Stirne geschrieben wäre, was man von lebendiges und lebloses in Bayreuth gewahr wird. Die einzelnen vorbeyrollenden, glänzenden Equipagen dürfen uns nicht täuschen, so wenig als die einzelnen Prachtgebäude, z.b. das Opernhaus. Jene gehören den Preußischen, nach Bayreuth gesetzten vornehmen Beamten, und ihre Frauen und Töchter sind es die in Seide gehüllt uns in der Berline vorbeyfliegen. Diese, die größern Gebäude, gehören in so fern es Privatgebäude sind, größtentheils den Inhabern der Equipagen; und den öffentlichen Gebäuden sieht man es, bey näherer Betrachtung bald an, daß sie in einer, für die Stadt beßern Zeit, da das Land seinen eignen Fürsten hatte, ihr Entstehen fanden. – Daß die Einwohner der Stadt ihrem Fürsten fluchen, der früher als es die Nothwendigkeit forderte, verleitet von einer ausländischen Buhlerin, sie dem eisernen Preußischen Joche überlieferte[223], ist sehr natürlich, da von diesem Zeitpuncte an sich die zweyte Periode des Verfalls von Bayreuth datirt. Sie verlohren schon viel als die Bayreuthische Linie ausstarb, die Stadt der Aufenthalt prachtliebender eigner Fürsten, wurde ein Nebenort der Ansbachschen Linie, und fing an zu sinken, aber doch langsamer als von dem Augenblick an, da, mit der entzogenen Erwerbsquelle, noch das drückende Preußische Accise- und Militairwesen auf den Untergang des Orts loszuarbeiten anfing, und statt des ehemaligen Glanzes des eignen Hofs, die gesuchteste Oeconomie der Königl. Landesverwaltung eintrat. Der gemeine Mann würde den Markgrafen Alexander, der ihn, wie er laut sagt, an Preußen verkaufte und noch mehr seine Geliebte, die ihm das Land verleidet haben soll, mißhandeln, wenn sie jemals wieder die Gränzen der Stadt beträten. – Gern sprachen die Leute von der vorigen Zeit, besonders von ihrem Markgrafen Friedrich[224], der durch seine Prachtliebe das Fürstenthum bis 1763 mit Schulden überlud. Es sey doch damals Geld im Umlauf, und was zu verdienen gewesen, meinen sie, jetzt sey zwar Ordnung, aber – kein Brod zu gewinnen, und von den Abgaben, die in den Schlund der Preußischen Monarchie fielen, komme den Bayreuthern wenig zu Gute. – Die Unruhen des lezten Kriegs[225] brachten der Stadt, eben weil sie Preußisch war, manche Vortheile, sie wurde ein Asyl für französische und deutsche zum Theil vornehme Emigrirte, aber mit dem allgemeinen Frieden verlohren sie diese momentanen Vortheile wieder, und die jetzt aufs neue entvölkerte Stadt fühlte ihre Lage um so schlimmer. – Die Oeconomie, zu der jeder gezwungen ist, der gerade nicht eine Bedienung hat, die Einsamkeit und Stille auf den Gassen, contrastiren sonderbar genug mit den Ueberbleibseln aus den glänzenden Zeiten des ehemaligen, Pracht und Aufwand liebenden Hofs. Ein Opernhaus, wie das hiesige, ein Lustschloß, wie die Eremitage haben wenige größere deutsche Residenzen in und neben sich. – Das Opernhaus würde nicht der Größe, aber der Eleganz und dem Reichthum an Verzierungen nach, sich für Wien, Paris oder London passen. Es ist von Graustein, den Vorsprung trägt eine Säulenreihe. Die, im Innern an den Pfeilern, Loge, Proscenium pp verschwendete Vergoldung kostete dem Markgrafen Friedrich, der es bauete, (bey der

Vermälung seiner Tochter an den Herzog von Wirtenberg) mehr als 80.000 Gulden. Es ist mit Gold und Schnitzwerk überladen, indessen sieht man darinn allenfalls bey einem Opernhause nach, wenn nur etwas Geschmack in der ganzen Anordnung der Decorationen herrschte. So wie es ist, konnte das Ding nur blenden, nie gefallen. – Zu Theatralischen Vorstellungen wird das Haus lange nicht mehr gebraucht, die Theaterdecorationen fehlen, und es gehört zu viel Holz dazu, um das große Gebäude im Winter zu wärmen, was hier nun einmal das Publicum verlangt. – Zulezt hat man das Haus noch als Redoutensaal gebraucht, als vor ein paar Jahren der König und die Königinn von Preußen hier waren. Das Theater war damals glänzend illuminirt und im Hintergrunde stand ein, aus Glaßröhren zusammengesetzter Tempel, mit dem Bilde der Friedensgöttin, und an den Seiten mit den Nahmenszügen des Königs und der Königin geziert. Das Ganze ist noch in dem Zustande, wie es bey jenem Feste geordnet und eingerichtet war, und es ließ sich aus dem was wir sahen, schliessen, daß die transparenten Säulen und Zierden des Friedenstempels, in diesem hohen und weiten Saale eine vorzügliche Wirkung gemacht haben müßen. – Vormals wurden auf diesem mehr als 50 Schritte tiefen und 36 Schritte breitem Theater Opern gegeben, wovon eine einzige oft mehrere 1000 G[ulden] – für einen Markgrafen von Bayreuth, – keine unbedeutenden Summe – kostete. Eine Italienische Sängerschaar und ein ansehnliches Orchester waren im Dienste des Fürsten. – Von diesem ist keine Spur mehr vorhanden, und das Haus der Freude verfällt, mit der entvölkerten Freudenarmen Stadt.

Wir waren heute Morgen noch in der sogenannten Eremitage, einem ehemaligen Markgräflichen Lustorte, den der Nahmen so wenig bezeichnet, als dieser Lustort mit seinen Anlagen dem Lande angemessen war. – Die Eremitage liegt ¾ Stunden von Bayreuth. Eine Allee führt dahin. Wir sahen ein altes Schloß, daß sich eben nicht auszeichnet, den sogenannten Sonnentempel, eine, wenn ich nicht irre, vom Markgrafen Friedrich erbauete fürstliche Wohnung, von aussen mit Marmorstückchen belegt, die mit Kitt verbunden sind. Eine andre Farbe hat die Wand, die Säulen, deren Verzierungen pp. Der Pavillon mit seinen Flügeln bildet einen Halbcirkel. Man sieht nichts ausgefallnes oder verwittertes. Die Composition ist, oder hat sich vorzüglich gut erhalten. Hinter dem Gebäude ist ein Teich mit Tritonen[226] und Wasserungeheuern, die, wir mochten sehen wollen oder nicht, uns ihre Kunst im Wasserspeyen zeigen mußten. – Schön und täuschend sind einige mit Moos und Epheu bewachsene künstliche Ruinen von Tempeln, Bäder pp und ein Theater von Sandstein mit gewölbten Friesen. Oben auf den Bögen wachsen Tannen, wie aus Felsen, schlank und kühn hervor. Die Coulissen machen die 5 Pfeiler, worauf eben so viele Bogen ruhen, und den Hintergrund die bergigte Landschaft aus, die durch das hinter dem Theater gepflanzte Strauchwerk gebrochen wird. – Eine angemeßene Vorstellung in diesem Local muß etwas eigenes und anziehendes gehabt haben. – Vormals wurde von Zeit zu Zeit hier ein Schauspiel gegeben, wo der Hof als Zuschauer auf dem Rasenplatze vor der Bühne sich lagerte. – Künstlich genug, und für einen Augenblick unterhaltend ist eine Grotte, unter dem alten Schloße, aus der überall Fontainen hervorspringen, deren Bögen nach bestimmten Richtungen sich begegnen oder durchkreuzen. – Das schlechteste von allen ist die elende Ausführung der abgedroschenen Idee eines Parnasses mit der Hypocrene[227] den 9 Musen und ihrem Chef. Die Musen an den künstlichen Felsen hingeklebt, gleichen eher unsern ehrsamen Fischdamen von St. Stephan[228] und den aus der Kohlhöckerstraße als, den hohen Göttinnen des Olymps.

Ehemals lagen diese Tempel, Ruinen pp in artigen Heckengängen die von Meister Schneiderscherens Hand alljährlich auf das zierlichste zurechtgeschnitzt wurden; seit die Markgrafschaft unter Preußischer Herrschaft ist, hat der Landesdirigirende Minister von Hardenberg[229], oder vielmehr seine Gemalin, die Hand des Schneiders gezügelt und den steifen Garten in einen sehr angenehmen Park verwandelt, wo den[n] freylich jene Gebäude, den Poissardenberg[230] abgerechnet – , besser an ihrem Orte stehen. Das Local eignet sich ganz zu einer solchen freyen Anlage, da der Garten sich an einen Hügel hinzieht, von dessen Spitze wir einen schönen Blick in das fruchtbare Thal von Bayreuth, auf das nahe Dorf Johannes mit seinem Thurme, die Vorstadt Brandenburg und die fernen blauen Höhen hatten, welche das Thal einschliessen. – Hier, wo wir uns ganz dem Vergnügen überliessen, das die reiche Gegend uns gewährte, mußten wir noch einmal zu den Künsteleyen zurück, deren wir schon so manche gesehen hatten. Der Fontainenmeister wollte uns an einem Springbrunnen, der auf dieser Anhöhe steht, durchaus einige Werke seiner Phantasie zeigen, und wir mußten sie schon sehen. – Je weniger wir erwartet hatten, um desto mehr wurden wir überrascht. Der Mann ist ein Künstler in seinem Fache. Durch blecherne Maschinen, die er aufschrob, und durch die Direcktion des herzufließenden Wassers, wußte er Wassersonnen- und Sterne, Wasserschwärmer- und Raketen hervorzubringen, die im Sonnenglanze sich sehr niedlich darstellten. Besonders gut nahm es sich aus, wenn die aufsteigende Wassersäule, in größern und kleinern Kugeln zertheilt, wieder herabsank. Die ganze Luft blitzte, wenn er dieses Experiment machte, als wären Brillanten umher verstreut. Ich gebe zu, daß solche Dinge nicht an diesen, dem Genuße der schönen Natur geweiheten Orte gehörten; daß es vielleicht Spielereyen waren, aber sind unsere prächtigsten Feuerwerke etwas mehr als diese Wasserwerke?

Ehe wir Bayreuth verliessen machten wir noch einen Gang durch den Schloßgarten, jetzt auch eine sogenannte Englische Anlage, die sich aber durch Nichts auszeichnet. – Um Morgen recht früh Bamberg zu erreichen, fuhren wir diesen Nachmittag um 4 Uhr aus Bayreuth, so sehr es uns auch von unserm Wirthe widerrathen wurde, der uns hier in Hohlfeld ein elendes Nachtquartir prophezeyhete. Wir wären diesem Rathe noch wohl gefolgt, wenn er nicht erst da, als die Pferde schon bestellt waren, folglich zu spät, gekommen wäre. Wir hätten einen sehr angenehmen Abend in der herrlichen Gegend von Bayreuth zubringen können. Das Thal worinn die Stadt liegt, ist eines der schönsten, die ich in Deutschland kenne; hätte es einen Fluß oder Landsee, ich würde ihm unbedingt den ersten Rang anweisen. Es ist weit genug, um überall einen freyen Blick in die Ferne zu gestatten; und eng genug, um überall die entgegengesetzten Anhöhen klar unterscheiden zu können. Bin ich auf der Ebene, so wandle ich auf einem schönen Rasen, und Obstgärten oder Gruppen von wilden Bäumen und Gesträuchen umgeben mich. Wo diese einen Durchblick gestatten, ruhet das Auge gern auf den angebaueten oder bewachsenen Hügeln, über welche die fernen blauen Gebirge hervorragen. Besteige ich eine jener nähern Anhöhen, so liegt ein wiesenreiches angebautes mit Dörfern übersaetes Land vor mir, und mein Blick streift über die niedrigern Hügel bis zu dem Fuße der begränzenden Berge hin. Suche ich eine rauhere Natur, enge Schluchten, Felsenmassen? Kaum eine Stunde von der Stadt, in der Nähe des Lustschlosses Phantasie, bey dem Dorfe Ekisdorf[231] finde ich, was ich suche. – Daß der herrliche Abend an dem wir heute durch diese Gegenden fuhren, und die vortrefliche Beleuchtung mir einen Streich gespielt und mir Schönheiten hingezaubert habe, die andere hier nicht fanden, und die ich selbst nicht wieder finden würde, will ich doch nicht hoffen. Das weiß ich, daß wir beyde es so fanden, und daß wir selbst bedauerten, nicht einige Tage für diese Gegend bestimmen zu können. – Das Schloß Phantasie und seinen Garten mußten wir ungesehen lassen, wenn wir nicht bis in die Nacht fahren wollten. Es gehört einem Prinzen von Wirtenberg[232], der im Russischem Militair ist, und wird gegenwärtig von der Großfürstin von Rußland, der Gemalin Constantins[233] bewohnt, die ihrem Unholde entflohen ist, und nicht wieder zu ihm zurück will.

Bis zur Hälfte der Station waren wir auf einer guten Chaußee gefahren, die auf kleinern Anhöhen, neben herrlichen Wiesen von Holz umschlossen, hinläuft. Oft sahen wir zurük in das Eden, das wir verlassen hatten, von der untergehenden Sonne auf das schönste beleuchtet. – Wo die Straße aufhört, werden die Hügel, über die der Weg sich zieht, zu Bergen, und eine gute Stunde von Hohlfeld fängt ein Tannenwald an, der bis hieher anhält. Da der Weg steinigt und schlimm zu werden begann, so stiegen wir aus, und gingen vor dem Wagen, der nur langsam fahren konnte, her. Die vielen heiligen Bilder und Kreuze an der Straße, und der Anfall von bettelnden Kindern in den Dörfern, deutete den Uebergang in das Bisthum Bamberg an. Unser zu rascher Gang hätte uns beynahe einen fatalen Streich gespielt. Im Tannenwalde, wo es schon dunkel war, verfehlten wir den rechten Weg. Ehe wir es uns versahen, hörten wir in einiger Entfernung einen Wagen vorbey rollen, der, wie wir vermutheten, und wie sich auch nachher fand, der unsrige war. Alles Rufen war vergebens. Wir versuchten durch das Dikkigt auf den rechten Weg zu kommen, es ging nicht, und wir mußten umkehren, woher wir gekommen waren. Zwar fanden wir bald die Straße, die der Postillon genommen hatte allein er war uns weit zuvor gekommen, da er in der Voraussetzung: wir wären noch immer voraus, auf dem jetzt ebenern Wege, rasch zu gefahren war. Was war zu thun, wenn 2 Wege sich trenten? Alles laufen und Schreyen war vergebens, und kein Mensch begegnete uns, den wir fragen konnten. – Endlich hörten wir in der Ferne, vor uns blasen. Wir rannten diesem Puncte zu, kein Wagen war zu finden. – Diese für uns, die Hauptacteurs, eben nicht sehr interessante Scene, wurde mehrmals wiederhohlt, bis endlich der Schwager und Hinrich, nach reiflicher Erwägung der Sache, es doch für das Zweckmäßigste gehalten hatten, stille zu halten, und durch die lauten Töne des Posthorns uns von dem Orte, wo dieser weise Entschluß zur Ausführung gediehen war, zu unterrichten. Ermüdet und heiß gelangten wir zu ihnen, und konnten, um uns nicht zu erkälten, doch nicht aufsteigen. So machten wir denn auch den Rest der Station, aber nun hinter dem Wagen, zu Fuße.

Unser heutiges Nachtquartir ist freylich dem gestrigen etwas unähnlich. Dort eine zu reich besetzte Tafel, seidene Canapees, vortrefliche bequeme Betten; hier, kaum ein wenig altes Weißbrodt, hölzerne ungepolsterte Bauernstühle, und für zwey Personen, ein einschläfriges Bett, dessen Hauptbestandtheile – Stroh ist! Aber unsere Wirthe sind freundliche gutmüthige Leute, die gern alles, was sie haben, hergeben, und aufrichtig bedauern, nichts Beßeres geben zu können. Wer wollte da wohl Unzufriedenheit äußern! Beym Eintritt ins Haus begegneten wir sogleich einen Besitzergreifer, oder vielmehr das Werkzeug eines solchen, einen Bayerschen Soldaten, der bey unserm Wirthe seit Montag ins Quartir gerückt ist.[234] Es sind ihrer 50 hier, von einem Unteroficier commandirt. Sie haben, wie mir der Hausherr sagt, große Dinge vor, der besagte Commandant von Hohlfeld, glaubt nämlich die Preußen hätten die Absicht, ihn von hier zu verjagen. Er will aber Gewalt mit Gewalt vertreiben – wenn er stark genug dazu ist, versteht sich. Ich suchte unsern ehrlichen Wirth, der einen kleinen Krieg im Orte erwartete, zu beruhigen, aber es wollte nicht gelingen. Krieg, Hungersnoth und Pestilenz steckten ihm zu fest im Kopfe, als daß ich stark genug gewesen wäre, mit meinen Gründen diese Unholde zu vertreiben. – Gern hörte ich hier, auf der Gränze, und ohne dazu Veranlassung zu geben, das Lob des verstorbenen Bischofs von Bamberg und Würzburg Franz Ludwig von Erthal[235]. Das sey ein Mann gewesen, gerecht und thätig und für aller Unterthanen Wohl besorgt, meinte der Wirth, aber der jetzige? Der bekümmere sich um nichts, und lasse blos seine Räthe wirthschaften. Statt so eines Herrn sey der Bayerfürst beßer. Der werde schon Wandel schaffen; nur müße die Einquartirung nicht zu lange währen pp. – Ich wünsche den guten Hohlfeldern eine baldige Erfüllung ihrer Hoffnung, und mir, daß ich auf diesem Lager, was ich schon seit einer halben Stunde mit den Augen meße, und immer für 2 Personen zu eng finde, so viel Platz gewinnen möge, um die müden Glieder ruhen zu lassen. Die Augen, das merke ich wohl, werden sich dann bald schliessen.

Bamberg, Freitag, d 10ten Sept.

Es ward uns nicht sehr schwer, uns heute Morgen von der harten unbequemen Lagerstätte loszumachen. Um 6 Uhr waren wir schon auf dem Wege nach Würgau (2 Meilen). Wie wir auf der lezten Meile vor Hohlfeld nichts als Tannen um uns gesehen hatten, so auch hinter Hohlfeld nichts als Tannen. Nirgends Laubholz, keine Spur von der vielgepriesenen Fruchtbarkeit des Bodens in Franken. Die Gegend einförmig, die Landstraße schlecht. – Kurz vor Würgau verändert sich die Landschaft auf einmal. Wir fuhren zwischen Wald und Felsen in ein tiefes Thal hinab, rauh zwar, aber voll Abwechselung und Mannichfaltigkeit. Hier, und schon zwischendurch auf dem Wege vorher bemerkten wir, daß das rechte Hinterrad des Wagens die Leiter berührte. Je näher wir Würgau kamen, desto stärker und anhaltender wurde dieses Anschlagen. Ich ließ auf der Station den Postmeister sein Urtheil über dieses Ereigniß sagen. Er konnte die Ursache nicht ergründen. Als indessen der Wagen geschmiert wurde, fand sich die Ursache gleich, die neue, erst in Podersam verfertigte Achse war schon wieder gebrochen, wenigstens so verlezt, daß es nur eines heftigen Stoßes bedurft hätte, um einen neuen Unfall auf der Landstraße herbey zu führen. Postmeister und Postillion waren indeß der Meinung: bis Bamberg würde der lahme Arm noch wohl halten, wenn vorsichtig gefahren würde. Mir war es freylich, um den Aufenthalt zu vermeiden, lieber, wenn der Wagen so wie er war nach Bamberg geschleppt werden konnte, doch wollten wir es nicht wagen uns hineinzusetzen; wir beschlossen vielmehr den Weg bis Bamberg (2 Meilen) neben dem Fuhrwerk her, zu Fuße zu machen. Da noch nicht vollends angespannt war, gingen wir auf der Chaußee voraus, Hinrich blieb beym Wagen zurück. Kaum mochten wir ¼ Stunde gegangen seyn, als wir hinter uns schreien hörten, und als wir stehen blieben, und uns umsahen, einen Menschen gewahr wurden, der alles was er vermochte, unter beständigen Winken, auf uns zu lief. Wir konnten schon die Trauerpost vermuthen. Wie er näher kam, verkündigte er: nicht 20 Schritte vom Posthause sey die Achse vollends gebrochen, und der Wagen umgefallen, doch setzte er tröstend hinzu: das Niedersinken des Wagens sey vor einer Schmiede geschehen, und alle Hände waren schon in Bewegung die Nothachse daran zu befestigen. Wir mußten nun wohl nach Würgau zurück, wo wir alles so fanden, wie uns berichtet worden. In einer guten Stunde, und für 12 Kreuzer die der Schmidt nur forderte, war alles wieder im Stande. Diesmal, wie fast immer war viel Glück bey dem Unglück. Wäre gestern Abend in dem Tannenwalde vor Hohlfeld der Bruch erfolgt, wir wären in die größte Verlegenheit, und wäre die Achse zwischen den Felsen vor Würgau gebrochen, wir wären beym Umschlagen des Wagens in Lebensgefahr gekommen. – Dergleichen Betrachtungen können nun wohl den Unmuth schwächen, aber ganz aufheben können sie ihn nicht. Den Rademacher zu Podersam, der uns ganz offenbar betrogen hat, sagte ich in der verdrießlichen Stimmung manche Artigkeiten, wobey ich nur in diesem Augenblicke noch bedaure, daß er nicht Ohrenzeuge davon war. – Nach und nach, vielleicht durch die, freylich sehr am unrechten Orte angebrachten Lobeserhebungen des vorhingemeldeten Hrn. Rademachers, und noch mehr durch Nantens Zuspruch und die Beruhigungsworte des Schwagers: daß nirgend beßer Wagenarbeit gemacht werde als zu Bamberg kam ich wieder zu der Ueberzeugung, daß es beßer sey das gegenwärtige Gute zu geniessen, und das vergangene Schlimme zu vergessen, als durch unnütze Grübeleyen sich muthwillig um den Genuß einer schönen Gegenwart zu bringen. – Als diese Ueberzeugung ihre Wirkungen zu äussern anfing, und ich mich wieder umsah nach den Gegenständen um uns, fand ich daß der Wagen auf einer vortreflichen Chaußee fortrollete, Fruchtbäume standen in Reihen an der Landstraße, und in Gruppen auf den Feldern. Große Wiesenflächen dehnten sich häufig an beyden Seiten des Weges hin. Ueberall war schöner grüner Boden (ein Contrast gegen das braune Böhmen) denn, wo die Wiesengründe aufhörten, auf den Höhen und Aekern,

Bamberger Dom und Alte Hofhaltung, 1819

war alles mit Rüben besäet, die schon hervor keimten, und den Boden mit frischem Grün färbten. Hügel mit Wald bedeckt, oder vom Fuß bis zur Spitze bebauet, begränzten überall die lachenden Fluren. Eigentliches Gebirg zeigte sich selten. Viele Dörfer trafen wir auf dieser Strecke, die sich durch schöne Kirchen, reinliche, weiße mit Ziegeln gedeckte Häuser, die sich fast noch vor den Sächsischen – von den Dörfern in Böhmen ist gar nicht die Rede – auszeichneten. Auch die Einwohner hatten ein gesundes Aussehen, ihre Kleidung ist gut und ordentlich wie ihre Wohnungen; sie schienen weniger von den Fesseln ihrer Kirche niedergedrückt, als die Böhmen, doch fehlte der catholische Zug in den Gesichtern der meisten nicht. – In einem grossen Respect stehen hier noch Hexen, Gespenster und böse Geister. An oder über allen Hausthüren findet man die Anfangsbuchstaben der Nahmen der heiligen 3 Könige angemalt, wenigstens angekreidet. Es ist das, eine Beschwörungsformel, ein Hausmittel gegen die vorgedachten Unholde, denen dadurch der Eintritt unmöglich gemacht wird, oder doch erschwert. Probat muß das Mittel seyn, denn es ist nirgend unangewendet geblieben. – In der Nähe des fürstlichen Lustschlosses Seehof öffnet sich rechts die Aussicht. Höhere Berge schliessen sie. Wir hatten dann das Schloß und den grünen Teppich, der es umgiebt zur Linken, einen dichten Tannenwald zur rechten Seite. Eine breite gerade Allee von hohen Castanien, führte, wie wir uns wandten, uns auf Bamberg zu, das in seiner ganzen Herrlichkeit vor uns lag. Es war ein schöner Blick durch das Dunkel der Bäume auf die große Stadt und ihre vielen Thürme (ich zählte deren 11), mit dem hohen dunkeln Dom, und der hellen Residenz, dem Mönchsberge mit dem Schloßähnlichen Benedictinerkloster, alle weit über die übrigen Gebäude hervorragend. Weiter im Hintergrunde, und höher noch als Schloß und Dom und Kloster, lag die Bergveste, Altenburg. Ein Kranz von fernen Bergen umzog dahinter den Horizont.

Unser Schwager war mit meiner Antwort auf die gewöhnliche Frage: wo wir einkehren würden? durchaus nicht zufrieden. Wir wollten in den goldnen Adler, den uns B. sehr empfohlen hatte, er ins weiße Lamm, wogegen wir gewarnt waren. Selbst die Pferde schienen eine Vorliebe für das Lamm zu haben. Als wir dem Hause vorbey fahren wollten, machten sie auf einmal links um, und steuerten gerade auf die offen stehende Thüre zu. Obgleich schon alle Kellner an den Wagen rannten, um die Beute festzuhalten, bestanden wir trotz Kellnern und den mit ihnen einverstandenen Pferden und Postillon auf den goldnen Adler, wohin wir denn auch bald gelangten. Beyde Häuser liegen in der Vorstadt von Bamberg an einer breiten hellen Straße mit guten Gebäuden. Wir erhielten ein kleines aber sehr freundliches und reinliches Zimmer. Auch die Art des Benehmens der Leute war so, daß wir uns freueten unserm Vorsatze treu geblieben zu seyn.

Nachdem wir für die Radicalcur des Wagens das nöthige besorgt, unsere Sachen geordnet, und uns durch den vortreflichen Kaffee (vermuthlich aus B.s. Magazin) gestärkt hatten, machten wir ohne Führer, blos den Anweisungen unsers gefälligen Wirths folgend, einen Streifzug durch die Stadt. – Eine schmale, hölzerne, über die Rednitz[236] gebauete Brükke, führte uns aus der Vorstadt, in eine enge, düstre Gasse. – Wir waren in der Residenz selbst. Die Straße war mit Bayerschen Soldaten[237] angefüllt, die, gleich uns hier noch Neulinge Arm in Arm auf und abspatzierten, und – die hohen Häuser angafften. Ein großer Haufen stand um eine Obstverkäuferin her, die hier in der Nähe der Wache ihr Waarenlager ausgebreitet, und wie es schien vielen Absatz hatte. Durch eine Lücke, welche die Herren Bayern liessen, entdeckte ich, wonach uns lange gelüstet hatte – die ersten Trauben. – Ich gesellte mich zu den Käufern, und erhielt für einige Kreuzer die schönsten aus dem ganzen Vorrath, und so viel ich nur in beyden Händen lassen konnte. Von den neidischen Blicken der Umstehenden machte ich mich so schnell als möglich los, und eilte auf Nante zu, die in einiger Entfernung meiner wartete. Wir schlugen mit unserm Schatze eine Straße links ein, welche uns weniger besucht schien, und kamen bald in eine einsame Allee, die recht dazu gemacht war, ungestört und in Muße die Erstlinge des fränkischen Herbstes zu geniessen. – Wie wir uns wieder in die Stadt wandten, geriethen wir durch finstre, enganeinandergebauete hohe Häusermassen in die Nähe des Doms. Je näher wir diesem Theile der Stadt kamen, desto einsamer wurde es. Auf dem Domplatze selbst waren wir ausser der Wache am Schloße die einzigen menschlichen Wesen. – Wir suchten den Standpunct, den Heß in seinen Durchflügen[238] so reizend schildert, konnten ihn aber nicht finden, vermuthlich weil er, wie manches, was diesem Schriftsteller, beym Niederschreiben seiner Durchflüge vorschwebte, nur in seiner Phantasie existirte.

Der Abend war so schön geworden, daß es uns beßer schien, eine der Anhöhen neben der Stadt zu ersteigen, und von da in die reizende Gegend hineinzublicken, als uns noch länger auf gutes Glück in den dunkeln Straßen herumzutreiben, wo uns nichts als Priester, bayersche Soldaten, Studenten in abgeschabten blauen Mäntel, und Bettler begegneten. Wir fragten uns leicht bis ans Thor, und erstiegen die nächste Höhe, indem wir dem, sich durch Gemüse und Weingärten durchwindendem Fußpfade folgten. Die Mauern und Hekken, womit die Gärten eingefaßt sind verschlossen uns lange die Aussicht völlig, doch fanden wir endlich einen höhern, und eine volle Uebersicht der reichen Landschaft gewährenden Punct. Hier lagerten wir uns. – Bamberg mit allen seinen Thürmen, mit dem Mönchsberge, dem grauen Dom und dem Schloße, lag in der entgegengesetzten Richtung, wie wir es beym Einfahren gesehen hatten, tief zu unsern Füßen. Gärten und Wiesen schlossen sich rings an die Stadt, und dehnten sich nach allen Richtungen weit in die Landschaft hinaus. Wie ein Arm, streckt sich eine Vorstadt, von Gärtnern bewohnt, durch die grüne Fläche hin. Mehr im Hintergrunde lag der Houtmoorswald[239], an ihn schlossen sich ferne Berge. Die Gegend hat nicht den Charackter der Größe und Erhabenheit, wie bey Außig, Töplitz und an vielen Stellen in Böhmen, hier sind keine so hohe, und so malerisch geformte Bergreihen, keine wilde Felsparthien, keine schroffe Abhänge; aber es ist ein fruchtbares, angebauetes Land, voll schöner Wiesenflächen, die man in Böhmen ganz vermißt; die vielen Dörfer beleben die Landschaft, die Hügelreihen, die sie durchschneiden, geben ihr Abwechselung und Mannichfaltigkeit; wie die Gruppen von Obstbäumen auf den Feldern und die wohlgebaueten Häuser der Landleute, die aus den grünen Umgebungen hell hervorscheinen, einen Begriff von Wohlhabenheit der Einwohner geben, den die aermlichen Böhmischen Leimdörfer nicht aufkommen lassen. Die Stille, welche rings um uns herrschte wurde nur dann und wann durch das Geläute der Klocken unterbrochen, das aus dem dunkeln Bamberg feyerlich und ernst zu uns herauftönte. –

Mit Sonnenuntergang kehrten wir in die Stadt zurück. Auf dem Domplatze begegneten uns ein paar Pfälzische Soldaten, die ihren Weg nach der Kirchtüre nahmen. Neugierig, was dort noch zu thun sey, folgten wir ihnen in den Dom.

Sie warfen sich vor dem nächsten Altar nieder um zu beten. – Wir gingen tiefer in die Kirche. Sie wurde blos von dem schwachen Scheine der ewigen Lampe erleuchtet, die vor dem Hochaltare brannte. – Es ward uns sehr ernst zu Sinne in diesen hohen Gewölben, und zwischen den Altären und Grabmälern, die, bey den matten Schimmer der einzigen Lampe wie Nebelgestalten in wunderbaren Formen an den Pfeilern und Wänden schwebten. Je weiter vom Hochaltar, je tiefer versank alles in Dämmerung, die endlich an den fernsten Stellen in nächtliche Dunkelheit überging. – Es waren kaum einige Minuten seit unserm Eintritt verflossen, als wir die Thüre mit Geräusch zuschlagen hörten. Wir glaubten uns eingeschlossen, und eilten so schnell wir konnten, dem Ausgange zu, um allenfalls noch durch Rufen und Gepolter den Küster zurück zu bringen, allein unsre Besorgniß war vergebens gewesen, die Thüre stand noch offen. – Unsere Freude darüber war nicht gering. – Mit Mühe fanden wir unser Logis wieder, wo wir gerade zur rechten Zeit – die Malzeit sollte eben aufgetragen werden – anlangten.

Bamberg, Sonnabend, d 11ten Sept.

Mit unserm Lohnbedienten gingen wir heute Morgen wieder nach dem Domplatze. Es ist einer der höchsten und der merkwürdigsten Puncte der Stadt. – Wie wir auf den Platz traten, hatten wir rechts das große Bischöfliche, im neuern Styl gebauete Residenzschloß, links ein modernes weisses Gebäude, die Wohnung eines Domherrn, vor uns den alten grauen Dom, mit seinen beyden, völlig gleichen Thürmen, dem runden Vorsprunge dazwischen, worinn sich die Hauptthüre befindet, den Treppen, welche zu diesem Eingange führen mit ihren durchbrochenen steinernen Geländern. Mehr rechts und im Hintergrunde steht die Kaiserburg von Heinrich II[240] erbauet, ganz in ihrer alten Gestalt, mit 3 niedrigen Etagen, spitzigen Giebeln, kleinen Fenstern, und einen weit vortretenden Erkner. – Der Dom imponirt durch seine Größe und majestätischen Form. Er hat weniger Verzierungen als die meisten Cathedralen, und diese fallen, wie das so häufig an Gothischen Gebäuden ist, nicht ins kleinliche, besonders wenn man das Ganze aus einiger Entfernung betrachtet. – Sonderbar contrastirt die Pracht der Kirche mit der Armseeligkeit der alten Kaiserlichen Residenz, und diese wieder mit der Größe und Eleganz des Bischöflichen Schlosses, und selbst der Domherrnwohnung links. Das Schloß, wenn gleich, wie es scheint, nach seinem Plane nicht ganz vollendet, konnte allenfalls einen Kaiser unsrer Zeit genügen, die alte Kaiserwohnung würde nicht dem Kammerdiener des jetzigen Bischofs von Bamberg groß und bequem genug seyn. – Das Innere des Doms fanden wir, wie die meisten alten Cathedralen prächtig und – finster, groß – und mit Altären und Verzierungen überladen. – Am Hochaltare ist das Begräbniß Kaiser Heinrich II und seiner Gemalin Kunnigunde[241] von Marmor. Auf dem Sarkophage ruhen ihre Bildnisse, von sehr guter Arbeit. Das Gesicht der Kaiserin ist von vorzüglicher Schönheit. – In einer Capelle ruhen die Domherrn. Ihre Bildniße zieren – oder bedecken die Wände, und mehrere, ich meine 7 Altäre. Der Hauptaltar zeichnet sich durch ein vortrefliches Gemälde, ich weiß nicht von welchem Künstler, aus: welches Lazarus Erweckung darstellt. Hoheit und Würde charackterisirt die Hauptperson. – In dieser Capelle wird der heilige Nagel vom Kreuze aufbewahrt; und alle Freitage den Gläubigen vorgezeigt. Sein Anblick, auf jeden Fall seine Berührung heilt alle Krankheiten, und befreyet von jeglichem Uebel, wenn man – wie unser Führer hinzusetzt: „1. der Gnade werth ist, 2. sich durch Gebet gehörig präparirt hat, und 3. unbedingt an die wunderthätige Kraft der Reliquie glaubt.“ – Niemand erlaube sich einen Zweifel! es lassen sich 50 und mehr lebende Beyspiele der heilbringenden Wirkung des Nagels in und um Bamberg aufstellen.

Vom Dom wallfahrteten wir zu dem höchsten Puncte der Stadt, dem sogenannten Mönchsberge, auf dessen Rükken das geräumige prächtige Benedictinerkloster mit seinem Garten liegt. – Ob wir gleich die Höhe hinan gestiegen waren, um die Aussicht von da, welche Meiners[242] in seiner Reise nach Franken so hoch preiset, zu genießen, so mußten wir doch, um nicht verketzert zu werden, zuerst in die zum Kloster gehörende Kirche. Wir mußten allda in Augenschein nehmen, die 3 Orgeln, den Hauptaltar von Nußbaumholz, die Bildniße Kaiser Heinrichs II und seiner Gemalin neben dem Altare, ferner ein merkwürdiges Gemälde, vorstellend einen Eremiten, den der Teufel beym Kragen hat, endlich, und was die Hauptsache ist, die Gebeine des heiligen Bischofs Otto[243], an einem Miniaturaltar hinter dem Hochaltar welche mit Perlen und Edelsteinen aller Art reichlich von frommen Seelen geschmückt sind. So eilig, als es schicklich war, machten wir die Runde durch die helle mit vielen Altären geschmückte Kirche, hörten nur mit halben Ohre die Wundergeschichten unsers gläubigen Führers, und nahmen dann Abschied von der Gesellschaft der Heiligen und ihres Erzfeindes, um von der Terrasse am Kloster in die schöne Welt hineinzuschauen. In das Kloster selbst zu kommen, war ein vergebener Versuch, weil die frommen Mönche, die Frauen so sehr, als den Geist der Finsterniß fliehen.

Sehr reizend ist die Aussicht im Klostergarten oder der Terrasse. Wir suchten eine Banck neben dem Berceau[244], wo die Gegend am reichsten ist. Zu unsern Füßen lag das Spital mit seinem Garten, an dem sich die Rednitz vorbeyschlängelt, und ein großer Theil der Stadt mit der Jesuiten- Martins- und Stifts-Kirche. Ueber die Stadt weg sahen wir auf die ungeheuren Gartenfelder und die daran gränzenden Wiesen und Aeker, zwischen denen Hof, Hollstadt, Dörflis und wie viele andere Orte liegen. Im Hintergrunde der Houtmoorswald, an diesem das Lustschloß Seehof. Auf dem Kranze von Bergen, der das ganze Gemälde begränzt, entdeckten wir deutlich die Giechburg. – Nicht so ausgedehnt und weniger anziehend war die Aussicht nach Norden oder Nordost, über Weinberge und einen kleinen Theil der Stadt nach der Ruine des Schlosses Altenburg, wo Kaiser Philipp von Schwaben von Otto von Wittelsbach ermordet seyn soll.[245]

Den Rest des Morgens wandten wir auf das, von dem verstorbenen Bischof Franz Ludwig[246] erbauete Krankenhaus. – Das ansehnliche Gebäude von 3 Stockwerken, das Erdgeschoß mitgerechnet, liegt in einer Vorstadt, nahe an der Rednitz, mit seinem geräumigen Garten, luftig und frey, wie alle Krankenhäuser liegen sollten. – Dem Aeussern entspricht das Innere völlig. Kein widriger Geruch kommt dem Eintretenden entgegen, die Luft ist so rein, wie man sie oft in den Pallästen der Grossen nicht findet, die Gänge und die Zimmer der Kranken sind hoch, geräumig und helle. Jedes Zimmer oder vielmehr Saal ist für 8 Kranke eingerichtet, jeder Kranke hat sein eigenes, mit Gardinen versehenes, bequemes Bette, ein neuntes ist für die Wärterin (jedes Zimmer hat eine eigene), und ein zehntes Bett steht für den Fall bereit, daß eine ungewöhnlich große Anzahl von Kranken vorhanden seyn sollten, in welchem Falle ihrer 9 auf jedem Saale verpflegt werden. – Es ist Platz für 140 Kranke, jetzt waren nur 19 da. – An jedem Bette steht auf einer Tafel der Nahme, die Herkunft, Kranckheit, Zeit des Eintritts des Einzelnen, die Speiseportion, welche ihm zu reichen, und ob, und wie viel Wein. Die Aerzte des Hauses bestimmen Lezteres zur Nachricht für die Wärterinnen, täglich. Ein eigenes Zimmer ist für die Bibliothek bestimmt, deren sich die Aerzte und Wundärzte bedienen können; erstere führen auch die Aufsicht über die Apotheke, die ein geräumiges Cabinett einnimmt. Auch ein bedeutender Vorrath von chirurgischen Instrumenten findet sich in einem dazu bestimmten Zimmer aufbewahrt. – Der Fond des Hauses durch die Mildthätigkeit des Bischofs Franz Ludwig und durch Vermächtniße zusammengebracht, soll sich auf 80 bis 90.000 Gulden belaufen. – Zunächst ist die Anstalt für Einheimische eingerichtet, doch finden in besondern Fällen auch fremde Kranke, die in dürftigen Umständen sind hier Pflege und Unterstützung. – Ein Institut zur Heilung kranker Gesellen und Dienstboten ist damit verbunden. Aus den Laden der erstern, und aus einer für die Leztern eingerichteten Casse, werden für die Person 20 Kreuzer des Tags bezahlt. – Wohlhabende

Fremde finden für 60 bis 75 Kreuzer täglich Aufnahme, ein eignes Zimmer, Arzney, Nahrung und Pflege, wie sie diese nur immer von den Händen ihrer Familie erwarten können. Schon mehrere, die in Gasthöfen mit Krankheit befallen wurden, haben sich in das Spital begeben, und haben es unter Segenswünschen für den Stifter, im höchsten Grade mit der Behandlung zufrieden, wieder verlassen. – In mehrern Zimmern fanden wir das Bild des edlen Fürsten, das man erst seit seinem Absterben hier aufstellen durfte. Es spricht ein hoher Geist aus diesem Bilde, ein ernster Sinn, durch einen andächtigen Zug gemildert. – Wer zum Hause gehörte, sprach mit tiefer Verehrung von dem Wohlthäter, dem Menschenfreunde, dem durchaus edlen, thätigen, festen Manne. Sein Verlust wurde allgemein beklagt, doch waren große Erwartungen vom künftigen Landesherrn dem Churfürsten von Pfalzbayern[247], auch in Hinsicht dieser Stiftung, die, so wie sie ist, durch sich selbst nicht allein bestehen kann. – Mit vieler Sachkenntniß und Wohlwollen ist in den Pflichten der Krankenwärterinnen, welche gedrukt sind, für das Beste der Leidenden gesorgt. – Sie sind verbunden über alle Umstände der Kranken den Aerzten sorgfältig zu berichten, dürfen ohne Erlaubniß den Saal nie verlassen, es ist ihnen untersagt, dem Kranken irgend etwas für sein Geld ohne Vorwissen der Aerzte einzukaufen, sie müßen des Nachts oft nach den Kranken sehen pp. – Auch für die Kranken sind eigene gedruckte Vorschriften, welche eben den Zweck haben; und endlich auch für die, welche das Spital besuchen: „Fremde welche zuweilen dieses Krankenhaus besuchen“, heißt es, „werden hiemit an der Schwelle dieses Hauses erinnert, daß sie in ein Haus der Leidenden eintreten, wohin sie nicht gefühllose Neugierde, sondern Theilnahme an dem Schiksale ihrer leidenden Mitmenschen einladen soll. – Sie werden daher ersucht, bey ihren Besuchen stets diese gute Absicht zu äussern, und immer nur mit einer Theilnehmenden Stille in diesem Hause zu erscheinen, die Thüren der Krankensääle nie zu öffnen, ohne sich erst über die Erlaubniß des Eintritts bey dem Hausverwalter befragt zu haben; nicht ungestüm, nicht Haufenweise die Krankensääle zu durchlaufen, alles Geräusch zu vermeiden; diejenigen Vorhänge der Krankenbetten welche zugezogen sind, nicht zu öffnen; gefährliche Kranke mit ihren Besuchen ganz zu verschonen; auch den mindergefährlichen nicht mit einem zu langen Besuche, mit einem ermüdenden, oder gar leidenschaftlichen Gespräche lästig zu fallen, und endlich nicht aus übertriebener Gutmüthigkeit dem Kranken Geld, oder sonst etwas zum Genuße zu reichen, und so dem Wohle der Kranken nachtheilig zu werden. – Nur so wird ihr Besuch der guten Absicht entsprechend, dem Kranken wohlthätig, und dem Hause willkommen seyn." Jeder Kranke erhält, so wie er das Haus betritt, eine vollständige, seinem Zustande angemeßene Kleidung. Die Seinige wird während seines Daseyns gereinigt, gelüftet und ausgebeßert. Beym Weggehen bekömmt er sie so zurück. Wir sahen die großen Vorräthe von Wäsche und Kleidungsstücken, die auf das sorgfältigste gehalten, in einem eignem Magazine aufbewart werden. Diese Sorgsamkeit für die leidende Menschheit, welche in der ganzen Einrichtung dieser Stiftung herrscht, und, wie ein wohlthätiger Genius, alle einzelne Theile umfaßt, bezeichnet mehr, als ein Monument es könnte, ihren Urheber, und wird sicherer als dieses, seinen Nahmen auf eine dankbare Nachwelt übertragen.

Als wir, um nach unserm Logis zurückzukehren über den [Domplatz] gingen, war ein grosser Haufen von Menschen um einen Wagen versammelt, auf dem 6 junge Leute, mehrere davon noch Kinder, und ein paar Bayersche Soldaten saßen. Pferde waren nicht vor dem Wagen. Ich suchte durch den dichten Haufen zu kommen, um einen Aufschluß über diese, wie es schien alle Welt interessirende Erscheinung zu erhalten. Ein alter Unteroficier, der an den Wagen gelehnt, die Aufsicht über das Ganze zu haben schien, erzählte mir auf mein Befragen: „Es wären seit einiger Zeit durch Straubing mehrere Transporte von Kindern und jungen Leuten von einem Menschen geführt, der mit guten, wenigstens dem Anscheine nach, guten Pässen versehen gewesen sey, und das junge Volk nach Oestreich zu führen vorgegeben habe, wo sie bey Handwerkern untergebracht werden sollten. Er habe obrigkeitliche Atteste darüber und beglaubigte Einwilligungen der Eltern producirt[248]. So sey er schon mit 4 bis 5 Transporte durch einen Theil von Bayern gezogen. Endlich und bey diesem Transporte habe man in Straubingen doch Verdacht gegen den Menschen geschöpft, die Päße näher untersucht, und sie, wie sein ganzes Vorgeben, falsch gefunden. Der Kerl sey darauf verhaftet und gefesselt, man habe ihn aber bis jetzt noch nicht zum Geständnisse: was er intendirt habe, und wohin er die jungen Leute bisher geführt, bringen können. Diese Kinder wären Bauernsöhne aus dem Wirzburgischen, die nun auf Kosten des Churfürsten von Pfalz-Bayern ihren Eltern zurükgeliefert würden." – Die Knaben auf dem Wagen, die indeß mit vielem Appetite ihr Mittagsmal hielten, bestätigten, wie ich sie fragte die Erzählung des alten Unteroficiers, und setzten hinzu: „Der fremde Mensch, der sie fortgeführt, habe ihren Eltern und ihnen weiß gemacht, der Kaiser suche junge Leute, die zu Handwerkern sich widmen wollten, und er habe, was doch curios sey – einen Brief des Kaisers vorgezeigt, worinn einem jeden Knaben frey gelassen sey, ein Handwerk zu wählen, und welches die Zusage enthalten, daß sie bis zum Gesellenstande frey gehalten und mit allen Nöthigen versorgt werden sollten. – Da sind wir Bube denn so mit dem fremden Mann gezogen," beschloß der eine, der hauptsächlich das Wort führte, seine Erzählung. – Ich habe, so viel ich mich auch heute darnach erkundigt, nichts Näheres über diese neue Edition des Hamelschen Ratzenfängers erfahren können.

Nach Tische machten wir einen Spatziergang nach Buch of Bamberg[249], einem sehr beliebten und besuchten Lustorte der hiesigen Einwohner, eine gute ½ Stunde von der Stadt. Ein sehr bequemer Weg führt dahin. Rechts hatten wir immer die Rednitz, und die jenseitigen bewachsenen Hügel, die mit Gärten und Lusthäusern, und mit Wiesen und Wald abwechseln, links die Mühlwähr ein herrliches Buchenholz, daß sich dann ganz nahe an den Weg zieht, und ihn beschattet, dann weiter zurücktritt, und einen schönen Wiesenplan zum Vorgrunde hat. Einzelne alte hundertjährige Eichen und Buchen bilden freystehend auf der grünen Ebene, schöne malerische Gruppen. Auf einem so bequemen, und so interessanten Wege waren wir schnell am Ziele, einem hübschen geräumigen Gasthofe aus dessen obern Fenstern man auf die vorbeyfliessende Rednitz und ihre lieblichen Ufer hinabblickt. – Hier tanzet die Bamberger Jugend des Sonntags, Dienstags und Donnerstags und an diesen Tagen ist es in Buch vorzüglich glänzend. Man tanzt, trinkt Bier, wenn es hoch kommt Kaffee, und kehrt nach einem sehr frugalen Male, in Nachen oder zu Fuße nach der Stadt zurük. Musik begleitet die Heimkehrenden, und von fröhlichen Gesängen tönen die Ufer wieder. – Heute fanden wir es nicht so in Buch, wenige Leute waren da, kein Tanz, keine Musik belebte den Saal oder die Rasenplätze in der Nähe des Hauses. – Nach unsrer Zurückkunft in die Stadt durchkreuzten wir noch einige Straßen, verweilten noch einige Minuten auf dem Domplatze, der, ich weiß nicht genau weshalb? so viel Interesse für uns hatte, und kehrten nach Hause zurück, wo wir unsern Führer verabschiedeten. Wir wollten von unserer heutigen Wanderung ausruhen; aber als die Sonne sich zu neigen anfing, und eine angenehme Kühlung in das geöffnete Fenster drang, kam uns doch noch einmal die Wandellust an. Um diese Tageszeit meinte Nante, müße der Weg nach Buch of Bamberg doppelt so schön seyn. Ich konnte mir das auch wohl vorstellen, und, ohne daß wir darüber weiter etwas abgeredet hätten, waren wir in einer Minute vor der Hausthüre, und in einer halben Stunde am Ufer der Rednitz in einer der interessantesten Parthien am Wege nach Buch. Es war denn auch in dieser Tageszeit noch viel schöner hier, als bey der drückenden Hitze des heutigen Nachmittags. – Als wir zum Zweytenmale in unserm Gasthofe anlangten, war es, wie gewöhnlich völlig finster geworden.

Der Eindruck, den Bamberg zuerst auf mich machte, und der sich bey dem jedesmaligen Durchwandern der Stadt erneuerte, war nicht der angenehmste. Die Gegend, worinn es liegt, ist reich, fruchtbar und interessant, die Stadt ist alt, uneben, sie zieht sich bis an den Mönchsberg hinan; die Gassen sind größtentheils eng, die Häuser hoch und aus einem dunklen Sandsteine erbauet. Die Gegend um den Dom, der Markt und die Langgasse machen fast allein hievon eine Ausnahme. Es stehen große, zum Theil Pallastähnliche Gebäude dort, wovon einige Neuere den Stempel des guten Geschmacks tragen. – Aus der Gegend um den Dom wird man bald durch die Klösterliche Stille und Einsamkeit verscheucht, die hier herrschend ist, und die, selbst die Wohnung des Fürsten umgiebt. Wenigstens war es in dieser Zeit so. – Kam ich aus dieser Gegend in die lebhaftern Theile der Stadt, Bayersche Soldaten; Mönche, Studenten in ihren abgeschabten blauen Mänteln, machten die Hälfte der Maße aus, die sich auf den Straßen herumtrieb. Viele abgezehrte Gestalten, Bettler, Menschen in ärmlicher Kleidung mit düsterm Ernste im Blicke, schlichen mir vorüber, wenig, sehr wenig heitre, fröhliche Gesichter begegneten mir, so daß ich wirklich noch nicht begreife, woher die Tanzenden in Buch of Bamberg sich zusammen finden. – Eine stille Schwermuth war auch über die Züge der schönen Bambergerinnen verbreitet, die sie freylich denn eben nicht uninteressanter machte.

Was ich sah, wurde durch das, was ich hörte, bestätigt. Bamberg, eine Stadt die wenig Handel, nicht viel Nahrungsquellen in sich selbst hatte, war, wie die meisten Städte der Art, schon vor dem lezten Kriege[250] nicht in den blühensten Umständen. Die französischen Armeen drangen in diese Gegend, Jourdans und Le febers[251] Heere hauseten in und um Bamberg. Offener Raub und Requisitionen nahmen den Einwohnern ihre beste Habseligkeiten, und die langen Einquartirungen sogen die Häuser der Bürger vollends aus. – Der Krieg endigt sich, Bamberg fällt an Bayern. Es ist voraus zu sehen, der Churfürst wird hier wie in seinem bisherigen Lande die Klöster aufheben, die Mönche sehen ihre Vernichtung voraus, und jammern; der Andächtige, an eine Priesterregierung gewöhnte Bamberger, besonders die niedere Klasse, stimmt aus vollem Herzen mit in die Klagetöne ein. – Die

Domherren, der Adel verliert jetzt oder künftig einen grossen Theil seiner Einkünfte, was ihn an Bamberg fesselte, hört auf. Seine Palläste werden leer stehen, viele Hände, die für diese Classe arbeiteten, die von ihr Unterstützung erhielten, verlieren Erwerb und Gaben. – Die Fürstenwürde hat mit dem Leben des gegenwärtigen Bischofs ihr Ziel. Kein Hof wird diese Stadt mehr beleben, die Gerichtshöfe und Dicasterien[252] werden, wenn auch nicht aufgehoben, doch sehr verringert, und die Zahl der Räthe und Officianten stark reducirt werden. – Ist es bey dieser Umformung der Dinge, die allen Ständen bevorsteht, keinem Vortheile bringt, einem jedem Verlust an Ehre und Erwerb zuzieht, die Ansprüche, Hoffnungen, Aussichten überall vernichtet, den Bambergern zu verargen, wenn sie ungern dem neuen Fürsten huldigen der auch mit dem besten Willen dieser Generation keinen Ersatz für das geben kann, was sie dem unglücklichen Deutschland zu opfern gezwungen wird?

Die erste für die Stadt, in dieser Lage ganz unentbehrliche Einrichtung wird die eines Armeninstituts seyn, was hier noch nicht existirt. Das bisherige Sammeln für die Armen, wird, wo so mancher der früher gab nicht mehr geben kann, zum Unterhalt der Dürftigen nicht hinreichen, und geschärfte Verbote gegen das Betteln, die Betteley nicht stören, die hier fast so arg als in Cölln ist. Ich bin von Schülern in blauen Mänteln, um eine Gabe angesprochen worden, und der Bittende scheute sich nicht zu sagen: er sey ein armer Student, dem es an Brod mangele. – Ich konnte nicht umhin Vielen die um Gaben ansprachen, mehr, als man gewöhnlich einem Bettler giebt zu reichen. Nicht die abgezehrte Gestalt, nicht die elende Kleidung, nicht die Worte des Flehenden bestimmten mich allein, mehr als das die Versicherung unsers Lohnbedienten, der ein sehr ehrlicher Mensch schien; dieser Mann sey im Wohlstande vor dem Kriege gewesen, die Feinde hätten ihn völlig ruinirt, er könne nicht wieder aufkommen pp. – Bey der Dürftigkeit, die bey einem grossen Theile von Bamberg herrschend ist, klagt jeder über Theurung aller Bedürfniße. Blos Häuser, besonders größere sind in sehr geringem Preise. Der Grund fällt in die Augen: Ein ansehnliches, neues, maßives Wohnhaus von 3 Stockwerken, eher einem Pallaste als der Wohnung eines Bürgers ähnlich, wurde mit einem grossen Garten, der dazu gehört, kürzlich für 5000 Rtl. verkauft.

Eine wohlhabende Classe der hiesigen Einwohner, machen die Gärtner aus, welche in den Vorstädten wohnen und eine derselben sich fast ausschließlich zueignen. Sie bilden eine eigne Zunft, nehmen Lehrlinge an, schreiben sie zu Gesellen und dann zu Meistern aus, und haben ihre Handwerksgebräuche und Artikel. Das Meisterstück besteht in dem Ausgraben einer Süßholzwurzel, so daß sie unbeschädigt bleibt, welches bey den vielen Zweigen dieser Wurzel wirklich ein Meisterstück seyn soll. Die Zahl der Gärtnermeister wurde mir auf mehrere hundert (600!) angegeben. Ihr Handel mit Gemüse, Obst, vorzüglich mit Sämereyen erstreckt sich durch einen großen Theil von Franken und weiter.

Sehr auffallend war mir beym Durchblättern des hiesigen Staatscalenders die ungeheure Anzahl von Hofbedienten und Dicasterianten. – Ein Bischof von Bamberg unterhält oder hat einen Oberhofmarschall, 1 Hofmarschall, 18 Kammerherren, 3 Hof-Cavaliere, 5 Hoftrompeter, 16 Livreebedienten, 3 Heyducken; eine Capelle von 20 Personen; 1 Oberjägermeister, 2 Oberforstmeister, 1 Oberstallmeister, 2 Pagen, 4 Pagenlehrer. Bey den Hofoficianten der geringern Classe, fiel mir vorzüglich ein adjungirter Saaldiener und ein adjungirter Hofstubenknecht auf. Auch fand ich einen Hofheubinder. – Unter der Rubrick Landescollegia zählte ich 34 adliche und 45 Gelehrte mithin 79 resp. Geheime, und Hof und Regierungsräthe, 22 Titularhofräthe, 18 wirkliche und 6 Titular geistliche Räthe, 40 Regierungsräthe, 30 Stadträthe pp. Das muß ich indeß zur Steuer der Wahrheit hinzufügen, daß mehrere Hof und Civilstellen und wiederum mehrere der leztern oft in einer Person vereinigt sind.

Noch ist mir aus jenem Staatscalender merkwürdig gewesen, daß der Churfürst von Pfalzbayern Erzobertruchseß des Bischofs von Bamberg, und ersterer Vasall des leztern wegen der Rauhenegger Lehen ist. Der Truchseß nimmt also aller guten Ordnung zuwider dem guten Bischof die volle gute Schüssel vor dem Munde weg, statt sie ihm zu reichen, der Vasall rückt mit Heeresmacht ins Land seines Lehnsherrn, ohne bis jetzt von Kaiser und Reich dazu berechtigt zu seyn. Sind wir in die Zeiten der Befehdungen und des offnen Raubs zurückgekehrt, gelten für die Mächtigen im Deutschen Reiche keine Gesetze mehr? – Doch es ist ja wahr, die militairische Besetzung des Bisthums ist nur provisorisch. Wer weiß: werden die Bayern sich nicht bald wieder in alter Ordnung zurückziehen, und der Vasall bey seinem Lehnherrn es wieder gut zu machen suchen, daß er so ungeziemend scherzte?

Würzburg, Sonntag d 12ten Sept.

Um 7 Uhr verliessen wir heute Morgen Bamberg (bis Burgweinheim[253] 3 Meilen). Die Station ist ganz Chaußee. Die Gegend angenehm, Gemüsefelder, Wiesen, Kornland wechseln, auf welchen Gruppen von Obstbäumen stehen. Hügel an beyden Seiten, hie und da entfernte Berge machen die Landschaft mannigfaltiger. Die Dörfer, welche wir berührten, sind reinlich, mit freundlichen Wohnungen und schönen Kirchen. Die Thürme zeichnen sich besonders durch ihre zierliche Form aus. In Niedersachsen müßen manche Städte sich mit viel winzigern Thürmen behelfen. – Oft war es uns zwischen den schöngeformten Hügeln und auf dem herrlich angebauten Boden, als wären wir nach Holstein versetzt. Nur fehlten hier in Franken die schönen Holsteinischen Landseen, und die herrlichen Buchenwälder, die sich dort die Hügel hinanziehen. Hier dekte die Höhen fast ausschließlich Nadelholz. – Die fränkischen Dörfer haben dagegen wieder große Vorzüge vor jenen im äußersten Norden von Deutschland.

Von Burgweinheim wo wir um 4 Uhr ausfuhren hatten wir 2 Meilen bis Neusses. – Anfangs fuhren wir auf einer

Chaußee, die aber so ausgefahren und holprigt war, daß wir uns nicht wenig freuten als eine Sandstrecke dem ewigen Rütteln ein Ende machte. ¼ Meile von Burgweinheim liegt das prächtige, einem Schlosse gleiche Cistercienser-Kloster Eberach[254], eines der reichsten in Franken. Die Straße geht über den Hof des Klosters, links hatten wir das Hauptgebäude, rechts den Klostergarten mit seinen Terrassen. – Das Ganze ruht auf einem schönen Wiesengrunde von Nadelholz umgeben. ¼ Stunde hinter Eberach trafen wir doch auch einmal einen schönen Eichenwald wieder. – Kurz vor Neusses berührten wir Reichsritterschaftliches Gebiet.[255] Man merkt es aus der elenden Straße, dem schlechtern Boden, und der geringern Cultur desselben, daß man aus einem bedeutenden, wohlhabenden, geistlichen Lande, in das Territorium, eines der kleinen Herrscher gekommen ist, deren Provinzen man mit einem Sprunge abmessen kann; die zu schwach und kraftlos sind, etwas zum allgemeinen, oder zum besten ihres Landes, zu unternehmen, das wie ein Abhuf[256] von der Tafel der Nachbarn, hier der grossen geistlichen Herren zu betrachten ist.

Von Neusses bis Dettelbach 2 Meilen. Die Gegend bis zum Kloster Schwarzach ist einförmig und flach. Von da an wird sie mannigfaltiger und schöner. Hügel, die bis dahin fehlten, kommen wieder. Der Weg ist im Anfang der Station sandigt, nachher eine vortrefliche Chaußee. – Bey Schwarzenau unweit Schwarzach sahen wir zuerst, und passirten mit einer Fähre den Mayn. Das prächtige Kloster lag uns rechts. Das Läuten der Klosterklocken tönte zu uns herüber. – Nahe vor Dettelbach fängt Weinbau an. Einzelne Weinberge hatten wir schon um Bamberg getroffen, aber auch nur einzelne. Hier gingen wir in das eigentliche Fränkische Weinland über. – Von Dettelbach aus, bestiegen wir, indeß unser Kaffee bereitet wurde, eine nahe Höhe. Der Mayn zog sich schlängelnd durch die fruchtbare Landschaft, in der wir das Kloster Schwarzach, Dettelbach und eine Menge von Dörfern erblickten. Wir zählten 13 Oerter. Daß wir mitten zwischen Rebengärten standen, über große, mit Wein besetzte Landstriche hinsahen, gab der schönen Gegend einen noch höhern Reiz, weil es uns an selige Tage erinnerte, die wir am Ufer des Rheins verlebt hatten[257], und weil es unsere Sehnsucht nach dem Lande lebhaft weckte, dem wir zueilten.

Wir hatten von Dettelbach bis Wirzburg noch 2 Meile, die wir auf der vortreflichen Chaußee in 2 ½ Stunden zurüklegten. Wie wir uns von Dettelbach und vom Mayn entfernten, verschwanden die Weinberge; Kartoffelfelder und Wiesen traten an ihre Stelle. – Aber nahe vor Würzburg, dem Lieblingsorte des Fränkischen Bachus hat er sich wieder jede Erdscholle so sehr zu eigen gemacht, daß auf den Höhen, auch für keinen Baum Platz geblieben ist. – Von Weinbergen rings umschlossen, lag Würzburg vor uns. Hoch ragt über die weißen Gebäude der Stadt die Citadelle hervor. Wir wählten den Kleebaum zu unserm Absteigequartir.

Wirzburg, Montag d 13ten Sept.

Auch hier wimmelt es von Pfalzbayerschen Truppen. Es sind vor einigen Tagen 2500 Mann eingerückt, und als Garnison vorläufig einquartirt. Wir trafen sie auf allen öffentlichen Plätzen und in allen Straßen, die vorzüglich durch sie belebt und angefüllet werden. – Unser erster Gang war diesen Morgen nach dem Schloße, um das von Professor Blank[258] verfertigte Kunstcabinett zu sehen, welches der verstorbene Fürstbischof von Würzburg[259] von dem Künstler angekauft und im Gesandtenbau, einem zum Schloße gehörenden Gebäude, aufgestellt hat.

Das Schloß zu Würzburg (die Residenz) hat Küttner[260] in seiner Reise, als eines der vorzüglichsten und prachtvollesten in Deutschland geschildert. Wir fanden seine Beschreibung nicht übertrieben. Ausser der Residenz des Churfürsten von Trier zu Coblenz habe ich keine prächtigere und geschmackvollere Fürstenwohnung gesehen. Jene ist längst verödet, auch diese wird es bald seyn. Noch steht das schöne Gebäude auf dem geräumigen Platze in seiner ganzen Herrlichkeit da. Es hat 3 Stockwerke, das Erdgeschoß mitgezählt, und besteht aus einem Hauptgebäude und zweyen Flügeln. An diese schließt sich zu beyden Seiten eine Colonade, deren jede sich mit einer hohen, runden Säule endigt. Die Säulen sind hohl mit einer Windeltreppe inwendig versehen, und haben oben jede eine Gallerie, von denen man einer weiten Aussicht genießen soll. Es war heute so windig und kalt, daß wir keine Lust fühlten, dem Sturme, der uns auf dem Schloßplatze kaum stehen ließ, oben auf der Gallerie Trotz zu bieten.

Wir suchten bey so bewandten Umständen lieber Schutz im Schloße, und Augenweide in dem Blankschen Kunstcabinett. – Das Cabinett füllt 4 Zimmer. Der Bruder des Künstlers, jetzt sein Gehülfe führte uns, und commentirte die Darstellungen. Es ist eine Art von Mosaikscher Arbeit, wozu der Stoff aus dem Pflanzen- und Thierreiche genommen ist. Der Verfertiger ist einen großen Theil von Deutschland und die Schweiz durchreiset, um die Materialien zu seinen Werken zusammenzubringen. Sämereyen, Seegewächse, Moose, Federn, Blumen, Schmetterlingsstaub sind die vorzüglichsten Ingredienzien seiner Kunstwerke. Er sammelte lange Jahre an diesen Materialien, die jetzt, aus vielen tausend Arten bestehend, völlig geordnet, in einem eignen Magazin aufbewahrt sind, und, wie es scheint, Stoff zu einer unendlichen Menge von ähnlichen Darstellungen enthalten. Der Professor Blank fing seine Arbeiten während seines Klosterlebens an, wo sie ihm die müßigen Stunden ausfüllten, er wurde durch seine [Arbeiten] dem Fürstbischof bekannt, der ihn ermunte[rte], unterstützte, reisen ließ, die vorhandenen Arbeiten ankaufte, und nachhin dem Künstler einen Jahrgehalt aussetzte, wofür er verbunden war, die Sammlung zu vermehren. – So ist das jetzige sehr ansehnliche Cabinett entstanden. Wir sahen viele Abbildungen von seltenen fremden und inländischen Vögeln im ersten Zimmer, die aus den Federn der Vögel selbst verfertigt sind; im zweyten Zimmer zierlich geordnete und zusammengefügte Seegewächse und Moose, welche Bäume und Baumgruppen vorstellen. – Selten mögen diese Gewächse und Moose immer seyn, und es ist nicht zu läugnen, daß die Zusammenfügung hübsch ins Auge fiel, doch interessirte mich diese Arbeit, die mir immer etwas Spielerey zu seyn scheint, nicht vorzüglich. Auch bey den Vögeln im ersten Zimmer, so niedlich die Thierchen aussehen, fielen mir immer die aufgeklebten Federn mit angemalten Schnäbeln und Füßen ein, die man in den Bilderladen für 12 gr. kauft. – Die Art der Arbeit ist hier wie dort dieselbe, wenn auch auf diese unendlich mehr Fleis und Aufmerksamkeit, in Hinsicht der Wahl und der treuen Nachbildung der Natur gewandt ist. Bey weitem anziehender ist das dritte Zimmer. – Hier bemerkte ich aus dem grossen Vorrathe besonders:

1) Das Wapen des verstorbenen Fürsten aus Saamenkörnern zusammengesetzt. Die Körnchen haben alle ihre natürliche Farbe behalten, nirgends ist hierin nachgeholfen. Dieses lebhafte blau, roth und gelb in allen Nüancen habe ich nie an Saamenkörnern gefunden; es mag Mühe genug gekostet haben, sie zusammen zu lesen. – Das Ganze hat aus der Ferne völlig das Ansehen eines Gemäldes von Wasserfarbe; in der Nähe einer römischen Mosaik. – Es hat einige Fuß im Durchmesser.

2) Die Silhouette des jetzigen Bischofs, mit einer Blumeneinfassung von Federn. – Das Bild soll ähnlich seyn, was nun auch wohl ziemlich leicht zu erreichen war. – Sehr lebhaft und der Natur getreu sind die Blumen von allen Farben, die es umgeben.

3) Ein Seesturm. Die Wellen thürmen sich, Schiffe werden in die Höhe geschleudert, und sinken. Der Himmel ist mit dunkeln Wolken behangen, durch die nur hie und da ein Sonnenstral bricht. – Die Scene ist sehr täuschend dargestellt, doch muß man ja in einiger Entfernung bleiben. – Wie man näher hinzutritt findet man statt der Wellen und Wolken – auseinander gezupften Flachs, Insektengespinst und Wolle; und statt der Schiffe – kleine auf die Tafel geklebte Baumrinde. – Ein Engländer hat für das Stück 4000 fl. vergebens geboten.

4) Der Rheinfall bey Schafhausen – Von Insektengespinst.

5) Landschaften von Federn, Moos, Blumen und Schmetterlingsstaub.

6) Der Vesuv mit der glühenden herabfliessenden Lava pp.

Fast alle diese Stücke sind Nachbildungen von Gemälden oder Kupferstichen. Der Verfertiger hat es sich zur Pflicht gemacht, nirgend mit dem Pinsel nachzuhelfen. Alles ist durch rohe Naturstoffe angegeben, ausgedrückt und schattirt. Es ist ein mühsames Unternehmen auf diese Weise Gegenstände darzustellen, selbst wenn die Materialien dazu vorher gesammelt sind. Aber dieses Mühsame ist auch wohl eigentlich das Verdienstliche der Arbeit. Es ist wahr, manche Naturscene, Gegend, Ruine ist mit großer Treue dargestellt, aber eben das hätte kräftiger und schöner, wenigstens eben so kräftig und schön mit dem Pinsel geschehen können. Es ist dabey, wie es mir vorgekommen ist, diese Arbeit, wo von größern Gegenständen, Landschaften pp die Rede ist, sclavische, kleinliche Nachahmung des vorgelegten Kupferstichs oder Gegenstandes. Wo einzeln etwas eigenes versucht ist, scheint Dürftigkeit in Erfindung und Composition hervor. Die Figuren sind alle umförmliche Gestalten. – Mit einem Worte: ich bewundere den fleißigen Sammler, den ämsigen, geduldigen, ausharrenden Arbeiter, verkenne aber und vermiße den Künstler im edlern Sinne des Worts. – Sonderbar genug ist es, daß der Mann sich berühmt, keine Farben gebraucht zu haben. Sind denn die kleinen Stücke Metall, Erde, Schmetterlingsstaub pp aus denen er seine kleinern Gegenstände formte – nicht etwa auch Farben? – Der Bruder des Professor Blank – unser Führer – ist in seine Fußstapfen getreten, und hat das vierte Zimmer mit seinen Arbeiten, vorzüglich mit Vögeln nach der Natur, ausgefüllet. Der übrigens sehr bescheidene Mann schien auf die Arbeit und das Mühsame derselben einen hohen Werth zu legen, den ich ihm durch mein offnes Urtheil, nicht rauben konnte und mochte.

Vor Tische sahen wir noch die Wachtparade auf dem Schloßplatze. Noch waren es Wirzburgische Truppen, die sie ausmachten. Die reinliche, weisse Kleidung der Soldaten zeichnete sie aus, ihre türkische Musick klang so kriegerisch, als hätten sie wohl Neigung mit den Pfälzischen Truppen, die auf dem Domplatze ihre Parade halten sich zu messen. Ihre Trommeln übertönten die der Pfälzer weit.

Den Garten am Schloß fanden wir, der pracht- und geschmackvollen Residenz, in Rücksicht der Größe und der Anlagen, nicht conform. Er ist klein und kleinlich, ein französisch-holländischer Garten mit geraden Gängen, beschnittenen Hecken, bunten Parterrn pp.

Den Nachmittag – was ließ sich bey dem kalten, windigen, regnigten Tage beßeres thun? – sahen wir das Innere des Schlosses. – Die Aussenseite verspricht in der That nicht zu viel. Das Innere scheint wie jene, eher die Wohnung eines Beherrschers von Millionen, als eines geistlichen Fürsten zu seyn, der seinen Unterthanen unter andern guten Beyspielen, doch auch wohl das der Einfachheit und Mäßigkeit geben sollte. – Die Zimmer und Sääle sind – prächtig, mit seidenen Tapeten und mit Gemälden von Hautelice[261] verziert, reichlich mit Gold und Silber verbrämt und überhäuft – das ist alles was sich von dem Ganzen sagen läßt. Daß die ältern reich und geschmacklos, die neuern einfacher und gefälliger versteht sich, daß die Verzierungen des einen Flügels alle vergoldet, die des andern alle versilbert sind, wird von dem herumführenden Kammerdiener als eine merkwürdige Eigenthümlichkeit angeführt, und mag es auch in seinem Auge eben so sehr seyn, als daß in jedem Flügel 15 Zimmer hintereinander fortlaufen und in einander führen. Was uns vorzüglich anzog, war ein grosses Spiegelzimmer, wo der Eintretende das Vergnügen haben kann, seine ihm gewiß interessante Gestalt tausendfältig zu sehen und zu bewundern, denn nicht blos die Hauptwände sind Spiegel, sondern alle Verzierungen bestehen aus kleinen aneinandergesetzten Spiegelchen. Wer sich von seiner eigenen Physiognomie losmachen kann, hat Gelegenheit die ganze hohe Familie weil[and] Bischofs Schönborn[262] zu bewundern, die er, der Decorateur dieses Saals, sonderbar genug in kleinen Portraitchen als Spiegeleinfassungen aufgestellt hat, und die überall wie die kleinen Engelsköpfe auf alten Gemälden, hier im Freyen schweben. Am längsten und liebsten verweilten wir in dem ungeheuren ovalen Speisesaal mit Alfreskogemälden von Tiepolo[263], welche Scenen aus dem Leben Kaisers Friedrich Barbarossa darstellen. Die Figuren treten wie lebend aus der Wand hervor.

Einige sehr vorzügliche Gemälde von Jul. Romanus[264] (eine heil. Familie) von van Deick[265] (die Familie des Vaters) von Guido Reni[266] (die Verkündigung Mariä) von Rembrand, Wouvermann, Titian[267], Bourgignon[268] füllen und schmüken verschiedene Cabinetter.

Ausgezeichnet bequem und prächtig ist die große Treppe welche aus dem Erdgeschosse zu dem ersten Stockwerck führt. Die Decke ist mit einem Platfond[269] von Tiepolo geziert, welches die 4 Welttheile vorstellt. – Den Fürsten, wiewohl er anwesend war sahen wir nicht. Eine Stille, als wenn kein lebendes Wesen sich hier regte, lag über dem weiten Schloße. Unser Führer, ein Kammerdiener des Fürsten, sah, wenn wir ihn nicht durch Fragen weckten, still und in sich gekehrt vor sich nieder, und schien mit schwerem Herzen das Vergangene mit der Zukunft zu messen. Ich war hier geblieben, sagte er, als unser Land von den Franzosen überschwemt wurde, und habe fast alles was im Schlosse war, gerettet und erhalten. Für wen habe ich es erhalten? setzte er seufzend hinzu. Ich konnte ihm keinen andern Trost geben, als daß sein Fürst und dessen Diener für ihre Person bey der Veränderung nicht verlieren würden. Er meinte doch vom Fürstensessel herab geworfen zu werden und aus dem Regentenstande in die Classe der Privatleute treten zu müssen, sey Verlust genug für seinen Herrn, und, dessen Diener, wenn sie auch für ihre Lebenszeit nichts einbüßten, hätten doch Kinder und Familie – manche schöne Hoffnung für diese, gehe doch so zu Grunde. – Dafür hatte ich nun freylich keine Beruhigungs- und Trostgründe. Wir verliessen das Schloß um das Julius-Hospital zu sehen. Kaum aber waren wir in die Kirche des Spitals getreten, so langte der

Prinz Isenburg, Chef der eingerückten Pfälzer[270] in gleicher Absicht an, mit einem so grossen Haufen von begleitenden Oficieren, die sich so vordrangen, daß wir der Uebermacht gleich den Wirzburgern, weichend, uns lieber zurückzogen, und das Juliushospital, dessen Einrichtung wir ganz kennen zu lernen wünschten, auf morgen verschoben. – Dafür gingen wir denn noch in den Dom, das große gothische Gebäude, welches ausser den Hauptaltar, 16 Altäre, Monumente von Bischöfen, die ihren Nahmen und ihr Andenken sonst vielleicht nicht auf die Nachwelt gebracht hätten, enthält. – Im übrigen – doch ich habe schon zu viel von gothischen Kirchen niedergeschrieben.

Noch einen Gang ins freye zu machen, dazu war es zu rauh und unangenehm, zum Hofrath Kleinschrodt[271] zu gehen, den ich zu besuchen dachte zu spät; öffentliche Vergnügungen hat Wirzburg nicht. – Uns blieb nichts übrig als in unsre Klause zurück zu kehren, wo wir vortrefliche Weintrauben, von unserm Lohnbedienten besorgt, vorfanden. Diese und Mathissons[272] Gedichte verkürzten uns den Rest des Abends. Beym lesen der Elegie auf den Trümmern eines alten Bergschlosses geschrieben, dachten wir uns lebhaft die Ruine, auf der sie gedichtet wurde, und freuten uns darauf an der Bergstraße das Original dieser herrlichen Elegie zu sehen, und das Bild mit dem Gegenstande, den es darstellt, zu vergleichen. Dort, auf den Trümmern der Starkenburg[273] werden wir das Gedicht noch einmal lesen.

Wirzburg, Dienstag d 14ten Sept.

Ungestört durch fürstliche und militairische Gegenwart sahen wir heute morgen das Juliushospital. Den Nahmen führt es von seinem Stifter, dem Bischof Julius[274], der im Jahre 1576 den Grund dazu legte. Von Franz Ludewig[275] ward die Anstalt erweitert im Innern und Äussern überall verbeßert, und zu dem durchaus wohlthätigen Institut ausgebildet, das es gegenwärtig für das Bisthum Wirzburg ist. –

Das ungeheure Gebäude, dessen Vorderseite vom verst. Fürsten neu und im einfachen guten Geschmack aufgeführt ist, hat ausser dem Erdgeschoße zwey Stockwerke und umschließt von allen Seiten einen geräumigen Hof, der ein längliches Viereck bildet. – Eine simple Inschrift giebt an der Vorderseite den edlen menschenfreundlichen Zweck: menschliches Elend zu mindern an. Die Anstalt enthält ein Krankenhaus, eine Versorgung für Arme und ein Irrhaus. Jede Classe der Nothleidenden ist von einander gesondert. Die Kranken nehmen den Vorderbau, die Armen das Hintergebäude, die Blödsinnigen und Rasenden die Seitenflügel ein. – Das Armenhaus ist vorzüglich den Landleuten im Bisthum gewidmet, da für die Dürftigen in der Stadt durch andere Anstalten gesorgt ist. Es wurden jetzt 230 Arme beyderley Geschlechts hier unterhalten. In jedem Saale befinden sich 13 Personen. Reinlichkeit ist hier wie im Spital zu Bamberg charackteristisch. Jede Person hat ihr eignes sehr gutes Bett, die Wände der Zimmer sind gelb gemalt mit einer Leiste von andern Farben. Alle Aufgenommenen erhalten eine einfache ordentliche Kleidung, und das erforderliche Leinengeräth. – Wir waren gerade da, als die Mittagsmalzeit gehalten wurde. Sie besteht aus Suppe, Fleisch und Gemüse, das Abendessen aus Suppe und Fleisch. Jeder Arme erhält bey der Mittags und Abendmalzeit einen Schoppen (ungefähr ½ Bout. Landwein). – Zufriedenheit mit ihrem Zustande zeigte sich in den Mienen der Bewohner dieses Hauses, und mit Wärme und Danckgefühl sprachen einzelne, die ich anredete, von den Wohlthaten die sie hier genößen. – Eben die Sorgfalt, Reinlichkeit und Ordnung herrscht in dem Krankenhause, das, wie gesagt, einen eignen, abgesonderten Theil dieses Gebäudes ausmacht. Es ist für 400 Personen Platz. In den grossen, hohen, luftigen Säälen, bey der genauen Aufsicht welche 3 Ärzte führen, bey der sorgfältigen Pflege, und der, bis ins kleinste Detail gehenden Aufmerksamkeit für das Beste der Leidenden muß mancher sonst Verlorne, seine Gesundheit wiederfinden, und der größte Theil eher genesen, als es im Kreise der Seinigen geschehen wäre. Daß dem so sey, daß eine verhältnismäßig sehr geringe Sterblichkeit in diesem Hospital herrsche, bezeugen alle, die die Anstalt länger beobachteten. – Fremde die in Wirzburg mit Krankheit befallen werden, finden wenn sie unvermögend sind unentgeltlich, sonst gegen eine sehr mäßige, den Aufwand nicht angemeßne Vergütung, Aufnahme, Wartung und medicinische Hülfe eben so gut als die Landeskinder.

Die Krankenanstalt für Dienstboten und Handwerksgesellen befindet sich im zweyten Stockwerk des Gebäudes. Der Gesell, der daran Theil nehmen will, zahlt wöchentlich 1 Kreuzer dazu in die Lade, diese entrichtet dem Spital für jeden kranken Handwerker 25 Kreuzer täglich. – Die Dienstboten erlegen jährlich 2 fl. in eine dazu bestimmte Lade, woraus in Krankheitsfällen 30 Kreuzer für die Person dem Spital bezahlt werden.

In gewölbten, mit eisernen Gittern verwahrten, geräumigen Zimmern, werden die Rasenden und Wahnsinnigen bewahrt, und von den übrigen Leidenden abgesondert.

Ein eigener Botanischer Garten, Bäder zum Gebrauche der Kranken, eine Capelle zu der sie ohne Unbequemlichkeit gelangen können, eine eigne, reichlich mit allen Nothwendigkeiten versehene Apotheke, alles das zeichnet diese wohlthätige Anstalt vor den meisten ihres gleichen aus. – Die Einkünfte des Juliushospitals sollen sich auf 80.000 fl. jährlich belaufen. – Aussätzige und v. Kranke[276] werden nicht ins Spital genommen, sondern in abgesonderten Häusern auf Kosten des Spitals verpflegt und geheilt.

Durch einfache Pracht und reinen Geschmack im Innern imponirt und gefällt die zum Spital gehörige Kirche, welche nach der Laterankirche zu Rom gebauet seyn soll. Wir glaubten in einem protestantischen, der Gottesverehrung bestimmten Gebäude, zu seyn. – Nirgend Schnitzwerk, Vergoldung, nur ein Altar, kein Gemälde in der ganzen Capelle zu finden. – Die Wände sind gelb getüncht, die Säulen, Friese pp von grauem Kunstmarmor, Kanzel und Altar von grauem schön polirten Marmor, den man im Lande fand. – Der Altar steht in der Mitte der Kirche, einfach und schmucklos wie die Kanzel, aber beyde von der gefälligsten Form. Die ewige Lampe hängt hier nicht, wie sonst überall vor dem Altare. Eine vortrefliche weibliche Statue (von Nichols[277], einen Bambergischen Künstler) welche den Glauben vorstellt, hält die Lampe als Opfergefäß in der linken, und in der rechten eine Schaale, aus der sie der Flamme Nahrung zu geben scheint. Ihr schöner, ruhiger Blick ist voll Aufmerksamkeit auf das Geschäft ihrer Hände; damit die heilige Flamme nicht erlösche. Ein leichtes Gewand umgiebt die schöne Gestalt und fließt in weiten Falten wellenförmig zur Erde hinab.

Das Juliushospital war ein Lieblingsgegenstand des verstorbenen Fürsten Franz Ludewig. Er wandte alles auf die Vervollkommnung der Anstalt, wie er überhaupt sich es zum Grundsatz gemacht hatte, in seinen Staaten Elend und Mangel, wenn er sie nicht verbannen konnte, zu erleichtern. Täglich war er in seinen Erholungsstunden hier, anfangs um der Anstalt, die jetzige Form im allgemeinen zu geben, dann, um zu vervollkommnen, zu ergänzen, aufzuhelfen und zu sehen, wie seine Absichten befolgt wurden; und selbst, um durch Gründe und Zuspruch, persönlich und direct auf den Leidenden, wohlthätig und menschenfreundlich zu wirken.

Unter dem Vorwande es sey noch zu früh, um die Wachtparade zu sehen, führte unser Lohnbediente uns in die Jesuitenkirche. Ich protestirte zwar anfangs gegen das Besuchen mehrerer Kirchen, aber es war nicht davon loszukommen, und ich suchte es endlich nur zu dem Versprechen zu bringen, daß diese denn auch die lezte Kirche in Wirzburg seyn solle. An der Schwelle der Jesuiterkirche, also noch eben zeitig genug wurde so die Capitulation abgeschlossen. – Ein Zögling aus dem ehemaligen Jesuitercollegium, das durch Franz Ludewig, (wenn ich nicht irre) in ein Seminarium für junge Geistliche umgebildet ist, zeigte uns die Kirche, die, wie fast alle Gottesdienstliche Gebäude der Jesuiten, einfach, hell und geschmackvoll decorirt ist. Auch dieser Altar hat kein Gemälde oder Schnitzwerk. Die Wand hinter dem

Altartische stellt einen Wolkenhimmel vor, durch welchen Sonnenstrahlen brechen. Ist es das Licht der Wahrheit, was durch diese Sonnenstrahlen, ist es die Nacht des Aberglaubens, die durch die Wolken bezeichnet und dargestellt werden soll? Ich hoffe es, da der Altar und seine Verzierungen erst vor wenigen Jahren vollendet ist. – In dem, an die Kirche gränzenden grossem Gebäude des Seminariums befinden sich 70 junge Geistliche, wovon 50 frey unterhalten werden. Sie hören Vorlesungen, und lernen sie in Vorübungen zu ihrem künftigen Stande, anwenden. Möge das Emblem des Altars ihrer Kirche auf ihre Lehrer und sie selbst von gutem Einfluße seyn.

Die Wachtparade auf dem Domplatze bestand aus den anwesenden Pfälzischen Truppen. Viele Neugierige standen auf dem Platze, um das noch ungewohnte Schauspiel, oder vielmehr das alte Schauspiel von neuen Acteurs aufführen zu sehen. – Es scheinen mir die Eroberer Wirzburgs ziemlich ungeübte junge Bursche zu seyn. Man hat sich wohl darauf verlassen, daß es ohne Widerstand abgehen würde.

Ich besuchte noch vor Tische den Hofrath Kleinschrodt[278], der sich in der juristischen Gelehrten Welt durch seinen Entwurf zu einem Criminalgesetzbuch für die Pfalzbayerschen Staaten, und andere Schriften einen Nahmen gemacht hat. Ich fand, ohne ihm empfohlen zu seyn, eine höchst freundliche Aufnahme bey diesem, auch durch sein Äusseres und die ganze Art sich mitzutheilen im Umgange sehr interessanten und liebenswürdigen Manne. Ich brachte eine sehr angenehme Stunde bey ihm zu, und mußte ihm versprechen, wenn wir länger als heute in Wirzburg blieben, auf längere Zeit wiederzukommen. Seine Frau, mit der er mich bekannt machte, dehnte seine Einladung auch auf Nante aus, da sie hörte daß ich eine kleine Reisegefährtin habe. Bey einem längern Auffenthalt in Wirzburg würden wir gewiß gern und oft dieses Haus besucht haben, wo, wie es mir schien Gastfreiheit herrschte und wo es an angenehmer Unterhaltung nie fehlen konnte. – Ich habe es aufrichtig bedauert, daß die Bekanntschaft so vorübergehend seyn mußte.

Bey Tische machte uns eine hochadliche Dame (Majorin von Kalb aus Kitzingen) viel Vergnügen, welche die Gesellschaft mit ihrer Gegenwart beehrte. Sie hatte ein junges Frauenzimmer bey sich, das wir für ihre Tochter oder Verwandte hielten: daß es ihre Kammerjungfer war, erfuhren wir erst nachher. Die Dame mochte berechnet haben, daß es weniger kostbar sey, am öffentlichen Tische gemeinschaftlich mit ihrer Zofe zu essen, als auf ihrem Zimmer allein. Offenbar aber wollte sie das Ansehen nicht haben, als lebe sie in zu vertrautem Verhältniße mit jener, die sich daher das Ansehen einer Verwandten geben mußte, ohne sich jedoch zu viel herausnehmen zu dürfen. Das arme Mädchen kam dadurch in arge Verlegenheit. Wenn schon die Majorin sich bemühete, und das geschah mit sehr gutem Erfolge, für die Unterhaltung der Tischgesellschaft allein zu sorgen, so blieben doch dann und wann kleine Pausen, welche die jungen Herren dazu benutzten, mit dem hübschen Fräulein sich in Rapport zu setzen. Das vermeintliche Fräulein beantwortete schüchtern und kurz die an sie gerichteten Fragen, und warf ängstliche Seitenblicke auf die hohe Gebieterin, der das dann für eine Aufforderung galt, schleunig Messer und Gabel wegzulegen, und mit einer Fluth von Worten die Unterhaltung mit ihrer Begleiterin wegzuschwemmen. Dies Schauspiel wurde mehrmals wiederhohlt, bis endlich die Angriffe auf die Schöne so arg wurden, weil man das sonderbare Verhältniß zu bemerken anfing, daß die gnädige Frau sich zum Rükzuge entschliessen mußte. Sie gab dazu ihrem scheuen Rehe ein Zeichen, und im Nu waren beyde vom Tische und aus dem Zimmer verschwunden. – Die Neugier der ganzen Gesellschaft – sie lag hell und klar auf den Gesichtern – wurde durch einen anwesenden Fremden befriedigt, der die Frau Majorin, mit allen ihren schönen Eigenschaften, worunter Ahnenstolz und Geist[279] am stärksten hervorstralten, – kannte, und diese Haarklein den übrigen Gästen zergliederte. – Es wurde gewaltig bedauert, daß man davon vorher nicht unterrichtet gewesen, um die Verlegenheit der Dame noch höher treiben zu können.

Würzburg, Mainbrücke und Marienberg, um 1835

Nach Tische wanderten wir nach dem Nicolaus oder Calvarienberg, der im leztem Kriege oft genannten Citadelle[280] vorbey, welche uns zur Rechten auf dem erhabensten Puncte der Gegend lag. – Den Calvarienberg führen steinerne Stufen hinan. Dazwischen befinden sich grosse Ruhepunckte, die an jeder Seite und in der Mitte mit Nischen versehen sind, in welchen, hinter einem Drahtgitter die Scenen aus der Leidensgeschichte in Stein gebildet, stehen. Es sind zum Theil diese Gruppen von vortreflicher Arbeit, z.b. das Niedersinken mit dem Kreuze, die Figuren, welche nicht völlig Lebensgröße haben, sind voll Ausdruck, Leben und Wahrheit. Manche einzelne Gestalt, z.b. der Römische Soldat am Kreuze, manche Gruppe, wie die trauernde Maria mit ihren Gefährtinnen würde ein Kunstcabinett zieren. Es sind 14 solcher Nischen (14 Stationen), die in der angezeigten Ordnung, je 2 und 2, gegeneinander über, und 1 in der Mitte, sich von einem Absatze des Berges zum andern, perspectivisch hinaufziehen. Oben steht eine Capelle[281] mit einem Hospitium, worin 4 Capuciner hausen, und den Andächtigen Meße lesen. – Schade, daß so manche Figur in den Nischen, der Vergitterung, der Kunst, und dem Volksglauben zum Hohn, durch Frevler häßlich beschädigt und entstellt ist. Es muß diese Verunstaltung sehr prämeditirt[282], und mit eigends dazu mitgebrachten, spitzigen, eisernen Werkzeugen geschehen seyn. Man schreibt die Schuld zum Theil, aber doch auch nur zum Theil auf Rechnung der Franzosen im lezten Kriege, deren Vandalismus unter den Deutschen Nachahmer gefunden haben mag. – Vor mehrern Nischen knieeten Personen, meistens Frauen in abgerissenen, schmutzigen Kleidern. Sie lasen ihr Pensum aus einem kleinen Buche, das sie bey sich hatten, und gingen, wenn sie sich gekreuzt hatten, weiter zu der nächsten Station, wo sie das vorige Spiel erneuerten, und sich so bis an die Capelle quälten. Eine heilige Familie, ein ziemlich bejahrtes Ehepaar mit einem Knaben war uns am auffallendsten. Der arme Junge mußte die ganze Comedie mitmachen, die ihm, wie aus seinen Mienen und Geberdenspiel nicht undeutlich zu merken stand, unendliche Langeweile machte. Die Zwischenräume von einer Station zur andern wurden von den Rechtgläubigen möglichst benutzt, um von uns Ketzern, eine Gabe zu erhaschen. Die Capelle auf der Höhe hat vortrefliche Frescogemälde von Tiepolo[283], sie ist überhaupt hell und geschmackvoll bis auf einen Umstand, der gewaltig kleinlich ins Auge fiel. – Eine hölzerne Figur, die Christus mit der Dornenkrone und dem Scepter vorstellen soll, haben die Mönche – oder wer es sonst gethan? – in einen taftenen hochrothen Scharlachmantel gehüllt, der mit gelben Franzen verbrämt ist. – Hier in der Capelle reißt das Messelesen nicht ab. Die da so schneckemäßig, und mit langen Intervallen hinter uns die Treppen herauf krochen, werden sich auch erbauet, und einen Theil unserer milden Gaben, den unsaubern Geistern da oben – den braunen Capucinern geopfert haben. – Wir verweilten nicht lange in der Capelle, um an der Gallerie desto länger zu verweilen, welche auf der bedeutenden Höhe vor der Capelle, die Gegend weit beherrscht. Die Terrasse mit den 14 Nischen machte den Vordergrund. Links lag uns die Citadelle, vor uns Würzburg mit seinen 16 Thürmen, und jenseits der Stadt der Berg, auf dem der edelste Frankenwein, der Steinwein reift, rechts das Städtchen Heidingsfeld, der Mayn windet sich durch die Landschaft; Weinberge, mit kleinen Winzerhäusern besäet, schliessen sie ringsum ein. – Was der Landschaft fehlt, ist Waldung, die man von diesem Standpuncte nirgends gewahr wird; jeder, auch der kleinste Fleck der Höhen ist mit Reben bepflanzt. Dieser Mangel an Baumparthien, und die weiße Farbe der Gebäude der Stadt, der Citadelle, der Winzerhäuser, der Weinbergseinfassungen geben der Landschaft etwas ungewöhnlich Lichtes und Trockenes, den Umrissen eine sehr scharfe Form, dem Ganzen eine gewisse Klarheit und Bestimmtheit, die, besonders bey einem ganz heitern Tage, und beym höhern Stande der Sonne, dem Auge nicht wohlthätig seyn, und der Phantasie keinen Spielraum lassen kann. – So wie wir heute die Gegend sahen, hatte sie vielen Reiz. Der Abend nahte schon, der Horizont war mit kleinen lichten Wolken hie und da bedeckt. Je länger wir standen, desto größer wurden die Schattenparthien, und die Sonnenstrahlen wurden immer mehr durch das Gewölk gebrochen. – Wir bestiegen die höchste Spitze des Bergs, wo im Jahr 1800 von den Franzosen Schanzen angelegt waren, um den Kaiserlichen die Passage abzuschneiden. Diese Verschanzungen sind noch unversehrt. Wir mußten von unserm Führer viele Erzählungen aus der Zeit hören, wo zwischen den Franzosen und Oesterreichern in der Gegend um Wirzburg tägliche Kämpfe vorfielen.[284] Wie wir wieder Bergab gingen zeigte er uns über Wirzburg hinaus die Straße wo im Herbst 96 zwischen dem Erzherzog Carl und Jourdan ein Gefecht vorfiel, dessen Ausgang die Franzosen bis Amberg zurück trieb. – Am Calvarienberge zeigte er uns die von den Canonen der Kaiserlichen im lezten Kriege beschädigten Stellen an Geländern, Treppen pp. – Am Fuße des Nikolausbergs entliessen wir unsern Begleiter, um der ewigen Erzählungen von Gefechten, Verwüstungen und Gräuelscenen los zu werden, womit er uns zu unterhalten suchte. Jeder Gegenstand gab ihm eine solche Erinnerung, die er denn, wir mochten noch so sehr unsre Abneigung zu erkennen geben, in einer weitläuftigen und sehr speciellen Erzählung zu Tage förderte. – Meiners[285] hat allen die Wirzburg besuchen, den Weg am Mayn auf das Städtchen Heidingsfeld zu, als einen der interessantesten Spatziergänge empfohlen. Wir liessen uns die Richtung, die wir zu nehmen hatten, zeigen, und wanderten, sehr froh über unsere Erlösung, dem Mayne zu. Ein paar fröhliche Wirzburgerinnen waren unsere Gesellschaft im Nachen, der uns über den Fluß setzte. Sie wollten ihre Weinberge jenseits besuchen, und hatten sich mit großen Strickbeuteln versehen, um sie mit Trauben zu füllen. Es wurde viel von der guten Weinlese gesprochen, die bald bevorsteht. Unsere Gesellschaft lebte, schon im Vorgenuße dieser schönen Zeit. – Am andern Ufer trennten wir uns, unsere Wege gingen zu weit auseinander, und wir konnten ihre Einladung, ohne den intendirten Spatziergang aufzugeben, nicht annehmen. – Wir verfolgten nun die

Chaußee längst dem Mayn. Es war ein prächtiger Abend geworden, Himmel und Fluß waren Spiegelhell. Vor uns, etwas rechts lag Heidingsfeld auf einer Höhe zwischen Weingärten. – Noch weit schöner war der Blick auf dem Rückwege. Wir hatten den Calvarienberg die Citadelle und einen Theil der Stadt im Hintergrunde, den Vordergrund bildeten die Ufer des Mayns, der in Krümmungen durch die fruchtbare weinreiche Gegend durchströmt. Der Abend war so reizend, daß wir unmöglich den schönsten Rest an der Gasttafel unsers Wirths verschleudern konnten. Daher wandten wir uns rechts von der Stadt ab nach Hüttens Garten, einen öffentlichen Vergnügungsorte der Wirzburger, den man uns als ordentlich und von guter Gesellschaft besucht, empfohlen hatte. Der Garten wurde leicht aufgefragt, wir fanden keine besonders geschmackvolle Anlage und wenig Gäste, aber ein geräumiges Local, eine bequeme Einrichtung, und vortrefliche Trauben, nebst sehr guten Kuchen. In einer Gartenlaube verzehrten wir diese Abendmahlzeit, und erst als es dunkel zu werden anfing, traten wir den Rückweg an. – In unserm Logis trafen wir noch beßere Trauben als in jenem Garten, und, seit Dresden, die ersten Briefe aus Bremen.

–

Bey einer Vergleichung zwischen Wirzburg und Bamberg, hat lezteres durch seine Lage, Wirzburg als Stadt betrachtet den Vorzug. Bamberg liegt in einer fruchtbaren, wiesenreichen Ebene, die mit Obstbäumen, Holz, Dörfern angefüllt ist, Wirzburg in einem Kessel von nahen Bergen, die alle zum Weinbau benutzt sind. Dagegen ist Bamberg enger, düsterer, und allen äußern Zeichen nach, ärmer. Wirzburg ist in 8 Quartiere getheilt, wovon 7 an der einen, das 8te an der andern Seite des Mayns liegt. Eine steinerne Brücke mit Bischöfen und Heiligen auch von Stein, reichlich geziert verbindet die durch den Fluß geschiedenen Stadttheile. Man giebt die Zahl der Einwohner hier – mir scheint es zu hoch – auf 20.000 an. Die Aussenseite der Stadt ist nicht eigentlich schön, die Gassen laufen krumm und bunt genug durcheinander, es giebt mehrere, aber ausser dem Schloßplatze keine regelmäßige, öffentliche Plätze, die Gebäude sind zum Theil groß, aber ohne vorzügliche Kunst und manche sehr geschmacklos gebauet, indessen giebt der weiße oder helle Anwurf der meisten Gebäude, und das gute Steinpflaster dem Ganzen ein reinliches Ansehen. Ein freundliches kann ich nicht sagen, denn Wirzburg ist, wenn es seyn kann, fast noch mehr eine Mönchs und Pfaffenstadt als Bamberg. Es sind hier 7 Mönchs und 3 Nonnenklöster. Diese stehen nun nicht so bescheiden in verborgenen Winkeln und abgelegenen Gäßchen wie man sie wohl sonst in catholischen Städten antrift, nein, in dieser Stadt, wo seit so vielen Jahrhunderten Priester herrschten, haben sich die Stützen des geistlichen Throns, die Ordensbrüder, zusammt den Schwestern recht fein zwischen andere gedrängt mit ihren Wohnungen, und sich in den besten Straßen der Stadt ausgebreitet. Ueberall stößt man auf große Höfe, mit hohen, hohen Mauern umgeben, hinter denen die Pallastähnlichen Klöster hervorragen. Diese vielen öden Mauern, die Menge der Kirchen, die eisernen Gitter vor den Fenstern fast aller Häuser, die Leere auf den Gassen, die Mönche, Welt-Geistliche, Domherren, die ehrbar und still einherziehen, das Geläute der Klocken und der melancholische Gesang in den Kirchen, was man zu allen Tageszeiten sieht und hört, alles das macht ganz Wirzburg für den Fremden, besonders an einem so trüben Tage wie gestern zu einem grossen Kloster, aus dem man sich je eher je lieber hinaus sehnt. – Daß hier eine Universität mit 300 bis 350 Studenten ist, wird man kaum gewahr; auch diese scheinen an Stille und Ehrbarkeit gewöhnt. – Da Würzburg ausser der Universität und Handlung, besonders mit Frankenweinen, seinen vorzüglichsten Erwerb vom Hofe, den Dicasterien[286], dem Domcapital hat, so muß es, wie Bamberg durch die jetzige Regierungsveränderung unvermeidlich sinken und veröden, in so fern nicht neue Erwerbsquellen für die Stadt aufgefunden und benutzt werden.

Diese Regierungsveränderung war in diesen Tagen das allgemeine und einzige Gespräch. Es wurde viel davon verhandelt: wie es mit dem Fürsten, der Dienerschaft pp werden würde, man verglich Vergangenheit, Gegenwart und Zukunft, den vorigen Fürsten, den gegenwärtigen Bischof, und den Churfürsten von Pfalzbayern. Der erstere wurde am meisten erhoben, der zweyte dagegen desto mehr ins Dunkel gestellt, von der aufgehenden Sonne, mußte man erst den Segen, den sie über das Land bringen sollte, – erwarten. Doch hoffte alles für das Allgemeine, wenn auch für einzelne manches Gute mit der gegenwärtigen Verfassung schwand. – Bey solchen Gelegenheiten wurden Parallelen zwischen der Lebensart des jetzigen Bischofs Georg Carl Freyherrn von Fechenbach[287] und der seines Vorgängers Franz Ludwig von Erthal gezogen, der im Jahr 1795 starb.

Der regierende Fürst lieset, wenn er gesund ist, jeden Morgen um 9 Uhr in seiner Capelle die Messe, läßt sich darauf eine Stunde von seinen Ministern vortragen, hört um 11 Uhr die Messe, und setzt sich dann an Tafel, damit ist der großte Theil des Tags hingebracht. Die Nachmittagsstunden werden zur Lectüre und zum Unterschreiben angewandt. Um 6 Uhr jeden Abend fahren s[eine]r hochf[ürstlichen] Gn[aden] zu ihrer Frau Schwester, bleiben dort bis 8 Uhr, nehmen mit einer sehr frugalen Abendmalzeit vorlieb, und liegen um 9 ½, höchstens um 10 Uhr schon wieder auf einem Ohr. So geht es das ganze Jahr hindurch, blos einige Tage in der Woche, wo Cour und große Tafel am Hofe ist, und die Zeit ausgenommen, die der Fürst auf seinem Lustschlosse zubringt.

Franz Ludewig lebte eben so einförmig, aber sein ganzes Regentenleben war dem besten seines Landes gewidmet. Er arbeitete den ganzen Tag mit seinen Ministern, oder allein, oft bis tief in die Nacht, dann mußte alles im Schloße zu Bette gehen, auch nicht ein Bedienter durfte sich um seinentwillen den Schlaf entziehen, und er war oft in die Nothwendigkeit gesetzt, selbst für seine Bedürfniße zu sorgen. Eine Stunde den Nachmittag brachte er häufig und gewöhnlich in einer von seinen milden Stiftungen zu. Dies, und das Besuchen der Messe, und die kurzen Freuden der

Mittagstafel waren die einzigen Abwechselungen und Ruhepuncte die er sich erlaubte. Besonders war das in den ersten Jahren seiner Regierung der Fall. Späterhin bewirkten die Vorstellungen seiner Unterthanen, daß er etwas in seinen Arbeiten nachließ, sich dann und wann zerstreute, und seine religiösen Uebungen weniger strenge trieb. Die Mönche und Geistlichen waren freylich nicht damit zufrieden, daß er in den lezten Jahren selten Messe las, und auch dann und wann die Kirche versäumte, aber wie sein Geist sich immer höher über die Vorurtheile seines Standes und seiner Verhältniße erhob, so besiegte er auch dieses, und handelte in Rücksicht auf äussere Religiosität und Geistlichkeit frey und männlich. – Der Beichtvater des edelsten Fürsten, dieses Fürsten, der nur der Menschheit und seiner anerkannten Pflicht lebte, soll doch am Ende von Franz Ludwigs Thatenvollen Leben, einigen Zweifel an seiner ewigen Seligkeit geäussert haben. – Er hatte ja die Messe versäumt, und den Armen mehr gegeben als den Klöstern.

–

Der Bamberger Staatscalender hatte mich auf den hiesigen neugierig gemacht. Ich fand hier eben den Schwarm von Hofbedienten und Dicasterianten wie dort. – Das Militair war aber noch weit ansehnlicher, besonders in den höhern Chargen. Zu meiner nicht geringen Verwunderung, fand ich einen Generalfeldzeugmeister, einen Generalfeldmarschall Lieutnant und 5 Generalmajors. Man mußte aus solchen Datis auf eine Armee schliessen, die das Bisthum doch wohl nicht unterhält. – Der Hofstaat des Fürsten ist sehr glänzend, denn im Etat sind 58 Kammerherren und Cavaliere aufgeführt, an deren Spitze ein Oberhofmarschall und ein Hofmarschall stehen. – Die Capelle besteht aus 36 Personen. – Auch hier giebt es Hoftrompeter und zwar ihrer 5, ein halbes Schock Bedienten, einen Hofzehrgeber, einen Hofsaumeister. – 65 geheime, Hof und Regierungsräthe sorgen für das öffentliche Beste und die Justitz im Lande. Doch sind mehrere blos so betitelte unter diesen. – Der Unfug, daß ein kleines Bisthum eine solche Schaar von Justitz, Regierungs und Prunkmännern unterhalten mußte fällt in die Augen. Das Uebel muß sehr tief und fest gewurzelt seyn, da ein Weiser auf dem Fürstenstuhle, ein Feind aller Ostentation, Franz Ludewig, es auszurotten, oder zu mindern nicht im Stande war.

Adelsheim, Mittwochen d 15ten Sept.

Als wir heute Morgen um 7 Uhr aus Wirzburg fuhren, und ich am Thore mich, wie gewöhnlich, um nicht aufgehalten zu werden, für einen reisenden Kaufmann ausgab, forderte der Acciseeinnehmer 15 Kreuzer Geleitsgeld. „Wofür", fragte ich. „Jeder Kaufmann müße zur Meßzeit Geleitsgeld zahlen." – „Ich wolle aber nicht nach Frankfurt, und sey aufrichtig gesagt kein Kaufmann, sondern pp." – „So hätte ich mich nicht dafür ausgeben sollen! wenn ich es nicht sey, müsse ich die falsche Angabe mit 15 Kreuzern bezahlen, und könne froh seyn, wenn ich damit frey komme." Da half kein weiteres Gegenreden, ich erlegte das Geforderte, nahm mir aber vor, mit dem ehrsamen Kaufmannsstande, künftig nicht wieder Spiel zu treiben, es mögte ein andermal der Spas mehr als 15 Kreuzer kosten.

Von Wirzburg bis Bischofsheim sind 3 ½ Meile. Es war ein herrlicher Morgen, und wir fuhren immer durch eine lachende fruchtbare Flur. Nahe bey Wirzburg lagen uns links, in einem, ganz mit Wein bepflanzten Thale die Klöster Himmelspforten, Ober und Unter-Zell. Der Weg, eine ziemlich gut unterhaltene Chaußee läuft zwischen Weingärten, und über Kornreiche Anhöhen, die mit Gruppen von Obstbäumen besetzt sind, fort. Die ungewöhnliche Größe dieser Bäume und ihr üppiger Wuchs zeugte von der Güte des Bodens. Eine sehr angenehme Abwechselung gab uns, die wir seit mehrern Tagen nur Wein und bebautes Land gesehen hatten, ein herrliches Eichenholz mit Tannen untermischt, durch welches die Landstraße führt. Die Postillione schwatzen in Holzungen gern von Räubern und bestandenen Abentheuern, auch unser Wirzburger that es treulich. Er hätte sich ein gutes Mittel ausgedacht, meinte er: „wenn er in den dunkeln Herbst- und Winter-Nächten diese Gegend einsam als reitender Postillon passiren müße, pflege er sich, wenn er aus Wirzburg reite, durch allerley langweilige Gedanken in einen festen Schlaf zu bringen, dann käme er durch den Wald ohne es zu merken; oder, wenn das nicht thunlich sey, reite er bis dahin ganz langsam, durch das Holz aber in vollem Gallopp, dann sey es doch schwer, ihn zu erwischen, und auf die Weise sey er noch immer gut davon gekommen, wie der Augenschein ergebe."

Ungefähr 2 Stunden von Bischofsheim gingen wir aus dem Hochstift Wirzburg in das Erzstift Maynz, aus dem Fränkischen in den Niederrheinischen Kreis über. Das Maynzische Rad bezeichnet die Gränze. – Bischofsheim, ein unbedeutendes Städtchen, liegt in einem herrlichen, von der Tauber bewäßerten, von nahen Weinbergen rings umschlossenen Wiesenthale. (Von Bischofsheim bis Boxberg 3 Meilen). Bey dem Dorfe Düstelhausen fiel uns der Garten eines Weinhändlers auf, der auf der Höhe liegt, und eine reizende Aussicht auf das grüne Tauberthal hat. Der Eigenthümer hat diese vortrefliche Lage aber so wenig zu nutzen verstanden, daß er seinen, etwa 50 Schritt langen und eben so breiten Platz, und seine reizende Aussicht zugleich, mit Grotten, Einsiedeleyen, Tempeln und Pavillons überall beklebt und verbauet hat.

Die Berge gewinnen, je mehr wir uns dem Rheine und Neckar nähern, eine andre Gestalt. Es sind nicht mehr wie in Böhmen und Franken, breite Klumpen mit engen Thälern dazwischen; hier fangen waldigte Bergketten an, die sich längs den fruchtbaren Ebenen hinziehen, schmälere Berge, wie es mir scheint, mit schöneren Formen. Man übersieht sie mehr, weil sie nicht, wie dort von niedern Hügeln halb gedeckt sind – die Fruchtpflanzungen auf den Feldern nimmt hier ab, der Weinbau ist allgemein. – Eine Meile vor Boxberg hört die Chaußee auf. Bis dahin läuft die Landstrasse zwischen Weingärten und herrlichen Wiesen hin. – Von Boxberg dem ersten Pfälzischen Orte bis Adelsheim 3 Meilen. – Die Weinberge hören hinter Boxberg wieder auf. Kornfelder und schöne Eichen- und Buchenwälder wechseln. Die Chaußee ist seit Boxberg wieder da, aber an manchen Stellen herzlich schlecht. Das Durchkreuzen der Territorien in dieser Gegend ist wohl vorzüglich daran Schuld. Bald befindet man sich auf Maynzischem, bald auf Pfälzischem Gebiete.

Eine Meile vor Adelsheim, in der Nähe des Maynzischen Städtchens Bartesheim, begrüßten wir, als wir eine bedeutende Höhe erreicht hatten, – das ferne Odenwaldgebirge, welches durch die Oeffnungen, des uns umgebenden Eichenwaldes, wie eine blaue Wolke hervordämmerte. – Wie viele fast erloschene Erinnerungen wurden bey diesen Anblick wieder lebendig! – Nach Adelsheim ging es auf einem abscheulichen Wege zwischen Wald und Felsen hinab. Die schlechte Beschaffenheit der Landstraße, und unser ungeübte Postillon, der ein paarmal seinen Pferden freyen Lauf ließ, wenn es steil bergab ging, entzog uns den Genuß der höchst romantischen Gegend, durch welche die Landstraße sich zog. Wie endlich die Abschüsse zu steil wurden, und der Schwager seine Pferde durchaus nicht mehr zügeln konnte, stiegen wir aus und wanderten den lezten Theil des Weges bis Adelsheim hinab, um nicht mit den Wagen in eine Felsenschlucht hinuntergeschleudert zu werden. So wie wir den Wagen leichter machten, ging das Fuhrwerk beßer, und wir kamen sämmtlich mit Sonnenuntergang wohlbehalten in Adelsheim, einem Ritterschaftlichen Städtchen, an. Da wir hier ein recht gutes Wirthshaus trafen, so gaben wir unsern Entschluß bis Neckarelz zu fahren, besonders wegen der bergigten Gegend, auf, die, wie wir hörten, uns bevorstand. Indeß unsre Abendmalzeit bereitet wurde, machten wir einen Gang an den Ufern des rauschenden Waldbachs, der sich durch das wilde Thal zwischen Felsen und Waldbergen malerisch windet, und hie und da über Klippen schäumend sich fortwälzt. Wir standen lange auf der darüber geschlagenen Brücke, und sahen dem Laufe des wilden Gewässers nach, das hier von dichtem Gebüsch überhangen, aus dem Gebirge kommt, und sich wieder in das Gebirg verliert. Nur einzelne Strahlen der sinkenden Sonne vergoldeten die flüchtigen Wellen und die überhangenden Felsen und Gebüsche.

Unsere Abendmalzeit wartete schon auf uns, als wir um 7 ½ Uhr im Wirthshause vom Spatziergange wieder anlangten. Es war nach hiesiger Uhr schon eine Stunde später, da der Ort, wie vormals Basel das Eigenthümliche hat, daß die Uhren eine Stunde von den benachbarten verschieden gehen. Unsre Wirthin, eine alte geschwätzige, und dabey sehr harthörige Frau, vormals Kammerjungfer an einem kleinen Hofe in der hiesigen Gegend unterhielt uns bey Tische von ihrer Jugendzeit, und den Freuden des Hoflebens. Auch erfuhren wir von ihr, daß die Reichsritterliche Familie, der Adelsheim gehört, sich in so dürftigen Umständen befindet, daß der regierende Herr nur über ein paar 100 fl. jährlich zu disponiren hat. Alles übrige erhalten die Gläubiger. Darum sieht denn auch hier alles so verfallen aus, Landstraßen, Häuser, Brüken pp. – Der Ort und die Gegend umher wird einen Theil der Entschädigungslande des Fürsten von Leiningen Dürkheim ausmachen, dessen Besitzungen alle am jenseitigem Rheinufer lagen, die er nach dem Frieden von Lünevile ohne Ausnahme verlohr.[288] – Hier hörte ich zum erstenmal freudige Aeußerungen über Ländervertauschung; die armen Adelsheimer können dabey auf jeden Fall, so wie es hier steht nie verlieren, höchst wahrscheinlich gewinnen sie viel.

Heidelberg, Donnerstag d 16ten Sept.

Wir sollten in wenigen Stunden die Gegenden wiedersehen die seit 12 Jahren uns in der Erinnerung vorgeschwebt und nach denen wir so oft uns hingesehnt hatten! Unsere Wünsche und Hoffnungen sollten heute, heute noch in Erfüllung gehen. – Das war es wohl, was uns diesen Morgen früher als die Stimme unserer gesprächigen Wirthin weckte. Schon um 3 Uhr sahen wir dem Kaffee und der herrlichen Gegend entgegen, die wir durchreisen sollten. Wir fuhren beym Mondlichte um 3 Uhr aus Adelsheim, und den Steiger, einen nahen, steilen, waldigten Berg hinauf. Wir befanden uns mitten im Odenwalde. Der Weg ist Chaußee, und zwar war sie über unser Erwarten gut.

Der erste Strahl der aufgehenden Sonne, etwa 2 Stunden von Neckarelz, fiel in ein weites, links von der Landstraße ausgebreitetes Thal. Das Thal war ganz in Nebel gehüllt, und lag wie ein Landsee vor uns, der von den Häuptern der nähern Berge, wie von Hügeln umgeben schien. Wir erreichten eine beträchtliche Höhe, erblickten vom Glanze des Morgens geröthet, einen hohen fernen Berg, den wir für den Melibocus hielten, dessen Haupt die aufsteigenden Thalnebel noch nicht verhüllt hatten. – Am Abhange des steilen Bergs an dessen Fuß das Pfälzische Städtchen Mosbach liegt , stiegen wir, während unser Wagen gehemmt wurde, aus, und wanderten von der frischen, stärkenden Morgenluft angeweht, die steile Straße hinab. Aus dem feuchten Wiesenthale zog der Nebel, wie ein Gletscher, sich den gegenüber liegenden Berg, bis zu den Tannenwalde hinan, der seine Scheitel deckte. Welch' ein herrliches Thal. Wiesen, von Weingärten umgeben, die sich die Berge hinanstrecken, Obstbaumgruppen überall und in der Mitte zwischen diesen reizenden Parthien das Städtchen Mosbach. Eine Allee von hohen Lombardischen Pappeln führt bis ans Thor. Das Innere der Stadt steht im grellen Contraste mit den freundlichen heitern Umgebungen. Es ist ein alter dunkler Ort, mit schwarzen überhangenden Häusern, worinn nichts als Bäkker, Schlächter und Weinschencker zu wohnen scheinen. Wir waren froh, als wir an der andern Seite, wieder in der herrlichen Pappelallee fuhren. Wir blieben nun bis Neckarelz im Thale, das die Nebel sehr kalt machten. Die Obstbäume, die in Alleen und in Gruppen auf den Feldern standen, waren schon ihrer Früchte beraubt. In Neckarelz, der Station hatten wir 3 Meilen zurückgelegt. – Von Neckarelz bis Wimmersbach 2 Meilen. Eine Fähre brachte uns über den Neckar. –

Ganz vorzüglichen Reiz hatte von da an, die, auf einem Bergrücken fortlaufende Landstraße, wo an beyden Seiten des Wegs reiche fruchtbare Thäler sich ausbreiten, voll Kirchdörfer und Städte. Oft wird alle Aussicht durch den nahen Buchen- und Tannenwald verschlossen, dann öffnet sich der Wald, und in einem sanften Abhange vereinigt sich das Gebirg mit der Ebene, oder ein jäher Abschuß trennt Höhe und Thal. Immer sieht man auf Weinberge oder Kornfelder und Wiesen, auf denen Baumgruppen stehen; und überall schliessen ferne oder nahe Waldberge das weite oder engere Thal an beyden Seiten des Wegs ein. Ausgezeichnet schön war der Blick rechts in die romantische Landschaft in der das Dorf Mörtelstein und der Marktflecken Gernach liegen.

Ich konnte bey dem herrlichen Morgen und bey dem Reiz dieser Gegend nicht im Wagen bleiben. Immer wenn es bergan ging, benutzte ich das langsamere Fortrücken des Fuhrwerks, um kleine Excursionen durch das Holz nach den lichtern Stellen zu machen, wo die ganze Herrlichkeit der Landschaft vor mir ausgebreitet lag. – Auf diesen meinen Fußwanderungen machte ich die Bekanntschaft zweyer ausgewanderter Elsaßer, die jetzt in ihr Vaterland zurückkehrten. Sie fuhren hinter uns, aber eben so enthusiastische Freunde der schönen Natur als wir, hatten sie eben so wenig im Wagen ausdauern können. Sie commentirten mit Gefühl und französischer Lebhaftigkeit den Reiz der Ansichten. – Wir waren immer beysammen, so oft die Wagen sich langsam fortbewegten, und ohne Aufenthalt zu veranlassen, eine Wanderung vorgenommen werden konnte. – Nicht weit von Wimmersbach blickte über die nähern waldigten Höhen, deutlich die Bergkette hervor, welche die Pfalz durchschneidet, und wir konnten klar die Schlucht unterscheiden, durch welche bey Heidelberg der Neckar sich windet. Diese Umriße und Formen der Berge waren uns bekannt, wir erriethen sie und freuten uns als unsre Vermuthung bestätigt wurde. – Von Wimmersbach bis Heidelberg 5 Stunden. Immer bleibt der Reiz der Gegend, und ihre Abwechselung. – Besonders schön lag in einem Amphitheater von übereinander gethürmten Bergen, auf einem frischen Wiesenplane, von Buchen ringsumschattet das Schloß Langenzell. – Wie wir Neckargemünd zu Gesichte bekamen, war es uns, als ob wir der Heymath zueilten, in der wir uns tausend Freuden versprächen. Ich ließ, um unsern Schwager Theil nehmen zu lassen an unserer frohen Stimmung, in Neckargemünd halten, und ihm einen Schoppen des besten Neckarweins aus dem Wirthshause reichen. Auch Hinrich erhielt einige Gläser dieses Weins und ich erreichte meinen Zweck. Alles war auf dem Wagen, jeder nach seiner Weise fröhlich. Jede schöne Parthie dieses herrlichen 2 Stunden langen Weges brachte uns den Doppelgenuß der Gegenwart und der Erinnerung, die sich an jeden Gegenstand knüpfte. Rechts hatten wir in dem engen Thale, durch welche[s] die Straße führt, immer den klaren Neckar, der oft über Felsen, und, zwischen ihnen durch, seine grünen Wellen mit Ungestüm fortwälzt. Dunkle Waldung bedeckt die nahen Berge, welche das enge Neckarthal bilden; hie und da treten Felsenspitzen hervor, oder schroffe Felswände unterbrachen den Wald. An andern Stellen ziehen sich Weingärten mit Winzerhäusern die Berge hinan, oder Wiesen mit Baumgruppen oder Obstgärten. Einzelne Häuser, Höfe und Dörfer in den Schluchten des Gebirgs, oder zwischen den angebauten Partien geben der todten Natur noch höhern Reiz, Mannichfaltigkeit und Leben. Alleen von alten Wallnußbäumen beschatten an manchen Stellen die Chaußee. – Durch das Dunkel dieser Bäume erscheint alles noch malerischer und schöner. – Wir meinten noch keine 1/2 Stunde gefahren zu seyn, siehe, da lag schon Heidelberg vor uns, die Brücke und die Ruine des Schlosses. – Wie bekannt uns das alles war. Wir fuhren durch das Römische Thor, durch Straßen, die wir vor 12 Jahren so oft betreten hatten, und kehrten im Hecht ein, wohin uns B. empfohlen hatte. Wir fanden Briefe von ihm und E. vor, die uns benachrichtigten, daß sie uns zu verschiedenen Zeiten, nahe gewesen wären, daß sie auf uns hier in Heidelberg ein paar Tage gewartet hätten, und daß sie uns in Manheim zu treffen hofften. – Sie hatten Gatterer[289] von unsrer nahen Ankunft unterrichtet, und dieser hatte schon seit mehrern Tagen sich nach uns erkundigen lassen. – Nachdem wir Kaffee getrunken hatten, gingen wir nach Gatterers Hause. Unterwegs begegnete uns ein Frauenzimmer mit einem Kinde an der Hand. Sie sah uns, wir sie zweifelhaft: ob wir uns wechselseitig kannten, an; nach einigen Augenblicken, die wir, gegen einander gerichtet, gestanden hatten, wurde das Zweifelhafte gewiß, wir erkannten die Bergräthin Gatterer[290], sie uns, und beyde Theile freuten sich innig des Wiedersehens. Nach den ersten Begrüßungen erzählte sie: sie habe zu ihrem Manne gewollt, der in einem Gartenhause am Nekar sey, und sie dort erwarte. Sie bat uns sie zu begleiten, wir schlugen sogleich ein, und gingen jubelnd über die Nekarbrücke, wo wir einige Minuten bey der herrlichen Aussicht an beyden Seiten auf den grünen Neckar mit seinen romantischen Gebirgsufer verweilten. – Im Läppchen, so heißt das Gartenhaus, überraschten wir den braven Gatterer, der neben seinem Kaffeetische zwischen Zeitungen und Journalen saß, und wohl an Niemand weniger, als an uns dachte. Es war schon das 4te mal, daß ich ihn so in Heidelberg überfiel. – Nachdem die ersten freundschaftlichen Fragen und wechselseitigen Erkundigungen beantwortet waren, führte G[atterer] uns in eine Rebenlaube am Neckar, in deren Mitte eine große Schüssel mit den herrlichsten Trauben stand. Sie war für uns bestimmt, und wir liessen uns nicht saumselig finden, fleißig zuzulangen. Bey diesem Göttermale; in Gesellschaft der guten freundschaftlichen Menschen, die wir nach langer Trennung noch eben so fanden, als beym lezten Abschiede; bey der treflichen Aussicht auf den Neckar, der unter uns über Klippen schäumend, rauschte, auf die Waldberge des jenseitigen Ufers mit Felsen untermischt, auf die Ruine des Schlosses und die Stadt – bey allem dem und dem heitern, angenehmen Herbsttage, konnten wir wohl anders als froh und heiter seyn? – Unser kleiner Kreis wurde bald noch durch den Bergrath Medicus[291] vermehrt, der längst dem Fluße seinen Spatziergang machte, und von G[atterer] angerufen wurde. Wir hatten ihn bey unserm letzten Aufenthalt in Heidelberg gesehen, zu welcher Zeit er hier studirte, und fleißig das Gatterersche Haus besuchte. Aus dem muntern, beynahe wilden jungen Menschen, war ein gebildeter Mann, von frohen Sinns, und geselliger Vorzüge geworden. – Da wir unser Verlangen äusserten, die Aussicht vom Schloßberge bey einer vortheilhaften Beleuchtung wieder zu geniessen, um an dem reizenden Bilde, das uns davon vorschwebte nichts zu verlieren, sondern es in seiner vollen Schönheit wieder vor uns zu haben, schlug Medicus vor noch jetzt, bey der günstigen Abendbeleuchtung zu der Ruine hinauf zu steigen. Vorgeschlagen und angenommen, ein Boot setzte uns über den Nekar. Wir stiegen Bergan und kamen auf engen, steilen, schattigten Pfaden in dem Augenblick in die Gegend des Schloßes, als die lezten Stralen der Abendsonne auf die Gegend fielen. Im violettem Dufte lagen schon die fernen Vogesen; auf der reichen Ebene, welche sie von der entgegegesetzten Seite begränzen, schimmerten noch vom Abendlichte vergoldet, die Thürme der Städte und Dörfer, alles übrige wurde schon von Dämmerung umzogen. In wenigen Augenblicken waren die lichten Punkte auf der Ebene verschwunden, und die Gebirge sanken in ein dunkles Blau. Medicus zeigte uns den Punct wo Königsbach, am Hardgebirge, einer Fortsetzung der Vogesen, liegt. Wir hefteten uns ganz auf den Punct, das Ziel unserer Reise, den Gegenstand so mancher Sorge. Wie werden wir dort alles wiederfinden, was haben wir zu erwarten? dachte ich mir lebhafter als bisher, da ich die Gegend wiedersah, wo es, noch in weiter Entfernung liegt. – Meine Frage konnte mir auch hier niemand mit einiger Bestimmtheit beantworten. Doch hofften wir, nach dem, was mir M[edicus] und G[atterer] beym Nachhausegehen erzählten, weitmehr zu fürchten als zu hoffen. – Den Rest des Abends brachten wir sehr froh bey G[atterer]s zu wo wir den Director Redmann[292] antrafen. Die Ereigniße des lezten Krieges, in so fern sie auf diese Gegend bezug hatten, machten größtentheils das Tischgespräch aus. Wir hatten so viel zu fragen, daß heute unmöglich alles beantwortet werden konnte. Kaum würde das in ein paar

Tagen angehen, meinten Gatterers. Wir mußten versprechen, wenigstens morgen ganz hier zu bleiben, was, so gern wir es thaten, eigentlich gegen unsern Plan war. Doch wer konnte Freunden so etwas abschlagen! – Von Medicus begleitet kamen wir um 11 Uhr zu Hause.

Heidelberg, Freitag d 17ten Sept.

Die ersten Stunden des heutigen Tages hatten wir gestern Abend bey Gatterers uns vorbehalten, um sie auf der Ruine des Schlosses für uns allein zuzubringen. Die G[atterer] nannte im Scherz das Vergnügen, welches wir uns davon versprachen: die Freuden der Empfindsamkeit; und meinte: es sey höchst billig uns darinn nicht zu stören. – Um 8 Uhr waren wir auf dem Wege nach unsern Lieblingsplatze, oder eigentlich auf dem Umwege; denn da wir in der Meinung standen: den nächsten, so oft betretenen Weg nach dem Schloße nicht verfehlen zu können, so hielten wir es nicht der Mühe werth zu fragen, und kamen so durch unsere Voreiligkeit in unrechte Straßen, und – eine halbe Stunde später zum Ziele. – Weit hingestreckt über den Rücken des Bergs, den wir erstiegen hatten, liegen die großen Ruinen der ehemaligen Fürstenburg; es ist als ob die Zeit ihrer schonte, um die Gräuel der französischen Verwüstungen aus dem Anfange des vorigen Jahrhunderts auf eine späte Nachwelt zu bringen. Alles liegt und steht noch wie vor 12 Jahren: der hohe Thurm, dessen Hälfte abgesprengt in einem Stücke in die Tiefe herabgeschossen ist, die innern Gewölbe desselben, welche man durch die losgesprängte Lücke entdeckt; – im innern Hofe die bemooßten Wände des Schloßes mit den weiten Fensteröffnungen, aus denen Gesträuch empor schießt; die Platteforme mit dem steinernen Geländer, von wo man die reiche Pfalz vom Nekar durchströmt überschaut. Hier weilten wir lange. Jedesmal, wenn ich auf diesem Platze stehe, in die lachende Gegend voll Reiz und Mannigfaltigkeit hinabsehe, und dann auf die stolzen, der

Vergänglichkeit trozenden Trümmer zurückblicke, werde ich von einer eignen wunderbaren Stimmung ergriffen. Die schauerlichen Ruinen und die himmlische Landschaft stehen gegeneinander, wie Licht und Schatten, wie frisches unbefangenes Leben, und ihrer Zerstörung widerstrebenden Kraft. Ich dencke mir die Vergangenheit, wie diese weiten Räume von dem Treiben und Lärm des Hofes belebt waren; wie der umgebende Garten, jetzt eine Wüsteney, in voller Schönheit prangte; wie man aus der glänzenden Fürstenwohnung in die lachende Landschaft hinabsah; wie keine Spuren kriegerischer Wuth und feindseligen Zerstörungsgeistes diese, von der milden Natur so reich geschmückten Höhe, entweyheten. – Wir verliessen die Gallerie und die Höfe des Schlosses, um die Laube in dem ehemaligen Garten auf dem felsigten Vorsprunge des Bergs wiederzusuchen, die uns einst so entzückt hatte. Wir suchten, und suchten vergeblich, die Laube war vermuthlich vom Sturm herabgeworfen, oder die Zeit hatte sie zerstört, aber die Stelle, wo sie gestanden hat, fanden wir wieder, und lagerten uns dort auf den frischen Rasen nahe dem Abhange des Bergs. Tief unter uns lag Heidelberg, wir sahen die Menschen in den Gassen ihr Wesen treiben, wie man auf einen Ameisenhaufen sieht. Links lag uns die prächtige Ruine, die wir eben verlassen hatten, mit dem über sie hervorragenden höhern Gebirge, rechts die waldigten Berge des gegenseitigen Neckarufers. Eingeschlossen im engen Thale eilt der grüne Fluß über Felsenstücke neben Heidelberg unter den Bögen der prachtvollen Brücke, und zwischen Gartenhäusern und Weingärten der fruchtbaren Ebene und dem Rheine zu, mit dem er bey Manheim sich vermählt. Durch die enge Schlucht der Berge blickt man hier, indem man dem Laufe des Flußes folgt, in dieses Paradies von Deutschland, vielleicht den cultivirtesten und bewohntesten Theil unsers Vaterlandes. Die Wand der blauen [Vogesen] steht fern am Rande des Horizonts.

Versunken in diesen Anblick und entzückt von dem unaussprechlichen Reize der Gegend lagen wir Stundenlang auf der mir unvergeßlichen Stelle. Wir waren beyde darüber einstimmig, daß dies der schönste Punct unserer lezten Reise gewesen; einer der schönsten unserer diesjährigen Reise ist es gewiß. Natürlich war das Bild dieser Gegend vom leztenmale uns, eben weil es das schönste war, das wir aufgefaßt hatten, das lebhafteste geblieben, und es war uns, als wir uns jetzt wieder auf derselben Stelle befanden, als hätten nur Wochen zwischen dem ersten und zweyten Anschaun gelegen. Und doch waren es 12 lange Jahre, welch' ein großes Stück Leben. Das mußte uns zu Erinnerungen führen, und es führte uns, wie nur die erste Freude des Wiedersehens vorüber war, dahin, zu frohen und trüben, wie sie das Leben jedem zurückläßt. Manches edlen Freundes frühes Scheiden hatten wir seitdem betrauert; ihr Andenken zog ein Flor um die heitre Gegend; aber manche Freunde hatten wir seitdem erworben, manche Freude mit ihnen, und für uns allein genossen; ein gütiges Schicksal hatte über uns gewaltet; ich fühlte schon jetzt Gesundheit und Kraft, Muth und Heiterkeit zurückkehren – Nein, die Summe des Guten war größer im Laufe dieser Jahre, und eine Zukunft, heiter wie die Landschaft vor uns, wenn die Sonne durch die Wolken brach und die Schattenparthien erleuchtete, – lag vor unsern geistigen Augen da. – Möge, wenn wir dich einmal wieder besuchen, freundliche Stelle, aus dem, uns auch dann bevorstehenden Rückblick ins Vergangene, ein Resultat wie Heute hervorgehen. Nur schone, gütiges Geschick in den Stürmen des Lebens, die da kommen, wie sie früher gekommen sind, das Heiligthum der Freundschaft, laß ihren einfachen Altar fest stehen und unentweihet, und laß, wenn wir wieder kommen, kein Glied der Blumenkette gebrochen seyn, das ihn umgiebt!

Um 11 Uhr kehrten wir vom Schloßberge zurück, und bey Gatterers ein, die uns zum Frühstück eingeladen hatten. Es wurde viel von der Badenschen Occupation verhandelt, die bald vor sich gehen sollte[293]. Gatterer versprach sich sehr viel Gutes von dieser Veränderung am politischen Himmel dieses Landes, und meinte die verkümmerte und entnervte Pfalz disseits des Rheins werde unter dem weisesten Fürsten[294] unserer Zeit, und einem der besten, die es je gab, wieder aufblühen, und zu einer Consistenz, Wohlhabenheit und geistiger Cultur gelangen, wie sie noch nie das Eigenthum dieses Landes gewesen sey.

Bey Tische im Hecht, wurde von den Anwesenden der Gegenstand auch verhandelt, aber hier waren, besonders unter den vom Militair viele treue Anhänger des alten Wittelsbachischen Stammes, den die neue Landesvertheilung hier auszurotten im Begriff stand. Der Badenfürst und der Bayerfürst, welch' ein Vergleich, wie tief stand jener an Macht und Ansehen im Deutschen Reiche unter diesem, wie ehrenvoll dem Leztern anzugehören, und wie verächtlich sich dem Beherrscher einiger Morgen Landes zu unterwerfen. Alles Ungemach was Carl Theodors[295] Verschwendung und die Pfaffenregierung des weiland heil. Frank[296] und die Tyranney des allmächtigen Grafen Oberndorf[297] über die Pfalz gebracht hatten, kam nicht in Anschlag gegen die Erniedrigung dem kleinern Fürsten huldigen zu müssen, dem Fürsten, der keinen Krieg führen und keine Italienische Oper und keine Maitressen bey Dutzenden unterhalten kann, und wenn er es könnte, unterhalten würde. – Unter Gesprächen der Art war die Zeit herangerückt, wo wir uns mit Gatterers und Medicus zu einem Spatziergange verabredet hatten. Es sollte, so war es heute Morgen bestimmt, nach dem Bierhellerhof gehen, was wir da zu erwarten hatten, wußte der Himmel und unsere Führer. Auf einen frohen Nachmittag konnten wir auf jeden Fall immer in der Gesellschaft, und bey dem Paradiese, wovon Heidelberg rings umgeben ist, mit Zuversicht rechnen. So wanderten wir denn getrost auf der Chaußee die nach Carlsruh führt, und eine Fortsetzung der Bergstraße ist, vorwärts. Nur dann und wann wenn das Gespräch einmal stockte, kam es uns ziemlich heiß vor, und die Sehnsucht nach einem kühlen Plätzchen und einem Labetrunck erwachte dann auch wohl einmal. – In einer guten Stunde waren wir in Rohrbach, einem freundlichem Dorfe. Wir kamen der Pfarrwohnung vorbey, der ich mich sehr wohl erinnerte, denn hier feyerte ich, auch in Gatterers Gesellschaft vor 15 Jahren zuerst ein Fest der Weinlese bey dem jetzt verstorbenen Inspector Erp. – Wir wanderten durch den im Englischen Geschmack angelegten, höchst einfachen, aber niedlichen Garten des Churfürsten von Pfalz-Bayern[298]. Er bewohnte das schmuklose kleine Gebäude, zu einer Zeit, wo ihm als damaligen Prinzen von Zweybrücken, nichts, als das kleine Gütchen zu Rohrbach eigenthümlich gehörte. Alles übrige war ihm durch die Invasion der Neufranken entrissen. – Im Rohrbacher Thal stießen wir auf eine Wasserleitung im Geschmack der Römischen. Sie wurde vor etwa 12 Jahren auf Kosten Karl Theodors, der seinen Nahmen dadurch auf die Nachwelt fortpflanzen wollten, angefangen. Ein Oberstlieutnant von Traiteur[299] im Pfälzischen Diensten gab dazu die Idee und führte die Direction. Das Werk war bestimmt frisches Quellwasser, nach dem 2 Meilen entfernten, an guten Wasser armen Manheim zu leiten. Die Arbeit, nachdem sie ½ Million fl. gekostet hatte gerieth in Stocken. Der Krieg mußte die Schuld des Stillstandes auf sich nehmen. Wie ich aber hörte, hätte doch die Arbeit eingestellt werden müssen, weil das Ganze übel berechnet war, und die Anstalt ihren Zweck nicht erfüllt hätte. – Daß es kein Römisches Werk geworden wäre, auch wenn die Vollendung nicht Hinderniße gefunden hätte ist klar. Schon jetzt sind manche Bögen, die kein achteljahrhundert tragen, ihrer Hinfälligkeit wegen untermauert, andere werden bald einsinken, und das Ganze eine junge Ruine werden. Inschriften pomphaft und dreist wie sie einer Römischen Wasserleitung ziemten stehen wohl da, aber sie werden, wenn auch sie nicht der Hauch der Jahre bald verweht, nur ein Denkmal der Großpralerey eines eitlen Fürsten und der Einfalt seines allerunterthänigsten Wasserbaudirectors seyn.

Von da ging es auf steilen Pfaden den Berg mit herrlichen Buchen besetzt, hinan. Der dichte Schatten meiner Lieblings Bäume machte doch nicht gut, was der beschwerliche Weg verdarb. Ich hatte Noth und Mühe die Gatterer an manchen Stellen hinaufzubuchsiren. Ungeachtet unsere Führer in Bergen zu Hause sind, mußten wir, Bewohner der

Blick auf das Heidelberger Schloss und die Rheinebene, 1815

Fläche, sie nicht blos durch unser Beyspiel ermuntern, sondern selbst zu ihrem Fortkommen thätige Unterstützung leisten, ich durch die hülfreiche Hand, die ich der Gatterern bot, Nante durch übernehmen einer größern Fracht des Theegeschirrs, das wir beym Auszuge unter uns getheilt hatten. – Aber der mühevolle Weg wurde reichlich belohnt durch das, was wir oben fanden. – Aus dem Hause, dem sogenannten Bierhellerhofe liessen wir uns Stühle und einen Tisch auf die nahe grüne Rasenfläche setzen, unser mitgebrachtes Theegeschirr und die Materialien zum Thee nebst Kuchen wurden ausgepackt, der dampfende Kessel herbeygebracht, und, nachdem alles das mit vereinter Kraft zu Stande gebracht war, wurde ein Halbcirkel um den Tisch geschlossen, so daß wir alle das Haus im Rücken, und vor uns – ach wie ist es möglich den Reiz dieser Natur zu schildern – ein Elisium hatten. Die grüne Wiese von den schönsten Buchen eingeschlossen, der Vorgrund oder der Rahmen des Gemäldes, das sich durch die Oeffnung im Walde darstellt. Sanft senkt sich der Berg, in helles Grün gekleidet, bis zu der paradiesischen Ebene hinab, die nichts als Städte, Kirchdörfer, Weingärten, Baumgruppen und Wiesen enthält. Den Saum des bunten Teppichs macht das Gebirge des Schwarzwalds aus, das, in einer Entfernung von vielleicht 6 bis 7 Meilen am Rande des Horizonts sich hinstreckt. 3 bis 4 Bergreihen thürmen sich hintereinander auf, deutlicher die Vorderreihe, und immer schwächer und blauer, die weiter zurück liegenden. Ihre Entfernung voneinander ist durch scharfe Linien bezeichnet. – Wie wir in dem Reize dieser Gegend, und dem vortreflichen mitgebrachten Thee und Kuchen schwelgten, wurden wir durch einen fremdartigen Ton, der sich in einiger Entfernung hören ließ, und der gar nicht in unsre Unterhaltung paßte, gestört. Ein jeder sah rückwärts, und in einem Nu war alles auf von seinen Sitzen. Wir erblickten einen mächtigen Stier, der brüllend auf die ungewohnten Gäste zueilte, und kaum 50 Schritte mehr von uns entfernt war. Wir nahmen miteinander die Flucht, und eilten mit Zurücklassung von Tische, Stühlen und dem schönen Victualienvorrathe dem nahen Hause zu. Medicus allein wollte den Kuchen dem Feinde nicht Preis geben und bewaffnete sich mit dem nächsten Stuhle, um damit dem wilden Stier entgegen zu gehen. Der ungleiche Kampf, der wahrscheinlich für unsern Freund sehr übel ausgefallen seyn dürfte, sollten eben angehen, als auf unser Hülfsgeschrey, der Wirth mit einer Mistgabel dem Vertheidiger unsers Eigenthums zu Hülfe eilte, und von hinten zu dem Wütherich so herzhafte Hiebe und Stöße versetzte, daß er brüllend dem Stalle zueilte. Als dieser verriegelt war, kehrten wir zu Medicus, der als Sieger auf dem Plane stand, zurück, und nahmen unsre alten Plätze wieder ein. Wir lachten nun des gefesselten Feindes im Stalle, der seinen Ingrimm durch kräftiges Brummen Luft gab, und des ganzen Abentheuers, das wirklich sehr übel hätte ablaufen können, wenn der Angriff ohne Signal erfolgt, und einer von uns, durch einen herzhaften Stoß von hinten zu, auf einmal überrascht wäre. Die Sonne stand schon tief und der Abendthau fiel schon als wir von dem Platze aufbrachen. Je länger wir blieben, um so schöner wurde die Gegend beleuchtet, und die Berge des Schwarzwalds um so klarer; bis endlich ein dünner Nebel die fernern Gegenstände bekleidete. – Auf dem Rückwege, wir machten jetzt einen nähern Weg durch den Wald, wurde es völlig finster. Nur schwach sahen wir durch die Oeffnungen der Bäume an einigen Stellen den Neckar mit seinen mäandrischen Krümmungen. – Zulezt ging es sehr steil Bergab, so daß ich meiner Wegweiserin, der Gatterern oft zu Hülfe kommen mußte. Als wir am Ende des Waldes und am Fuße des herabgekletterten Berges waren, lag Heidelberg, wo schon alle Lichter brannten, nahe vor uns. Auf ebenen Wege wanderten wir nun bis zu Gatterers Wohnung, wo wir, wie gewöhnlich zum Abendessen mit Medicus blieben. Später als wir langte der Director R[ittmann] an, der uns hatte entgegen gehen wollen, und sich bey der Dunkelheit im Holze verirrt hatte.

Nachdem wir von unsern Freunden das Versprechen, oder vielmehr die Bestätigung des wiederhohlt gegebenen, erhalten hatten, daß sie uns sämmtlich auf einige Tage in Königsbach besuchen würden, nahmen wir von ihnen bis dahin Abschied, denn auf morgen früh ist fest unsre Abreise beschlossen. Wir müssen endlich ans Ziel, und hoffen, wenn uns nicht in Manheim Hinderniß oder Aufenthalt kommt, schon die folgende Nacht im Gebiet und unter dem Schutze der großen Republick zuzubringen.

Königsbach, Sonnabend d 18ten Sept.

Um 7 Uhr verliessen wir heute Morgen das freundliche Heidelberg, frohen Muthes, denn wir sind sicher es in einigen Wochen wiederzusehen, da wir durch die Bergstraße nach Frankfurt zu gehen denken. Gatterer rief uns aus seinem Fenster, wo er sich die Morgenpfeife schmecken ließ, ein herzliches Lebewohl zu, und bestätigte von oben herab die Zusicherung seines baldigen Besuchs in Königsbach. – Es war ein prächtiger Morgen, herbstlich kühl aber erfrischend, und

Marktplatz in Mannheim, um 1840

einen heitern Tag verkündend. – An den uns zur Rechten sich hinstreckenden Odenwaldsgebirge stiegen die weißen Nebel auf, doch blickten Thurmspitzen an ihrem Fuß und Ruinen auf ihren Scheiteln durch den lichten und dünnen Schleyer magisch hindurch. Vor uns lag, noch fern und unenthüllt, das Hartgebirg und begränzte den Gesichtskreis. Um uns her auf der weiten Ebene zwischen diesen beyden Bergketten war alles Anbau. Die Felder waren alle bestellt, besonders sahen wir viel Türkischen Waitzen[300] der vortreflich stand. Die Chaußee ist im besten Stande, auf unserer ganzen Reise haben wir keine schönere getroffen, statt der ehemaligen Allee von hohen Italienischen Pappeln, standen an beyden Seiten des Wegs junge Wallnuß- und Kirschbäume. Jeder Landbesitzer ist von der Regierung angewiesen, sie, so weit sein Land reicht, längst der Chaußee zu pflanzen. – So sahen wir denn bis Edingen einem Dorfe auf der Hälfte des Wegs, auch nicht eine Spur von kriegerischer Verheerung mehr. Aber in Edingen fanden wir desto mehr. Viele Häuser lagen in Ruinen, andere waren beschädigt, der Kunstgarten eines Edelmanns, dessen ich mich sehr wohl von vorigen Zeiten erinnerte, war seiner Verzierungen beraubt, oder sie waren entstellt und verdorben. Die Geländer sind abgebrochen, Bäume umgehauen, die Gartenbänke und Sitze zerschlagen und niedergerissen, die Statuen ihrer Köpfe, Arme und Füße beraubt.

Der Anblick von Manheim schon aus der Ferne war mir anders als sonst. Ich sah die Häuser, deren unterer Theil sonst von den Wällen gedekt war, freyer über die Erde hervorragen. Die Wälle und die Alleen fehlten. Sehr traurig sah es aus, als wir näher kamen. Vor der Stadt lagen mehrere Gartenhäuser in Schutt vergraben; andere standen nur noch halb. Noch näher, sahen wir den Wall völlig abgetragen; das prächtige Thor stand ohne alle Verbindung da, so daß den Einpassirenden die Wahl bleibt, durch das Thor oder um dasselbe in die Stadt zu fahren. Unser Schwager wählte den gewohnten Weg durch das Gewölbe. Das erste Gebäude in der Stadt, gerade dem Thore gegenüber, ein ehemahliges weitläuftiges und prächtiges öffentliches Gebäude – ist total Ruine. Obgleich wir von Heidelberg aus vorbereitet waren, machte doch der Anblick einen tiefen, schauderhaften Eindruck auf uns Beyde. Wir mußten erwarten diese Stadt, vormals den Sitz der Künste, des Geschmacks und der feinern Bildung; den Sammelplatz der Artisten aus allen Gegenden Deutschlands, ganz in Trümmern zu finden. Doch so fanden wir es nicht. Nur hie und da stand auf den Straßen, die wir bis zu dem großen Platze am Pfälzerhof durchfuhren, ein beschädigtes und noch nicht wieder ausgebessertes Haus. Aber öde und still, in noch weit höhern Grade als vormals, war es in den breiten Gassen und auf den weiten Plätzen der, wie es schien, fast entvölkerten Stadt.

Im Pfälzerhof wurden wir auf ein grosses schön meublirtes Zimmer geführt, wo wir auf den grossen mit Linden besetzten Platz, und auf die Strassen, die von ihm abführen, sehen konnten. Wir legten uns ins Fenster, aber Hitze und die Todtenstille auf dem Platze und in den Straßen zog uns vom Fenster wieder weg. Mißmüthig gingen wir die Stube auf und ab. Was steht da an den Thüren angeschrieben, fragte Nante. Wir sahen zu: es war die sorgfaltigste Anempfehlung des Verschliessens aller bey sich habenden Sachen; weil der Wirth sonst für nichts einstehe; das baare Geld solle man lieber ihm einhändigen pp. – Diese ängstliche Empfehlung, machte uns, besonders Nante, noch ängstlicher. – Ich mußte sie verlassen, um bey unserm Wirthe Hrn. Renner, an den ich empfohlen war, wegen Königsbach einige vorläufige Nachrichten einzuziehen, und über das erforderliche Benehmen eines Fremden beym Eintritt in die französische Republick einige Belehrung zu empfangen. – Hr. Renner empfing mich zwar sehr höflich, aber was er mir über das Ziel unsrer Reise und über unsere transrheinischen Hochgebietenden Hrn. und Obern sagte, war nicht sehr dazu gemacht, einen schon Verstimmten wieder in den rechten Ton zu setzen. – Wir wollen einen Streifzug durch die Stadt machen, sagte ich zu Nante, als ich wieder aufs Zimmer kam, und sie von mir Berichte über meine Unterredung mit Hrn. Renner wünschte, die ich gern vermeiden wollte. Gesagt, gethan, wir irrten eine Zeitlang in den graden, breiten, menschenleeren Straßen herum, ohne, besonders in der Mitte der Stadt, Spuren von Verwüstungen des Bombardements[301] anzutreffen. – Am Schloße aber, das am Rhein, und der ehemaligen Rheinschanze gegen über, liegt, fanden wir desto mehrere. Der ganze rechte Flügel ist eine Ruine. In der unglücklichen Nacht, da Wurmser[302] vom jenseitigen Rheinufer durch das Bombardement der Stadt, die französische Besatzung zur Uebergabe nöthigte, wurde die Residenz, der nächste Gegenstand für die Kaiserlichen Feuerschlünde in den Zustand gesetzt, worinn sie sich noch befindet. Wir gingen in die verwüsteten Gebäude, von denen ein Theil nur das Dach verlohren und an den obern Stockwerken Beschädigungen erhalten hat. Andere, z.b. der Opernsaal sind ganz ruinirt. Es steht nur hie und da eine Wand oder ein Pfeiler noch. – Die Keller unter diesem rechten Flügel waren in jener Nacht der Zufluchtsort der Einwohner von Manheim, weil man sie für die festesten hielt. Besonders waren mehrere tausend Frauenzimmer dahin geflüchtet, als die Kaiserlichen am jenseitigen Rheinufer Anstalten machten, die Festung zu beschießen. Auf einmal stürzt mitten in der Nacht ein Theil des Gebäudes zusammen, Mauern, Balken und Bomben fallen mit den entsetzlichsten Geprassel auf das Gewölbe, das meist mit Frauen und Kindern angefüllt ist. Sie meinen das Gewölbe stürze ein, alles rettet sich unter Jammergeschrey heraus und auf den Schloßhof. Die Mütter haben ihre Kinder in dem Gedränge verlohren; alles ist voneinander gerissen, in der peinlichsten Ungewißheit über der Seinigen Schicksal. Man sucht einander, drängt sich durcheinander, wirft und tritt sich in der Noth und Verwirrung zu Boden. Es ist eine dunkle Novembernacht und nur durch den Feuerregen von der andern Seite des Flußes her wird dann und wann der große Schloßplatz erhellt. – Noch hat das Elend seine Höhe nicht erreicht. Eine Batterie gerade auf diesen, von Menschen wimmelnden Platz gerichtet, fängt ihr mörderisches Geschäft an, die Bomben fliegen mitten zwischen den Haufen. Todte und Verwundete liegen auf dem Platze. Fort, fort in den Keller am jenseitigen Flügel des Schloßes rufen einige, und alles eilt zwischen den Feuerkugeln hin nach jenem Flügel, wohin auch die Verwundeten geschleppt werden. – Die ganze Nacht währt der Donner des Geschützes und das Krachen der einstürzenden Gebäude fort. Ohne Licht in der peinlichen Ungewißheit, ohne sich erkennen, sich zusammenfinden zu können, bringen die unglücklichen Menschen diese Nacht in den schauerlichen Gewölben zu. Erst der Morgen, da die Capitulation abgeschlossen ist, befreyet sie. Die Folgen der ausgestandenen Angst haben mehrere getödtet oder ihre Gesundheit zerstört. – Die Details solcher Greuelscenen des Kriegs hört man selten, als an den Stellen wo sie vorfielen. Aber hier ergreifen sie doppelt, wenn man die Erzählung hört, und sie durch die Schauererregenden Gegenstände, die man vor seinen Augen hat, bestätigt und versinnlicht wird. – Wir gingen durch das Schloßthor nach der Allee wo man sonst eine reizende Aussicht über den Rhein nach der Brückenschanze und den Gebirgen bey Neustadt hatte. Die Bäume standen noch, aber alles war mit Unkraut bewachsen, von den Festungswerken, die das Schloß umgaben keine Spur, das Land gegen den Rhein zu, mit Kartoffeln bepflanzt, von der jenseitigen Brückenschanze keine Spur zu finden, an ihrer Stelle eine öde Sandstrecke, worauf kein Grashalm grünte. – Trauriger Wechsel der Dinge! 50 Schritte von dem prächtigen und vormals von dem glänzensten Hofe in Deutschland bewohntem Schloße, eine – Kartoffelnanpflanzung, und das nächste Land jenseits des Rheins eine Wüste! – Unter den Alleen wandelten einige Personen, dem Ansehen nach, aus den beßern Ständen. Aber es war etwas armseeliges in ihren Äußern, und kein Blick schien sich zu frohen Aussichten zu erheben. Es waren stille, über ihr Unglück, wie es mir vorkam, nachsinnende, oder über den Verfall des Landes trauernde, Menschen. – Auch da war also keine Freude für uns. Wir warfen nur einen flüchtigen Blick auf die Gegend von Neustadt und kehrten mit dem festen Entschlusse nach dem Pfälzerhofe zurük, wo möglich noch vor Tische, sonst gleich nach der Mahlzeit, wegzufahren. – Hr. Renner, dem wir unsern Wunsch nach Pferden eröffneten, brachte uns den Comödienzettel, um uns zum Dableiben bis Morgen zu bewegen. Aber so sehr wir auch Verehrer der Musen des Schauspiels sind, die Ankündigung konnte uns in unserm Entschlusse nicht wankend machen; an der Stelle wo sonst Ifland[303] und Beil[304] standen, fanden wir jetzt die Nahmen Lübenau und Zimmermann! Was ließ sich von dem Reste erwarten, da diese oben auf dem Zettel prangten? Darinn mußten wir denn doch endlich nachgeben, bis Nachmittag zu bleiben. – Auf dem Zimmer konnten wir es bis zur Mahlzeit nicht aushalten; ich wollte Beck[305] besuchen, er war verreiset; wir machten noch einen Cours durch die Stadt, um Trauben einzuhandeln; nirgend war auf den Straßen etwas Traubenähnliches anzutreffen. Mißmüthig über alles was uns in Manheim begegnet, gesagt und vor Augen gekommen war, und voll Ungeduld, bald aus dem Freudenleeren Ort zu kommen, kehrten wir wieder heim, gerade als die Tischgesellschaft sich versammelt hatte. – Es waren Franzosen und mehrere aus den neuen Departements an der Tafel. Ohne auf ihre Gegenwart zu achten, wurde von den anwesenden Manheimern tapfer auf die französische Regierung, auf das republicanische Militair und die Einrichtungen am jenseitigen Rheinufer geschimpft. Was mich wunderte, war, daß ein Kaufmann aus Cölln, auch ein Neufranke, ärger und bitterer als die Deutschen, alles tadelte was die Republicaner gethan hatten, und in diesem Augenblick vornahmen. Er nannte ungescheut die Regierung bestechlich, elend, verabscheuungswürdig, und nahm sich die Freiheit, den anwesenden gebohrnen Franzosen zu Liebe, das Deutschgesagte ins französische zu übersetzen. Alles schwieg, keiner machte auch nur einen Versuch zu widerlegen, keine Miene verzog sich dabey. Es war, als wenn vom Schauspiel oder vom Wetter die Rede wäre. – Ganz oben am Tische war zwischen den eingebohrnen Manheimern eine andre Art von Unterhaltung in die ich mich anfangs nicht finden konnte. Gesprochen wurde selten, oft gar nicht, und doch war ein Gesticuliren unter den Leuten, als wenn die wichtigsten, interessantesten Dinge verhandelt wurden. Die Köpfe und Hände befanden sich in ewiger Thätigkeit und oft brach der ganze obere Theil in ein schallendes Gelächter aus. Unser Wirth, mein Nachbar erklärte mir die sonderbare Erscheinung. Der Präsident des Tisches war ein stummer Maler, der als täglicher Gast dieses Hauses, und als ein höchst lebhafter Mensch, die übrigen gewöhnlichen Tischgäste mit einer Zeichensprache bekannt gemacht hat, deren sie sich nun alle Mittage unter einander bedienen. Renner selbst verstand diese Sprache sehr gut, und versprach mir, nach der Malzeit, eine Unterredung mit dem Maler zu halten, von der wir Zeugen seyn sollten. – Das geschah. R[enner] befragte ihn: wie er den gestrigen Tag zugebracht habe? und der Maler erzählte jenem alles haarklein, entdeckte auch die Absicht, sich bald zu verheyrathen, wozu den Renner, und alle übrige der Zeichensprache kundige, gratulirten. Der Mann hatte in Gesichtsbildung, Gestalt und Benehmen viel Aehnlichkeit mit dem verstorbenen Knigge[306], und wird nach 20 Jahren ihm noch ähnlicher werden. Alle versicherten: daß es ein Mensch von ganz vorzüglichem

Talent und ein ausgezeichneter Künstler sey. Seinen Nahmen habe ich vergessen, doch denke ich bey unsrer Zurückkunft nach Manheim ihn mit unsern Renner zu besuchen, und seine Gemälde zu sehen. – Erst gegen 4 Uhr waren die Pferde da. Wir hatten durch Hinrich einen Vorrath von Kaffee, Zucker und andern kleinen Bedürfnissen des Lebens für unsern Auffenthalt in Königsbach einkaufen lassen, einige Trauben hatten wir selbst noch im Rennerschen Hause eingehandelt. So mit dem Erforderlichen versehen, fuhren wir um 4 Uhr aus Manheim. Die Post hatten wir nur bis Oggersheim ½ Meile von Manheim, dem ehemaligen Lustschlosse der Churfürsten von Pfalz-Bayern bedingen können, da die Neufranken der Pfälzischen Post keinen weitern Weg in das Gebiet der Republick gestatten. Doch mußten wir für diese ½ Meile 2 fl. entrichten. – Am Rhein fanden wir die ehemalige Schifbrüke nicht mehr, sie ist während des Kriegs weggerissen, und die Verbindung zwischen Deutschland und Frankreich wird jetzt durch eine fliegende Brücke unterhalten. – Die Brücke war, wie wir ankamen, gerade am jenseitigen Ufer angekommen. Wir mußten beynahe eine halbe Stunde warten, ehe sie dort ausgeladen war, und zu uns, nach der Deutschen Seite zurückkehrte. – Indeß wir am Ufer hielten, langten nach und nach 7 Fuhrwerke, viele Reiter und noch mehrere Fußgänger an, die, gleich uns, das Französische Gebiet besuchen wollten. Kaum hatte die Brücke sich am Pfälzischen Ufer angelegt, so drängte sich alles mit Ungestüm dahin, um nicht ausgeschloßen zu werden, und, noch eine halbe Stunde länger warten zu müßen. Pfälzische Soldaten hielten noch einige Ordnung bey dem Gedränge. Es währte eine halbe Stunde, ehe die 8 Fuhrwerke, die Reiter und etwa 50 Fußgänger, Leztere mit ihren Tragkörben, Bündeln und sonstigem Gepäke, sich in dem Fahrzeuge, das die fliegende Brücke ausmacht, einquartirt hatten, und dieses, nun seine Reise antreten konnte. Wir waren, um des Gedränges willen, im Wagen geblieben, und von da aus musterten wir die Gesellschaft, die mit uns überging. Es waren nur ein paar Reisende darunter, die übrigen, Manheimer, die zu ihren Weingärten jenseits des Rheins wollten, und Landleute vom jenseitigen Ufer, die in Manheim ihre Landesproducte verkauft hatten. Ich wagte nicht auszusteigen, um mich mit den schönen Manheimerinnen, die nicht weit von unsern Wagen saßen, mündlich in Rapport zu setzen, und mußte es bey einer Musterung mit den Blicken bewenden lassen, da Fuhrwerk an Fuhrwerk stand, und nach hinten zu, die Pferde zweyer französischer Dragoneroficiere einen solchen Lärm auf dem ungewohnten Elemente machten, daß ich jeden Augenblick fürchtete, sie mögten sich losreissen, und die Passagiere beschädigen. Wie wir am jenseitigen Ufer landeten, hielten wir gleich vor der gefürchteten französischen Douane. Etwa ein Dutzend Douaniers in grünen militairischen Anzuge, die Nationalkokarde am Huthe und mit Seitengewehr versehen, umgab unsern und die übrigen Wagen. Die gescheute Untersuchung begann. Ein braunes Angesicht mit pechschwarzen Haaren streckte sich in unsern Wagen und fragte: „habt ihr etwas gegen die Gesetze der Republick bey euch?“ Sehr dreist, wie man mir in Manheim gerathen hatte, fixirte ich das Gesicht, und sagte, im wegwerfenden Tone: „ich kenne Eure Gesetze nicht, ist es aber verboten Taback, Zucker, Kaffee nach einem Gute, das ich in der Republick besitze, mitzunehmen, so sagt es, – im übrigen“ – und damit sprang ich vom Wagen: „hier sind meine Schlüssel, durchsucht selbst und sagt, wofür ich Abgaben, und wie viel ich zahlen muß.“ – Der Douanier, dem ich die Schlüssel darbot, fixirte mich, indem ich so sprach und handelte, als wollte er in den Grund meines Herzens sehen. Da ich ein sehr gutes Gewissen hatte, so that ich ein Gleiches. Nante, unsrer Verabredung gemäß, sah ihn ebenfalls, sich aus dem Wagen lehnend, starr und keck ins Gesicht. – Die Befolgung des guten Raths wirkte, der Zöllner sagte, indem er mir die Schlüssel zurückgab: „von Eurem Taback könnt Ihr in Oggersheim die Abgabe zahlen, im übrigen scheint Ihr mir honette Leute, reiset.“ – Unser kleiner Schwager, ein Bursche von 12 bis 14 Jahren, der auf französischer Manier, auf dem Pferde sitzend, fuhr, ließ sich das: „reiset“ nicht zum zweytenmal gesagt seyn, sondern jagte, wie der lezte Hauch kaum aus des Zöllners Munde, und ich wieder im Wagen war, im schärfsten Trabe davon. Der Wagen rasselte über die Chaussee hin, daß ich für die Räder zu fürchten anfing. Ich rief der kleinen Gelbjacke zu, langsamer zu fahren, aber da war an kein Anhalten zu denken. Wir waren, wie im Fluge, nach Oggersheim gekommen. Hier mußten wir aufs neue zahlen, nicht für die mitgenommenen Victualien, dafür wurde nichts verlangt, aber für den Wagen 1 Franken 9 Centimen (28 Kreuzer). Wir hätten das Doppelte geben müssen, wenn nicht ein Stuhlwagen hier zu Lande noch ein ziemlich unbekanntes Fuhrwerk gewesen wäre, und wir ihn so unter die Rubrick der Karren gebracht hatten, für die nur die Hälfte von dem was für Chaisen, erlegt wird. Der Einnehmer wollte anfangs nicht daran, das Fuhrwerk einen Karren zu nennen, und Hinrich mußte ihm erst lange vordemonstriren, daß es doch auch keine Chaise, und noch weniger eine Kutsche sey. Da er kein Drittes kannte, so gab er endlich den Vorstellungen nach, und schrieb, wiewohl Kopfschüttelnd die Quittung, worauf unser Wagen als Karren paradirte. – Wie wir kaum vor dem Posthause zu Oggersheim angelangt waren, erschien ein französischer Soldat, und fragte nach unserm Paße. Ich machte zum erstenmale von dem für die Republik bestimmten Paße gebrauch, den der Untersuchende auch sehr gut fand, da er von einem Französischen Commissair unterzeichnet war. Die Republick Bremen kannte er übrigens nicht, er hätte nie davon gehört, sagte er. – Von der Schnelligkeit der Expedition auf den französischen Postämtern hatten wir sogleich auf dem ersten in Oggersheim die Probe, aber 2 Dinge waren sehr übel. Niemand im Posthause kannte die Weltgegend, in der Königsbach liegt, selbst der für uns bestimmte Postillon nicht. Ich wußte zwar das Allgemeine anzugeben, aber das reichte nicht hin, und wir wurden endlich eins, uns weiterhin mit Fragen durchzuhelfen. Weniger leicht war für mich das Arrangement mit der Frau Postmeisterin wegen des Postgeldes. Sie verlangte für die 2 Meilen, die meiner Rechnung nach, der Weg betragen möchte, 6 Gulden. Als ich ihr die Unbilligkeit für einen so kleinen Weg, und für 2 Pferde diese Summe zu fordern, vorhielt, erwiederte sie: ich müße für 3 Pferde bezahlen. – „So bitte ich mir 3 vorlegen zu lassen, es fehlt wie ich sehe noch eins vor dem Wagen", sagte ich mit einiger Heftigkeit. – „Beruhigen Sie sich, mein Herr", war ihre Antwort: „nach unsrer Postordnung bezahlen sie 3 Pferde, wenn sie 2 erhalten, wollen Sie deren 3, so habe ich noch 2 ½ Gulden von Ihnen zu empfangen." – Ich wollte nicht glauben, aber das mir vorgezeigte Postgesetz ließ keinen Zweifel übrig. Wir fuhren also mit 3 bezahlten, und 2 wirklichen Pferden davon. – Bis Oggersheim war die Chaußee vortreflich gewesen, von da ab war sie abscheulich ausgefahren und hökerigt. Die Pferde mußten fast immer im Schritt bleiben. – In den Dörfern durch die wir kamen trafen wir einzelne im Kriege niedergebrannte Häuser. – Alles das, die ewigen Büreaux[307], wo man Abgaben zu erlegen hat, die Prellereyen, die abscheulichen Wege, die neuen Ruinen, geben dem Reisenden, der von dieser Seite den Boden der großen Republick betritt, keine günstige Vorbedeutung. – Wie ganz anders war es hier, als dieses, von der Natur so hoch begünstigte Land, noch dem Deutschen Reiche angehörte. – Die Sonne stand schon tief, als wir Oggersheim verliessen; eine Stunde nachher, war sie bereits hinter das Hartgebirge gesunken. Die eintretende Dämmerung stimmte uns um so ängstlicher, da wir mit dem Verschwinden des Tages alle Möglichkeit verlohren sahen, dem Postillon, wenn er irren sollte, die Richtung anzugeben, die er, um nach Königsbach zu kommen, nehmen mußte. Bey Mosbach[308] fuhren wir rechts von der Landstraße ab, wie man es uns unterwegs geheißen hatte. Von da sollten wir uns nur immer gerade aus halten. – Das thaten wir denn nun auch wohl, aber es ward nachgerade so finster, daß wir kaum den Weg und die Spuren mehr sehen konnten. Der Schwager stieg ein paarmal ab, um zu untersuchen, ob wir noch auf einer Straße wären. – Auf einmal sahen wir helle Puncte vor uns, die wir für Lichter eines Dorfs hielten – ja Lichter waren es wohl, aber nicht die, welche wir meinten, sondern Irwische, die uns beynahe vom Wege abgeführt hätten. – Wir hielten stille, um zu überlegen, ob es nicht beßer sey, so den Morgen zu erwarten, und wir machten uns schon gefaßt, die erste Nacht auf dem Republicanischen Boden, unter freyem Himmel zuzubringen; aber unser Schwager hatte durchaus keine Lust zu diesem Campement, und trieb seine Pferde weiter. – Was uns einigermaßen Hoffnung gab, war: wie wir merkten, daß es allmählich Bergan ging. Nante glaubte ein paarmal in weiter Ferne ein hohes Licht flimmern zu sehen. Das verlohr sich wieder, aber das Berganfahren blieb. – Endlich trat auf einmal, gerade vor uns ein hellerleuchteter Punct aus dem nächtlichen Dunkel hervor, der Postillon verdoppelte seine Anstrengungen, wir waren dem hellen, immer größer werdenden Puncte ganz nahe; wir hielten, der Schwager springt vom Pferde, um zu sehen, was es sey. Nach einigen Augenblicken hören wir ihn im verdrießlichstem Tone – Diable – rufen; er kehrt zurück und berichtet: es sey eine verdammte Muttergottescapelle, in der die Narren, zur Feyer des morgenden Sonntags, Lichter angezündet hätten. – Die Capelle ließ doch ein nahes Dorf vermuthen, damit beruhigte ich mich und den Schwager, der höchst unwillig und auf die ganze Fahrt scheltend der Erleuchtung vorbey fuhr, den immer steilern Weg verfolgend. – Nach einigen Minuten sahen wir zu unsrer Freude wieder Licht, und, wie wir näher kamen deutlich, daß es ein erhelltes Zimmer war. Rasch ging es bis vor das Haus, wo ich mit gespannter Erwartung, die Leute, die das Fenster öffneten, fragte, wie es hier heiße? – Kingspach war die Antwort. – Dem Himmel sey Danck, wir sind am Ziele rief ich, und alles im Wagen stimmte ein. – Wir bekamen aus dem Hause leicht einen Wegweiser nach unserm Hofe. – Das Rasseln des Wagens brachte das ganze Dorf auf die Beine; ein ganzer Trupp mit Leuchten versehen zog vor dem Wagen her, und immer vermehrten sich die Wegweiser. Endlich stand der Haufen, und wir hielten – ja sie war es wirklich – vor der großen Eingangspforte zu unserm Hofe. – Die Laternen drängten sich zu uns, ich sprang hinab, und eilte in den Hof; Nante hatte ich gebeten noch im Wagen zu bleiben. –

Unbekannte Gesichter umgaben mich, wie ich die steinerne Treppe zum Hause hinauf stieg; wie ich mich auf der öden Hausflur umsah, und die Stube rechter Hand im Hause betrat, in der ich nichts antraf, als einen grossen runden Tisch in der Mitte, und jene unbekannten Gestalten, die mich auch hieher verfolgten. – Aber was ist das, hier sollen wir wohnen, rief ich aus, hier in diesem rein ausgeleerten Hause! Die umher stehenden Leute sagten, der Verwalter habe darauf gerechnet, wir würden in seinem Hause logiren; dort habe er alles was die Franzosen uns noch von Meublen gelassen, aufbewahrt; es sey schon zu ihm geschickt, das Nöthigste werde noch heute Abend, und das übrige morgen früh herkommen. Ich erfuhr zugleich daß meine Zimmergenossen die Hofleute mit ihren Familien seyen, die es für ihre Schuldigkeit gehalten hatten, mich in Abwesenheit des Verwalters einzuführen und zu unterhalten. Ich kannte sie nicht, es waren andere als bey unserer lezten Anwesenheit[309]; der Krieg, der alles verändert hat, hatte die ehemaligen vertrieben. – Ich ging wieder hinaus zu Nante und berichtete, wie ich es gefunden hatte. Wir überlegten, ob wir vielleicht mit mehr Bequemlichkeit beym Verwalter logiren, oder unser verödetes Haus beziehen wollten. Die Vorliebe für das Eigenthum, und die Aussicht, hier freyer, und mehr uns selbst leben zu können, siegten endlich und entschieden für das Dableiben. Wie hätten wir in einem fremden Hause das genossen, was wir uns hier versprechen durften. Hier waren wir schon glücklich durch schöne Reminiscenzen, hier, in dieses Local hatten wir uns seit Jahren wieder hinein gedacht und geträumt, wenn wir in den Plänen zu einer Reise nach Königsbach lebten. – Also abgestiegen und abgepackt. Das Nöthigste werden wir ja wohl erhalten, und es hat seinen eignen Genuß, einmal von der gewöhnlichen Sitte abzuweichen, und es lernen, Dinge als sehr entbehrlich anzusehen, die man im ordentlichen Gange des Lebens, als die ersten Bedürfniße betrachtet. – Mit diesen guten Vorsätzen und in dieser guten Stimmung betraten wir nun gemeinschaftlich unser Eigenthum. Ich bereitete Nante noch im

Hofe vor das Schlimmste zu erwarten, und führte sie, immer wiederhohlend, daß sie es sehr arg finden würde, ins Haus und ins Zimmer. – Sie fand es freylich etwas ungewöhnlich in einer Stube zu leben, wo ausser jenem Tische nur 2 Brettstühle standen, doch blieb sie bey ihrem Vorsatze. – Nach einer halben Stunde langte der Verwalter an, ihm folgten Betten, Gardinen und beßere Stühle. – So hatten wir schon das Nöthigste, besonders da frisches Brod, schöne Butter und vortrefliche Trauben nach und nach auf den nun schon mit einem weissen Tuche bedeckten Tisch, aufmarschirten.

Um unsern Schwager für die Beschwerden des Wegs und für die ausgestandene Angst zu entschädigen, ließ ich ihm so viel Wein aus dem Keller reichen, als er zu trinken Lust hatte. Auch ich stärkte mich durch ein Glas alten, auf unsern Rebenhügeln erzeugten Weins. Der Postillon ritt fort, die Neugierigen verliessen den Hof; der Verwalter und die Hofleute wünschten gute Nacht, und wir waren den endlich wieder allein. Das Dienstmädchen, welches für die Zeit unsers Hierseyns angenommen ist, soll erst morgen in aller Frühe eintreffen. – Wie wir oben auf das bekannte Schlafzimmer kamen, dessen Fenster von Weinstöcken umgeben waren, fanden wir noch alles ziemlich beym alten, nur hatte der kalte Winter einiger Jahre eine große Lücke in den Reben um das Haus gemacht, nicht alle Fenster waren mehr mit Trauben behangen. Aber hie und da hingen sie noch Haufenweise. Sie waren süß und wohlschmeckend wie vormals. Es leben die diesseitigen Rheinischen Trauben!

Königsbach Sonntag d 19ten Sept.

Wir haben den ganzen Morgen damit zugebracht, unsre kleine Wirthschaft hier einzurichten. Aus allen Ecken des Hauses wurde zusammengesucht, was an Tischen, Stühlen und andern kleinen Bedürfnißen aufzutreiben war. Alles was wir so auftrieben war Gewinn, denn wir konnten, nach unsern

Nachrichten nichts erwarten. Was uns noch fehlte wurde aus Gimmeldingen angeschleppt, theils eigenes, theils fremdes Gut, oder wurde aus der Nachbarschaft zusammen geliehen. Nante gab den alten Gardinen eine neue Form, ich nagelte die Gardinen Stöcke fest; die lange nicht gebrauchten Tische wurden polirt, die Schränke ausgebeßert, und mit neuen Schlössern versehen. Um Mittag hatten wir oben ein ganz manierlich eingerichtetes Zimmer, Hinrich eine ordentliche Kammer und unten im Hause war die große Stube hinlänglich ausstafirt, um Besuchende einführen zu können. Alles war freylich sehr einfach aber doch reinlich und unendlich beßer geworden, als wir gestern Abend erwarten konnten, daß es werden würde. – Gegen Mittag machten wir noch einen Gang bis Gimmeldingen, und setzten uns auf eine Höhe, wo wir mit Ruhe die bekannte, uns so liebe Gegend überschauten. Sie war höchst reizend, selbst in dieser Tageszeit, wo die Sonne hoch über uns stand, und keine Parthie in Schatten gesetzt war. – Den Mittag besuchte uns Schmidt[310] und erzählte viel von den ausgestandenen Drangsalen im Kriege, und von der schlimmen Lage der disseitigen Rheinlande, seit der Verbindung mit der Republick. – In eben den Ton stimmte der Maire[311] von Königsbach, der nach der Malzeit zu uns kam. Ich wunderte mich sehr, eine obrigkeitliche Person so auf die Republick und ihre Gewalthaber schimpfen und die alte Verfassung preisen zu hören. Kaum wollte er in die Gesundheit: „aufs Wohl der grossen Republick!" mit einstimmen und ich glaube er that es am Ende nur: um dem gefüllten Glase nicht zu entsagen, was ich ihm vorgesetzt hatte.

Die Sonne stand schon hinter dem Hardtgebirge, als wir wieder allein waren. Wir benutzten den herrlichen, heitern kühlen Abend zu einem Spatziergange nach dem alten ruinirten Schloße Hardt eine halbe Stunde von unserm Wohnorte. – Wohl eine Stunde saßen wir da an das alte Gemäuer gelehnt, und blickten in die reiche Gegend, die sich vor uns ausdehnte. Das Hardtgebirge warf immer längere Schatten auf den Vordergrund, schon waren die Weingärten mit ihren

Baumgruppen und die nähern Orte im Dunkel, als wir uns lagerten, nach und nach wurden auch die Thürme von Speierwald in Dämmerung gehüllt, und endlich die Thürme von Manheim und das Schloß zu Heidelberg, die Kette des Odenwaldgebirgs links, und rechts die fernen blauen Streifen des Schwarzwaldes. – Im Dorfe Hardt war noch grosser Jubel, als wir durchpassirten. In mehrern Häusern wurde getanzt, und auf der Straße trieb sich die Jugend hüpfend in der Gegend des Freiheitsbaums herum, der in diesem Dorfe noch frisch und jugendlich auf einem freyen Platze dasteht. In Königsbach und Gimmeldingen fanden wir sie verdorrt und unscheinbar, und die Einwohner äußerten eben keine Neigung andere zu pflanzen. Sie hatten ein Fest bey der ersten Errichtung derselben feyern müßen, um nicht als Rojalisten oder Unzufriedene verschrieen zu werden. In Königsbach hatte das Fest einige hundert fl. gekostet. Mehrere Einwohner, die mit Unwillen darüber sich äußerten, fügten hinzu: gern wollten sie eben so viel daran wenden, wenn sie um den abgehauenen Freiheitsbaum tanzen und auf ewig die Freiheit abschwören könnten, die man ihnen von Paris aus, so ganz gegen ihren Willen aufgedrungen habe.

Königsbach, Montag d 20sten Sept.

Heute Morgen wandten wir dazu an unsern Bremischen Freunden zu melden, daß wir das Ziel unserer Reise erreicht hätten. Dann kam Schmidt und durchstreifte mit uns einige unserer Weinberge. Wir fanden hier nirgend Verwüstungen und allenthalben den reichsten Seegen herrlicher Trauben. Schmidt verspricht uns ein vorzügliches Weinjahr und eine frühe Lese. Schon jetzt haben die Beeren fast die völlige Reife, kommt nur etwas Regen, so geht der Herbst (man nennt die Traubenernte so) noch in diesem Monate, oder in den ersten Tagen des künftigen an. Bis dahin bleiben wir gewiß und gern, um das Fest der Weinlese noch einmal wieder hier feyern zu helfen. So fröhlich wie sonst, soll es freylich jetzt nicht mehr dabey hergehen, aber die beste Zeit des Jahres ist es doch immer in diesen, wie in allen vom Weingotte begünstigten Gegenden. Alles spricht davon, alles interessirt sich dafür. Der Reichere hofft Gewinn und Abtrag der an die Dürftigern geliehenen Gelder, der Aermere freut sich, den harten Gläubiger loswerden, etwas zur Anschaffung seiner Bedürfniße in die Hände bekommen, und bey einem Glase jungen Weins und einer Schüssel Castanien, die Leiden des vorigen Winters vergessen zu können. Für den Aermern ist es die beste Zeit des Genusses, und beynahe die einzige bey einem weniger ergiebigen Jahre. Er schwelgt einige Tage, mit leichtem Sinne, und in der Hoffnung auf hohe Preise des Weins, durch. Dann muß er zahlen, einkaufen – und nun ist er wieder in eben der Lage, wie vor der Erndte. – Glücklich sind diese Menschen, daß so leichtes Blut durch ihre Adern rollt, daß sie immer in Hoffnungen auf eine beßere Zukunft, das heißt auf ein reiches Weinjahr fortleben; daß sie den Becher des Genusses, wenn er ihnen dargereicht wird, unbekümmert und rein leeren, und sich leicht in die Fesseln der harten Nothwendigkeit schmiegen, wenn der Becher geleert ist. Ein kleiner Vorrath Wein bleibt auch dem Aermsten doch immer gegen den Winter noch übrig, oder er kann ihn borgen, und so kann er denn doch auch in der rauhern Jahrszeit, dann und wann mit seinen Freunden zusammensitzen, von den vorigen Zeiten sprechen und für die Zukunft Muth fassen.

Vormals war das disseitige Rheinufer zur Zeit des Herbst der Sammelplatz der schönen Welt aus Manheim, Heidelberg und den kleinern Städten der Pfalz. Auch Darmstädter und Frankfurter wanderten in Schaaren hieher. Alle Besuche von dorther wurden auf diese Zeit verspart. Die Güterbesitzer, Beamten, Pächter pp richteten sich früh zum Empfange der Städtischen Gäste ein. Die Zeit, wo die Weinlese anfangen sollte, wurde zeitig gemeldet, und je näher sie kam, je genauer bestimmt. Nun nahten sich die fröhlichen Tage: die Städtischen Familien packten sich auf große Wagen zusammen, und fuhren Schaarenweise über den Rhein; wer nicht fahren konnte, machte die Reise zu Fuße. Man quartirte sich bey Freunden und Verwandten ein, und Wirthe und Gäste hatten nur eine Forderung aneinander – fröhlichen, ununterbrochen fröhlichen Sinn. Die Tage vor der Lese hindurch wurden die Weingärten besucht, und über die Güte der Trauben und die Aussicht auf das Jahr viel verhandelt, auch fleißig der vorigjährige Wein und der von den leztern beßern Jahren verglichen. Endlich kamen die Tage der Weinlese und des Genusses, alles regte sich in den Weinbergen, die ganze Gegend war belebt, und das jubeln der Winzer und Winzerinnen und der Fremdlinge tönte längst dem ganzen Gebirge. Müde von der ungewohnten Arbeit lagerten die Städter sich auf den Bergen, um da ihr Mittagsmal zu halten, und auf die bis zur Ebene sich allmählig senkenden Weinterrassen voll Thätigkeit und Fröhlichkeit hinabzuschauen. Musik erhöhte oft die Freuden des Mals und der lustige Gesang der Winzer scholl dazwischen von unten herauf. – Kam der Abend, dann versammelten die Städter sich bald bey diesem, bald bey jenem ihrer Bekannten, man vereinigte sich zu muntern gesellschaftlichen Spielen oder zum Tanze. Oft erst um Mitternacht zogen die fröhlichen Schaaren heim. Die Feste der Winzer nach geendigter Weinlese machte den Schluß; man schied mit dem Versprechen, nächsten Herbst wiederzukommen, und man hielt der Regel nach, Wort. – Die Leute aus der ganzen Gegend und aus den benachbarten Städten sprechen mit Entzücken von dieser herrlichen Zeit, die bey der jetzigen Veränderung der Dinge nicht wiederkehrt. Die Verhältniße zwischen den beyden Rheinufern sind anders, die Verbindungen zerrißen, und der Geist der Fröhlichkeit gewichen, der sonst in diesem Lande waltete.

Gleich nach der Malzeit machten wir einen Zug nach Neustadt, eine Stunde von hier, um dort die Bedürfniße für die Zeit unsers Hierseyns einzukaufen, oder vielmehr um die Lücken auszufüllen, die die Einkäufe in Manheim übrig gelassen hatten. Es gab einen ganzen Zug. Nante und ich führten ihn an, Schmidt, Hinrich, unser Mädchen und einer von den Hofleuten folgten. – Wir waren während unsers lezten Auffenthalts nicht in Neustadt gewesen, doch war der Weg uns nicht neu, weil wir damals oft bis vor das Thor der Stadt Streifzüge gemacht hatten. Der Weg läuft immer auf oder neben dem Hardtgebirge hin, zwischen Weinbergen und Obstbäumen. Wie man die Waldberge mit den Häusern des Dorfs Hardt und andere am Gebirge hingestreuten Wohnungen immer zur rechten Seite hat, so bleibt links beständig die fruchtbare Ebene zwischen dem Odenwald und Hardtgebirge, vor sich sieht man stets die, hoch auf einem vorspringenden Berge liegende Ruine des Schlosses Hambach[312].

Neustadt ist ein alter, düstrer, aber ziemlich lebhafter Ort. Die Stadt liegt in der Ebene, aber unmittelbar am Hardtgebirge. – Wir wunderten uns, keine französische Wache am Thor, kein Freyheitszeichen und keine Spur von französischen Wesen hier zu finden. – Die Sprache überall deutsch, kein Zoll am Eingange der Stadt, keine Nationalkokarde. – Unsere Einkäufe waren bald gemacht. – Ich fragte auf dem Posthause nach Briefen, die aber zu unserm Leidwesen sich nicht fanden; wir hatten so sicher darauf gerechnet. – Unsre befrachteten Begleiter kehrten nach Königsbach zurück, uns bestimmte das über alles herrliche Wetter, einen Versuch zu machen, die alte Veste Hambach zu besteigen. Dem Anschein nach mußte sie nahe und der Weg dahin nicht zu verfehlen seyn. Wir schlugen uns in die Straße welche die Richtung hatte, in der wir die Ruine vermutheten. Bald waren wir ausser der Stadt, aber nicht auf dem Wege nach Hambach, sondern – im Neustädter Thal. – Es war der glücklichste Zeitpunckt, in dem wir dies reizende Thal betraten. Die Sonne hatte sich schon hinter die Berge uns zur Rechten gesenkt und beleuchtete an der Seite nur noch die Ruinen des Schlosses Wolfsburg, aber hell war die linke Seite des Gebirgs, und in der schönsten Beleuchtung lagen die Weinberge am Fuße und die Waldparthien auf dem Scheitel der Berge vor uns. So zwischen Licht und Schatten wandelten wir neben dem rauschenden Speyerbache, tiefer und tiefer in das immer enger, und immer romantischer werdende Thal. – Mehrere Mühlen am Speyerbache verschönern die Gegend. Eine bequeme und besuchte Landstraße läuft neben dem Bache hin. Sie führt nach Zweybrück. Eine Gegend der Art hatten wir hier nicht erwartet. Wir waren auf das angenehmste überrascht und von dem Reize des Thals entzükt. – Oft, recht oft – das war unser fester Entschluß, wollten wir zu ihm zurückkehren. – Es dämmerte schon als wir uns bey Neustadt, und war völlig Abend geworden, als wir uns in Gimmeldingen befanden. Schmidt, dem wir versprochen hatten, einzusprechen, begleitete uns mit einer Laterne nach Hause.

Königsbach, Dienstag d 21sten Sept.

Den gestern wider unsern Willen ausgesetzten Gang nach der alten Veste Hambach machten wir, bey dem herrlichen Wetter, das uns noch immer folgt, heute Nachmittag. Sie liegt jenseits Neustadt, etwa 2 Stunden von Königsbach. So genau wir uns nach dem rechten Weg erkundigt, und so wenig wir geglaubt hatten, ihn verfehlen zu können, da die Ruine auf einem der höchsten, hervortretenden Puncte des Hardtgebirges liegt, so hatten wir dennoch hinter Neustadt die rechte Spur verlohren, und gelangten erst nach manchem Fragen und hin und zurück laufen an den Fuß des Waldbergs, dessen Spitze die Reste des Schlosses Hambach tragen. Es schien, wir sollten nicht hinauf, denn immer entfernte sich das Ziel unserer Wünsche, und lag, jemehr wir aus dem dichten Walde, in die höhern, freyern Parthien des Gebirgs kamen, dem Anschein nach, weiter von uns, als, da wir am Fuße standen. – Ein Knabe, der im Walde Holz fällte, half uns aus der Noth; er wußte den Weg nach der Ruine; und versicherte es sey: nit gar weit. – So weit konnten wir uns einander, denn doch verständlich machen, aber auf alles, was wir den Knaben sonst fragten, konnte er uns keine Antwort geben, weil – er uns nicht verstand. Und doch hatte ich mich ganz wieder in den ächt Pfälzischen Dialect hineingewöhnt und glaubte jedem Eingebornen verständlich zu seyn. Ich hatte mich sehr geirrt, denn: „i veschteh d' Herrn niet", war das ewige Refrain auf meine, an unsern kleinen Führer gerichteten Anfragen. – Unter den, von meiner Seite noch immer nicht aufgegebenen Bemühungen, mit Johannes Fonk, so hieß der Knabe, in Rapport zu kommen, waren wir auf die Spitze des Berges gelangt, und standen vor dem Eingange zu der alten Ritterburg. Die Eingangsbögen stehen noch ganz; auch die Hallen und Mauern der Kirche; und einige Thürme ragen hoch aus dem Schutte hervor. – Die Ruine ist von weitem Umfange, und an manchen Stellen; besonders wo Gebüsch und hohe Bäume zwischen den Verfalle von Wänden hervorgrünen, höchst malerisch. Vor dem Kriege wohnte in einem Theile des Gebäudes ein Eremit. Man sieht noch einen Theil seines kümmerlichen Behelfs. – Da die Sonne schon hinter den Vogesen stand, und die Schatten der Berge immer breiter und breiter wurden, so eilten wir zu der hervorspringenden Spitze des Bergs um den Blick in das Thal noch in voller Schönheit zu haben. – Auf dem Lagerplatze, den wir wählten, blickten wir rechts tief in den Elsaß, links bis in die Ebenen von Frankfurt. Die ganze Gebirgskette der Bergstraße (das Odenwaldgebirge) und der Schwarzwald schloß, jenes mehr links, dieses Rechts die fruchtbare Ebene ein, in der wir gegen 100 Orte zählten. Wir blieben bis die Schatten des Hardtgebirges sich über die ganze Ebene breitete und nur noch die fernen Berggipfel im Lichte standen. – Auch hier war baldige und öftere Wiederkehr unser fester Entschluß. – Ich denke schon mit Wehmuth an den Abschied von diesem schönen Lande, und kaum haben wir es betreten. Johannes Funck brachte uns auf die rechte Straße nach Neustadt, das wir in der Dämmerung passirten. Wie gewöhnlich kamen wir erst in Nacht und Nebel wieder in Königsbach an.

Königsbach, Mittwochen d 22sten Sept.

Um 8 Uhr diesen Morgen trat ich mit dem Verwalter eine Fußreise nach Hasloch, etwa 1 ½ Stunde von hier an, um den ehemaligen Regierungs- jetzt Präfecturrath Sicherer zu besuchen an den ich Empfehlungsschreiben von Manheim und Heidelberg aus, hatte. Da es sehr heiß war, benutzten wir eine Fuhrgelegenheit, die sich uns hinter Gimmeldingen darbot, freylich nicht die bequemste, denn es war ein förmlicher Leiterwagen, den wir bestiegen, ohne Stühle und selbst ohne Stroh, indeß that uns bey der Wärme die Ruhe doch sehr wohl. Ein junger Mensch aus Carlsruh, der sich eben dieses Fuhrwercks bediente erzählte uns, daß gestern Manheim von den Badenschen Truppen occupirt sey. – Die Reise war vergebens, wir trafen den Präfecturrath nicht zu Hause und mußten unverrichteter Sache in der Mittagshitze auf einer durchaus schattenlosen Straße nach Königsbach zurückkehren.

Noch hatten wir nicht dazu kommen können, unsern ehemaligen Verwalter, den 92jährigen Wilhelm Schmidt zu besuchen, wir wandten den Nachmittag dazu an. Er saß, wie wir ins Zimmer traten in seinem Lehnstuhl und bemühete sich vergebens uns entgegen zu kommen. – Es war uns ein rührender Anblick, den Mann, der bey unserm lezten Aufenthalt in Königsbach immer mit uns auf dem Hofe lebte, der damals alle Geschäfte mit Eifer und Lebhaftigkeit trieb, der beständig mit uns die Weinberge durchstreifte, so ganz verändert, schwach, kümmerlich und lebenssatt zu sehen. Doch war sein Gedächtniß noch ungeschwächt, er erinnerte uns an manche Vorgänge jener Zeit, die wir völlig vergessen hatten, und sprach mit Lebhaftigkeit über die Ereigniße des Kriegs, und die einzelnen Begebenheiten in dieser Gegend. Auch er hatte manche Unannehmlichkeit erfahren. Die Franzosen hatten ihn mehrmals beraubt, sein Haus geplündert, und ihn als Geißel fortgeschleppt, dafür wünschte er ihnen denn auch, was nur immer ihre Erbfeinde, die Engländer ihnen Gutes gewünscht haben mögen, und hoffte es auch noch zu erleben, daß sie mit Schande und Schmach bedeckt, den Deutschen Boden wieder räumen müßten. Daß das geschehe, daß die Pfalz wieder ihren rechtmäßigen Oberherrn zufallen werde, daran zweifelte er nun ganz und gar nicht, und alle Argumente dagegen wirkten nichts, als Betheurungen, daß wir das bald erleben würden, wenn er es auch nicht mehr erlebe. Das Schicksal seines Vaterlandes ging dem Greise zu Herzen, die Hoffnung, daß es anders werden würde that ihm wohl, sollte ich ihm seinen süßen Wahn rauben? Ich stellte mich überzeugt, und er trank mir mit jugendlicher Lebhaftigkeit zu: baldige Befreyung der Pfalz von ihren Unterdrücker. Ich mußte den Toast annehmen und erwiedern, denn der meinige: auf beßere, ruhigere, glückliche Zeiten, genügten ihm nicht, weil nichts gegen den national Feind darinn vorkam. – Wir mußten beym Abschiede versprechen, noch einmal zu ihm zu kommen. – Auf dem Rückwege nach Hause hörten wir in der ganzen Gegend umher, nah und fern, Schüße fallen. Es ist der Neufränkische Neujahrsabend[313], den man, so wie bey uns den lezten December, celebrirt.

Königsbach Donnerstag d 23sten Sept.

Wir wurden früher als es uns recht war durch die Feyer des heutigen Neujahrsfests geweckt. Alle Pöller des Orts und der Nachbarschaft waren in Bewegung gesetzt. Schon um 5 Uhr waren wir aus den Federn. – Gatterers hatten uns geschrieben, daß sie Heute zu uns kommen würden, und zwar zu Fuße von Manheim aus, in so fern wir ihnen nicht mit einem Fuhrwerke entgegenkommen könnten. – Wir hatten das hier zu Lande gewöhnliche, einen Karren, d.h. ein zweyrädriges Ding gewählt, welches mit einem großen schwerfälligen Pferde bespannt ist, und worauf 4 Personen ziemlich bequem transportirt werden. Der Fuhrmann sitzt auf dem Pferde, oder, was noch gewöhnlicher ist, läuft neben her. Das kann er mit großer Gemüthlichkeit thun, da der Gaul nie aus seinem ehrbaren Schritte kommt. Zu einer

Meile hat man gewöhnlich 2 Stunden nöthig, die brauchten denn auch wir gerade bis Hochdorf, welches 1 Meile von Königsbach entfernt ist. Hier hofften wir Gatterers zu treffen, und erkundigten uns nach ihnen im Wirthshause. Indeß unser Pferd mit Speise und Tranck versorgt wurde unterhielten wir uns mit der Wirthin, die uns, wie sie meinte, vom Leztenmal da wir in dieser Gegend war[en], noch kannte. Es waren mehrere französische Soldaten im Zimmer, aber, ohne sich um sie zu bekümmern, erzählte sie uns von den Drangsalen, die sie durch die Armee der Neufranken erlitten, und belegte die Streiter für Freyheit und Gleichheit mit den entehrensten Nahmen. Ich sagte ihr leise: ob sie denn die Gäste in der Ecke nicht bemerke? „Ach", erwiederte sie überlaut: „schimpfen kann man sie, so viel man will, wenn man ihnen nur Geld giebt. Für 12 Kreuzer kann ich jeden Soldaten frey einen Taugenichts heißen." – Die Franzosen tranken, ohne darauf zu achten ruhig in der Ecke fort. Verstanden sie die Wirthin nicht, oder hatte sie durch den ihnen gereichten Wein pränumerirt[314], ich gab mir nicht die Mühe es zu untersuchen. – Wir fuhren, da von Gatterers sich nichts sehen ließ eine Stunde weiter bis Mutterstadt. Hier schalt ein höchst erzürnter Vater, seinen Knaben, der, wer weiß welchen dummen Streich gemacht haben mochte, auf offener Straße, einen „verfluchten welsche Bub". – Freyheit in Reden ist, wie sich aus allem dem zeigt, wirklich in diesem Lande zu Hause. Alles läßt durch Worte seinen Unwillen gegen die Beherrscher und ihre Civil- und Militair-Autoritäten aus; es wiederfährt deshalb Niemanden irgend ein Leid, aber bey den Worten muß es denn auch bleiben und vor allen Dingen muß ein Jeder – zahlen, was des ersten Consuls ist.

Endlich kamen Gatterers begleitet von Medicus langsam die Chaußee herauf marschirt, von ganzen Herzen abgemattet durch den ungewohnten Marsch und seelenvergnügt über unsern mitgebrachten Karren. Wir packten uns miteinander hinauf und retournirten nach Königsbach. War es hin langsam gegangen, wo wir doch viel bergab fuhren, zurück ging es bey der schwerern Fracht und beym Bergan fahren, noch um ein gutes Schneckenmäßiger. Unser gutmüthiger Fuhrmann, der wohl einsah, daß er für seinen Einspänner doch ein wenig zu viel Fracht übernommen hatte, suchte uns auf allerley Art die Zeit zu vertreiben durch Fragen, Erzählungen und – Aufsuchen von Wallnüßen, die er am Wege auflas, mit Chaußeesteinen zerschlug, und sie so den Frauenzimmern präsentirte. – Gegen 3 Uhr langten wir erst in Königsbach wieder an. – Medicus war von Mutterstadt nach Manheim zurückgekehrt, um den Einzug der Badenschen Truppen, der heute noch vor sich gehen sollte, ja nicht zu versäumen.

Gatterers fanden alles in Königsbach beßer, als sie es erwartet hatten. Sie meinten unsere Beschreibung, die wir von hieraus nach Heidelberg gesandt hatten, sey doch viel zu nachtheilig gewesen. – Es machte uns viele Freude, sie nach Tische auf den Weg nach Gimmeldingen zu führen, und zu sehen, daß sie gewohnt in einer der reizensten Gegenden von Deutschland zu leben, doch von den Schönheiten dieser Gegend bezaubert wurden. – Wir erwarteten auf einem interessanten Puncte den Untergang der Sonne, pflückten uns aus den Weinbergen die schönsten Trauben, und brachten den Abend mit Lectüre – ich hatte Neubecks Gesundbrunnen[315] bey mir – und mit fröhlichem Geschwätz bis zum Abendessen hin. Da vermehrte Schmidt unsre Gesellschaft und erzählte ein langes und breites vom vorigjährigen Wein und von den Aussichten auf den disseitigen Herbst. – Die Trauben sind wohl schön in diesem Lande wenn der Oct. naht, aber das ewige Gespräch darüber wird einem endlich fatal. Von nichts als Wein und Trauben und Leese hört man reden, man mag kommen, wohin man will.

Königsbach, Freytag d 24sten Sept.

Nach unserer Rükkehr von den Kreuz und Querzügen durch den Castanienwald und die Weinberge trafen wir Medicus, der eben vor uns von Manheim angelangt war. Er war ganz voll von der Badenschen Occupation und von der Sensation, welche sie auf seine Landsleute gemacht hatte. Diese hatten sich, – leichtsinnige und an die Oberfläche der Dinge haftende Menschen, wie die Pfälzer und besonders die Manheimer sind – gar wenig mit Reflexionen: ob sie so glücklicher seyn würden als vormals abgegeben, sondern sich blos um das Aeussere ihres neuen Militairs bekümmert, das nun gar nicht ihren Beyfall erworben hatte. Die wenigen Leute – es sind 500 Mann eingerückt – sollten die Garnison einer Residenz wie Manheim ausmachen? Und denn, was für Leute? junge ungeübte Bursche, eben vom Pfluge weggenommen, mit steifen Uniformen und mit spitzen Zuckerhütchen; – nein es war gar nicht anzusehen gewesen.

Medicus, wenn er schon über seine Landsleute spöttelte, war doch nicht ganz frey von ihrer Schwäche, das zeigte sich aus manchen unwilligen Aeusserungen über die Badenschen Occupationswerkzeuge, die er während der Malzeit vorbrachte. – Mein Vorschlag den Nachmittag zu einer Wanderung nach der Ruine der alten Veste Hardt zu benutzen, gab dem Gespräche eine andere Wendung, und wir wanderten nach Tische dahin. Es liegt nur eine gute halbe Stunde von Königsbach auf einem Vorsprunge des Gebirgs, weit umher die reiche Gegend beherrschend.. – Die Ruine ist zum Theil zu einem Landhause umgeformt, das nebst dem ganzen Berge worauf sie liegt einem Einwohner von Neustadt gehörte, und jetzt, wenn ich nicht irre, an einen französischen General verkauft ist. Ein paar kleine, aber niedlich decorirte und geschmackvoll meublirte Zimmer sind in der Ruine hineingebaut, aus deren Fenstern man eine weite herrliche Aussicht über die alten Mauern, die Weinberge, auf das Rheinthal und die fernen jenseitigen Gebirge hat. – Im Garten sind einzelne Theile des verfallenen Gemäuers, das hie und da von Epheu und wildem Wein durchrankt ist, geschmackvoll benutzt. – So reizend die Wohnung im Sommer und Herbste ist, wo die Wände mit frischem Grün umgeben und bekleidet sind, so schauerlich mag im Spätherbst und

Winter der Auffenthalt zwischen den nackten, alten verwitterten Steinmassen seyn. – Auf dem Rückwege besuchten wir noch das Gimmeldinger Thal, wovon wir doch nicht viel mehr als den Eingang sahen. Dieser verspricht indessen weit weniger als der ins Neustädter Thal. Der Speyerbach fehlt hier und die Gebirge sind niedriger, ihre Formen weniger malerisch.

So sehr wir es gewünscht hätten, Medicus in unsrer Nähe zu behalten, so war doch weder in unserm Hause noch in ganz Königsbach ein anständiges Quartir für ihn zu finden, so gering auch seine Forderungen seyn mochten. Er mußte sich entschliessen mit Schmidt in dunkler Nacht nach Gimmeldingen zu wandern, wo ihm im Hirsche ein gutes Zimmer versprochen wurde.

Königsbach, Sonnabend d 25sten Sept.

Um das Weltberühmte französische Militair zu sehen, von dem uns, wiewohl auf Neufränkischen Grund und Boden, noch nichts vorgekommen war, hatten wir gestern eine Fahrt nach Landau beschlossen, und bey dem vortreflichen Wetter den heutigen Tag dazu bestimmt. Wir machten uns früh um 6 Uhr auf den Weg. Unser kleiner Korbwagen mußte die ganze Gesellschaft, Gatterers, Medicus und uns aufnehmen. Es ging eben nicht auf das bequemste, aber es ging doch und schnell. – Wir fanden die Chaußee auf diesem Wege größtentheils schon wieder in vortreflichen Stand gesetzt, und wo es noch fehlte, war man mit der Ausbeßerung starck beschäftigt. – Ein herrlicher fruchtbarer Strich Landes ist es, durch den wir fuhren, und eine reizende Gegend. Immer hatten wir den Arm der Vogesen, bald näher, bald ferner, uns zur Rechten, und links streckte sich die weinreiche Flur meilenweit vor uns hin, von den fernen Schwäbischen Bergen eingeschlossen. – Spuren des in diesen Gegenden geführten Kriegs, sah man nirgend auf den Feldern, mehr in den Dörfern, besonders in Edisheim, wo viele Wohnungen noch als Ruine ohne Dach und Fenstern standen, und manche Häuser völlig zusammengestürzt auf den Brandstätten lagen. Doch werden in einigen Jahren alle diese Ueberbleibsel der Verheerungen aus dem lezten Kriege verschwunden seyn. Ueberall entstehen neue schöne Wohnungen. – Der vorige Landesherr, der Bischof von Speyer hat bey seinen ehemaligen Unterthanen ein Denkmal seines guten Willens für das Land, dem er entsagen mußte, durch die Unterstützungen zurückgelassen, die er reichlich den armen Abgebrannten gewährte, und durch welche allein sie in den Stande gesetzt wurden, sich ordentlich wieder anzubauen und sich einzurichten. Die Einwohner erkennen es auch, und sagen es jedem Fremden, was der Fürst für sie gethan, mit dem Zusatze: die jetzige Regierung würde nicht so väterlich für sie gesorgt haben. – Um 10 Uhr hielten wir vor dem Thore von Landau. Wir wurden sorgfältig examinirt und man verlangte unsre Päße. Gatterer und Medicus waren nicht damit versehen, und fürchteten schon, ausserhalb der Stadt ihr Quartir nehmen zu müßen. Indessen mein Französischer Paß, der nur flüchtig durchgesehen wurde, und der natürlich auf unsere Gäste nicht mitlautete, genügte für uns alle. – Wir kehrten im Pfluge ein, und hatten kaum zu einem mäßigen, keineswegs aber zu dem überschwenglichem Frühstücke Zeit, das uns aufgetischt wurde und aus Braten, Schinken und, was weiß ich sonst noch bestand. – Es sollte nämlich gleich die Musterung der 42. Hal[b]brigade vor sich gehen, welche die Garnison von Landau ausmacht. – Wir kamen noch eben zu rechter Zeit auf den Paradeplatz, Place d'egalité, wo die Musterung geschehen sollte. Alles stand und lief hier bunt durcheinander, Soldaten, Oficiere, Bürger und Bürgerinnen von Landau, zwischen denen die liebe Straßenjugend sich herumtrieb, sich unter einander, und auch wohl mit den Vertheidigern des Vaterlandes herumbalgte. Es ging ohne allen Zwang zu bis der Commissair general, ein junger unbärtiger Mann mit einer prächtigen Schärpe verziert, begleitet von einigen Oficieren, aus dem nahen Kaffeehause angesprungen kam, und sich in die Mitte des Platzes postirte.

Nur einmal ein Aufruf zur Ordnung, und Alles stand gehörig auf seinem Platze, die Musterung ging in grosser Schnelle vor sich, kriegerische Musik begann und die Halbbrigade marschirte oder tanzte rings um den Platz und zog dann ab. – Die Leute waren schlecht genug gekleidet. Das Blau ihrer Uniformen spielte vom schwarzen bis ins Hechtgraue hinein, die weißen, oder vielmehr die weiß sein sollenden, Westen, hatten meistens einen Strich von Erdfarbe, oder hatten eine heßliche Lederfarbe. An aufgenähten Flicken fehlte es nirgend. Der Marsch war leicht aber unordentlich, die Glieder schlossen nicht, bald rückte der eine bald der andre vor, die Gewehre wurden nicht gleichförmig, sondern nach eines jeden Belieben getragen. Ausser ihren braunen Gesichtern über die das rabenschwarze Haar wild und unordentlich hing, war auch nichts furchterregendes in der Gestalt und dem Wesen dieser kleinen unansehnlichen Bursche. – Besser gekleidet waren die Oficiere, und weit fürchterlicher sahen sie mit ihren schwarzen Bärten aus, die nur um den Mund und Kinn ein wenig abgeschoren waren, und mit den dicken Backenbärten in Verbindung standen. – Wie die Kriegerische Musick geendigt hatte, war in wenigen Minuten der Paradeplatz leer, nichts regte sich darauf als wir, und die todtenstille contrastirte wunderlich mit dem rasenden Lärm der Trommeln und der Janitscharen Musik, deren Töne eben verhallt waren. – Der Place d'egalité macht den schönsten Theil von Landau aus. Er ist geräumig, die im Quadrat umher gebaueten Häuser sind zum Theil groß und regelmäßig, das beste Gebäude und das größte ist das Maison national, dem aber das Dach fehlt. – In der Mitte des Platzes und innerhalb einer Barriere, welche den Paradeplatz von dem äußern absondert, steht eine Nationalsäule von röthlichem Sandsteine, oben mit dem Bilde der Freiheit versehen, geschmückt darf man wohl nicht sagen, denn die Statue ist im höchsten Grade elend und der Würde der Nation nicht entsprechend, deren Idol die Göttin der Freiheit ist, wenigstens seyn sollte. Den Schaft der Säule machen zusammengefügte fasces[316] aus. Auf dem Fußgestelle stehen 4 Inschriften, wo-

Karte des „Département du Mont Tonnerre", 1801

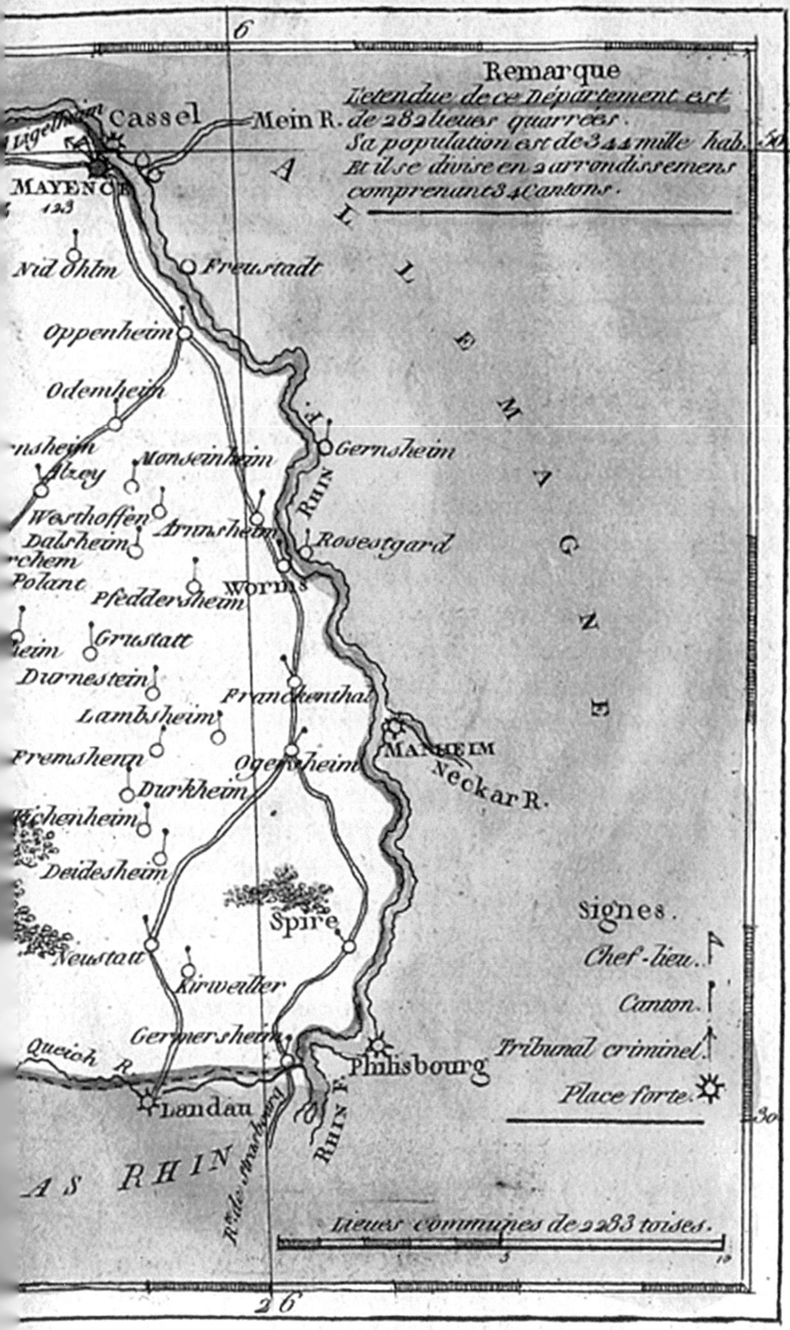
Remarque
L'etendue de ce Département est de 282 lieues quarrées.
Sa population est de 344 mille hab.
Et il se divise en 2 arrondissemens comprenant 34 Cantons.
Cassel
Mein R.
MAYENCE
Freustadt
Oppenheim
Odemheim
Alzey
Monseinheim
Gernsheim
Werthoffen
Dalsheim
Arnnsheim
Rosestgard
Worms
Pfeddersheim
Polant
Grustatt
Durnestein
Franckenthal
Lambsheim
MANHEIM
Fremsheim
Ogersheim
Neckar R.
Durkheim
Deidesheim
Spire
Signes.
Chef-lieu.
Canton.
Tribunal criminel.
Place forte.
Neustatt
Kirweiller
Germersheim
Queich R.
Philisbourg
Landau
RHIN
A L L E M A G N E
Lieues communes de 2283 toises.

de Fer.

von nur 3 mehr leserlich sind, die 4te hat die Zeit – eine sehr kurze Zeit von ein paar Lustrums[317] – schon ausgelöscht. – Die schönste Inschrift ist die der einen Seite: notre union est notre force[318]. – Von den beyden übrigen ist die: vive la republique et la Loix[!][319] zu trivial, und die andre: paix aux peuples, guerre aux tyrans[320] ein Denkmal Neufränkischer Großprahlerey und Wortlosigkeit.

Die Zwischenzeit zwischen der Musterung und der Wachtparade die um Mittag ist, benutzten wir zu einem Spatziergange über den Wall und durch die Stadt. Merkwürdigkeiten, für uns, die wir die Fortificationskunst nicht studieren, gab es in Landau weiter nicht. Auf dem Wall fanden wir nichts als hohe Brustwehren, die uns auch nicht einen Durchblick in die schöne fruchtbare Gegend um die Stadt gestattete. – Wir kamen noch eben zur rechten Zeit zur Wachtparade wieder auf den Place d'egalité, da wir auf den Lärm der Trommeln unsre Schritte verdoppelten. Die Soldaten standen schon im Gliede. Die dumpfen Trommeln schwiegen und die Musik begann, rein, kriegerisch und vollstimmig. In wenig Minuten war die Parade geendigt, die etwa aus 160 bis 200 Mann bestand, und die Soldaten marschirten unordentlich und tanzend ab indeß der Egyptische Marsch gespielt wurde. Auch jetzt wechselten schwarzblaue und Hechtgraue, mit unrecht so genannte, Uniformen. Diese Verschiedenheit rührte, wie ich hörte daher, daß die Kleidungen, welche die Soldaten trugen aus Tuch gemacht sind, welches in Deutschland durch Requisition herbeygeschaft wurde. Blaues Tuch mußte nun einmal geliefert werden, ob aber ächt gefärbtes, oder solches, was man am Tage vor der Lieferung einmal in den Farbekessel gesteckt hatte, darauf wurde so genau nicht gesehen. Natürlich daß Sonnenschein und Regen dem so gefärbten Tuche bald seine Tünche ableichte und abspülte, und daß die ursprüngliche, an allen Faltenlosen Theilen des Kleides wiederkehrte. Daher die hechtgrauen Röcke mit blauen Streifen in den Schößen pp. – Meine Begriffe von dem Aeußern des Französischen Militairs, wiewohl sie, nach allem was ich davon gehört hatte, eben nicht hoch gespannt gewesen waren, wurden durch das was ich in Landau sah, doch noch sehr herabgestimmt. Auf den Gassen sah man, nach geendigter Parade nichts als Militair. Die Leute waren vom Oficier bis zum Gemeinen höflich, wie man es nur immer von Franzosen erwarten durfte. Ganze Haufen von Gemeinen und Unteroficieren brachten diese Tugend bey verschiedenen öffentlichen Brunnen an den Töchtern des Landes in Anwendung, die sich daselbst einfanden, um Wasser zu hohlen, oder mit den Soldaten zu plaudern. Das Lezte ging wenigstens treflich von Statten.

Von dem Preußischen Bombardement sind noch viele Spuren in Landau. Ausser dem Maison National, welches am meisten gelitten zu haben scheint, trafen wir noch mehrere von Bomben beschädigte Häuser. – Daß Landau eine Gränzstadt ist, fällt durch die Mischung der beyden Sprachen, des Deutschen und Französischen in die Augen. Doch scheint das Französische immer mehr die Oberhand zu gewinnen, seitdem mehr Militair aus dem Innern der Republick in Landau als Besatzung liegt. Vormals bestand die Garnison fast ausschließlich aus Elsaßern, die unter der alten Regierung noch immer ihrer vormaligen Nationalsprache der Deutschen treu blieben. – Auch daran erkennt man den Gränzort, daß die Straßen hier noch Nahmen aus der Robespierschen und Maratschen Zeit[321] führen, die im Innern des Landes sicher nicht mehr geduldet werden. Außer dem Place d'egalité giebt es hier noch eine rue Sansculotte pp, wie die Inschriften an den Ecken der Straßen zeigen. Die Stadt ist nicht übel, die Straßen gerade und breit, die Häuser hell zum Theil gut gebaut. Lebhaftigkeit erhält Landau blos durch das Militair, und es besteht auch nur durch dieses. Die Einwohner klagen, daß der Ort in Verfall gerathe. Das Militair, besonders das Corps der Oficiere, wenn auch so stark als vormals, hat unendlich wenige Bedürfniße, als das unter den Königen, oder hat wenigstens bey gleichen Bedürfnissen weniger Mittel sie zu befriedigen, als jenes. Die Oficiere leben einfach, ohne Aufwand, und müssen es, weil sie größtentheils blos von ihrem Solde leben. – Die Zeiten haben sich in dieser Rücksicht in Frankreich, seit Bonapartens Alleinherschaft nicht verändert. Geld und Stand begründen wenigstens die Ansprüche der einzelnen auf militairische Ehrenstellen nicht, wie unter den Bourbons. Hier entscheidet noch Verdienst, sey es um die Republik, oder den ersten Consul.

Königsbach, Sonntag d 26sten Sept.

Seit einigen Tagen war in Königsbach von nichts als dem Wurstmarkte in Dürkheim die Rede. Sogar der Wein wurde darüber vergessen, oder doch seltner davon verhandelt. – Alles aus Gimmeldingen, Königsbach pp schickte sich zur Wanderung nach diesem berühmten Markte an; auch Gatterers und Medicus hatten große Lust zu diesem Zuge – wie konnten wir anders, als ebenfalls neugierig werden die Herrlichkeit zu sehen! – Wir behielten die Neustädter Pferde, die uns nach Landau hin und zurück gebracht hatten, die Nacht in Königsbach, um heute mit ihnen gen Dürkheim zu fahren. – Wir hatten nicht völlig 4 Stunden (2 Meilen) bis dahin. Der Weg läuft anfangs durch Weingärten, dann neben dem Hardtgebirge hin, welches uns immer zur Linken, wie gestern zur Rechten, blieb. Mehrere Ruinen auf den Spitzen der waldigten Berge, schmüken die Landschaft. Wir fuhren durch die wohlgebaueten Flecken: Deidesheim, Forst und Wachenheim, deren Einwohner sich durch Weinhandel nähren. Hier und da trafen wir in diesen Flecken wohl ein niedergerißnes, in Schutt liegendes Gebäude, aber häufiger neue, niedlich gebauete, zum Theil große Häuser, die von Wohlhabenheit und selbst von Prachtliebe zeugen. Die Spuren des Kriegs sind meistens auch hier vertilgt, und werden es von Tage zu Tage mehr. Ueberall war man beschäftigt, die niedergerissenen, verbrannten Häuser wieder herzustellen, und Beßere, als vormals da standen, wiederaufzubauen. – Je mehr wir uns Dürkheim näherten, desto lebhafter wurde die Landstraße. Zu Roß und Wagen und zu Fuß jubelte alles bey uns vorüber oder neben uns hin. – Nahe vor Dürckheim zog die malerische Ruine des Klosters Limburg unser aller Blicke auf sich, wir liessen sie zur linken, als wir jetzt in Dürkheim, der ehemaligen Residenzstadt der Fürsten von Leiningen, einfuhren. Wir suchten diese Residenz, aber von dem großen prächtigen Gebäude, war ausser zweyen steinernen Wachthäuser und einer ganz kleinen Mauer auch nichts als der erhöhete Platz zu sehen, auf dem es gestanden hatte. Im Jahr 94 hatten die Franzosen den Pallast an 4 Ecken angezündet und jede Spur desselben vertilgt. Das unvorsichtige Benehmen des Fürsten[322] und seines Hofgesindes, welches einem geschlagenen und retirirenden Corps Franzosen ein höhnisches Lebewohl nachrief und mit Unehrentiteln belegte, soll dazu die Veranlassung gegeben haben. Die Franzosen siegten wieder, kehrten zurück und ihr erstes Geschäft war Plünderung und Verwüstung des Schloßes. – Ich erinnerte mich sehr lebhaft auf dieser Stelle der Scenen aus Iflands Leben[323], welche diese Gegend betreffen, und seiner Schilderung der glücklichen, in dieser Fürstlichen Wohnung verlebten Tage, von der nun – kaum 10 Jahre später, auch kein Stein mehr auf dem andern liegt. Deren Eigenthümer, ein ehemals wohlhabender deutscher Fürst, mehrere Jahre, ohne eine Spanne Landes sein zu nennen, und ohne Mittel sich zu erhalten, ein Fremdling in andern Ländern herumirren mußte, bis ihm vor kurzen von Regensburg aus, ein neues Fürstenthum zugewiesen wurde[324]. – Der Schloßgarten existirt noch, aber als Wüsteney. – Medicus, der ihn früher gekannt hatte, rühmte viel von seinen lieblichen Baumparthien, und dem schönen Grabmale einer jungen Leiningschen Fürstin, das in einem dunkeln Haine des Gartens lag. – Auch das war zerstört, und durch die verwachsenen Wege fand sich keine Bahn. – Nach einigen Jahren wird man die vormalige Bestimmung des Platzes vergessen haben, und sich wundern daß auf dieser Stelle Platanen, Lombardische Pappeln und Akazien wild zwischen den einheimischen Bäumen und Gesträuchen grünen. – Ein Anblick der Art stimmt nicht zu dem fröhlichen Volksfeste, zu dessen Feyer wir nach Dürckheim gekommen waren. Die Einwohner sind des Anblicks schon gewohnt, sie zogen lachend und singend vorüber nach der Wiese, wo der Wurstmarkt gehalten werden sollte. – Auch wir machten uns dahin auf den Weg. Noch war die große mit Gebirg rings umschloßene Wiese nur sparsam mit Menschen besaet – die Verkäufer schlugen erst ihre Tische und Buden auf, oder kramten ihre Sachen aus, auch wurden Kohlen herbey geschleppt um Würste zu braten, und Fäßer mit Most, aus denen den Durstigen ein Labetrunck sprudeln sollte. – Es kam auch die ehrsame Bürgermilitz aus Dürkheim angerückt, mit dreyfarbigen Kokarden am Huth und einer dreyfarbigen Fahne voran. Posten wurden aufgestellt und die Fahne aufgepflanzt.

Ehe der Lärm recht anging, wollten wir noch etwas von der herrlichen Gegend von Dürkheim sehen. Wir gedachten der malerischen Ruine des Klosters Limburg, und bestiegen sie, nachdem wir bey einem ehrlichen Winzer die Erlaubniß erhalten und benutzt hatten, uns an seinen Trauben zu laben und zur Bergwanderung zu stärcken. Er gab uns von seinen herrlichen Trauben, so viel uns gelüstete, und forderte uns sogar auf, selbst zu brechen was uns gefiel. Die Belohnung die wir ihm boten, schlug er unwillig aus, erbot sich aber dagegen, uns den besten Weg nach der Ruine zu zeigen. Der Gegend unkundig, nahmen wir gern sein Erbieten an. Gatterers, denen der Tag zu heiß, und der Marsch doch zu weit war, verlohren wir auf halben Wege. Sie zogen es vor, auf einem schattigten Platze unsre Rükkehr vom Kloster zu erwarten.

Die Ruine von Limburg liegt auf einen der höchsten Puncte dieser Gegend. Sie ist eine der schönsten die ich gesehen habe. Man sieht noch die einzelnen Zellen, und die ganze Form der Kirche, deren Bögen und Gewölbe hie und da noch völlig erhalten sind. Einige schweben, jeden Augenblick, wie es scheint, den Einsturz drohend, frey über unsern Haupte. – Alles, Kirche, Gänge und Zellen sind mit dichtem

Gesträuch und Bäumen durchwachsen. Das Gemäuer ist von Epheu umranckt, man muß sich überall den Weg ins Innere durch Gebüsch und Strauchwerk bahnen. Der Thurm steht noch bis auf die Spitze ganz, und hebt sich malerisch zwischen den verwitterten Mauern und den Bäumen, die sie beschatten, empor. – Nach allen Seiten hatten wir reizende Blicke von dieser Höhe, hier in das milde Dürckheimer Thal, wo zwischen dichter Waldung das Schloß Hartenburg (das Stammhaus der Grafen von Leiningen) liegt, dort in die fruchtbare Fläche, auf Manheim pp und das Gebirg des Odenwalds. – Das „Kloster" von Mathisson[325], welches wir hier lasen, schien in mancher Rücksicht, die Ruinen in deren düstern Gewölben wir uns gelagert, zum Vorbilde gehabt zu haben. – Nur fehlte hier der Pharus[326] und das Meer.

Als wir zurük kamen zu dem Puncte, wo wir Gatterers gelassen hatten, war es zu spät geworden, noch vor Tische den Markt zu besuchen. Der Contrast zwischen der einsamen Stelle, wo wir uns eben befunden hatten, und dem Lärm und Gewühl des Jahrmarkts wäre sonst interessant gewesen. – Gatterers aber wollten die, in der Rose bestellte Mahlzeit nicht umsonst bestellt haben. So zogen wir denn erst dahin, und nach befriedigter Eßlust erst nach dem Platze des allgemeinen Jubels. Ja das war er wirklich. Auf einigen Dutzend ungeheurer Rosten wurden noch immer Würste fürs Volk gebraten, das noch lange, lange seinen Appetit nicht befriedigt hatte. Der frische Most schäumte aus grossen Tonnen in Becher und Gläser, und wirkte treflich auf die Stimmung der Trinkenden. Aus einer großen hölzernen Bude scholl Musik und der Jubel von Tanzenden uns entgegen. Wir gingen dem Schalle der Geigen nach und traten in den Tanzsaal, wo sich die hüpfenden Bürger und Bürgerinnen kaum durch die dichten Reihen der Zuschauer zu winden vermochten. Der Tanz war höchst einfach, man that nichts als nach einer sehr einfachen Melodie – walzen. Keine Kunst in Schritt und Bewegung, keine einzige Figur oder Veränderung, nichts als ein einförmiger rascher Rundetanz, wo jeder Bürger seine Bürgerin im Kreise herumschwenkte, so

Neustadt an der Haardt, um 1850

gut er es vermochte. Es war mir ein Wunder, wie die Leute sich so hinzudrängen konnten, um an Walzen Theil zu nehmen, und so viel Freude haben konnten, an dem einförmigen Wesen, das in der erstickenden Hitze der Bude getrieben wurde. Was die Zuschauer nun gar daran haben konnten, sich so hinzu zu drängen, und bey dem beständigen Wirbel selbst schwindlicht zu werden, begreife ich nicht, wenn nicht etwa der Jubel der Taumelnden sie ergötzte. – Bey uns haben die ländlichen Tänze doch noch Sinn, Ordnung und sind mit einiger Kunstanwendung verbunden, hier bedarf es blos des Talents am wenigsten schwindlicht zu werden, um als der beste Tänzer zu gelten. Die natürliche Leichtigkeit des Landvolks dieser Gegend, ihre weniger schwerfällige Kleidung, ihre größere Gewandheit und ihr fröhlicherer Humor würden sie sehr bald im Tanze über unser schwerfälliges Landvolk erheben, das blos durch Kunst über seine natürliche Schwerfälligkeit siegt, und sie immer doch durchbliken läßt. – In einem Anbau der Bude befand sich das Zimmer der Municipalität[327], wo viele elegante Herren und Damen durch eine Scheidewand von den niedern Bürgern abgesondert, in Gemütlichkeit Kaffee tranken. Jedem schlecht- oder vielmehr nicht elegant-gekleideten, war sehr unrepublicanisch der Zutritt versagt. – Zu meiner Verwunderung fand ich in diesem Cirkel des ersten Ranges, unter andern Manheimern Hrn. Grüner[328], der sich unendlich freute, mich hier wieder zu treffen und mich fast mit seinen Zärtlichkeitserweisungen erstickt hätte. – Er hatte so viel über Bremen zu fragen, besonders das Theater betreffend, was ich ihm an dieser Stelle nicht alles beantworten konnte, und so versprach ich, wo möglich ihn in Manheim zu besuchen. Auf dies Versprechen ließ er mich endlich los und wieder zu meiner Gesellschaft, die in einer andern Bude beym Kaffee auf mich wartete. – Sie war voll von gutgekleideten Leuten aus den benachbarten Städten und Orten, Dürkheim, Worms, Manheim pp. Es war ein buntes Gemisch von Oficieren, Geistlichen beyder Confessionen, Räthen pp. Gatterer kannte viele von ihnen, und wir unterhielten uns recht angenehm, vorzüglich über alte und neue Zeit in dieser Gegend, was noch immer neben dem Weine den Hauptgegenstand des Gesprächs, hier zu Lande, ausmacht. – Endlich wurde auch hier das Gedränge zu groß, und wir mischten uns noch einmal zwischen die Mosttrinker und die Käufer an den Boutiken, worinn fast nichts als Bedürfniße, oder Artikel des Luxus für Landleute, etwas Naschwerk und Spielerey feil geboten wurden. Die Zahl der Vornehmen oder Vornehmgekleideten hatte sich inzwischen ansehnlich vermehrt. Das herrliche Wetter hatte alles aus der Nachbarschaft herbeygelockt, überall trafen Gatterers und Medicus Bekannte. Wir wandelten noch wohl eine Stunde, bald in dieser, bald in jener Gesellschaft durch die Budenreihen, vergnügten uns an den heitern Mienen die uns, wohin wir sahen, entgegen blickten, und an der sittlichen Fröhlichkeit des Landvolks, die sich nur durch Gesang und Lachen, nicht durch Geschrey und grobe Scherze, wie in unsern Norden üblich ist – äußerte, bis uns der herannahende Abend an die Rückkehr erinnerte. – Sehr ungern verließen wir, und noch ungerner die Gatterers, das fröhliche Getümmel, wo jeden

Augenblick sich die Scene änderte, und neue Bekannte ein Gespräch anknüpften. – In Dürkheim war in allen Gasthöfen Musik und Tanz, die Straßen waren voll Wagen und Menschen und einzelner Pferde, die kein Obdach mehr hatten finden können. – Die Nacht sollte mit Tanz und Fröhlichkeit hingebracht werden, wir konnten mit Mühe unsern Kutscher finden, und mit noch größerer Mühe ihn zum Vorspannen bewegen, er hatte große Lust auch die Nacht durchzuschwärmen. – Noch eben vor Einbruch der Dunkelheit kamen wir wieder in Königsbach an.

Königsbach, Montag d 27sten Sept.

Um den lezten Tag von Gatterers und Medicus Anwesenheit bey uns noch bestmöglichst zu benutzen – Sie müssen schon morgen wieder fort – schlug ich, da das Wetter kühl und zu einer Fußreise bequem schien, eine Wanderung nach dem Schloße Hambach und ins Neustädter Thal vor. Der Vorschlag wurde angenommen und zum Werke geschritten. In Neustadt kauften wir Trauben, Weißbrod und Kuchen, welches unsere Mittagsmalzeit auf der Ruine abgeben sollte. – Oben auf dem Berge lagerten wir uns in dem alten Gemäuer, doch wechselten wir oft unsre Plätze, wenn wir die herrliche Gegend genug an dem einen überschauet hatten. – Auf jedem verändertem Standpuncte war neue Schönheit vor uns, doch hatten wir nicht den weiten Blick als neulich: die fernern Gegenstände, wie das Gebirg des Schwarzwalds, waren in Nebel gehüllt. Der beste Punct, wo ein alter Thorweg der Burg die Landschaft einschließt, und dichte Bäume eine Laube bilden, wurde zum Speisesaal gewählt. Ganz vortreflich schmekten die Trauben und Kuchen, die wir uns bis dahin versagt, und die Flaschen Wein, die wir uns selbst mitgebracht hatten – auf dieser herrlichen Stelle, wo durch den Eingangsbogen, von der Sonne beleuchtet, die reiche Ebene vom Gebirge begränzt, wie ein Stück des Paradieses, hervorglänzte. – Medicus, der wohl bisweilen ein wenig schwärmt, wekte die Erinnerung vergangener Zeiten, und ließ die Phantasie die alte Burg beleben und ihre Bewohner wirken und handeln. – In dieser Stimmung hohlte ich wieder meinen lieben Mathisson hervor, und las die Elegie auf die Ruinen eines alten Bergschlosses.[329] Ich habe sie vielleicht nie beßer gelesen, und mit mehr Ausdruck als hier, wo wir uns alle Scenen durch die Gegenwart versinnlichen konnten. Durch das alte Gemäuer wandte sich Distel und Gesträuch, das magische Licht fiel durch die gothischen Fensterbogen, um die einzeln stehenden Pfeiler schlang sich dichter Epheu, und die Hallen und Gänge standen noch zum Theil. – Ich hatte sehr aufmerksame Hörer, alle waren dem Dichter in die Scenen aus vergangenen Tagen gefolgt, und seine Betrachtung über Vergänglichkeit hatte alle ergriffen. – Ehe wir die Burg verliessen schrieben wir in die Wand der Eremitencapelle unsere Nahmen. Wir wollen sie nach Verlauf einiger Jahre wieder suchen, und wenn sie Sturm und Regen indeß verlöscht haben sollten wieder erneuern, sagte die Gatterern. Wir alle stimmten von ganzen Herzen in diesen frommen Vorsatz, und stiegen mit Gesprächen über wiederkommen und wiedersehen in diesen freundlichen Gegenden, den Berg hinab. – Einen kleinen Theil des Neustädter Thals durchstreiften wir noch, und nahmen dann unsern Kaffee auf dem Karlsberge ein Wirthshaus vor Neustadt ein. Zu unserm Leidwesen hatte sich hier eine Gesellschaft von Musicanten eingefunden, die auf Tänzer aus der Stadt hoffte, und zu diesem Ende ihre türkische Trommel und Tambourin mit solcher Anstrengung im benachbarten Saale bey offenen Fenstern bearbeitete, daß das sorgfältigste Verschliessen unserer Fenster und Thüren, unsere Ohren nicht gegen das laute unmelodische Geräusch schützen konnte. Je länger die Tanzlustigen ausblieben, desto ärger wurde die Haut der armen türkischen Trommel und des Tambourins bearbeitet, desto kräftiger gellte die begleitende Clarinette zum Fenster hinaus. – Wir hatten nicht eher Ruhe als bis alle Hoffnung zu Belebung der Neustädter Füße verschwunden war, und wir für die Abkürzung des Concerts etwas entrichtet hatten. – Einen ganz eignen Auftritt gab es noch zwischen Medicus und unserer Hebe[330] der Aufwärterin im Hause, die es sich nicht nehmen lassen wollte, den Kaffee uns einzuschenken. Sie hatte Medicus lange fixirt und uns weit und breit von ihrer Abkunft aus Speier und ihren dortigen lieben Angehörigen erzählt. Medicus, der seinen Scherz mit ihr trieb, und die Einwohner von Speier, die sie nannte, persönlich zu kennen versicherte, wurde endlich von ihr als der neuangekommene Maire von Speier begrüßt. Er läugnete das nicht, und unsere gesprächige Dame machte sich bald von dannen. – Zu unsrer grossen Verwunderung aber redete ein Barbier, den Gatterer bestellt hatte, beym Eintritt ins Zimmer Medicus als Maire von Speier an, und gleich darauf kam der Wirth und wollte vorläufig dem Hrn. Maire eine Rechtssache vortragen, weßwegen er nächstens in Speier selbst sich zu ihm verfügen würde. Medicus, der seinen einmal angenommenen Charackter nicht aufgeben wollte; und nicht gestehen mochte, daß er mit einer ehrwürdigen Magistratsperson Scherz getrieben, suchte sich mit erkünstelter Dignität und Ehrbarkeit so gut als möglich zu helfen, trieb aber, was er nur konnte, fortzugehen, damit er nicht in noch ärgere Verlegenheit gerathen möchte. – Wir hatten nur Vergnügen an dem Auftritte, und den Vortheil, daß wir für unsern Kaffee und Kuchen eine sehr große Kleinigkeit bezahlten.

Auf unserm Rückwege, den wir durch das Dorf Hardt nahmen, trafen wir lauter fröhliche, ungewöhnlich geputzte Landleute, die mit uns eine Straße zogen. Es war Kirchweih im Dorfe, und in vielen Häusern wurde getanzt und musicirt. – Nachdem wir noch einen Querzug nach einem unserer besten Weinberge, der Weißmauer, gemacht, und alle Taschen und Arbeitsbeutel voll Trauben gepakt hatten, kehrten wir nach Hause zurück, wo wir mit Gatterers und Medicus den lezten Abend ihres Hierseyns fröhlich zubrachten. Wir trennen uns nicht lange – unsre Rückreise geht – wer kann der Kraft dieses Magneten widerstehen, – über Heidelberg.

–

Hier endigt das ausführliche Tagebuch, nur kurze Notizen, die noch haben ausgeführt werden sollen, laß ich hier der Verbindung halber folgen.

Königsbach, Dienstag d 28sten Sept.

Wir begleiteten Gatterers und Medicus, die zu Fuße nach Manheim zurükkehren bis Meckenheim 1½ Stunde; und uns von den Marsch zu erhohlen und zu stärken, besuchten wir wieder die bekannte Weißmauer. Aus diesem dicht vor Königsbach gelegnen Weinberge hohlten wir uns jeden Morgen selbst die schönsten Trauben für den Nachtisch und so auch Heute. Hatte ich anderswo zu thun, so übernahm Nante das Geschäft allein. Von unserm Hause hatten wir nur wenige Schritte durchs Dorf dahin, und der Verwalter Schmidt hatte nicht immer unsern Geschmack zu treffen gewußt; auch war er etwas geizig mit den Sorten, die zum Wein sich am besten qualificiren; er meinte die Gutedel sey die beste Tafeltraube, wir aber zogen die große Burgunder vor. – Trauben verderben den Appetit nicht, davon hatten wir schon die Erfahrung gemacht, und so auch heute, wir liessen uns die einfache Mahlzeit treflich schmekken. Der Nachmittag und Abend verging größtentheils mit Briefschreiben, lesen und Arbeiten.

Königsbach, Mittwochen d 29sten Sept.

Auch dieser Morgen war anfangs zur Correspondenz bestimmt, um das Versäumte: durch unsern Besuch und Touren mit diesen, nachzuhohlen, doch das herrliche Wetter trieb uns vom Schreibtisch fort und lockte uns zuerst in die reizende Gegend über Gimmeldingen wo wir uns lagerten im Schatten eines in voller Pracht stehenden Castanienbaums, von dem bey ruhiger Luft durch die eigne Schwere die reife Frucht zu unsern Füßen fiel, als wolle sie uns die Castanienlese erleichtern, eine friedliche Stille war rings um uns her, und wir konnten uns lange nicht trennen, von diesem reizenden Punct. – Die ganze Strecke zwischen Königsbach und Neustadt ist schön, doch ganz vorzüglich der höhere Fußpfad, den wir fast immer wählen seit wir ihn entdeckten, da er zugleich im Castanienschatten liebliche Ruheplätze bietet. – 3 Wege führen von unserm Gute nach Neustadt auf verschiedenen Höhen der terrassirten Weinberge: der untere und kürzeste durch Gimmeldingen, ist zugleich Fahrweg und am wenigsten interessant, der mittlere durch einen grossen Weingarten mit Obstbäumen durchwirkt, die in ihrem üppigen Laube und malerisch schönen Schattirung die Einförmigkeit einer gewöhnlichen Weinlandschaft unterbrechen, die wie z.b. in Würzburg das Auge leicht ermüdet. Der dritte höchste und schönste Pfad endlich, zieht sich den Biegungen des steilern Waldgebirges rechts, folgend längst diesem hin, und meistens unter dem Laubdach der Castanien, die den untern Theil des Waldes bilden. Dieses dunkle Laub macht gleichsam den Rahmen des lebendigen Gemäldes was man stets auf diesem Pfad zur Linken behält. Des höhern Standpuncts halber ist dieser bey weitem der schönste und mannigfaltigste, man übersieht hier – wie der Pfälzer sagt – eine unendliche Menge Ortschaften, theils im Vorgrunde auf den Weinreichen Abhange, der sich beynahe ½ Stunde bis zum Rheinthal hinab zieht, theils unten in dieser Ebne selbst, durch die sich der majestätische Strom in vielen Krümmungen windet, den man aber nur an wenigen Stellen, wo die Ueberreste des alten Speierwaldes ihn nicht decken, bey vortheilhafter Beleuchtung hervorblinken sieht. Die Strecke, welche man hier mit einem Blick überfliegt beträgt in der Breite, bis zur Kette des deutschen begränzenden Gebirgs ungefähr 2 bis 3, und in der Länge von Frankfurt bis in den Elsaß 12 bis 14 Meilen. – Auch von der rechten Seite treten oft malerische Parthien in die Ebne heraus, mit einer so starken Biegung, daß der Weg darauf hinzuführen scheint, so z.b. das Dorf Hardt, welches mit seiner Ruine auf der Spitze einen amphitheatralischen Halbkreis bildet, etwas weiter auf vortretender Bergpyramide die noch ziemlich erhaltene Ruine Hambach, selbst Kirchdörfer auf hüglichten Landzungen bieten den Landschaftsmaler einen interessanten Stoff, wenn die Bergkette sich in die Ebne vorbiegt. – In dieser Jahrszeit ist die Schattirung des Laubes höchst mannigfaltig, und doch sind es nur Abstufungen, der dem Auge so wohlthätigen grünen Farbe, mit der die Natur das lebendige Gemälde colorirt. Welch' leise Uebergänge vom hellen Frühlingsgrün der Weinreben und der Wiesen unten im Thal bis zum herbstlichen Gelb der abfallenden Blätter, oder zum vollen Dunckel Grün der Birnbäume, die ihre schwer beladenen Zweige zur Erde senken, oder, wie Jakobi[331] so schön sagt: „Zu Händen, welche sie gepflanzt." Dann wieder der fast unmerkliche Uebergang des falben Grüns ins röthliche oder bräunliche, bis zum glühenden Roth im Sonnenstrahl, womit die noch voll belaubten Kronen einiger Kirschbäume prangen, die ihres Obstes längst beraubt sind, und nun endlich der dunkelgrüne Rahmen des schöngeformten Castanienlaubes als Einfaßung des Gemäldes, wenn man einige Schritte in den Wald zurück tritt. Doch nein es ist nicht möglich diese paradiesische Landschaft mit Worten zu malen. – Jedesmal wenn wir diesen Weg gehen, und dies geschieht fast täglich, so entdeke ich einen neuen Standpunkt, wo ein Bild vor mir liegt, das ich gleich copiren möchte, die Beleuchtung Morgens, Mittags, Nachmittags und Abends, hebt bald diesen, bald jenen Punkt in ein vortheilhafteres Licht. – Obgleich in diesem Augenblick die Mittagsstunde weniger günstig der Beleuchtung war, hätten wir uns doch noch nicht davon getrennt, wenn uns nicht der Weinberg angelockt hätte. Doch diesmal waren es nicht allein die Trauben welche uns in diesem Weinberg fesselten, sondern der Blick auf das romantische Kirchdorf in welchem unser Hof liegt, das so keck hervortrat aus dem dunkeln hintergrunde der umgebenden Berge. Der herrliche Herbsttag verschönerte auch hier die ganze Umgebung, der tiefer als das Dorf liegenden wohlbekannten Weißmauer. Nie glaubten wir die Lage von Königsbach in der Bergschlucht, so schön gesehen zu haben, nie die Luft so rein, so scharf begränzend das ferne blaue Gebirge. – Die ausgezeichnete Schönheit des Tages bestimmte uns, Schmidt, der wie gewöhnlich bey uns zu Tische war, zu einem Nachmittags Spatziergang nach dem Staubberg[332] aufzufordern. Er hatte ihn uns als eine der höchsten Spitzen des Hardtgebirgs gepriesen, auf dem man bey heitern Wetter eine sehr weite und schöne Aussicht habe. Er war bereit und wir beeilten uns gleich nach aufgehobener Tafel den Marsch anzutreten.

Unmittelbar hinter Königsbach, nach Westen, wenn man durch die Straße geht, in der das Pfarrhaus liegt, öffnet sich ein Bergthal, vom Hardgebirg herunter kommend, (hier, wie im Odenwald steigen die meisten Thäler bergan). Von diesem links, wanderten wir mit dem uns führenden Verwalter, auf einem ziemlich betretenem Fußpfad, zuerst durch einen Castanienwald, von dem ein Theil zu unserm Gute gehört, sehr bequem, bald aber steiler, bergan, wo dann auch anderes Laubholz an die Stelle der südlichen Castanie tritt. Dieser Pfad dient zum herunterschleifen, des oben im Walde gefällten Holzes, und ist deshalb etwas glatt, was an einigen Stellen durch abgefallne Blätter noch verstärkt wird. Man steigt über 3 hintereinander sich hebenden Bergreihen, wo man endlich am Fuß der Kegelförmigen Bergspitze steht, die den Nahmen Staubberg führt. Dieser ist des glatten Bodens halber etwas schwer zu erklimmen, besonders fand dies Nante, und noch schwieriger wurde ihr das herunter kommen: sie half sich jedoch durch ein schon öfter geübtes Experiment: sie bediente sich nämlich ihrer beyden Händ', und manövrirte auf „Vieren" wie Rump[333] es in Knittelversen beschrieb. – Dies Manöver ist ein verkehrtes Kriechen mit hintenüber gebogenen Rüken. Der eigentliche Staubberg, dieser Kegel auf dem Gebirge ist mit Eichen besetzt, die ein grosses verschönerndes Laubdach bilden, doch nicht hindern, weil kein Untergebüsch hier aufkömmt die weit ausgedehnte reiche Landschaft zu beschauen. Nach Westen begränzt ein nahes waldigtes Gebirge, mit wildverwachsenen Thälern wie das Königsbacher, durchschnitten, den Blick, dagegen hat man gegen Norden, Osten, und Süden ein großes Amphitheater vor sich. Ueber die waldigten Spitzen der 3 Bergreihen, die wir so eben überstiegen hatten, und die einen krausen Vorgrund bilden, sahen wir auch hier wieder, wie heute morgen, auf die sanft geneigte Fläche des mit Obstbäumen durchspikten großen Weingarten, woran sich unten im Rheinthal Kornfelder und Wiesen reihen, allein viel deutlicher unterschieden wir von dieser Höhe und eine weit größere Zahl von Städten, Dörfern und einzelnen Höfen, zwischen den Weingärten und Feldern umher verstreut. Zwar nimmt der Speierwald einen grossen Theil der Ebne ein, allein in diesem und hinter ihm, entdeckt das Auge auf dieser Höhe, gleichsam wie ein darüber schwebender Adler, überall Ortschaften. An der deutschen Seite wird diese große Rheinebene begränzt von einer ununterbrochnen Bergkette, die mit dem Taunus im Norden beginnt, und südöstlich mit dem Schwarzwald endet. Der Odenwald und die niedern schwäbischen Berge verbinden beyde Endpunckte. Deutlich unterschied ich mit einem Tubus, den ich auf Reisen immer bey mir führe, die Ruinen an der Bergstraße, und die Zwillingspyramiden: Melibocus und Felsberg, die sich durch ihre schöne hervorragende Form besonders auszeichnen. Ueberhaupt zeichnet sich die ganze Bergkette durch malerische Form aus, indem sie sich bald hebet, bald senket, und an einigen Stellen deutlich die doppelten, hinter einander hervortretenden Reihen zu unterscheiden sind, oder gar wie der Schwarzwald 3 Reihen bildet, und an einen so herrlichen Abend wie der heutige, wo der reine klare Himmel die fernen blauen Berge so scharf begränzt, zeigte sich hinter den 3 Reihen der Schwarzwaldsberge, noch einer Nebelwolke gleich, eine 4te Reihe, die Schmidt für Schweizerberge hielt. Der Lage nach könnten es vielleicht die Vora[r]lberger, oder Schweizeralpen seyn. – Ob sie es sind? mag dahin gestellt bleiben. Nur gewiß ist, daß uns die herrliche Beleuchtung begünstigte und wir dieser Gebirgsform den Vorzug geben, vor der horizontalen Wand des Erzgebirges von Böhmen aus gesehen, oder wie der Deister sich in Hannover zeigt. – Sehr deutlich unterschieden wir auch noch von diesem hohen Standpunct die sich bey Heidelberg öffnende Schlucht des Odenwalds, und durch diese das Neckarthal, die von der Abendsonne dunkelroth glühende Ruine, die Felsen der Gartenterrasse, und den herausströmenden Nekar, ebenfalls schön beleuchtet.

Ganz südlich, wo der Schwarzwald zurück tritt, hat man einen Blick in die Ebene des Elsaßes, doch nur einen schmalen Strich sieht man davon, weil an der Westlichen Seite das nähere Hardgebirge dekend vortritt: Hambach und die Hardt schliessen von dieser Seite das Halbpanorama. – In diesem zählten wir 120 Ortschaften, und erkannten darunter mit dem Tubus ganz nördlich Franckfurt und Darmstadt, an der Bergstraße Weinheim und Heppenheim mit ihren Ruinen, Heidelberg, Manheim, Schwetzingen, das alte Ladenburg mit seinem grauen Dom, das Kloster Lorsch; dann disseits des Rheins Oggersheim, Frankenthal, Worms, Oppenheim; mehr im Vorgrunde Speier mit seinem ehrwürdigem Dom, der die Asche mehrerer deutschen Kaiser bewahrt, Philippsburg, Edisheim, Gimmeldingen, Mosbach, Winzingen, Hasloch, Hochdorf, Mundenheim, Mutterstadt, Rupertsburg, Deidesheim, Forst und Wachenheim, die berühmten Weinorte und noch eine Menge, uns unbekannte Städte und Dörfer, die uns Schmidt nannte. – Nur Neustadt, Landau und Straßburg wurde uns im Süden vom Hardtgebirge verdeckt, und so auch nördlich Dürckheim und Mainz. Den Rhein sieht man auch hier oben nur an 5 bis 6 Puncten durchblikken, am deutlichsten bey Manheim und bey Speier vorzüglich die große Krümmung des Flußes.

Die Aussicht vom Staubberg in die Rheinebene ist Abends am schönsten, wenn für Königsbach und die Bergdörfer die Sonne schon hinter die Vogesen gesunken ist, und die Dörfer und nähern Weinberge im Schatten liegen. Die sonst von der alterthümlichen Stadt sich wenig heraushebende Thürme von Speier treten dann, besonders der Dom im Abendsonnenstrahl und fast feurigen Glanze hervor, so wie auch Manheim mit seinen weissen Gebäuden sich dem Auge zu nähern scheint, mit seiner schönen Jesuitenkirche und ungeheurem Schloße. So wird um diese Zeit auch die Ruine von Heidelberg und die Felsen am Neckar mit jedem Augenblick in dem die Sonne tiefer sinkt, glühender, und aus dem Speierwalde entwikelt sich ein Kirchdorf nach dem andern: hier, wo man die ganze Krümmung des Rheins übersieht, wird im Abendschein der grüne Strom zum Spiegel und wirft klar und rein das Bild des röthlichen Abendhimmels zurück. Zulezt fallen nur noch durch die Oeffnung des Neustädter-Thals einzelne Strahlen auf die Ebne und indem allmählig alles Uebrige in Schatten sich verliert, schimmern die Thürme von Speier nur noch glänzender, so wie die wenige Puncte auf die der Sonne lezte Strahlen fallen oft für einen Augenblick im hellsten Lichte glänzen, und gleich darauf wieder verdunkelt werden, um andre ins Licht treten zu lassen, bis der Stern des Tags am Horizont verschwindet, und nun allgemeine Dämmerung die Landschaft in Nacht hüllt. – Dies herrliche Schauspiel, was nur eine bergigte Gegend bietet, genossen wir bis auf die Neige, und stiegen erst im Dämmerlichte wieder bergab, und erfreuten uns noch lange am Nachgenuß.

Königsbach, Donnerstag d 30sten Sept.

Am Morgen wurde geschrieben, und nur kurz vor Tische noch in den Weinberg gesprungen, wie man hier zu sagen pflegt. Ein Besuch der Weinberge gehört ja nothwendig zu unsrer Tagesordnung. – Während der Mahlzeit prieß Schmidt, wie er schon oft gethan die Schönheit seines Thals, und die Kunst eines Waffenschmidt, der in diesem seine Werkstatt hat, und so folgten wir ihm durch Gimmeldingen dahin, fanden uns aber getäuscht, wie es mit zu hoch gespannten Erwartungen zu gehen pflegt. Es ist eng, sehr einförmig, und ist dem Neustädter weder in Hinsicht des romantischen noch des Lieblichen ähnlich. Ein schmaler Bach, der einige

Mühlen treibt, und schöne Wiesen ist alles, was man hier findet. Der Künstler wohnte zu tief hinein, und so hatten wir nicht Lust, bey der Ueberfülle von reizenden Spatziergänge, das einsame Thal weiter zu durchstreifen, und wanderten auf unsern obern Lieblings-Pfad heim, doch verabredeten wir mit Schmidt eine Fußreise auf Morgen ins Neustädterthal. Den Rest des Abends ward Schach gespielt.

Königsbach, Freytag d 1sten Oct.

Um 9 Uhr hohlte uns Schmidt verabredetermassen zum Spatziergange ab. Wir waren bisher noch nicht tief ins Neustädter Thal herein gewesen, doch was wir davon gesehen, war zu reizend, und lockte zum tiefern Eindringen. Um dies mit voller Muße thun zu können hatten wir den ganzen Tag zu dieser kleinen Fußreise bestimmt. Zu diesem Zweck wurde, um willkührlich an irgend einem schönen Punct Mittag halten zu können, Mundvorrath mitgenommen, und der eine Hofmann damit bepakt, oder vielmehr ein Kübel den er auf den Rüken trug. Wein und Trauben nahmen wir von Haus mit und frischen Weck handelten wir selbst in Neustadt ein, dann wurden die gestern vollendeten Briefe noch in Neustadt auf die Post gegeben, und der Marsch angetreten: Schmidt, Nante und ich voran, und mit den Victualien beladen folgten der Hofman und Hinrich. – Es war ein sehr heisser Morgen, was uns in der Stadt und Vorstadt etwas lästig wurde; im Thale am rauschendem Bach aber war: „anmodige Köhlung“, wie Voß sagt.[334] – Je tiefer wir kamen, je romantischer fanden wir das Thal, hier war es das Gegentheil von Gestern, wir hatten nicht so viel erwartet. – Hohe Waldberge pyramidalisch hervortretend bilden es, und der Speierbach in unzähligen Windungen durch einen Wiesenteppich sich krümmend durchfließt es, (er trit bey Neustadt in die Rheinebne und mündet bey Speier in den Rhein). Der Bach treibt in dem reizenden Thal mehrere Mühlen, bildet bey diesen künstliche Wasserfälle, und dienet auch zum herunterflößen des Holzes, was die Waldberge liefern, die forstmässig ausgehauen werden. Durch beydes wird das Thal sehr belebt, so wie noch ausserdem durch die viel befahrne Landstraße, welche durchführt nach Kaiserslautern pp. Bey dem Flößen des Holzes sind, wenn es im Gange ist von einer Station zur andern, fast immer Männer mit langen Stecken beschäftigt, um das Holz vom Ufer abzuleiten, daß es sich nirgend festsetzt, was sonst leicht der Fall ist. – Es muß nämlich Stationweise seinen Lauf machen, damit jeder Eigenthümer das seinige unter Aufsicht behält, und keine Vermischung möglich ist. Denn keiner darf das Seinige dem Bache übergeben bis er Nachricht hat, daß seines Vorgängers Eigenthum in Neustadt angekommen ist. So wird aller Streit über das Mein und Dein vermieden, und jeder kann ruhig sein Eigenthum beobachten, und es den Neustädter Holzhändlern ungefährdet überliefern lassen. Der Holzhandel ist in Neustadt ein großer Erwerbszweig und die Holzhändler sind dort sehr angesehene, wohlhabende Familien. – Eine halbe Stunde von Neustadt liegt auf einem Berge rechts die Ruine der Wolfsburg. Das Schloß ward im Mittelalter von einem Raubritter bewohnt, der von diesem fast rechtwinkeligt, bey einer schroffen Biegung des Thals, hervortretenden Vorsprung, eine große Strecke der Landstraße von Kaiserslautern nach Neustadt, hinauf und hinunter beherrschte und so Gelegenheit fand von zwey Seiten die Reisenden zu überfallen. – Eine halbe Stunde noch tiefer im Thal, oder vielmehr eine starke Stunde von Neustadt liegt in einer halbcirkelförmigen Erweiterung des Thals am Speierbach das alterthümliche Städtchen St. Lambrecht, das ehemals der Universität Heidelberg gehörte, Tuchfabricken sind ein Hauptnahrungszweig der Einwohner, und es ist viel Verkehr in dem kleinen Städtchen, das in der Bauart etwas altreichsstädtisches hat. Nante, die gern Aehnlichkeiten aufsucht, fand eine Aehnlichkeit des alten Doms mit dem Bremer. – Das Neustädterthal unterscheidet sich von den kleinern Bergthälern, dadurch, daß es seinen Nahmen Thal mit recht trägt, und sich in der Ebne durch die

Berge windet, den Biegungen derselben folgend, wodurch es aber eben eine grosse Mannigfaltigkeit gewinnt, da fast bey jeder Biegung sich die Scene verändert, und so das romantische mit dem Lieblichen wechselt. – Diese erste Stunde waren wir also in einem wirklichen Thale höchst bequem und angenehm gewandert, doch gleich hinter St. Lambrecht bogen wir links ab, in ein engeres Bergthal, wo wir wieder zu steigen hatten, anfangs ging es ziemlich steil einen Bergpfad hinauf bis wir das Nebenthal selbst erreichten, in welchem die beyden romantischen Ruinen auf zwey Nachbarbergen liegen, die durch einen pyramidalischen Bergcoloß getrennt werden, und die Ziel und Zweck unsers heutigen Spatziergangs sind. – Auch dies kleinere Thal mit den wunderbar auf Felsen stehenden Ruinen Spangenberg und Erfenstein täuschte unsre Erwartung nicht; die Schlösser gehörten ehemals dem Bischof von Speier und dem Freiherrn von Dalberg. – Auf Spangenberg hielten wir in der Ruine Mittag, wo wir den Blick auf Erfenstein hatten, welches fast unzugänglich ist, aber eben wie Spangenberg eine höchst romantische Lage hat. Dies leztere Schloß ist auf einen perpendiculär stehenden Felsen erbaut, der zum Theil herüberragt. – Das alte Gemäuer ist ganz durchwachsen, doch das Wapen steht noch über den Eingang des Thors. Aus einem alten Thurm der noch ganz steht, führte eine Wendeltreppe in das sonst unzugängliche Schloß. Das es lange Ruine war, beweisen die Tannen, welche oben auf den alten Mauern wachsen. – Die Colossalen Fels und Waldberge umschliessen auf diesen Punkt, das hier sich kreisförmig erweiternde reizende Wiesenthal, durch den ein Bach fließt, der auch hier eine Mühle treibt, und den üppigsten Graswuchs befördert. Höchst wohlthätig ist diese Frühlingsfarbe, welche die Wiese auch jetzt noch hat, fürs Auge. Wo dies kleine Thal sich mit dem Neustädter größern vereinigt ist ein kleiner Ort, mit etwas Ackerbau umgeben; auch wird es tiefer hinein bewohnt, und so ist auch dies kleinere Thal, wie die übrigen engen Bergthäler nicht unbewohnt und nicht so einsam, wie es den Anschein hat.

Um 4 Uhr brachen [wir] wieder auf, nachdem wir uns durch das mitgebrachte frugale Mittagsmal, und kurzer Ruhe während desselben zum Rückwege gestärkt hatten, um 5 Uhr waren wir wieder in St. Lambrecht, wo wir Kaffee trancken, und nun auf ebenen höchst bequemen Pfade in der schönsten Abendbeleuchtung zurückwanderten. Das Thal war sehr belebt größtentheils von Landleuten, die in der Stadt Geschäfte gehabt und heimkehrten. Der Abend war wunderschön, Neustadt war bald wieder erreicht und durchstrichen. Um 8 Uhr waren wir in Gimmeldingen, und da es unterdeß finster geworden war, wurden wir von hier mit der Laterne zu Haus geleuchtet. – Hier trafen wir unsern Königsbacher Maire noch an, der auf unsere Rückkehr gewartet hatte, und erfuhren zugleich daß der Notaire Public[335] uns habe besuchen wollen.

Königsbach, Sonnabend d 2ten Oct.

Am Morgen gearbeitet und später in die Weinberge. – Den Nachmittag besuchte uns der Regierungs- jetzt Präfecturrath Sicherer; den ich vor einigen Tagen nicht zu Hause getroffen, und noch manches mit ihm zu besprechen hatte wegen des beabsichtigten Verkaufs unsers Guts, was er zu besorgen übernommen. – Später besuchten wir noch unsern Lieblingspfad in der Abendbeleuchtung. Da aber die fernen Berge dunkel waren kehrten wir bald heim, lasen und spielten Schach.

Königsbach, Sonntag d 3ten Oct.

Morgens wieder geschrieben und die Weinberge besucht. – Nachmittags nach Gimmeldingen zu Schmidt, der uns zum Kaffee eingeladen; er führte uns nachher auf eine Anhöhe über den Ort, die wir noch nicht kannten. Die Sonne war schon hinter den Bergen in deren Schatten wir standen, vor uns lag die Gegend noch im vollem Lichte; besonders vortheilhaft war der Schwarzwald beleuchtet, so daß wir die Doppelreihe der blauen Berge deutlich unterschieden, auch zählten wir von dieser kleinen Höhe 40 Orte. –

Dann machten wir in Gimmeldingen der alten treuen Sophie, die vor 12 Jahren Köchin bey uns in Königsbach gewesen war einen Besuch. – Ihre jetzige Stellvertreterin die Cathrine ist freylich jünger und kräftiger, allein an treuer Anhänglichkeit ihr nicht zu vergleichen. Wir hatten Schmidt den schriftlichen Auftrag gegeben, die treue Seele auch für diesmal für uns zu miethen, allein sie fühlte sich zum Dienst zu altersschwach. Die Wege nach Neustadt, wo alle Morgen Weck und Fleisch gehohlt werden mußte, waren ihr zu beschwerlich. – Vor 12 Jahren hohlte sie den frischen Weck zu unserm Frühstück schon ehe wir aufgestanden, und ging an den Markttagen gewöhnlich noch zum zweytenmal hin. Zwar war sie auch damals nicht ganz jung mehr und schwächlich, allein sie meinte, in der Stadt sey doch alles beßer zu haben, als auf dem Lande, und es sey ihre Pflicht dafür zu sorgen, daß wir vom besten bekämen, besonders da wir hier fremd wären, und die junge Frau noch unerfahren in der Wirthschaft sey. – Obgleich sie sich zum Dienen bey uns nicht mehr fähig fühlte, so gab Sophie uns doch gleich in den ersten Tagen unsers hierseyns ein Beweis ihrer Anhänglichkeit. Als sie unsere Ankunft erfahren hatte, bakte sie schnell einen großen Kuchen, brachte uns diesen, erzählte viel von den bösen lezten Jahren, die hier die Menschen nicht nur arm gemacht, sondern auch den Charackter verdorben habe. Man könne jetzt, fügte sie mit leiser Stimme hinzu, sich nicht mehr so auf die Menschen verlassen, müße nicht zu gutmüthig dem äussern Scheine trauen pp. Daß in diesen dunkeln Andeutungen ein tieferer Sinn lag merkten wir bald, und durch ihre Hieroglyphen Sprache überzeugte sie uns, daß sie noch die Alte geblieben sey, und die Zeiten sie nicht zum Straucheln gebracht, sondern daß ihre Rechtlichkeit und Anhänglichkeit an uns, sie zu diesen verstekten Warnungen getrieben hatten. Auch war es ein Grund mehr, uns zu überzeugen: daß der Entschluß ein so entferntes, auf französischem Boden liegendes Gut zu verkaufen, sehr verständig sey. Sie schien auch auf unsern ohnehin leicht mißtrauischen Hinrich gewirkt zu haben, der die Cathrine beobachtete, und behauptete er habe sie mehrmals an unsrer Thüre lauschend gefunden und jetzt auch warnte nicht zu laut mit einander zu sprechen. Auch wir verlohren nun immer mehr das Vertrauen zu unsrer Umgebung und bedienten uns, wenn wir allein waren der Platdeutschen Sprache. Es fiel uns, so aufmerksam auf alles geworden, jetzt auch auf, daß der Verwalter uns fast nicht aus den Augen ließ, besonders wenn ich mit Leuten zu verkehren hatte, und daß er auf größern Spatziergängen sich stets zum begleiten erbot, unter dem Vorwande, uns den besten Weg zu führen. Zuerst hatten wir es für übertriebene Höflichkeit gehalten, die uns indeß genirte, weshalb wir auch die unbekannten Gegenden weniger aufsuchten, um mehr für uns das schon Gesehene zu genießen.

Unser Gegenbesuch an diesen Abend machte der guten Sophie viele Freude. Auf dem Wege zu ihr, unten in Gimmeldingen sahen wir nicht weit von einander die Ruine einer Kirche aus der Zeit eines Franzosenbesuchs im Anfange des 18ten Jahrhunderts, und die Ruine eines Schlosses aus dem Ende desselben Jahrhunderts, von derselben Nation zerstört die jetzt im Besitz des schönen Landes ist. – Auch bey dem alten Wilhelm Schmidt machten wir noch einen kurzen Besuch, und trafen dort seine am Hirschwirth verheyrathete Tochter Christine Catharine, die mit Nante eine Gevatterin hat. Um 9 Uhr Abends wurden wir wieder mit der Laterne zu Hause begleitet.

Königsbach, Montag d 4ten Oct.

Den Morgen wie gewöhnlich erst geschrieben, dann in den Weinbergen in Trauben geschwelgt, und den obern Pfad besucht. Wir haben noch ein paar Tage die Abreise verschoben, und die müßen nun noch benutzt werden, uns die paradiesische Gegend recht tief, von verschiedenen Puncten einzuprägen, vor allem aber die Ansichten von diesem Pfad nicht aus dem Gedächtniß zu verlieren. – Den Nachmittag hatte ich, eben unsrer baldigen Abreise halber, viel mit Schmidt zu kramen, auch den Maire zu besuchen. Endlich wurde in der Abendbeleuchtung noch ein Spatziergang gemacht, und zulezt bey einer Parthie Schach tüchtig Trauben geschmaußt, und zum Nachtisch den diesjährigen Alantwein versucht.

So wie wir gestern in Gimmeldingen eine Schloßruine fan[den,] so trifft man allenthalben in dieser Gegend auf ähnliche Zerstörungen. – Ueberall, wo ehemals Schlösser standen, die wir bey unserm ersten Hierseyn noch in voller Schönheit sahen, wie z.b. Hildebrandseck (nach dem hiesigen Dialect Hilperseck) unterhalb Königsbach und das schöne Dalbergische Schloß bey Ruppersburg[336] und dieses in Gimmeldingen, sieht man jetzt kahle Wände, die Dächer alle herunter. Muthwillig und frevelhafter Weise sind diese Zierden der Oerter, in den Jahren 93 bis 95 von den Freiheitsschwindler, ohne Nutzen für die Zerstörer, zerstört und verwüstet. – An den leeren Wänden sieht man überall die Inschrift: „Krieg den Pallästen pp“ entweder mit Kohlen, Röthel oder Dinte fehlerhaft und oft kaum leserlich hingekratzt. Ungeheure Kerls darüber gemalt welche Körper die Köpfe abschlagen, oder sie an Galgen hangen, mit der Inschrift: „von le Liberté ein republicanischer Franzose.“ – Schlößer, die weniger wie diese zerstört, mit einigen 100 fl. völlig wieder bewohnbar gemacht werden könnten, sind für 3 bis 4000 fl. zu haben. Manche derselben, haben 20 bis 30 Zimmer, denen freylich Dach, Fenster, Oefen pp fehlen, übrigens aber noch Zimmerfußböden, Treppen pp in gutem Stande sind. – Eisenwerke, Geländer pp sind in diesen neuen Ruinen verschwunden, denn nichts wurde von den Franzosen eifriger gesucht als dieses. – Das Holzwerk in den Schlössern nahmen zum Theil die Einwohner selbst weg, wenn die Franzosen eine Zeitlang fort waren. – Lagen leztere indeß müßig in der Gegend, so rissen sie die Gebäude oft selbst ein, und trieben Narrenstreiche auf den Dächern, rissen die Ziegel herunter und bekleisterten sie.

Die von den Neufranken in der Revolutionszeit zerstörten Weinberge sind entweder wieder hergestellt, oder die tiefer gelegenen in Korn oder Wiesenland verwandelt. Dieses verwandeln in Kornland ist für den hiesigen Weinbauer vortheilhaft, dem es früher oft an Korn fehlte, das er kaufen mußte. Kam denn ein schlechtes Weinjahr, und der geringere Winzer lösete kein Geld, so fehlte ihm auch das Brod; er mußte um das Leben zu fristen von den Güterbesitzer leihen, und von einer beßern Weinlese wieder abtragen. Dies ist ein grosser Nachtheil der Weinländer, die sich einzig auf den Weinbau beschränken für den ärmern Winzer, und so hatte dieser doch unwillkührlich etwas gewonnen. Auch ist das für den Neufränkischen Landmann ein Gewinn, daß der Zehnte aufhört, den er als Pfälzer hatte zahlen müßen, theils an Güterbesitzer, theils an fromme Stiftungen. Diese Befreyung von den Gülten[337] machte den Landmann in einigen Dingen auf diese Weise zufriedener als den Handwerker in den Städten, der große Klagen über das Aufhören der Zünfte führt, da nun jeder gute und billige Arbeiter in den Städten, ohne Meister zu seyn, Aufnahme findet. Im Ganzen herrscht jedoch in den ehemaligen so glücklichen Rheinlande eine allgemeine Unzufriedenheit. Wenn auch die öffentlichen Abgaben des Neufranken ungefähr dasselbe als Steuern, Fensterlagen pp betragen was er ehemals an Churpfalz hat zu entrichten gehabt, so ist er doch mit der neuen Verfassung unzufrieden, theils wegen der Militairaushebung die ihm drückend erscheint, theils weil er sich unter Freiheit, Befreyung von allen Abgaben dachte, und von der Habsucht des französischen Gouvernements, die er kennen gelernt noch mehr Auflagen entgegen sieht; theils endlich weil die französischen Kriegsbedrückungen dem Neufranken zu neu sind, und er daher, was die Steuereinnehmer und Soldaten persönlich feindliches verübten, größtentheils der Regierung zur Last legt. Vorzüglich schilt man über die Abgaben bey Erbvertheilungen; des Stempelpapiers, die grossen Kosten der Processe, die Unwissenheit und Entfernung der Richter pp.

So wie man im innern Zustande dieses französisch gewordenen Rheinlandes überall auf Mängel stößt, über die die Einwohner klagen, so ist auch im äußern des Landes im Revolutionskriege vieles zerstört, was nur theilweise hie und da ausgebessert ist, so z.b. sind die Landstraßen ihrer Bäume beraubt, und die Straße selbst, ehemals die schönste in Deutschland nur Stellenweise wieder hergestellt, so daß man bald auf einer Chaußee, bald auf Nebenwegen fährt. – Die Berge sind häufig ihrer ehemals so dichten Wälder beraubt, besonders die vordere Reihe des Hardtgebirges. Theils geschah dies durch Franzosen, da sie als Feinde hier hauseten, theils in den Zeiten der Anarchie durch die Einwohner selbst, oder durch andre Truppen die im Lande waren. Die Franzosen gebrauchten das Holz im Lager. – Viel hat hier der fruchtbare Boden wieder gut gemacht, allein an Anpflanzung wird noch nicht gedacht.

Königsbach, Dienstag d 5ten October.

Nach einem fürchterlichen Sturm kam endlich einmal etwas Regen, der mir meinen Plan den Friedensrichter in Neustadt zu besuchen, vereitelte. – Als der Regen aufhörte, ward noch vor Tisch ein Lauf nach einer Felsengrotte, nahe bey Gimmeldingen gemacht, der Melibocus war wieder klar geworden, und den Nachmittag wurde es vollkommen heiter. Wir wanderten nach Neustadt, fragten im Posthause, wo wir Kaffee tranken, vergebens nach Briefen von Bremen. – Den Friedensrichter, einen ehemaligen Geistlichen, den ich besuchen wollte, traf ich nicht zu Hause. – Der Abend war wieder sehr schön geworden, die Gegend lag im höchsten Zauber, und dies lockte uns die Josephscapelle über Neustadt zu besteigen. Sie war bey unserm ersten Hierseyn oft das Ziel unsrer Wanderungen gewesen. Das Neustädter Thal mit seinem Bache durchschneidet die Kette des Hardtgebirges. Auf dem scharfen Vorsprung dieses Einschnitts, hoch über Neustadt ward ehemals die Capelle dem h. Joseph geweiht, erbaut, wir sahen sie vor 12 Jahren noch in ihrer ganzen Glorie; doch auch sie ward, wie so viele Gebäude von den Franzosen bis auf die Mauern zerstört. Diese Ruine erkannten wir indeß gleich wieder, hatten wir doch so oft auf diesen reizenden Punct geruht, um den Sonnenuntergang zu beobachten, und die herrliche Natur in immer sich verjüngendem Reiz, war ja noch die alte Zauberin. – Als wir oben am bekannten Ziele standen, hatte sich der Himmel aufgeklärt, war aber nicht ganz Wolkenlos, was indeß gewissermaßen zur Verschönerung beytrug, durch die Abwechselung der Licht- und Schattenparthien. – Der hellste Sonnenblick fiel auf die Gegend von Heidelberg, wir sahen Stadt, Schloß und die ganze Schlucht, aus der der grüne Neckar hervorströmt um dem Rheine bey Manheim zuzueilen sehr deutlich und herrlich beleuchtet. Tief unter uns lag wie vormals, und wie es uns in der Erinnerung stets vorschwebte, Neustadt mit seinen alterthümlichen Thürmen, engen düstern Straßen, in denen es lebhaft durcheinander wogte, gleich einem Ameisen-Getümmel. Wie oft hatten wir dies Gewühl vor 12 Jahren beobachtet um dann in unsre geliebte ländliche Einsamkeit zurück zu eilen. Das innre der Stadt betraten wir damals nicht, wir vermieden es, weil wir die Addressen, die wir in Heidelberg bekommen hatten, nicht abgeben wollten, um ungestörter uns selbst leben zu können. – Wir konnten uns nicht trennen von diesem reizenden Punkt, bis auch der alte Dom von Speier sich in Dämmerung hüllte. Ach die Trennung ward uns schwer, von dieser Höhe sehen wir für diesmal die Gegend ja zulezt, und wenn das liebe Eigenthum in fremde Hände ist, werden wir dann je wieder hieherkommen!! Auch in das reizende Thal wurde noch ein Abschiedsblick gesandt, die Wolfsburg wurde durch das Gebirg, worauf wir standen gedeckt, doch die Waldmansburg an jener Seite des Thals, trat hinter Neustadt auf der Fortsetzung des Hardgebirges deutlich hervor, und die schon etwas bergan steigende Vorstadt Egypty[338] bildet gewissermassen eine Verbindung zwischen Stadt und Burg von hier angesehen, und hinter diesem allen wie reizend lag Hambach da. Lebe wohl du Paradies von Deutschland, Uebermorgen muß leider geschieden seyn! – Im Walde durch den unser Weg oberhalb der Hardt führte, wurde es schon etwas finster. Wir eilten so sehr wir konnten durch Gimmeldingen zu hause.

Königsbach, Mittwochen, d 6ten Oct.

Den Morgen hatte ich noch Manches mit Schmidt zu besprechen, dann gings wieder zu den Winzern in die Weinberge und ins Kelterhaus, um den Most zu prüfen. – Der Nachmittag wurde größtentheils mit Abschiedsbesuchen hingebracht. Zuerst gingen wir zum Pfarrer, der in die allgemeinen Klagen über die Franzosen mit ganzer Seele einstimmte, obgleich er eine Nationalkocarde am Huth trägt. – Auch bey ihm fanden wir zerbrochene Meublen, und manche andere Zerstörung; so klagte er z.b. daß man ihm für 900 fl. Wein aus dem Keller gestohlen habe: „noch bin ich zwar im Besitz der Pfarrgüter, aber wie lange wirds währen?“ sagte er. – Von ihm gingen wir zum leztenmal nach Gimmeldingen um auch dort von allen Bekannten Abschied zu nehmen, und auf dem Rückweg über den schönen höhern Weg sagten wir mit Wehmuth dem Paradiese Lebewohl, in dem wir so glücklich gewesen, und so gern noch länger geweilt hätten. Doch einen zweyten Aufschub der Abreise durften wir uns nicht erlauben.

Sehr interessant ist es mir den Republicanischen Neujahrstag hier erlebt zu haben. Statt mit Januars-Eis die Flüße, mit Schneeflocken Gärten und Felder bedeckt zu sehen und den warmen Ofen zu suchen, brannten die Sonnenstrahlen so heiß, daß wir zu unsern Spatziergängen die dichtbelaubten Castanienwälder wählten, um unter diesem Schattendach, uns der im schönsten Frühlingsgrün prangenden Landschaft zu erfreuen. Ein merkwürdiger Contrast zwischen

dem deutschen und dem französischen Neujahrsfeste. Wie die Neufranken allem Alten abhold sind, so mußte denn auch der Calender sich in die Veränderung fügen, daß das Jahr im nordischen Mai, (wie Klopstok den September nennt[339]) seinen Anfang nimmt – das Fest ward in unserm Dorfe nicht eingeläutet sondern eingeschellt. Ein dazu vom Maire Beauftragter, ging von Haus zu Haus mit einer Handschelle, (wie man hier die kleinen Glocken nennt), am lezten Tage des republicanischen Jahrs, schellte vor den Fenstern, bis man öffnete, und rief dann herein: „Morgen ist Neujahr!" – Am Abend wurde, wie bey uns am 31sten December tüchtig geschossen, die jungen Burschen liessen sichs nicht nehmen, unter dem Fenster der Erwählten loszuknallen; es sollte eine Ehre seyn, die sie ihrem Mädchen, erzeigten nach Landessitte: sie nannten es anschiessen.
Auch eine andre Merkwürdigkeit der neuen Republik traf in die Zeit unsers Hierseyns, bey der ich als Gutsbesitzer auf neufranzösischen Boden eine Rolle mit zu spielen hatte, nämlich die Wahl des bisherigen ersten Consuls Napoleon, zum Consul für Lebenszeit.[340] Auch die kleinsten Mairien mußten dazu ihre Stimme geben, und so auch unser liebes Königsbach. Ich wurde, wie die übrigen Bürger des Orts vom Maire eingeladen, aufs Gemeindehaus zu erscheinen, wo jeder seine Stimme zu geben hatte. Der Act selbst war sehr einfach: der Maire berichtete, daß es in Paris beschloßen: die Consulwürde Napoleon für Lebenszeit zu übertragen, und schloß dann mit den Worten: seyd ihr alle damit einverstanden, so schweigt. – Eine allgemeine Stille bestätigte die Wahl. Man hatte einstimmig gewählt, wie der Bericht sagte.

Königsbach, Donnerstag d 7ten Oct.

Mit Wehmuth verliessen wir diesen Morgen um 10 Uhr unser liebes Eigenthum, und das Paradies in welchem es liegt. Kommen wir je einmal wieder hieher, so muß ein Gasthof uns aufnehmen; das Gut ist dann in fremden Händen! Allein es muß so seyn: es sind zu viele Gründe die den Verkauf nothwendig machen. – Ein der Gegend kundiger Postillion führte uns den nächsten Weg zurük auf Manheim. Durch die Weinberge zuerst auf Landwege hin und her bis wir in Meckenheim, wie vor einigen Tagen mit dem Einspänner, die Chaußee erreichten. Auf dieser ging es dann weiter über Hochdorf, Mutterstadt, Maudach und Mundenheim; um 2 Uhr waren wir vor der französischen Barriere. Wir hatten uns zulezt noch die Trauben und Pfirschen[341] aus unsern Weinbergen, die wir im Wagen mitgenommen, treflich schmecken lassen. – Die französische Wache an der Barriere schien Wallensteins Lager aufzuführen. Mit den Reisenden die das Gebiet verlassen, scheint es weniger streng genommen zu werden, als bey der Einfahrt. Ein Trinckgeld befreyte uns vom Visitiren. Doch zögerte es sehr mit der Rheinfahrt. Die fliegende Brücke war an jener Seite, und als sie endlich zu uns kam ganz überfüllt mit Menschen und Waaren, ward alles aufs genaueste untersucht, sogar die Kleider der Männer und Frauen, um das Einschmuggeln zu verhüten; einer Frau wurden neue Strümpfe, die sie wohl verstekt glaubte, genommen. Indeß den weiblichen Theil der Reisenden zu durchsuchen, waren Frauen der Douaniers angestellt. Eine unzählige Menge Manheimer Besen, die auf der Brücke herüber transportirt wurden, fielen uns besonders auf. Sie müßen im Rheinlande selten seyn, oder in großer Anzahl verbraucht werden. Endlich wurde die Brücke frey, und wir durften wieder in Deutschland einfahren. – An der Manheimer Barriere fielen uns zuerst die badenschen Truppen in die Augen. Medicus hat recht, es sind sehr blutjunge Bursche. – In Manheim hatte die Messe ihren Anfang genommen, und dies war wohl der Grund der überfüllten fliegenden Brücke. Orgeltöne, Strassengesang und Menschengewühl empfing uns, in dem sonst so stillen Manheim. Auch im Pfälzerhof war viel Leben, fast alle Zimmer waren besetzt, und wir hatten keine Auswahl, sondern mußten nur froh seyn aufgenommen zu werden. Als wir von dem uns angewiesenen

Zimmer Besitz genommen, ließen wir uns Theaterbillets hohlen, und benutzten dann die Muße, die uns noch blieb, bis zum Anfang des Schauspiels, den Antikensaal[342] im Schloß zu besuchen: es war uns interessant die hiesigen Kunstschätze mit denen in Dresden, die wir vor einigen Wochen gesehen zu vergleichen.

Die hiesigen Abgüße sind größtentheils stumpfer als die Dresdener; jedoch ist dies nicht bey allen gleich, einige sind es mehr, andere minder; das Local aber ist hier viel schlechter, es ist ein hohes weisses Zimmer in dem sie aufgestellt sind. Die meisten Abgüße haben wir in Dresden beßer gesehen. Von denen, die wir dort nicht sahen, waren mir folgende die Merkwürdigsten:

1) Der Schleifer, er kniet, oder hockt vielmehr schleifend mit dem forschenden Blick; er hat schlichtes Haar und kurzen Mantel.

2) Herkules mit dem Kinde. Er ruht mit dem linken Arm, Zärtlichkeit im Blick auf das Kind.

3) Der Farnesische Herkules, auf seiner Keule ruhend; eine Colossalfigur. Ruhe drückt sich in Stellung, Gesicht und Haltung der Arme aus. Mit dem Linken ruht er auf der Keule, die Rechte sinkt über den Rücken herab. Es ist der unvergötterte Herkules, der starke Held. Alles Muskelwerk ist stark ausgedrükt. An der Keule hängt die Löwenhaut herab. Es ist ein vortreflicher Abguß.

4) Die Farnesische Flora, auch Coloßalfigur. Ein nasses, höchst feines und durchsichtiges Gewand umgiebt sie. Sie faßt es mit der rechten, etwas vom Körper abstehenden Hand, wodurch ein prächtiger Faltenwurf am Schenkel und Knie entsteht. Um den linken Arm fällt das Gewand in dichte Falten nieder, indeß sie in der linken Hand einen Blumenkranz trägt.

5) Cäsar }
6) August } Colossale Figuren. Beyde sind in Mäntel, die frey um die Schultern hangen. Cäsar hebt den linken, August den rechten Arm. Cäsars sprechendes, genialisches Gesicht, gegen das weiche unbedeutende des Augusts.

7) Jupiter Tonanus. In der Rechten den Blitz, in der Linken eine Scheibe. Den Mantel um den linken Theil des Körpers, so daß die Füße wieder frey sind. – Ein edler Kopf mit prächtigem männlichem Barte und Haar. (Der Kopf ist ein Christuskopf). Ein Mann von 30 Jahren.

8) Drey Bachusse. Einer mit einem aufgehobenem Arm, der Kopf ist mit Weinlaub umkränzt (die Unterschrift ist Bachus Justin). Der Zweyte, ein stark geschnittnes, etwas wildes Gesicht der Mund geöffnet. In der Rechten Trauben über dem Kopf haltend, mit der Linken einen Mantel, Wein, Trauben und Früchte auffassend; einen Panther zur Seite. Untersch[rift] Villa med. [343] Der Dritte in fast gleicher Stellung, jedoch mit dem linken Arm an einen Stamm gelehnt, um welchen Weinreben sich schlingen; auch hier ist ein Panther. Untersch[rift] Satyros med.

Vereint zeigen die drey Bachusstatuen die Stufen des Rausches: der erste fröhlich, heiter. Der zweyte heftig im Rausche. Der dritte erschlafft vom Rausche.

Da noch die Stunde des Schauspiels nicht geschlagen, wanderten wir durch einige Straßen und über den Marktplatz. Die Statue auf dem leztern ist beschädigt, und die französische Kirche, so wie [die] Deutsch-reformirte, nebst dem Thurm sind Beyde 1797 zerschossen; die erste ist noch Ruine, die deutsche wieder aufgebaut: der Thurm hat ein plattes Dach, ohne Spitze.

Endlich war es 6 Uhr geworden, so gingen wir denn ins Theater. Das Haus war nur leer. – Ich erkannte die alten Vorhänge wieder: man bedient sich nämlich in den Zwischenacten hier eines andern Vorhangs, als beym Schluß des Stücks, der bis zur folgenden Vorstellung hängen bleibt. Dieser war, seit ich ihn zulezt sah, sehr abgenutzt. Das Haus war blos durch eine Argandsche Lampe[344], die als Krone mit 4 Lichten in der Mitte herabhängt erleuchtet. Sie verschwindet beym Aufgehen des Vorhangs und kommt nicht wieder. Sonst war im Hause kein Licht, auch in den Logen des Parquets nicht. – Die Bühne wird auf diese Weise ohne größere Kosten mehr erhellt. – Das Haus ist grau und mit Medaillons decorirt. 3 Reihen Logen sind über einander, und darüber noch die Gallerie. Der Herbsttag[345] wurde gut gegeben, besonders durch trefliches Zusammenspiel, gutes memoriren, Herzlichkeit und Wärme im Spiel. – Mad. Ritter wird abgängig, und Leonhard zu alt für die Rolle. Zimmermann, Heck und Mad. Beil spielten aber sehr brav. – 2 Soldaten stehen im Parquet, ausserdem habe ich nur 4 Mann Wache bemerkt.

Manheim, Freytag d 8ten Oct.

Morgens waren wir auf der Sternwarte. 194 Stufen hat man zu ersteigen, wird aber auch belohnt durch die herrlichen Blicke nach beyden Seiten. Von der einen sieht man die Stadt unter sich, und über diese weg, die Bergstraße und das Odenwalds Gebirge mit den malerischen Ruinen überall auf vortretenden Bergspitzen; und eine Menge Städte und Dörfer in der fruchtbaren Ebne, durch die sich der schöne grüne Neckar windet. Nach der andern Seite hatten wir noch einmal den vollen Anblick der Gegend die wir eben verlassen hatten. Neustadt und die Hardt traten im Morgenlicht hell und deutlich hervor und die ganze Kette des Gebirgs von Dürkheim bis Landau. Sehr vortheilhaft ist die Morgenbeleuchtung für diese Seite. Die schönen Formen des Gebirgs treten so klar hervor und die Entfernung ist eben recht: nahe genug um die Orte und Ruinen deutlich zu erkennen, und fern genug um die Strecke von Landau bis Dürckheim mit einmal ins Auge zu fassen. Auch die Vogesen bilden keine Bergwand, sie heben und senken sich: besonders in der hintern Reihe heben sie sich pyramidalisch; oder auch in einzelnen hohen Spitzen über die andern hervor. So erkannten wir deutlich die Spitze des Staubbergs[346] auf der wir vor einigen Tagen standen. Noch höher aber tritt hinter Hambach die schöne Pyramide, die Kahle Mücke[347] genannt, hervor, und ganz rechts noch nördlicher als Dürkheim erkannten wir den jetzt berühmten Donnersberg, der den neuen fran-

Mannheim, Blick von der Sternwarte, 1790

zösischen Departement den Nahmen giebt.[348] – Ganz links hinter Landau bekommt das Gebirg eine ganz eigenthümliche Form, wie eine Gruppe einzelner Felscolosse, raget es über die vordere Reihe hervor, oder wird durch Schluchten von Thäler gebildet, sichtbar. Ganz im Vorgrunde fließt der herrliche Rhein, und auch die hin und her fahrende Schifbrücke arbeitete im Vorgrunde.

Als wir wieder herunter kamen, betraten wir im Schloßhof den Schauplatz der furchtbaren Zerstörung durch das Bombardement. Unser Führer zeigte uns die Stelle des zerstörten Schloßflügels, wo durch die feindlichen Bomben der Brand entstanden, der das Schauspiel-Opernhaus und Ballsaal in Asche legte; die Einwohner, welche sich in den Souterains sicher geglaubt, hörten das Krachen der einstürzenden Gebäude über sich, stürzten heraus und flohen über den, vom feindlichen Feuerregen erhellten Schloßplatz, um in den Souterains des andern Flügels ein Obdach zu suchen, verlohren sich im Gedränge, und büßten zum Theil Leben und Gesundheit ein. Grausen volle Scenen des französischen Befreyungskrieges, oder vielmehr der französischen Eroberungswuth, traten uns hier auf deutschen Boden durch die Erzählungen unsers Lohnbedienten lebhaft vors Auge.

Wir kehrten noch einmal zurük ins Schloß zu den Schätzen des Cabinets, wo in dieser Gegend gefundene, Alterthümer aufbewahrt werden. Folgendes zog besonders unsre Aufmerksamkeit an:

1) ein Stück von einer polirten Granitsäule, die dem Pallast Carls d. Grossen in Niederingelheim angehört hatte.

2) ara Jovis[349], bey Heidelberg gefunden.

3) Römischer Meilenzeiger.

4) Siegelringsteine, Römischer Ritter, Matronen pp mit höchst elenden Figuren und halb verwitterten Inschriften. Meistens bey Mainz gefunden.

5) Basrelief, ein Opfer im Jupiters Tempel, schlecht gearbeitet.

6) Tafeln mit Egyptischen Hieroglyphen und kleinen Figuren.

Dann sahen wir noch im Naturaliencabinet einige Thiere, die alle sehr zierlich in hübschen Glasschränken aufgestellt sind.

Nun machte ich noch ein Besuch bey Beck[350]: er hatte uns nach dem, was ihm Medicus von unserer beabsichtigten Abreise von Königsbach berichtet hatte, mit Gewißheit am Dienstag Abend hier in Manheim erwartet. Zwar hatte ich hieher und nach Heidelberg geschrieben daß wir die Abreise verschoben, wußte aber nicht daß die Briefe jetzt einen Umweg über Mainz machen, und so waren wir meinem Briefe zuvor gekommen. Beck, und der Regierungsrath Medicus[351], der Vater unsers Freundes, hatten am Dienstag Abend sehr freundlich für unsre Unterhaltung gesorgt, wovon wir leider den Genuß versäumt haben, weil wir uns von Königsbach nicht trennen konnten. Jezt, nun auch die zugegebenen Tage, vorüber sind, bedauerten wir, nicht dem ersten Entschluß treu geblieben zu seyn. – Beck, meine Vorliebe für die Iflandschen Stücke kennend, die er mit mir theilt, hatte das Schreibpult[352] angesetzt, was, wie er sagte ganz vorzüglich einstudirt, und gegeben sey – (Mit der Aufführung des Herbsttages war er nicht zufrieden.) Immer noch auf unsre vielleicht verspätete Ankunft hoffend, hatte Beck mit dem Anfang der Vorstellung lange gezögert. Nach beendigtem Schauspiel, hatte der alte Medicus nebst Beck noch einige meiner hiesigen Bekannten eingeladen, so war uns denn für den ganzen Abend eine angenehme Unterhaltung bestimmt gewesen.

Beck erzählte mir viel über das Manheimer Theater, das zu erhalten und immer mehr zu verbeßern er mit einigen Freunden eifrigst bemüht ist. Er gedenckt ein Lyceum für junge Schauspieler damit zu verbinden. – Grüner[353], den ich bey Beck traf, erzählte daß auf der Rückkehr von Dürckheim, ein Churpfälzischer Staatsbeamte von einem Postknecht verwundet sey.

Von da ging ich noch zum Regierungsrath Medicus, ihm für seine zuvorkommende Güte zu danken und unser Ausbleiben zu entschuldigen. Er sprach viel über Manheims Aussichten für die Zukunft, und von Plänen zur Verschönerung. Es sollen Spatziergänge um die Stadt angelegt werden, wozu man schon 3 verschiedene Pläne hat. So hat das furchtbare Bombardement wenigstens die gute Folge, daß die Stadt für immer Entfestiget ist, und dadurch gegen eine ähnliche Zerstörung geschützt, und die guten Manheimer, nicht mehr durch hohe Wälle eingeschlossen werden künftig eine gesundere Luft athmen.

Wir hatten beschlossen noch heute Morgen nach Heidelberg abzureisen, was sich indeß bis Mittag verzögerte, durch ein Gegenbesuch des alten Medicus. – Endlich fuhren wir 12 ½ Uhr von Manheim ab, und kamen um 2 Uhr in Heidelberg. – Der Anblick von dieser Seite ist sehr schön, wenn man sich der Stadt nähert, sie mit ihrer Schloßruine hervortritt, und die herrlichen Felsen, und das reizende Neckarthal sich öffnet. – Wir stiegen bey Gatterers ab, wanderten mit ihnen über die Neckarbrücke, um im rothen Läppchen Kaffee zu trinken, wo Gatterers sich ein Zimmer in diesem reizenden Local gemiethet haben, und fast jeden Nachmittag oder Abend auf ein Stündchen dahin wallfahrten. Dann liessen wir uns mit einem Kahn, über den Nekar setzen, und freuten uns wieder zwischen den schönen Bergen zu seyn.

Am andern Ufer ging es denn gleich Bergan nach dem Wolfsbrunnen, einem schattigen Platze im Gebirge, ½ Stunde von Heidelberg am linken Ufer des Neckars. Es liegen hier mehrere Weiher Terrassenförmig über einander, voll Karpfen und Forellen, die man hier von vorzüglicher Güte bekommen kann. Die Heidelberger wallfahrten an schönen Abenden oft hieher, und lassen sich im Schatten der uralten Bäume Stühle und Tische heraus tragen, von den Aufseher dieser Weiher, denen es erlaubt ist hier eine ländliche Wirthschaft zu treiben, und die Wanderer mit saurer Milch, wie man hier unsre dicke Milch nennt, zu bedienen, oder wenn man Thee mitbringt, das kochende Wasser und den Rahm dazu zu liefern oder wenn man die Forellen oder Karpfen, nach dem vorgeschriebnen Preise kauft, diese zuzubereiten. – Für uns war schon eine Collation[354] von Gatterers im rothen Läppchen bestellt, und so ruheten wir hier auf einer der Bänke, wo die Aussicht ins Neckarthal höchst romantisch ist, ein wenig, um den Wiederschein der Abendsonne auf die Felsen zu beobachten. Dieses stille Plätzchen nach einer alten Legende[355] der Wolfsbrunnen genannt, ist ein hochliegendes, von höhern Bergen im Halbkreis umschloßnes Thal. Die Quelle, welche von oben die Weiher mit Waßer versorgt, bildet, wo diese aufhören einen Bach, der weiter unten eine Mühle treibt, und sich endlich in den Neckar mündet. Ueber diesen Bach hinweg öffnen sich herrliche Aussichten auf den Neckar und das jenseitige Ufer, wo höchst malerisch das freundliche Dorf Ziegelhausen liegt. Etwas rechts von Ziegelhausen ist ein hoher breiter Steinbruch, der als wir hinabstiegen, von den lezten Strahlen der Abendsonne wundervoll vergoldet wurde, während schon der Mond im milden Glanze hinter die Berge heraufstieg. Als wir unsern Nachen wieder erreicht hatten, war die Sonne schon hinter die Vogesen gesunken, und leise glitt unser Nachen über die vom Mondschein versilberten Wellen des Neckars dahin, wir landeten wieder unter dem Läppchen, wo die schönsten Trauben, Most und dazu gehörende Castanien unser harrten. Gatterer, um mit unsern Königsbacher

Trauben zu wetteifern, hatte diese im Weinberge des Läppchen Wirths selbst ausgesucht, und freuete sich als wir seine Kenntniß der schönsten Sorten anerkennend den Teller leerten. Auch Castanien und Most ward tüchtig zugesprochen. Beydes wird hier gewöhnlich zusammen genoßen, weil die guten und bösen Folgen gegeneinander sich austauschen. Es war ein milder, wahrer Sommerabend, wie wir so viele am jenseitigen Rheinufer genossen hatten, durch den herrlichen Mondschein doppelt schön; die ganze Gegend lag im magischen Lichte. Der Neckar rauschte zwischen Felsen hin, Stadt, Schloß und Berge waren zauberisch beleuchtet, als ob die alte Jutta noch ihre Feenkünste in ihrem ehemaligen Wohnsitz übte. Schön waren die Wölbungen, und das sanfte hervortreten einiger Berge, über denen alle aber die Spitze des hohen Königsstuhls, Juttas Fürstensitz, seinen Nahmen mit Recht führend, herüber ragte. – Den Rest des Abends brachten wir bey Gatterers zu mit dem Direcktor Rittmann und Medicus, der sich schon auf dem Spatziergange wieder zu uns gefunden hatte. Er und Gatterers hatten uns auch, der frühern Abrede gemäß zwey Tage früher erwartet. Mein Brief war vielleicht gar liegen geblieben in Mainz. In früherer Zeit kamen die Briefe von Neustadt noch denselben Tag ihres Abganges in Manheim und Heidelberg an.

Heidelberg, Sonnabend, d 9ten Oct.

Morgens gingen wir mit Medicus und der Gatterer nach dem Philosophengange, einem Spatzierwege auf der halben Höhe des heiligen Bergs zwischen Weinbergen. Wir ließen uns über den Neckar setzen, und stiegen bey Neuenheim hinauf. Ein herrlicher Anblick nach allen Seiten, wenn man die Höhe erreicht hat. Unter uns, tief im Thale, Heidelberg und der grüne Neckar mit der Brücke voll hin und her wogender Menschen; wendet man den Blick rechts, so fällt er auf die schöne, fruchtbare Rheinebene, mit Städten und Dörfern übersaet, deutlich erkannten wir darunter Speier,

Manheim, Schwetzingen, Ladenburg pp. Die Hardt und die Bergkette, aus der sie im Morgenlichte deutlich hervortrat, hüllten sich schon in den blauen Nebel der Ferne. Links schweift der Blick ins Waldgebirge vom klaren grünen Neckar durchströmt. Im Vorgrunde auf dem sogenannten Juttenbühl die neuere Schloßruine und etwas höher, mehr rechts die Trümmer des alte[n] Schloß[es], worauf unsere Begleiter uns aufmerksam machten. Nur wenige Trümmer ragen von diesem aus dem Walde hervor, da hingegen die neuere Schloßruine mit ihren vielen Thürmen sehr gut erhalten ist. Gerade gegenüber blickten über der Stadt Felsen aus dem Walde hervor: der Riesenstein genannt, wirklich scheinen Riesenhände hier thätig gewesen zu seyn, um ungeheure Felsenstücke über einander zu schleudern. Etwas links von der neuern Schloßruine ragt der Königsstuhl, von dieser Höhe noch deutlicher als wir ihn gestern Abend im Thale sahen, hervor. Links Thalaufwärts, liegen tief unten im Thal die Gebäude des sogenannten Haarlaß. Früher zu Kloster Neuburg gehörend sagt man, den dort einzukleidenden Nonnen, habe man vorher im Haarlaß der Haare beraubt, wovon die Gebäude noch jetzt den Nahmen führen. – Reizend schlingt sich der Pfad, auf dem wir längs des Neckars auf Wellenförmigen Boden wandelten durch Weinberge, auf dem Abhange des Heiligen Bergs, der oberhalb der Weinberge mit Wald bewachsen eine Ruine trägt. Die in alten Zeiten ein römisches Castell, und später ein Kloster war. Ganz hinauf zu steigen wurde es uns zu spät, und so verfolgten wir den einmal betretenen Pfad, der uns durch die sogenannte Hirschgasse wieder hinab ins Neckarthal führte. Lange weilten wir oben auf dem Punckt wo man die Nekarbrücke tief unter sich hat, und die Puppengestalten, welche darauf hin und her wogen, beobachten kann. – Um Mittag kamen wir im Läppchen an , wo Gatterer unser schon wartete, und das von unsern Freunden bestellte Mittagsmal bereitet stand. – Wir setzten uns fröhlich um den kleinen Tisch am Fenster, wo wir das schöne Thal noch einmal, und für diesmal zulezt übersehen konnten, um das Bild recht tief ins

Gedächtniß einzuprägen. – Schnell waren ein paar Stunde hingeflohen, und da wir noch den Abend Weinheim erreichen wollten, war es hohe Zeit um 3 Uhr das freundliche Stübchen zu verlassen und nach Heidelberg zurück zu kehren. Gatterers und Medicus blieben bey uns im Hechte, bis wir abfuhren. – Wir schieden sehr ungern. –

Es wurde wieder ein sehr schöner Abend, und wir erreichten Weinheim, (2 Meile von Heid[elberg]) um 7 Uhr, wo wir im Posthause abstiegen. Man fährt diese Streke auf einer guten Chaußee, die mit Wallnuß und andern Obstbäumen an beyden Seiten besetzt ist. – Links hat man stets die fruchtbare Rheinebene zur Seite, die sich bis an das Hardtgebirge erstreckt, das in blauer Ferne den Gesichtskreis schließt, rechts die nahe Bergkette des Odenwalds. Die Klosterruine des heiligen Bergs sieht man bey der Einfahrt in die Bergstraße rechts auf dem Berge und links gleich an Neuenheim sich anschließend den sogenannten Mönchshof, in welchem Luther auf seiner Reise nach Worms übernachtete. – Fast jeder Ort in der Bergstraße hat seine Ruine. Ueber das in den Bergen halb versteckte romantisch liegende Dossenheim sieht man noch Trümmer des alten Schlosses Schauenburg, dann über Schrießheim die noch sehr gut erhaltene Ruine Strahlenburg. Von dort auf dem Wege nach Ladenburg wurden früher dem Reisenden Reste von römischen Bädern pp gezeigt, die aber im lezten Kriege zerstört sind. Dicht vor Weinheim, wo sich die Chaußee etwas hebt, hat man einen herrlichen Blick in die Rheinebne, und über dem freundlichen Städtchen Weinheim liegt höchst malerisch die alte Ruine Windek. – Wir fuhren ein, und liessen uns, da wir heute etwas geschwelgt hatten, blos eine Suppe geben, und legten uns früh schlafen; da wir morgen noch gern Frankfurt erreichen wollen, und in der Bergstraße und Darmstadt vieles zu sehen haben.

Morgens um 7 Uhr machten wir einen Spatziergang ins reizende Birkenauer Thal, es wird von einen über und durch Felsen sich windenden Bach, der mehrere Mühlen treibt belebt. Auf dem Hinwege hatten wir rechts uns zur Seite die hochliegende Ruine, des Schlosses Windek mit ihrer unzerstörten Warte. – Um 8 Uhr fuhren wir aus Weinheim – der fürchterliche Regen der Nacht hatte die Wege etwas verdorben. – Von Weinheim nach Heppenheim, 1 ½ Meile. – Der Weg läuft an den Bergen fort, die hier sich sehr allmählich herab sencken, und auf diesen Vorhügeln ganz mit Wein besetzt sind, und so den Nahmen Wein-heim mit recht verdienen. Links sehen wir den Donnersberg allein sich über die Fläche hervorheben. Er erscheint hier sehr breit. Die Ebne ist so weit das Auge reicht angebaut, und auch hier überall mit Obstbäumen durchwachsen. Die Obst- und Wallnußbäume bilden, doch mit einigen Unterbrechungen eine Allee durch die der hier neu gemachte Weg führt. Eine halbe Stunde vor Heppenheim erreichten wir, die ehemalige Mainzische, jetzt Darmstadtische Gränze.[356] Die Darmstädter haben diesen ehemaligen Landstrich schon besetzt. – Von Heppenheim, wo wir die Pferde wechselten, bestiegen wir die nahe Ruine Starkenburg, auf die Mathisson[357] seine Elegie dichtete, und dann in Heidelberg weiter ausführte und vollendete. Wir hatten auf einem größten[theils] bequemen Pfade eine halbe Stunde zu steigen. – Oben auf der Ruine, in einem halben Thurm, in dem wir die Aussicht in das östliche Waldthal hatten, lasen wir die Elegie, und fanden mehrere Anspielungen auf das uns hier umgebende Local sehr treu und wahr. Der Pfad unten im engen Bergthale führt nach Erbach. Auf den Bergen stehen viele Eichen, unten ist ein sehr schöner frischer Wiesengrund und mehrere Häuser. Ueber die nähern niedern Berge, treten die entferntern des Odenwaldes blau und hoch hervor. Wir sassen mitten in der noch sehr gut erhaltenen Ruine, neben uns und rund um uns her waren alte Mauern und Türme überall durchwachsen mit dem schönsten, sich schon röthlich färbenden Epheu. Es war ein herrliches Wetter, eine reine klare Luft, Sonnenblicke und Bergschatten gaben den waldigten Thalparthien höchst mannigfaltigen Reiz. – Nördlich blickte durch die alten Fenster der Melibocus, mit seinem Thurm über die andern Berge hervorragend, und an dieser Seite lag unten im Thale Heimbach. – Westlich hatten wir wieder die ganze reiche Rheinebene, von der entgegengesetzten Seite wie wir sie täglich von Königsbach aus sahen. Westlich lag das Hardgebirge sehr deutlich, und südlich trat in weiter Ferne der uns an jener Seite des Rheins so befreundet gewordene Schwarzwald hervor; von dem wir hier Abschied nahmen. – In der Mitte der Ruine steht ein wohl erhaltener Thurm, dessen Mauern dicker waren als ich spannen konnte. Dieser Thurm ist das Eigenthümliche der verfallenen Schlösser in der Bergstraße.

Von Heppenheim (ehemals Mainzisch, jetzt von Darmstadt occupirt) bis Darmstadt sind noch 3 ½ Meile. – Um 12 Uhr fuhren wir aus Heppenheim. Der Weg von da bis Bensheim, eine halbe Meile, ist wie jenseits Heppenheim, so auch die Stunde bis Auerbach. Nur wenige Häuser dieses kleinen Badeorts liegen an der Chaußee, das Bad selbst tiefer im Thal. Ueber den Ort erhebt sich die Ruine gleiches Nahmens, und über diese, doch mehr links der Melibocus, die höchste Spitze der Bergstraße. Diese schöne Pyramide hat auf der Spitze einen weissen Thurm, der die Gegend umher beherrscht, und an beyden Seiten auf 2 vorspringende Buckel Ruinen von alten Schlößer: Auerbach über das Dorf Auerbach, und Alsbach, ebenfalls über ein Dorf gleiches Nahmens. Diese schöne Berggruppe tritt hier ziemlich weit von der Bergstraße zurück, gerade hinter dem Städtchen Zwingenberg, dessen Vorstadt man auf der Chaußee berührt. Wir bogen hier von der Chaußee rechts ab, wo ehemals die alte Bergstraße hinter Zwingenberg herum ganz nahe an den Bergen hin, auf etwas gewölbten Boden durch die freundlichen Dörfer Alsbach und Jugenheim führt. Es ist ein kleiner Umweg zwar, aber sehr reizend. Wir stiegen aus, um noch mehr die Gegend zu geniessen; von hieraus kann man ziemlich bequem den Melibocus besteigen, doch unsere Zeit war zu beschränkt, um einen solchen Gang zu unternehmen. Indeß machte uns dieser kleine Spatziergang über hüglichte Felder und durch das liebliche Dorf Jugenheim mit seiner darüber hervorragenden Klosterruine viele Freude. Der Weg hebt sich etwas, und so hatten wir noch einen schönen Rückblick auf das blaue Hardtgebirge und den Donnersberg. Bey Eberstadt kamen wir wieder in die jetzige Bergstraße; die sich hier eigentlich schließt, oder vielmehr den Nahmen mit Unrecht führt, da man ganz aus den Bergen heraus kommt, und in einem Fichtenwald fährt der an beyden Seiten alles deckt, bis nahe vor Darmstadt wo man links wieder eine weitre Aussicht bekömmt und die Bergkette des Rheins bis Bingen hinab sieht. Darmstadt hat sich, seit wir es zuletzt sahen sehr durch neue Häuser verschönert. Wir kamen hier um 3 Uhr an, und machten gleich einen Spatziergang in den Schloßgarten. Auch dieser hat sich verschönert, d.h. er hat sich aus den dichten, feuchten, finstern Bosquett, in eine freundliche grüne Englische Anlage, mit einen Seeförmigen Teiche und einen kleinen Bache, Pavillons, Baumgruppen und große Grasplätze verwandelt, wodurch breite Wege laufen. – Das Schloß ist dagegen noch immer in seinem alten Zustande. Der vordere Flügel hat, wie früher schon das Scandal der zugebretterten Fenster. Blos unten sind wirkliche Fenster, die beyden obern Etagen, haben statt dessen Bretter. Der hintere Theil, den dieser Flügel deckt ist ein altes gothisches, rostiges zusammengeflicktes Gebäude. – Ein ganz neuer Theil der Stadt ist durch die neuen geschmackvollen Gebäude entstanden, die nach dem Schloße hin und an der Seite der Landstraße gebauet sind.

Von Darmstadt nach Franckfurt sind 3 Meile. Um 5 Uhr fuhren wir aus Darmstadt. Es ist eine schöne Chaußee mit hohen Pappeln bis zum Dorf Allerheiligen[358] 1 Stunde, aber viel unreiner und rostiger, als die bisherigen Orte in der Bergstraße. Schön ist der Blick links nach den Mainzischen Bergen, die immer heller und höher zum Vorschein kommen. Rechts sinken die Berge des Odenwalds zu Maulwurfshügel herab. Bis zur Hälfte des Wegs, wo man wieder durch einen Ort kommt, von dem ich den Nahmen vergessen habe, noch immer Chaußee, und Waldung zwischendurch, links ist alles Ebene. Es ward Nacht, blieb aber doch hell vom Mondenschein. Im Isenburgischen ward die Chaußee schlecht und viel Sandweg. – Doch auf der Frankfurter Gränze, ½ Meile vor Frankfurt wurde sie wieder vortreflich, sie führt durch einen Buchenwald bis nahe vor Sachsenhausen, wo einige Landhäuser stehen. Auf der Zeile sind viele neugebaute schöne Gebäude. Im Weidenhof, wo wir einkehrten, wurden wir mit der uns sehr unangenehmen Nachricht empfangen: heute Abend sey im Theater Titus[359] gespielt. Es war schon 8 ½ Uhr geworden, und für uns ein großes Aergerniß daß wir nicht früher angekommen waren. Wir bereueten es, daß wir uns den Morgen im Weinheimerthal verkrümelt hatten; doch war das Geschehene nicht ungeschehen zu machen. – Wir assen an Table d'hote, die Gesellschaft war nicht interessant. Einige junge Laffen führten das Wort, wovon einer eben aus Paris angekommen war und ein anderer dahin wollte. Sie schwatzten viel von Comedie, Kunstreiter, und – dummes Zeug.

Frankfurt, Montag d 11ten October.

Frankfurt hat unendlich an schöne Gebäude gewonnen, die Zeile und der Platz an der Zeile, der Roßmarkt zeichnen sich besonders aus. Auf jenen das neue Schweizersche und Schmidtsche Haus, hier der neue Gasthof zum Englischen Hof. Um 9 Uhr kam Willmans[360] uns auf den Mittag zum Essen einzuladen. – Bis dahin benutzten wir die Zeit zu einen Streifzug durch die Stadt, um 10 Uhr machten wir uns heraus, gingen durch mehrere Straßen auf die Rhein[!]brükke[361] durch Sachsenhausen und auf die Spatziergänge. Auf der Maynbrücke erfreuten wir uns an der schönen Aussicht auf den Mayn und die fernen Gebürge durch die Häuserreihe.

Links von der Brücke, sind sehr schöne neue Häuser gebaut. – Die Judengasse ist halb verbrannt[362], jetzt wohnen sie in der Stadt, wie man sagt, sollen sie aber wieder eingesperrt werden. Wir wanderten dann über die Zeile nach Hause, präparirten uns zur Mittagsmahlzeit und gingen um 1 Uhr mit unserm Wirthe nach Willmans. Die schon dort versammelte Gesellschaft bestand aus einem Major, Graf Lambssey, einen Senator Brenner[363] von Frankfurt (Eltermann Pundsacks[364] Ebenbild), einen Kaiserlichen Hauptmann, wovon ich den Nahmen vergessen, einen Doctor Grambsch[365] Mitdirecktor des Theaters, Kaufmann Schepeler[366], ein Neapolitanischer Legationssecretair, Doctor Winkelmann aus Göttingen. – Der Landsmann tracktirte[367] sehr. Die Unterhaltung betraf hauptsächlich das Theater und Politick. – Abends 6 Uhr gingen wir ins Schauspielhaus, wo von einem Berliner Künstler[368] ein Concert gegeben wurde. Er hatte einen vortreflichen Baß und viel Höhe. Auch Demmer[369] vom hiesigen Theater sang gut. – Er hatte viele Zuhörer, das ganze Haus war besetzt.

Frankfurt, Dienstag d 12ten Oct.

Morgens um 10 Uhr machte ich Visiten bey Koch, Schepeler, Willmans, Piel, dann machten wir beyde einen Spatziergang vom Eschenheimer nach dem Bockenheimer Thor, und assen dann um Mittag an Table d'hote. – Ein Schöff Wallacher[370] wußte das Gespräch auf die Leichtigkeit des Brods zu leiten, um sich bey der Gelegenheit merken zu lassen, daß er eine Obrigkeitliche Person sey; ein anderer Tischgast ein holländischer Kaufmann war noch weniger interessant, ein wahrer Laffe. –

Den Nachmittag kam Willmans uns zu einem Spatziergange nach dem Forsthause, einem Lustorte, 3/4 Stunde von der Stadt abzuhohlen. Der Weg führt vor den Sandhof vorbey. Das Forsthaus liegt in einem Buchenholze, das mit Gängen durchschnitten ist. Ueberall sind Lauben und Bänke für Gäste

Frankfurt am Main, um 1810

angebracht, auch eine Kegelbahn und Schaukel, für den Liebhaber solcher Spiele; einige kleine Parthien in diesem Holze sind nicht von Bedeutung. Des Sonntags soll hier viel Gesellschaft seyn, an andern Tagen, und selbst heute bey dem treflichen Wetter, wenig. Wir trancken im Freyen Kaffee und kehrten dann zurük. – Auf dem Hinwege hatten wir uns über den Mayn setzen lassen. Schöne Gartenhäuser lagen am Fluße. Der Weg war unbeschattet, und führte über ein Feld jedoch mit schöner Aussicht aufs Gebirg nach Mainz hin. – Viele Bettler standen am Wege. – Auf dem Rückwege, als wir aus dem Holze traten, lag Frankfurt vor uns, links der Feldberg, rechts der Buchenwald zwischen Darmstadt und Frankfurt, wir gingen neben großen geschmackvoll gebaueten Gartenhäusern, meist mit hellem Anwurf hin, den Mayn hatten wir links. Wir fanden eine große Aehnlichkeit mit dem Deiche in Bremen. Die Gärten schienen nicht eben im neuen Geschmack angelegt. Um nicht durch Sachsenhausen zu gehen liessen wir uns wieder über den Mayn setzen, unweit der Brücke, und kamen an der Schlachte[371] an.

Um 6 Uhr gingen wir ins Schauspielhaus: Kotzebus Kleinstädter[372] wurden gegeben. Das Haus hat 4 Reihen Logen, die Gallerie mit eingeschlossen, und wird blos von einen Kronleuchter in der Mitte, mit 12 Lichtern erhellet. Die Logen sind inwendig grün, auswendig gelb mit Arabesken, und die Brüstungen der Logen ausgebogen. – Schmidt, die Böttcher[373] und Werdy[374] spielten vorzüglich gut, das Orchester ist vortreflich, und schön war die Decoration im lezten Act. – Die Oper ist hier vorzüglich im Gange. – Brandt[375] ist krank, weshalb sie nur 2 Schauspiele geben können, die Kleinstädter und Stille Wasser sind tief[376]. – Man liebt hier im Ganzen auch mehr die Oper, das Donauweibchen[377] füllt das Haus, und Lustspiele von Kotzebu gefallen am meisten. Iflands Familiengemälde lassen das Haus leer. Wallenstein hat man aus Respect gegen die Kaiserliche Majestät nicht geben wollen, gegen die Anzüglichkeiten vorkommen sollen. Die Jungfrau von Orleans wird nicht gegeben. Maria Stuart mißfiel[378], das Haus war das Zweytemal leer. – Gewaltig wurden Späßchen beklatscht. – Das Publicum scheint mir gar nicht gebildet zu seyn. – Man klatschte gewaltig.

Es ist dies das einzige Schauspielhaus, in dem ich keine Logentragende Säulen fand. – Es sind zwey Logengänge, ein äußerer und ein innrer, Lezterer ist mit Steinen ausgelegt, und wird geheizt. – Die Treppen und äußern Gänge sind von Holz, die ersteren knarren gar nicht.

Der Wall hat keine vorzügliche Anlage, ist wie der Bremische. Recht hübsch ist der Gang um die Contrescarpe[379]: eine Lindenallee, mit einer hölzernen ungemalten Barriere eingefaßt, und ist blos für Fußgänger. Dieser Weg ist aufgefahren, damit er trocken sey, abgerundet in der Mitte hoch, aber zu schmal. An der einen Seite hat man den Blick auf die Wälle, an der andern auf die Straße neben den niedlichen, zum Theil prächtigen Gartenhäusern, hinter denen zwischen den Eschenheimer und Bockenheimer Thore, hoch und blau der Feldberg und seine Gefährten (das Taunus Gebirge), die Homburger Berge, eine schöne hohe Bergkette hervorragen.

Morgens erhielten wir einen Besuch von Schepeler, dann machten wir einige Einkäufe von Pergament, Taback pp und einen Besuch bey Piel. – Das Regenwetter, seit dem Gewitter von Gestern Abend, hatte die vorgehabte Reise nach dem Königsstein verhindert. Wir nahmen nun noch von Willmanns Abschied und assen an Table d'hote, wo wir den täglichen Gast, den Schöff Wallacher wieder fanden; einen höchst ennujanten[380] Großprahler, interessanter war ein Schweizerreisender, der viel vom Rigi zu erzählen wußte. – Nach Tische fuhren wir in unsers Wirths schöner Chaise nach Offenbach, der Weg führt durch Oberrad wo wir viel nach dem ehemaligen Dwerhagenschen[381] Garten kuckten, der für uns von der ehemaligen Besitzerin bestimmt gewesen war, aber durch Chikane nicht in unsre Hände kam. – In Oberrad besitzen die Frankfurter viele schöne Landhäuser, bey denen wir hinfuhren. – Von da bis Offenbach trafen wir eine herrliche Chaußee, sie führt zwischen angebauten Feldern, Gemüsegärten mit Obstbäumen untermischt. Zulezt kommt man in eine hübsche Pappelallee, die bis vor Offenbach führt. – Dieser stille Ort, voll Juden ist eine Stunde von Frankfurt entfernt. – Unter den Gebäuden des Städtchens zeichnet sich das Haus des Tobacksfabrikanten Kraft[382] aus, das ganz neu gebaut in Italienischer Form zwischen kleinen hölzernen Häuserchen da steht. – Wir machten einen Gang nach dem Schloße des Fürsten von Isenburg am Mayn, das unbewohnt und unbewohnbar ist.[383] – Dann tranken wir erst Kaffee, und besahen nachher das Schloßmässige Fabrickgebäude von Bernhard[384], wo sonst 300 Menschen jetzt etwa 120 am Taback arbeiten von aussen. – Auch besahen wir den Garten des Franckfurter Banquiers Metzler.[385] – Das Haus ist ohne besondere äußere Schönheit, und der Garten ein Miniatür-Park am Mayn, mit einer herrlichen Aussicht auf den Fluß, die Ufer, Dörfer und Berge. – Sehr schön ist ein Gartensaal, unten mit einem Bade, der erst vor einem Jahre vollendet ist. Ein künstlicher Felsen faßt das Bad und trägt

Nordseite der westlichen Zeil, 1793

das obere Gebäude, welches nur einen Saal enthält, der aber prächtig getäfelt, und Königlich möblirt ist. Es soll das Ding gegen 70.000 fl. gekostet haben. – So hatten wir denn Offenbach gesehen, und kehrten mit dem Dunkelwerden auf demselben Wege wieder zurük.

Frankfurt ist troz allem, was darinn gebauet ist, kein schöner Ort, selbst die Zeile keine schöne Straße. Die Seite, wo das rothe Haus ist hat schöne, neue, geschmackvolle Häuser, das Schmitsche, das Schweitzersche[386] pp, allein es stehen schlechte dazwischen, die Gegenseite ist mit jener nicht zu vergleichen und hat manche Baracken; die übrigen Straßen sind ein Gemisch von ⅔ alten und ⅓ neuen Häusern; aber es ist viel Leben und weben auf den Gassen. – Prachtliebe der Franckfurter erkennt man an ihrem Theater, an den einzelnen Pallästen der Kaufleute, an ihren sehr vielen Gartenhäusern pp. Trennung der Gesellschaften, und Luxus in Mahlzeiten und an den Wirthstafeln ist überall sichtbar. – Wenig ernsten Ton findet man in den Gesellschaften, dagegen viel Fadheit. – Wenig Achtung des Senats, die Leute sind aber selbst Schuld daran. – Sitten, Ton, Moden sind mehr französisch, als englisch. Der Zusammenfluß von Fremden haben[!] alles Originelle abgestreift; sie sind sehr polirt, aber kalt.

Marburg, Donnerstag d 14ten Oct.

Um 7 Uhr verliessen wir Franckfurt; von den 3 Meilen bis Friedberg sind 2 Chaußee. – Die Gegend ist bergigt, und besonders hübsch bey Bergen. In Friedberg, wo Darmstädter Militair liegt, wurden wir lange am Thore aufgehalten. Der einsame Ort war voller Soldaten und Juden. – Von Friedberg bis Butzbach sind 2 Meile, der Weg ist fast ganz Chaußee, und mit vielen Obstalleen besetzt, die sehr gut standen. Kurz vor Butzbach war das Dorf Niederwieselm[387] mir merkwürdig durch die extra kurzen Röcke der Bauerfrauen, und die bunten Arabesken auf weißem Grunde an den meisten Häusern als Verzierungen an Fenstern, Thüren und Ecken der Häuser. – Auch viele Häuser in diesem Dorfe, so wie in mehrern hinter Frankfurt haben Inschriften.

Der Weg von Butzbach bis Giessen ist ganz Chaußee, und Allee von Linden und Pappeln. Kurz vor Giessen sieht man zwey Ruinen von alten Bergschlößern: Fitzburg und Klüberg, wenn ich in den Nahmen nicht irre.[388] Es ist eine hüglichte, angenehme Gegend. – Die Stadt ist nicht hübsch: eine lange Hauptgasse, mit übergebauten, meist schmalen, hohen Häusern, 3 bis 4 Stöckigt. – Die Dörfer sind disseits Frankfurt viel, viel seltner, als jenseits.

Von Giessen bis Marburg sind noch 3 Meile. Es wurde schon Nacht, doch ging, nachdem wir ungefähr 1 ½ Stunden gefahren waren, der Vollmond auf. Im Mondenschein kamen wir an die Lahne, fuhren 2 Stunden vor Marburg über die Lahnbrücke, und kamen um 10 Uhr durch eine Allee längst dem Fluße in Marburg an, wo wir im Posthause einkehrten. – Die Beleuchtung des Mondes auf den Fluß und die Bergigte Gegend jenseits machte eine sehr schöne Wirkung.

Marburg, 1850

Cassel, Freytag d 15ten Oct.

Statt um 5 Uhr, wie wir es bestellt hatten, wurden wir erst um 7 Uhr geweckt. Nachdem wir schnell gefrühstückt, machten wir einen Gang nach dem Schloße. Es war ein sehr heiterer Morgen als wir den Berg hinan stiegen, den das Schloß liegt über der Stadt. – Wir gingen ins Schloß, von wo man eine sehr schöne, weite Aussicht hat, die wir auch, so weit der Wind es gestattete nach allen Seiten in Augenschein nahmen, und uns daran ergözten. Marburg lag mit seinen Thürmen unter uns und darüber weg sahen wir die Lahne in weiten Krümmungen, ein schönes langes Thal durchstreifen. Sie bildet auf diese Weise mehrere Wieseninseln. An ihren Ufern liegen, halb zwischen Bäumen versteckt kleine weisse Lusthäuserchen. – Berge mit Eichen, doch zum Theil auch kahl, und nicht besonders hoch, umschliessen das Thal. – Auch einige Dörfer liegen darinn, wie viele hätten wir in der Höhe in der Pfalz gesehen? – Oestlich liegt der Frauenberg, mit einem alten Schlosse.

Um 9 Uhr fuhren wir von Marburg nach Holzdorf.[389] Eine holperichte Chaußee, aber eine angenehme Berggegend. Doch kamen uns die Berge etwas niedrig vor. Zweymal passirten wir Brücken über die Lahne. Es sind hier überall viel Waldung aber wenig Dörfer. Um 11 ½ Uhr kamen wir in Holzdorf, und fuhren um 12 Uhr weiter. Bis Jesberg sind 2 Meilen; die Gegend bleibt angenehm, aber leider auch die Chaußee holpericht, es geht viel Berg auf, Berg ab. Viele schöne Buchen- und Eichen-Waldung rings umher, aber keine Obstbäume mehr am Wege, die Dörfer haben auch wenig Obstgärten mehr; die Häuser sind zum Theil von Leim ohne Anstrich und die Dächer schon viel von Stroh. – In Jesbach[390], unweit Holzdorf war Kirmes: ein fideler Bauernmusikus schwingt sich jubelnd auf eines unsrer Pferde.

Um 3 Uhr kamen wir in Jesberg, und kehrten ins Posthaus ein, neben dem hübschen Dorfe mit seinen rothen Dächern, und der Ruine des Schlosses. In dem sehr eleganten obern Zimmer des Posthauses, mit Sophas, Ofenschirm pp verziert, tranken wir vortreflichen Kaffee und fuhren dann um 4 Uhr, wieder ab, nach Wabern, 2 ½ Meile. Links am Wege, unweit Jesberg passirten wir wieder einem alten Schloße vorbey. Die Straße läuft, wie jenseits Jesberg berg auf berg ab, durch ein hüglichtes, waldigtes Land; die Gegend ist hübsch, doch der seit Marburg und Holzdorf im ganzen sehr ähnlich, das heißt, es sind langgestreckte, gleichförmige Anhöhen. Nach allen Seiten hin niedrige Waldberge. Hie und da liegt in den Niedrigungen ein Dorf mit Ziegeln gedeckt. – Die Alleen an der Chaußee hören auf, so wie man das Hessencasselsche Gebiet betritt. Eine Stunde hinter Jesberg kamen wir wieder durch ein Dorf wo Kirmeß war, besoffene Bauern und ein zerbrochner Wagen, der im Wege lag, zeugten von den Unfug, der dort getrieben. – Als wir uns Wabern näherten, wurde es schon ganz dunkel, die Gegend flacht sich immer mehr ab, um 7 1/2 Uhr erreichten wir diese Poststation; ich ging ins Posthaus, wo die ganze Familie an einen Tisch, die Domesticken an einen andern tafelten, es war im Zimmer heftigst eingeheitzt, und mir zu warm, auch war es darinn so eng, daß ich kaum auf und ab gehen konnte. Nach Tische wurde Musick gemacht; um aus dem Gewirre heraus zu kommen in dem es mir sehr unbehaglich war, ließ ich mir eine halbe Bouteile Wein und etwas Brod geben, und stieg damit zu Nante in den Wagen, die nicht hatte aussteigen wollen, dies war unsre Abendmalzeit. – Um 9 ½ Uhr, war endlich wieder angespannt, wir verschlossen, da es eine sehr kalte Nacht zu werden schien, den Wagen so fest als möglich, der Mond ging unterdeß auf, und wir fuhren auf eine sehr schöne Chaußee. Endlich um 2 Uhr in der Nacht erreichten wir das Casseler Thor.

Wir hatten viele Mühe gehabt den Postillon und Hinrich wach zu erhalten. Im schönsten Mondenschein fuhren wir in Cassel ein, durch die Königsstraße, den Friedrichsplatz, wo ich die Bäume sehr herangewachsen fand, dann um den Königsplatz nach dem hessischem Hofe, wo alles mit großer Mühe aufgeklopft werden mußte, weil die Leute kaum zu Bette gegangen waren und im ersten Schlaf lagen. Es hatte in einem Zimmer, neben dem, welches uns jetzt eingeräumt wurde, gebrannt. Der „böse" Junge, so erzählte man uns, eines hier logirenden Holländers hatte das Licht vorm Bette gehabt, und dies hatte die Gardine angezündet. Zum Glück war es früh genug entdeckt, so daß der Brand nicht weiter um sich gegriffen; doch mußte auf dem uns nun benachbarten Zimmer, mehr verbrandt seyn, wie man uns zu sagen für gut fand. Es roch sehr stark auf unserm Zimmer, und machte uns eine etwas unruhige Nacht, doch endlich, wie alles still im Hause wurde, und der Brandgeruch nicht zu sondern ab nahm, bekam bey uns die Müdigkeit von der langen Tagreise die Oberhand, und drükte uns die Augen zu.

Cassel, Sonnabend d 16ten Oct.

Wir schliefen nach der gestrigen Strapatze bis 8 Uhr, und gingen dann gleich nach dem Frühstück um 10 Uhr ins Musäum[391], wohin ein Frankfurter Kaufmann, ein Schwager von Schepeler daselbst, uns begleiten wollte. Er war aber schon voraus gegangen, und wir fanden ihn dort wieder in einer Gesellschaft von 11 Personen, die sich so zusammen gefunden hatten. – Mir gefiel das Musäum nicht so wie ehemals; vielleicht weil ich es unwillkührlich mit den Dresdener Schätzen verglich. Doch das Local war hell geräumig – hoch[?]interessant war uns der Saal, in dem die Figuren der Landgrafen von Philipp dem Großmüthigen[392] an, 9 Männer und 8 Frauen, in den Kleidern, die sie selbst getragen, umher sitzen: es giebt wirklich eine auffallende Täuschung, wenn der Führer den Vorhang öffnet, und in dem eleganten Saal, die stumme fürstliche Gesellschaft neben einander im Kreise sitzt. – In dem Saal mit ausgestopften Thieren, gefiel mir besonders der Elephant. Im Zimmer mit Mosaik war vorzüglich ein Johannes, ganze Figur und ein Petruskopf. – Dann folgte ein Zimmer mit geschnittenen Steinen: merkwürdig darunter war der Putz einer griechisch-kaiserlichen Prinzessin; mehrere schöne Steine waren darunter, z.b. ein Orpheus der auf der Violine spielt, ein Christuskopf pp. – Zwey Säle mit Statuen, die Säle ruhen auf Säulen von dorischer Ordnung. Links sind Nachbildungen von Bronze, die Ringer, und der Schleifer und der tanzende Faun waren mir wegen ihrer sehr treuen Nachbildung merkwürdig, und unter den Antiken, eine Minerva (Kopf und Hände neu), eine Flora, eine Hygiäa, und einen römischen Redner in einer Toga, wegen des vortrefflichen Gewandes merkwürdig. – Die schönen Nachbildungen aus Korkholz von römischen Ruinen zogen uns, wie schon früher, wieder sehr an, sie sind ebenfalls im Musäum, und so auch die schöne Schildbachsche Sammlung von Holzarten.[393] – Man wird nur zu sehr immer vorwärts getrieben, betrachtet man etwas zu lange, so wird der Führer gleich ungeduldig. Dieser versteht nichts, oder will nichts ordentlich zeigen. Wie ganz anders ist das in Dresden. – Auch scheint es mir etwas Prellerey, daß man fürs Herumführen 1 Ducaten bezahlt und noch 24 gr. Trinkgeld.

Wir machten dann noch einen Gang durch die Bellevuestraße wo man oben die herrliche Aussicht genießt über die

Waldparthien des Augartens, nach dem schönen Wiesenthale mit Dörfern und den Vorstädtischen Gebäuden von Cassel vermischt hinan, bis zu den waldigen Bergreihen.

An Table d'hote trafen wir Kulenkamp[394] aus Bremen, übrigens eine uninteressante Tischgesellschaft.

Nach Tische besuchten wir die Bildergallerie.[395] Sie besteht aus mehrere Zimmer, und einen Saal. Der Saal wird von Fenstern oben an den Fenstern erleuchtet. In den Zimmern war eine Maria mit dem Kinde von Raphael[396]. Mir gefiel wieder das Kind viel besser wie die Mutter, deren Sanftheit in Kälte überzugehen scheint, welches Leben ist dagegen in dem Pinsel anderer Italiener, die Madonnen malten. – Ferner ist eine Magdalena von Guido Reni[397] dort; welche Inbrunst und Wehmuth in dem edlen gen Himmel gerichteten Gesichte voll Andacht, und in den zum Gebet gefalteten in einander geklammerten Händen, die die Leidenschaft im innern lebendig darstellen – ein vortrefliches blaues Gewand. – In der großen Gallerie waren viele und sehr schöne Rembrands, wodurch die Casseler Gallerie sich auszeichnet, auch vier Landschaften von Claude Lorrain Die Jahrszeiten[398] sind hier: Durch den sanften Schmelz, der bey ihm Himmel und Erde verbindet, durch das die Wolken durchbrechende Mondlicht, zeichnen sich seine Gegenden, die überhaupt treflich gewählt sind, aus. Ferner die berühmte Kuh, von Potter[399]; die wahre Natur in Thieren und Bäumen, und unendlich viel Licht und Klarheit. Die Bäume sind sehr markirt. – Dann ein paar trefliche Schlachten von Wouvermann. – Desgleichen große schöne Stücke von Berghem[400]. – Merkwürdig war mir ferner ein sehr grosses Viehstück von Potter, und eine Landschaft von Rembrand als Seltenheit. – Dann waren dort mehrere Portraits von van Dyk[401]. – In der nahen Akademie für junge Künstler, eine Abnehmung vom Kreuze von Rembrand und ein schöner Wasserfall von Reusdal[402].

Wir besahen dann noch das Marmorbad im Augarten von Landgraf Carl erbaut.[403] Es kostet nach den vorgefundenen Rechnungen 26000 Rtl. – Vortrefliche Marmorne Sta-

Kassel von der Nordostseite, um 1830

tuen, Säulen, Wandbekleidung, alles ist von verschieden farbigten Marmor.

Dann tranken wir Kaffee in einem Kaffeehause am Paradeplatz und beschlossen den Tag im Theater, wo Otto der Schütz[404] gegeben wurde.

Cassel, Sonntag d 17ten Oct.

Morgens um 8 Uhr fuhren wir mit einem Frankfurter Kaufmann, des dortigen Schepelers Schwager, und einem Holländer nach dem Weissenstein. Eine herrliche Chaußee, an beyden Seiten mit Bäumen besetzt führt dahin. Viele Häuser, fast eine ununterbrochne Häuserreihe mit Gärten untermischt an den Seiten. – Das Schloß im Italienischen Geschmack, mit seinen beyden Flügeln nimmt sich vortreflich aus. Hinter ihm erheben sich die Anhöhen mit dem Herkulestempel. – Wir fuhren bis an die Löwenburg, neben den Ruinen der Wasserleitung und dem Wald. – Oben trafen wir 2 Liefländer aus Riga und des einen Frau. Sie schlossen sich an uns an, und so wanderten wir zusammen weiter nach der Teufelsbrücke. Dies ist zwar an sich eine schöne Parthie, aber Niemand würde über diese Felsen des Nutzens halber eine Brücke legen, da man unten leicht über den Bach kommen kann. – An der Vorderseite des Wasserfalls lagerten wir uns, um den Herabfall des Wassers zu erwarten, da dies Kunst und nicht Natur ist, so müssen, wenn Reisende den Fall sehen wollen, erst oben im Walde Vorkehrungen getroffen werden. Er ist 104 Fuß hoch und 18 Fuß breit. Ein treflicher Anblick, wenn das Wasser im weissen Schaum von den künstlichen Ruinen und der künstlichen Felsmaße herabstürzt. Die Umgebungen sind sehr reizend: Wald und Berg umhüllt die Scene und schließt die Wasserleitung ein. Das Wasser rauscht dann weiter herab; und steigt dem Schloße gegen über, aus einem künstlichen See als große Fontaine 140 Fuß hoch empor. (Wenn alles angelassen wird steigt sie 190 Fuß hoch.) Ein schöner Anblick ists diese Wasser- oder

Schaum-Säule gegen die grüne Wand der hintern Gegend, und von der Sonne beleuchtet zu sehen. Auch der Bach ist hübsch, der sich durch das Gebüsch windet, bald schnell dahin fließt, bald von Anhöhen sich herabstürzt, bald zwischen Steinen rauscht, durch die sogenannten Elisäischen Felder nach dem Schloße. Wir folgten und sahen nun auch das Innre des Schlosses. In dem Flügel rechter Hand wenn man von Cassel kommt sind vorzüglich neu und schön möblirte Zimmer, mit seidnen Tapeten, von einer Hanauer Fabrik, Meubeln und alles übrige harmonirt mit diesen und das Ganze ist höchst geschmackvoll. – Die Treppen sind von Stein, und im Hauptgebäude haben sie ein Geländer von angelaufenen Stahl mit goldnen Rosetten. Ueberall ist Geschmack mit Pracht vereinigt, und was dies Schloß besonders auszeichnet, sind die treflichen Aussichten nach allen Seiten, hinten hinaus in die Gebirgsgegend und nach dem Herkulesgebäude, rechts die Ruinen der Wasserleitung, links die Löwenburg, – vorn hinaus in die Straße, oder Allee, die nach Cassel führt, zur Seite Wiesengründe mit weidendem Vieh, Kornfelder, Dörfer und Oerter überall, wir zählten einige 20. – Die Waldberge am Horizont ringsumher. – Vorzüglich schön ist im Schloße ein für den König von Preußen bestimmtes Cabinet im Hauptgebäude an der Ecke im runden Vorsprunge, und daher mit der doppelten Aussicht nach den Anlagen und nach Cassel zu. Das Zimmer selbst ist weiß tapezirt und weiße Säulen trennen davon das Schlafcabinet mit rothen Atlas beschlagen, worinn ein Thronbett von rothen Atlas mit Gold besetzt steht.

Die Liefländer, welche alles mit uns besehen hatten, fuhren nach Cassel zurük, wir assen dort im Wirthshause, die Gesellschaft an Table war uninteressant, junge militairische Laffen. – Nach Tische stiegen wir noch einmal nach der Löwenburg hinauf, die wir den Morgen ziemlich flüchtig durchlaufen waren. Man sagte uns daß sie 100 tausend Rtl. gekostet habe.[405] Ihr Äußeres ist ganz das einer großen alten Burg aus der Ritterzeit. Sie hat ein Burggraben, Burgthore und einen innern Schloßhof. Es ist oben eine Wache und ein

Castellan. Ferner eine Rüstkammer, eine Kirche mit durchaus gemalte Fensterscheiben, aus alten Kirchen zusammengesammelt. – Die Sääle und Zimmer sind mit altmodigen Meublen verziehrt, die ebenfalls aus alten Schlössern gesammelt sind; und so ist es darauf angelegt, einen in die alte Zeit zurück zu versetzen; nur stören Oefen und Kronleuchter die Täuschung. – Die Zimmer des Landgrafen sind eben so im alten Geschmack, alte Hautelisse Tapeten[406], violette sammten Bettstellen, Stühle und Tische mit Klauen. Aber ein Ofenschirm, worauf Waffen gestickt sind, ein Cabinett mit dem Nahmen des Hessischen Regenten pp, welch ein Contrast: wann werden die Fürsten Geschmack lernen.

–

Der Weissenstein ist eine Waldgebirgs Anlage, von Wasser durchflossen. Das Schloß und alle Gebäude genießen eine große reizende Aussicht. Die Gebäude des Landgrafen sind elegant maßiv, der Vergänglichkeit trozend. Der große Wiesenplatz vor dem Schloße hat ein herrliches grün. – Doch hat die Anlage bey allem Schönen, auch ihre Schattenseiten, so sind offenbar der Parthien die man übersieht zu viele, und schade ist es, daß das Wasser nicht immer läuft, und daß man fast immer die Anstalten zur Sache ohne die Sache sehen muß, und daß die Anstalten Haupttheile einnehmen, und ferner daß man keinen Zweck, der auf einmal unterbrochenen, und auch keine Spur ihrer ehemaligen Fortsetzung verrathende Wasserleitung sieht. – Schade ist es auch daß die Teufelsbrücke nutzlos da steht; und daß der Felsenberg so niedrig liegt, daß man sie mit Steinen von oben bewerfen kann, und was soll die Spielerey mit dem Turnierplatz pp und endlich sehr, sehr Schade, daß so wenig Blumengruppen da sind.

Wir kehrten um 5 Uhr nach Cassel zurück, nachdem wir vergebens bey der Kriegsräthin Engelhard vorgesprochen waren, die wir nicht zu Hause trafen.

Erst packten wir ein, und gingen dann um 9 Uhr nach den Augarten. Sehr reizend fanden wir die Fläche vor der Orangerie und die herrlichen Alleen, unterbrochen durch lieblich sich schlängelnde Wege, sehr hübsch ist auch der große See von Schwänen beschift. – Dann machten wir noch einen Besuch bey Gatterers Schwager dem Kriegsrath Engelhard[407]. Wir fanden heute beyde zu Hause, ihn, und auch seine Frau die Dichterin Philippine[408] der man im häuslichen Kreise von blühenden Kindern umgeben die Schriftstellerin nicht ansah, auch hat sie, bis die Kinder erwachsen sind, der Harfe entsagt, wie sie selbst früher prophetisch sang: „Du arme Leyer wirst im Staube hängen denn mancherley Geschäfte wird sich drängen zum jungen Weib."[409] – Wir brachten dort ein paar Stunden recht froh hin, wozu Heidelberg und unsre dort Lebenden gemeinschaftlichen Freunde, so wie hessische Angelegenheiten, womit Engelhard eingeweiht war, Stoff die Fülle boten. – Wir hatten nun noch einiges einzukaufen, und fuhren dann um 1 Uhr aus Cassel. – Auf dem Wege nach Münden genossen wir noch einen schönen Rückblick in das reizende Fulde Thal nach Cassel hin, auf die Berge hinter Cassel, den Herkules. – An der Gränze, wo das hessische sich von dem Hannöverschen Lande trennt, fiel uns an dem ersten Zollhause die Niedersächsische Grobheit, und der plattdeutsche Dialekt auf; als der Zöllner mit den Worten an den Wagen trat: „hier mäd ji Toll bethalen!" – Der Lutherberg schien niedriger geworden zu seyn, doch reizend fanden wir Mündens Lage. Wir stiegen im wilden Mann ab, der uns empfohlen war. Von aussen schien er schlecht, doch im Innern fanden wir ihn sehr gut. – Da das Wetter gut, und es noch nicht zu spät war, machten wir einen Spatziergang ins Werre-Thal, und kehrten erst gegen dunkel werden zurück. – Im Thal fiel es uns auf überall die Niedersächsische Sprache wieder zu hören, auch die Abendmahlzeit war wieder die gewöhnliche Hannöversche Weinsuppe und eingeschnittner Braten.

Nordhausen[410], Dienstag d 19ten Oct.

Morgens um 6 Uhr gingen wir zu Fuße aus Münden, und ließen den Wagen mit Hinrich nachkommen. Die Berge und die ganze Gegend lag in einer Elysischen Hülle vor uns. Wir standen eine Zeitlang an der Stelle, wo die Fulde und Werre sich vereinigen, und sahen die Glashütte im Walde rauchen. – Da unser Postillion noch immer nicht nachkam, so wanderten wir weiter ins Münderer Thal, daß wir uns nicht verirren konnten, wußten wir ja. – Wir fanden eine gewisse Aehnlichkeit mit dem Neustädterthal, nur daß bey Münden die Berge kleiner sind, und der Speyerbach, Häuser, Mühlen und Bergschlößer fehlen. Die Wälder waren schon ganz braun. – (Alle solche Thäler haben viele Aehnlichkeit.) Am Ende des Thals hohlte unser Postillon uns erst ein. Es war ein ganz vortreflicher Morgen, und so spatzierten wir mit vielem Vergnügen durch das schöne Thal. Wir stiegen endlich wieder ein. Auch dieser Weg bis zum Dransfelder Wald hatte einen eignen Reiz, durch das grünende Winterkorn, das wir hier wiederfanden, der Wald schien uns klein bis wir zu der Höhe kamen, wo man die halbestundenlange Chaußee hinab und Göttingen vor sich sieht, das in einem weitem Thale liegt. Unendlich langsam fuhr der Postillon. – Wie sehr erinnerte mich hier alles an die Göttingschen Spatziergänge in meiner Studentenzeit. Nun kamen wir an die Gartenhäuser, und ich erkannte sogleich das von mir ehemahls bewohnte; auch in Göttingen erkannte ich so manches Logis von Freunden wieder. Um 11 Uhr hielten wir vor der Krone. Wir bestellten uns ein Frühstück und lagen bis es erschien im Fenster, wo sich mir ebenfalls so manche alte Erinnerung aufdrang. Ich hatte Nante auf die Göttinger Trauben vertröstet, als sie sich ungern von den Rheinischen trennte. Allein die ehemals schön schmeckenden Wizzenhauser Trauben, hatten für uns Beyde den Geschmack verlohren. Um 12 machten wir einen Gang durch die Stadt, durch die Johannisstraße nach der Allee, es begegneten uns wenig Studenten, doch wie bekannt war mir alles wieder,

Pütters[411], Gatterers[412], Feders[413] Haus. – Wir umgingen den Wall, wo uns Landsleute begegneten. – Die Aussicht vom Wall auf die umliegenden Höhen gefiel uns sehr. – Um 1 Uhr besuchten wir meinen alten Wirth Fobbe, ich zeigte Nante mein ehemaliges Logis, das gerade unbesetzt war, dann gingen wir in den Garten, hinunter bis an die Leine, wo ich meinen Kahn vergebens suchte, um Nante meine Schiffahrtskunst zu zeigen. Nun gings denn nach alter Weise in die bekannte Vorstube, wo Frau Fobben uns mit Kaffee und Kuchen tracktirte. Der einzige Sohn der ehrlichen Familie hatte sich, seit ich ihn zulezt sah eine junge Frau [genommen], die der Vater uns mit gewohnter treuherziger Art präsentirte, und mit Großvaterstolz auch den Enkel. Nun wurde viel von alter und neuer Zeit geschwatzt, doch Fobbe ließ es sich nicht nehmen, daß die alte doch beßer gewesen sey als die Stubenburschen mit zur Familie gehört. Jetzt sey es ein ganz anderer Ton.

Um 2 Uhr waren die Pferde bestellt, doch wir kamen erst um 3 Uhr wieder zur Krone zurück. – Wir fuhren bis ans Chaußeehaus in Wehnde, und machten von da noch einen Abstecher nach der Papiermühle, wo wir vergebens den Stein an der Freudenquelle, diesem klaren Bache suchten, doch sahen wir die Entstehung des Bachs, die Weende. – Viele Bursche saßen da, ihr Pfeiflein rauchend, und Kaffee trinkend auf den Bänken im Holz, um der Papiermühle. – Die Chaußee ist höchst ausgefahren, holperich und elend. – Gleich vor Nörten begegneten uns ein Postwagen voll Studenten, nach Göttingen zurükkehrend. Wir spannen mit dem ersten Wagen um. Die Bursche treiben inzwischen viele Späße. – Es war völlig Nacht geworden als wir um 6 Uhr hier ankamen und in der Stadt London abstiegen.

Hannover Mittwochen d 20sten Oct.

Um 4 Uhr Morgens fuhren wir aus Nordhausen im Mondenschein weg. In Hohnstadt wo wir bey den Eltern der Gatterer vorsprechen wollten (dem Superintendenten Klingsöhr)[414] lag, ausgenommen im Wirthshause, alles noch im tiefen Schlafe. Wir schickten unser Paket, was besonders aus diesjährigen Castanien bestand, und wir abzuliefern versprochen hatten, durch den Postillion ins Pfarrhaus. – Die Sonne ging hell auf als wir Salz der Helden passirten, um 7 Uhr erreichten wir Einbeck, und fuhren um 8 Uhr wieder ab, auf Brüggen 3 Meilen, nachdem wir im Schwan gefrühstükt. Wir mußten hier 3 Pferde bezahlen, erhielten aber 4 vorgespannt. Eine Allee von Linden und Vogelbeeren Bäume führt von Einbeck aus, die Hufe hinan. Wir stiegen den Berg, der sich bequem windet hinan. Uns umsehend verglichen wir die wirklich schöne Landschaft mit den früher gesehenen. Das Thal ist angebaut, man sieht Einbeck, den Ort Salz der Helden. Die Berge sind waldigt, aber bey weitem nicht so hoch als im Obern Deutschland, auch hätten wir in der Pfalz und in Sachsen 40 bis 50 Orte von dieser Höhe gesehen, hier zählten wir kaum 6. – Auch ist das Thal hier nicht wie dort, mit Baumgruppen durchwirkt. – Oben auf der Höhe sahen wir nach der andern Seite des Bergs den Harz und den Broken. – Der übrige Weg bis Brüggen läuft neben Anhöhen im angebautem Lande hin, einzelne Parthien sind schön, z.b. bey Alefeld gegen Brüggen hin rechts sind ganz eigene Höhen, dem Ansehen nach Basaltberge, wie runde Klumpen, die auf den tiefern Bergen ruhen. Sie sind ganz mit Bäumen, die aber schon braun sind, bedeckt, links senken sich die Berge sehr. Um 12 Uhr kamen wir in Brüggen, und wanderten nun auf dem Wege nach Tidenwiese, 2 Meilen voran. Uns wehmüthig umsehend nahmen wir Abschied vom Gebirge. Bey Tidenwise sind sie ganz an beyden Seiten verschwunden. – Die Chaußee ist im höchsten Grade elend und durch das ewige Auffahren derselben mit losem zerbröckeltem Kalkstein in der Mitte so hoch, daß man beym Ausbiegen in Gefahr ist, umzuwerfen. – Um 4 Uhr aus Tid[enwiese] nach Hannover, wo wir um 6 ½ Uhr ankamen. Die Berge sind auf dieser Station ganz verschwunden. Die Chaußee ist wieder etwas beßer. Wir stiegen in der Vorstadt

Linde im schwarzen Bären ab. Es war zu spät, um ins Theater zu gehen. Auf der lezten Station hatten wir Regen gehabt.

Von Hannover nach Nienburg, Donnerstag d 21. Oct.

Es war am Rade zu beßern, deshalb erst um 10 Uhr weg nach Neustadt am Rübenberg. 3 M. Durch das freundliche Hannover fuhren wir nur durch, und eben so durch die Herrenhauser Allee. Die Chaußee bis Sandhausen ist mit Pappeln, Linden und Vogelbeeren besetzt. Auf der zweyten Hälfte das Haus des Teufels[415] und die erste Heide. Um 2 Uhr in Neustadt. Die Gegend ein wahrer Contrast mit dem – ach wie überherrlichen Neustadt a.d. H[aardt]!!! Von Neustadt bis Nienburg 2 ½ Meile um 2 Uhr weg, durch Heide auf einer Sandchaußee, mit Pappeln und Linden um 6 Uhr bey Ratchen in Stadt Bremen.

Von Nienburg nach Bremen. Freitag d 22sten Oct.

Heute Morgen waren die Pferde um 4 Uhr bestellt, sie kamen aber erst 5 ½ Uhr. Bis Bruchhausen 3 Meile. Der Weg weit angenehmer als gestern. Statt der öden Heide wieder viel Eichenholz und Anbau. Der Weg meistens Sand. Die Dörfer mit Bäumen umgeben, und dadurch weit interessanter, allein man sieht nur selten Dörfer. Um 10 ½ Uhr kamen wir in Bruchhausen. Um 12 Uhr fuhren wir wieder aus Bruchhausen und kamen um 6 Uhr in Bremen. 4 Meile von Bruchhausen bis Bremen.

1 Tenever: Dörfliche Siedlung bei Bremen, in der sich das Landgut der Familie Oelrichs befand. Es gelangte 1892 in den Besitz von Johann Heinrich Egestorff, den Begründer der nach ihm benannten Stiftung. Das um 1750 errichtete Gutshaus ist erhalten. Tenever ist heute ein Stadtteil von Bremen.

2 Capitulation: Vertrag, Vereinbarung.

3 Nante: Christine Gondela wurde „Nante" genannt.

4 meiner Schwiegermutter: Almata Oelrichs, geb. von Büren. Sie war die Stiefmutter Rahel Christine Gondelas, deren leibliche Mutter Gesche Margarete, geb. Weitsel, bereits 1773 gestorben war.

5 schwarze Horazische Bediente: Post equitem sedet atra cura (Hinter dem Reiter sitzt die schwarze Sorge). Horaz, Oden III, 1, 40.

6 Wüste Zora: Vielleicht die Wüste Sur, in der die Israeliten drei Tage umherirrten (2. Mose 15,22).

7 Aesop: Der Fabeldichter Äsop (6. Jh. v. Chr.) soll der Überlieferung nach von häßlicher Gestalt gewesen sein.

8 Schwager Herrmann: Hermann Daniel Oelrichs (1778–1808).

9 Reisediener: Angestellte, die im Auftrag von Kaufleuten geschäftlich unterwegs waren.

10 mehrere Haufen von militairischen Rothröcken, Fragmente des Regiments York-R., weggejagt oder entlassen: Vermutlich handelte es sich um Soldaten britischer Truppen, die nach dem Frieden von Amiens (27. März 1802) entlassen wurden. Ihr Oberbefehlshaber war Friedrich August, Herzog von York.

11 und in welchem Kreise hatten wir sie genossen: In Schwartau lebte die Schwester Gondelas, Gebetha. Sie war mit dem Kanzleirat August Thiesen verheiratet, der 1794 starb, wonach die Witwe mit vier Kindern wieder nach Bremen übersiedelte.

12 Hohnsdorf: Hademstorf.

13 Noltenius: Name einer bekannten Bremer Familie, zu ihr zählten die Kaufleute Johann Daniel Noltenius (1726–1791) und Johann Heinrich Noltenius (1770–1828).

14 „wie anders säet der Mensch, und wie ganz anders läßt das Schicksal ihn ernten": Zitat aus: Friedrich Schiller, *Über Völkerwanderung, Kreuzzüge und Mittelalter* (1789).

15 Eklo: Eickeloh.

16 1 Meile: entsprach nicht ganz 10 km. (1 hannoversche Landmeile beträgt 9347 m).

17 präsumtiv: wahrscheinlich, vermutlich.

18 Lorgnette: Brillengläser mit einem Griff statt mit Bügeln.

19 Ganymed: in der griechischen Mythologie ein von Zeus geraubter junger Mann von außerordentlicher Schönheit.
20 Bachus: Bacchus, römischer Gott des Weines.
21 dispensieren: jemanden von etwas befreien, entbinden.
22 „Doch Muse halt, erzähl uns fein gelassen, wie Alles nach einander sich begab.“: Aus: Christoph Martin Wieland, *Oberon, ein romantisches Heldengedicht*, 1. Gesang.
23 occupirt: damit beschäftigt.
24 Iflands Hagestolzen: *Die Hagestolzen*, Lustspiel von August Wilhelm Iffland (1759–1814).
25 genieren: stören, lästig fallen.
26 Kotzebu's Kleinstädter und der Geburtstag: *Die deutschen Kleinstädter*, Lustspiel von August von Kotzebue (1761–1819). *Der Geburtstag*, nicht von Kotzebue, sondern vermutlich das Lustspiel in einem Akt von Carl Christian Engel (1752–1801).
27 Schauspieler Schmidt: Friedrich Ludwig Schmidt (1772–1841), Leiter des Magdeburger Nationaltheaters.
28 Madam Sebastiani, Demoiselle Weinstetter, unsre alte Bekannte: Henriette Sebastiani, geb. Collet (1770–1839) war 1799, Demoiselle Weinstetter 1800–1801 in Bremen engagiert.
29 Oberzahlmeister Horn: Ernst Wilhelm Horn (1732–1812), Architekt, Senator und herzoglicher Oberzahlmeister in Braunschweig.
30 destinirten: bestimmten, dafür ausersehenen.
31 Seehafen zu Toulon mit der englischen und spanischen vereinigten Flotte panoramisch dargestellt werde: Es handelt sich um das 1799 zuerst in Paris gezeigte Panorama, das die Räumung der Stadt Toulon durch die Engländer (1793) illustrierte und großes Aufsehen erregte. Sein Besitzer James Thayer ging damit später auf Tournee nach Frankfurt/M., Leipzig, Braunschweig und Bremen (Oktober 1802), sowie nach Hamburg (März 1803).
32 1 Fuß entspricht ca. 30 cm.
33 „Meister Wunderlich“: Anspielung auf die Rolle des „Sattlermeisters“ in Gustav Friedrich Wilhelm Großmanns Lustspiel *Nicht mehr als sechs Schüsseln* (Bonn 1780).
34 „zwey Männer umfaßten den Schmerbauch ihm kaum“: „Drei Männer umspannten den Schmerbauch ihm nicht.“ Zitat aus Gottfried August Bürgers Gedicht *Der Kaiser und der Abt*.
35 das französische Theater: Das französische Theater der Madame Aurora Bursay spielte 1800–1807 in Braunschweig.
36 Tartüffe: *Tartuffe ou L'imposteur*, Lustspiel von Molière (1622–1673).
37 Diener zweyer Herren: Lustspiel von Carlo Goldoni (1707–1793).
38 Ruine eines Bergschlosses: die Asseburg bei Wolfenbüttel, seit 1492 Ruine.

39 Scherasmin: Figur aus Christoph Martin Wielands Versepos *Oberon. Ein Gedicht in vierzehn Gesängen.* Weimar 1780.

40 Hesperischen Früchten: Hesperien (von altgriech. hespera), Bezeichnung für Italien. So auch in Wielands *Oberon* I, 3.

41 Leim: Lehm.

42 bis dahin von den Preußen noch unoccupirt: Bereits vor dem Reichsdeputationshauptschluss vom 25. Februar 1803 machte Preußen seine Ansprüche geltend und besetzte 1802 verschiedene Territorien, darunter Hildesheim und Goslar. Auch das Reichsstift Quedlinburg wurde preußisch.

43 Borgfeld: nordöstlich von Bremen an der Wümme gelegenes Dorf, heute Stadtteil von Bremen.

44 Conterbande: Schmuggelware.

45 Hallorenjungen: „Halloren" war der Name der Zunftbrüderschaft der Salzsieder. Die Schwimmkünste ihrer jugendlichen Mitglieder waren damals eine bekannte Attraktion.

46 Schiff: Das Goldne Schiff. Eines der berühmtesten Leipziger Gast- und Speisehäuser, in der Fleischergasse gelegen.

47 Büreaux: Schreibtische.

48 Gebäude von ausserordentlichen Umfange, welches durch die Schätze, die hier in den Meßzeiten zusammengehäuft sind, bekannt ist: Im Durchgang vom Auerbachshof zum Neuen Neumarkt befanden sich zahlreiche Läden, in denen Seiden- und Galanteriewaren sowie Schmuck verkauft wurde.

49 Oeser: Adam Friedrich Oeser (1717–1799), Maler und Bildhauer, Direktor der Leipziger Kunstakademie.

50 Gellert: Christian Fürchtegott Gellert (1715–1769), Dichter und Moralphilosoph. Er war um die Mitte des 18. Jahrhunderts ein vielgelesener Schriftsteller. Gellert ist bekannt für seine Lieder, besondere Bedeutung hatte sein Roman *Das Leben der schwedischen Gräfin von G.* (Leipzig 1747/1748).

51 Korsten: Hofrat Johann Wilhelm Kersten (1743–1786) war Erzieher von Leopold I., Fürst zur Lippe.

52 Lapidarstyle: sich an römischen Traditionen orientierende Inschriften auf Denkmälern.

53 Place de repos: (dt.: Ruheplatz) war ein von einem Garten umgebenes Gesellschaftshaus, das der Kaffeehausbesitzer G. W. Richter 1793 erbauen ließ.

54 Rudorfsche Garten: Gemeint ist der „Rudolphsche Garten".

55 Particuliers: Privatleute.

56 Mad. E. Bürger: Elise Bürger, geb. Hahn (1769–1833), geschiedene Ehefrau des Schriftstellers Gottfried August Bürger, trat seit 1796 als Schauspielerin auf, u. a. auch in Bremen.

57 Bürgerschule: Die Bürgerschule wurde 1796 als erste deutsche konfessionslose Schule auf den Grundmauern der ehemaligen Moritzbastei errichtet. Der Ostflügel wurde 1804 fertiggestellt.

58 Inschrift Friederico Augusto – duc – Sax S.R.I. Elect – P.P.Pio fet. – Joblonomus Princeps et Senatus pp 1780: Die Inschrift lautet: FRIED. AVGVSTO / DVC. SAX. S.R.I. ELECT. / P.P. PIO. FEL. / IABLONOVIVS PRINCEPS / ET / SENATVS LIPS. / PONI CVRARVNT. / MDCCLXXX. (Friedrich August, Herzog von Sachsen, des Heiligen Römischen Reiches Kurfürst, Vater des Vaterlandes, dem Frommen und Glücklichen haben Fürst Jablonowski und der Leipziger Rat beschlossen, [das Denkmal] zu errichten). Joseph Alexander Fürst von Jablonowski (1711–1777) gründete 1769 in Leipzig eine wissenschaftliche Gesellschaft.

59 Bürgermeisters und geh. Kriegsraths Müller: Karl Wilhelm Müller (1728–1801), Ratsbaumeister und Bürgermeister.

60 Professor Tischbein: Johann Friedrich August Tischbein (1750–1812), Direktor der Kunstakademie in Leipzig.

61 Poussin: Nicolas Poussin (1594–1665), französischer Maler des Barock.

62 Buchhändler Göschen: Georg Joachim Göschen (1752–1828). Er wurde in Bremen geboren und absolvierte dort eine Lehre als Buchhändler. 1770 ging er nach Leipzig, wo er 1785 die Göschensche Verlagsbuchhandlung gründete.

63 Musäum: Das „Museum für Freunde der Wissenschaften, der schönen Künste und Lectüre" wurde 1795 von Johann Gottlob Beygang (1755–1823) gegründet und war eine der bedeutendsten privaten Lese- und Leihbibliotheken ihrer Zeit.

64 Moniteur: *Gazette Nationale ou Le Moniteur Universel*, erschien seit 1789 in Paris.

65 Rostische: Der Kaufmann und Kunsthändler Carl Christian Heinrich Rost (1742–1798) war Begründer einer „Kunstfabrik", die Gips- und Marmorfiguren herstellte. Die Ausstellungsräume befanden sich in Auerbachs Hof.

66 von Axen: Otto von Axen (1757–1831), Hamburger Kaufmann und Kunsthändler.

67 Heineken: Samuel Heinicke (1727–1790) begründete 1778 dieses Institut. Es war die erste deutsche Gehörlosenschule.

68 Petschke: August Friedrich Petschke (1759–1822), Musiker, Theologe und Taubstummenlehrer. Nachfolger Heinickes in der Leitung des Taubstummeninstituts.

69 Tischbein: Johann Friedrich August Tischbein (1750–1812), Maler, Direktor der Akademie in Leipzig.

70 Körner: Christian Gottfried Körner (1756–1831), Jurist, befreundet mit Friedrich Schiller.

71 dessen Frau: Anna Maria (Minna) Jacobina Körner, geb. Stock (1762–1843).

72 Dem. Stock: Johanna Dorothea (Dora) Stock (1759–1832), Malerin.

73 Musikdirecktor Schicht: Johann Gottfried Schicht (1753–1823), Musikdirektor und Organist in Leipzig.

74 Die Töchter: Betty Tischbein (1787–1867) und Caroline Tischbein (1783–1843).

75 Aerarium: Staatskasse, hier: städtische Einnahmen.

76 Vogelhecke: Anlage zur Vogelzucht.

77 den objectis misericordiai: den Mitleid erregenden Objekten.

78 den darauf geschlossenen Frieden: Der Friede von Hubertusburg beendete 1763 den Siebenjährigen Krieg.

79 von einem Stadtphysikus in Meißen angelegt: Der Arzt Peter Johann Daniel Lutheritz hatte 1796 in der Nähe der Buschmühle eine eisenhaltige Quelle entdeckt.

80 Libationen: Trankopfer.

81 Grafen Marcolini: Camillo Graf Marcolini (1739–1814), kursächsischer Minister. Seit 1785 Generaldirektor der Dresdner Kunstakademie und der Porzellanmanufaktur.

82 wie dem Rath Campe mit der Bergstraße: Der Pädagoge und Schriftsteller Joachim Heinrich Campe (1746–1818) schreibt in der *Reise des Herausgebers von Hamburg bis in die Schweiz im Jahre* 1785 über die Bergstraße: „Herrlich! sagte ich; aber es wird gewiß noch viel herrlicher kommen. So war, der überspannten Erwartung wegen, meine ganze Aufmerksamkeit mehr auf Das, was noch kommen sollte, als auf Das, was wirklich vor mir lag, gerichtet [...]". (*Sämmtliche Kinder- und Jugendschriften*, 18. Bd. Braunschweig 1830, S. 187).

83 Meng[s]schen Abgüsse: Die von dem Maler Anton Raphael Mengs (1728–1779) angelegte Sammlung von Abgüssen antiker Statuen.

84 König August II: Friedrich August I. (1670–1733), Kurfürst von Sachsen und seit 1697 als August II. (der Starke) König von Polen.

85 Michael Angelo: Michelangelo Buonarroti (1475–1564), italienischer Bildhauer, Maler und Baumeister.

86 Künstlers Dinglinger: Johann Melchior Dinglinger (1664–1731), Hofgoldschmied Augusts des Starken.

87 im kleinen und emaillirt seinen Geburtstag celibrirt: Dinglingers „Hofstaat des Großmoguls", vollendet 1707.

88 Iflands Elise von Wallberg: *Elise von Valberg*, Schauspiel von August Wilhelm Iffland (1759–1814).

89 Chapeaubas: Flacher dreieckiger Hut.

90 Rafael Mengs: Anton Raphael Mengs verfertigte für die Hofkirche das Gemälde für den Hochaltar (eine Himmelfahrt Christi) und zwei Seitenaltäre.

91 Hoffouriere: Quartiermeister.

92 Kleinmeister: Stutzer, Angeber (vgl. Petit-maître).

93 Proponenten: Antragsteller.

94 Table d'hôte: Speisetafel der Hotelgäste.

95 Linkschen Bade: Das Linckesche Bad, ein Freiluftbad an der Elbe, wurde 1766 von Carl Christian Lincke zu einem Ausflugsort ausgebaut, zu dem ab 1776 auch ein Komödienhaus gehörte, in dem im Sommer Theater gespielt wurde.

96 Vahr: Dorf bei Bremen (heute Stadtteil). Der Besitzer des Gartens war vermutlich der Bremer Goldschmied Georg Wilhelm Aldefeld (1774–1826).

97 Secondaischen Gesellschaft: Die Direktion der Opern auf dem Linckeschen Bade hatte Joseph Seconda, ein jüngerer Bruder Franz Secondas, der die kurfürstlich-sächsische Schauspielergesellschaft leitete.

98 Rapport: Verbindung.

99 Großen Republick: Frankreich.

100 durch Mangel an allen Bedürfnissen gezwungen, sich dem großen Friedrich ergab: Am 16. Oktober 1756 mußten sich die sächsischen Truppen dem preußischen Heer Friedrichs II. ergeben.

101 Marqeur: Aufwärter, Kellner.

102 Gräfin Aurora von Königsmark: Maria Aurora Gräfin von Königsmarck (1662–1728).

103 Kosel: Anna Constanze Gräfin von Cosel (1680–1765).

104 v. B….s: Cai Lorenz Freiherr von Brockdorff (1766–1840) studierte mit Gondela in Kiel und Göttingen Jura und wurde 1802 Kanzler des Herzogtums Holstein.

105 Hr. Inspector Mathäi: Johann Gottlob Matthäi (1753–1834), Bildhauer. Seit 1795 Inspektor der Sammlung.

106 Mus. Clem.: Museo Pio-Clementino (Vatikan). 1797 wurde auf Veranlassung Napoleons eine große Anzahl der dort aufgestellten Skulpturen zusammen mit anderen Kunstwerken nach Paris gebracht. Eine Rückerstattung erfolgte erst im Jahr 1815 nach dem Wiener Kongress.

107 berühmten Bernier: Giovanni Lorenzo Bernini (1598–1680), Bildhauer, Architekt und Maler.

108 enchantirt: verzaubert.

109 seinen Sohn: Der Architekt Karl Ludwig Matthäy (1778–1848) arbeitete 1797 und dann 1805 bis 1814 in Bremen.

110 Skerl: der Maler, Radierer und Lithograph Friedrich Wilhelm Skerl (1752–1810). Er stammte aus Braunschweig und lebte seit 1781 in Dresden, wo er u. a. mit Anton Graff befreundet war. Skerl unternahm zahlreiche Kunstreisen, auf denen er für den Dresdner Verlag seines Schwagers Morasch Radierungen und Aquatinten anfertigte. So hielt er sich zwischen 1793 und 1799 mehrfach in Hamburg auf und besuchte offenbar auch Bremen. Eine Kupferdruckerei in Dresden wurde nach seinem Tod von seinem Sohn Paul Anton Skerl (1787–1852) weitergeführt.

111 Landschaftzeichners und Kupferstechers Zingg: Adrian Zingg (1734–1816). Zingg stammte aus der Schweiz und wurde 1764 an die Dresdner Akademie berufen.

112 „Cose“ Bier: Gose, ein in Leipzig gebrautes obergäriges Bier.

113 Ggr.: Gute Groschen.

114 Garten des Prinzen Anton: Das im Garten befindliche Palais war Wohnsitz des Prinzen Anton (1755–1836), ab 1827 König von Sachsen. Das Palais hatte der sächsische Feldmarschall Johann Georg, Chevalier de Saxe (1707–1774), erbauen lassen, ein Sohn von August des Starken mit seiner Mätresse Fürstin Lubomirska. Den Garten ließ Prinz Anton 1782/1783 zu einem englischen Landschaftsgarten umgestalten.

115 in dessen Erdgeschosse sich die Meng[s]schen Abgüsse befinden: Die Gemäldegalerie befand sich 1747–1855 im Johanneum, einem ehemaligen Stallgebäude am Neumarkt, im Erdgeschoss waren seit 1794 die Abgüsse der Antiken aufgestellt.

116 R. Mengs: Anton Raphael Mengs (1728–1779).

117 Therese Mengs: (1725–1808), Miniaturmalerin.

118 Rosalve Carrara: Rosalba Giovanna Carriera (1675–1757), Miniaturmalerin.

119 Joh. Steph. Liotard: Jean-Etienne Liotard (1702–1789), Pastell- und Emailmaler.

120 Hr. Inspektor Riedel: Johann Anton Riedel (1732–1816), Maler und Schriftsteller. Oberinspektor der Gemäldegalerie.

121 Titian: Tizian, eigentlich Tiziano Vecellio (um 1477(?)–1576), venezianischer Maler.

122 Correggio: eigentlich Antonio Allegri (um 1494–1534), italienischer Maler.

123 Brühlschen Gartens: Der Garten wurde 1739 für den Grafen Heinrich von Brühl (1700–1763) angelegt.

124 Dennerschen: Balthasar Denner (1685–1794), deutscher Maler.

125 von der Werfts: Adriaen van der Werff (1659–1722), niederländischer Maler.

126 Incroyable: Stutzer, Geck.
127 Reusdal: Jacob van Ruysdael (1628/29–1682), niederländischer Maler.
128 Holbein: Hans Holbein der Jüngere (1497–1543), deutscher Maler.
129 van Deick: Anton van Dyck (1599–1641), flämischer Maler.
130 Rubens: Peter Paul Rubens (1577–1640), flämischer Maler.
131 Rembrand: Rembrandt, Harmensz van Rijn (1606–1669), niederländischer Maler.
132 Wouvermann: Philips Wouverman (1619–1668), niederländischer Maler.
133 Angelika Kaufmann: Angelika Kauffmann (1741–1807), Schweizer Malerin, lebte später in Rom.
134 Rotari: Pietro Conte Rotari (1707–1762), italienischer Maler, tätig in Venedig, Dresden und Petersburg.
135 Fr. Miris: Frans van Mieris (1635–1681), niederländischer Maler.
136 Dietrichs: Christian Wilhelm Ernst Dietrich (1712–1774), Hofmaler in Dresden.
137 Meerfeld: Michiel Janszoon Mierevelt (1567–1641), niederländischer Maler.
138 Marillio: Bartolomé Estéban Murillo (1617–1682), spanischer Maler.
139 Boll: Ferdinand Bol (1616–1680), niederländischer Maler.
140 Vos ego des Virgils: In Vergils *Aeneis* (I, 135) bändigt Neptun die Winde mit den Worten: Quos ego! (Euch werd' ich – !).
141 Caracci: Annibale Carracci (1560–1609), italienischer Maler.
142 Guido Reni: (1575–1642), italienischer Maler.
143 Carlo Dolce: Carlo Dolci (1616–1686), italienischer Maler.
144 Raphael d'Urbino: Raffael da Urbino, eigentlich Raffaello Santi (1483–1520), italienischer Maler.
145 Landschaftliche Gebäude: Gemeint ist wohl das Stadtpalais, in dem Friedrich Ludwig von Württemberg (1690–1734) mit seiner Frau, der Gräfin Lubomirska, lebte.
146 von August III ihr Entstehen: Nicht August III., sondern bereits August II. (der Starke) (1670–1733) erwarb 1728 die Antikensammlung aus dem Nachlass des Kaufmanns und Bankiers Agostino Chigi (1466–1520).
147 tingirt: gefärbt.
148 Antium: heute Anzio, südlich von Rom gelegen.
149 Portici: Ort bei Neapel am Fuße des Vesuv.
150 Prinzen Elböuf: Emmanuel-Maurice Prince d'Elbeuf (1677–1763).
151 August III: August III. (1696–1763), Kurfürst von Sachsen und König von Polen 1733–1763. Er kaufte 1736 die drei auch unter dem Namen „Herkulanerinnen" bekannten Statuen.
152 Herkulanums: Die am Vesuv bei Neapel gelegene antike Ortschaft Herculaneum, in deren Theater die Statuen entdeckt wurden.

153 Rath Becker: Wilhelm Gottlieb Becker (1753–1813), Schriftsteller und Altertumsforscher. Seit 1795 Inspektor der Königlichen Antikensammlung.

154 Gegend von Bajäi: Das Columbarium der Sklaven und Freigelassenen der Livia Augusta befand sich in Rom und nicht in Bajä (bei Neapel). Es handelt sich in Dresden um eine Nachbildung der Begräbnisstätte.

155 die Gustel von Blasewitz in W[allensteins] Lager von Sch[iller]: In Schillers Vorspiel *Wallensteins Lager*, uraufgeführt am 12. Oktober 1798 in Weimar, heißt es im 5. Auftritt über die Marketenderin: „Was? Der Blitz! Das ist ja die Gustel aus Blasewitz." Schiller setzte damit der Gastwirtstochter Justine Renner, geb. Segedin (1763–1856), die er in den Jahren 1785–1787 kennengelernt hatte, ein literarisches Denkmal.

156 Kapellmeisters Naumanns: Johann Gottlieb Naumann (1741–1801), Komponist und Hofkapellmeister.

157 Berline: viersitziger Reisewagen mit gefedertem Wagenkasten.

158 Campement (frz.): Lager, Feldlager.

159 Martissöhne: Söhne des Kriegsgottes Mars.

160 Gesners: Salomon Geßner (1730–1788), Dichter antikisierender Idyllen.

161 O Wunderschön ist Gottes Erde: Strophe aus dem Lied *Aufmunterung zur Freude* von Ludwig Christoph Heinrich Hölty (1748–1776).

162 Hygiens: Hygieia, in der griechischen Mythologie Tochter des Asklepios, Personifikation der Gesundheit.

163 Oberneunland: Oberneuland. Dorf bei Bremen (heute Stadtteil), in dem sich zahlreiche Landgüter und Gärten befanden.

164 Schenen: Johann Eleazar Schenau (1737–1806), eigentlich Johann Elias Zeißig, Maler. Seit 1774 Professor an der Dresdener Kunstakademie.

165 Cerberusse: Der Hund Kerberos (lat. Cerberus) bewacht den Eingang der Unterwelt.

166 Claude Lorrain: (1600–1682) Maler idealer, klassizistischer Landschaften.

167 Söder: In Schloß Söder bei Hildesheim besaß Johann Friedrich Moritz von Brabeck (1742–1814) die umfangreichste private Gemäldesammlung seiner Zeit. Die Galerie war der Öffentlichkeit zugänglich. Zur Sammlung gehörte auch ein Werk Lorrains „Landschaft mit untergehender Sonne".

168 Nicolai: Karl Heinrich Nicolai (1739–1823), Pfarrer in Lohmen. Er verfasste den Reiseführer *Wegweiser durch die Sächsische Schweiz*, Pirna 1801.

169 200 Fuß: etwa 60 m.

170 „Groß ist der Herr“: Kirchenlied von Ewald Christian von Kleist (1715–1759).
171 Hölty's Aufmunterung zur Freude: Lied von Ludwig Christoph Heinrich Hölty (1748–1776).
172 Charon: Fährmann, der in der griechischen Mythologie die Seelen ins Totenreich bringt.
173 Stockböhmen: Bewohner des tschechischsprachigen Teils von Böhmen.
174 Whisky: leichtes einspänniges Fahrzeug.
175 4 Schüsseln: vier Gänge.
176 Hieronymus Knicker: Figur aus Dittersdorfs gleichnamigem Singspiel.
177 Mauthpollet: Zollbescheinigung. Die Bezeichnung „Pollet“ oder „Bollet“ ist abgeleitet von ital. „bolletta“ = Schein, Rechnung.
178 Drohe [Drehe]: die Ruine der Geiersburg (Kyšperk). Sie lag an einer scharfen Wegbiegung und soll daher „Drehe“ genannt worden sein.
179 Fürsten Clary: Johann Nepomuk, Fürst von Clary-Aldringen (1753–1826).
180 Clara von Hoheneichen: Ritterschauspiel von Christian Heinrich Spieß (1755–1799).
181 Gramm: Vermutlich der Musiker Anton Grams, der 1795–1797 das Prager „vaterländische Theater“ im Hibernerkloster leitete.
182 Lowositz: In der Schlacht bei Lobositz (1756) besiegten die Preußen das österreichische Heer.
183 Maria Theresia: (1717–1780) römisch-deutsche Kaiserin, Erzherzogin von Österreich, Königin von Ungarn und Böhmen.
184 Kaiser Franz: Franz II. (1768–1835), von 1792 bis 1806 römisch-deutscher Kaiser, König von Ungarn und Böhmen.
185 Carl: Karl Ludwig (1771–1847), Erzherzog von Österreich, kaiserlicher Generalfeldmarschall, 1796/1797 Oberbefehlshaber der österreichischen Armee.
186 Joseph: Joseph II. (1741–1790), seit 1765 römisch-deutscher Kaiser. Er führte zahlreiche Reformen ein.
187 deliberirten: deliberieren: beraten.
188 Ceres, Bachus und Pomona: Ceres, Bacchus, Pomona, die römischen Gottheiten des Ackerbaus, des Weines und des Obstbaus.
189 Oreaden: Name der Bergnymphen in der antiken Mythologie.
190 Taxischen Postillion: Ein Postillon der kaiserlichen Reichspost, deren Monopol bis 1806 die Fürsten von Thurn und Taxis besaßen.
191 Dux, das Schloß des Graffen Wallenstein: Das Schloss in Dux (Duchcov) befand sich seit dem 17. Jahrhundert im Besitz der Grafen Waldstein (Wallenstein). Berühmtestes Mitglied der Familie war

der Feldherr des Dreißigjährigen Krieges, Albrecht Wenzel von Wallenstein (1583–1634), Herzog von Friedland und Mecklenburg.

192 Haveren: Habern (Havraň).

193 leimernen: aus Lehm (= Leim) gebaut.

194 Dorf Bohmschloß: Gemeint ist wohl Welmschloss (Velemyšleves).

195 Kaskets: Kaskett, militärische Kopfbedeckung, meist eine Art lederner Helm.

196 Serwitz: Sýrovice (Sirbitz), etwa 6 km vor Podbořany (Podersam) gelegen.

197 Nothaxe aus Winsum: Die Notachse aus Winsen (Aller).

198 Park in Schönhofen: Der Schlosspark von Schönhof (Krásný Dvůr), nordwestlich von Podersam (Podbořany).

199 Grafen Zschernin: Graf Johann Rudolf Czernin von Chudenitz (1757–1845).

200 Brotis: Brody (dt. Pröllas).

201 Erzherzog Carl: Erzherzog Karl von Österreich (1771–1847), Oberbefehlshaber der Reichstruppen am Rhein, besiegte 1796 die nach Süddeutschland eingedrungenen Franzosen bei Amberg und Würzburg.

202 1801 soluta: Der Gallische Feind – durch die Tapferkeit Karls bei Amberg zerstreut – von den Grenzen des Vaterlands vertrieben 1796 – Das gefasste Versprechen – nach erreichtem Frieden – 1801 eingelöst.

203 Lickowitz: Gemeint ist vermutlich Liebkowitz (Libcovice).

204 Libenz: oder Lubenz (Lubenec).

205 Miesd'o eine Stadt; Wä's' ein Dorf, Pane ein Mann, Panny eine Frau, Pense Geld: Tschechisch: město (Stadt), ves (Dorf), pán (Herr), paní (Frau), peníze (Geld).

206 Kuhreigen: Gesungene oder mit dem Alphorn geblasene Melodie der Alphirten. Gondela erinnert sich hier an seine Reise in die Schweiz im Jahr 1788.

207 Unglaublichen: (Franz.: Incroyable) Stutzer, Modegeck.

208 Places de repos: Ruheorte. Hier sind wohl Toiletten gemeint.

209 1319: Das Jahr 1319 ist unwahrscheinlich. Kaiser Karl IV. lebte 1316–1378. Die in der Sage beschriebene Entdeckung der Quelle ist historisch nicht belegt. Richtig ist, dass Karl als König in Böhmen die Entwicklung Karlsbads förderte.

210 „Hinter dem fliehenden Damhirsch …": Zitat aus dem Gedicht *Die Gesundbrunnen* (2. Gesang) von Valerius Wilhelm Neubeck (1765–1850).

211 Lord Findlater: James Ogilvy, Earl of Findlater (1749–1811), war ein schottischer Adliger, der sich seit 1790 in mehreren Orten auf

dem Kontinent aufhielt. Er lebte in Frankfurt, Hamburg, Altenburg und Dresden, wo er gemeinsam mit seinem Lebensgefährten Johann Georg Fischer in Loschwitz Weinberge erwarb und sich ein Herrenhaus errichten ließ. Auch Karlsbad profitierte von Findlaters Bemühungen um bauliche und landschaftliche Verschönerungen. So wurde der Hammerberg zu einem Landschaftsgarten im englischen Stil umgestaltet.

212 Neubek: Valerius Wilhelm Neubeck: *Die Gesundbrunnen, ein Gedicht in vier Gesängen*, Berlin 1795.

213 Herzogin Dorothea von Curland: Anna Charlotte Dorothea von Kurland, geb. Gräfin Medem (1761–1821).

214 Gefälle: alte Bezeichnung für Erträge oder Einkünfte.

215 Hr. von Kotzebu: August von Kotzebue (1761–1819) verfaßte das Lustspiel *Die deutschen Kleinstädter*.

216 Volubilität: Beweglichkeit, Schnelligkeit.

217 Zwoda: Zwodau (Svatava).

218 unter denen Hannover zum Besitz von Osnabrück gelangen soll: In den Verhandlungen, die mit dem Reichsdeputationshauptschluß 1803 ihren Abschluß fanden, wurde das Bistum Osnabrück dem Hannoverschen Territorium zugeschlagen.

219 durch Wallensteins Schicksal merkwürdig: Albrecht von Wallenstein wurde 1634 in Eger zusammen mit einigen ihm treugebliebenen Offizieren ermordet.

220 ein Preußischer Adler: Die Markgrafschaft Bayreuth gehörte 1792–1806 zu Preußen.

221 Schirmettingen: Schirnding.

222 ob wir auch Ebräer wären: Heinrich Gondela hieß mit zweitem Vornamen „Simon“, seine Frau „Rahel“. Im reformierten Bremen waren alttestamentarische Vornamen keine Seltenheit.

223 dem eisernen Preußischen Joche überlieferte: Markgraf Karl Alexander von Ansbach-Bayreuth (1736–1806) heiratete 1791 seine Mätresse Elisabeth Craven (1750–1828) und trat das Land gegen eine lebenslange Rente an Preußen ab. 1806 stand Bayreuth unter französischer Verwaltung, 1810 gelangte es dann zu Bayern.

224 Markgrafen Friedrich: Markgraf Friedrich von Bayreuth regierte 1735–1763.

225 Die Unruhen des lezten Kriegs: 1796 waren französische Truppen unter General Jourdan bis nach Franken vorgedrungen.

226 Tritonen: Begleiter des Meeresgottes Neptun.

227 Hippukrene: heilige Quelle am Wohnsitz der Musen.

228 St. Stephan: Das Bremer Stadtviertel um St. Stephani war damals das Quartier der Fischer und Handwerker.

229 Landesdirigirende Minister von Hardenberg: Karl August Frei-

herr von Hardenberg (1750–1822), preußischer Minister, ab 1790 im Staatsdienst von Ansbach-Bayreuth.

230 Poissarde (franz.): Fischweib, Hökerin.

231 Ekisdorf: Eckersdorf.

232 Prinzen von Wirtenberg: Eugen von Württemberg (1788–1857). Er lebte seit seiner Kindheit in Russland.

233 der Gemalin Constantins: Konstantin Pawlowitsch (1779–1831), der Bruder Zar Alexanders I., war in erster Ehe mit Prinzessin Juliane von Sachsen-Coburg-Saalfeld verheiratet.

234 ins Quartir gerückt ist: In den Verhandlungen der Reichsdeputation wurde Bayern für den Verlust der Kurpfalz mit den Hochstiften Bamberg und Würzburg entschädigt.

235 Franz Ludwig von Erthal: Franz Ludwig Freiherr von Erthal (1730–1795), Fürstbischof von Würzburg und Bamberg.

236 Rednitz: hier wie im Folgenden ist gemeint: *Regnitz.*

237 Bayerschen Soldaten: Bayern besetzte bereits im September 1802 das Bamberger Territorium, das ihm in den Verhandlungen der Reichsdeputation zugesagt worden war.
Der regierende Fürstbischof Christoph Franz von Buseck trat am 29. September 1802 zurück.

238 Heß in seinen Durchflügen: Jonas Ludwig von Heß (1756–1823): *Durchflüge durch Deutschland, die Niederlande und Frankreich.* 7 Bde., Hamburg 1793–1800. Die Beschreibung Bambergs befindet sich im 3. Bd. S. 65–102.

239 Houtmoorswald: richtig Hauptsmoorwald.

240 Heinrich II.: (973–1024), deutscher König, ab 1014 Kaiser. Gründer des Bistums Bamberg.

241 Kunnigunde: Kunigunde von Luxemburg (980–1033). Sie wurde 1200 heiliggesprochen.

242 Meiners: Christoph Meiners (1747–1810): *Kleinere Länder- und Reisebeschreibungen*, 2. Bd., Berlin 1794.

243 Bischofs Otto: Otto I., 1102–1139 Bischof von Bamberg.

244 Berceau: Laube, Bogengang.

245 wo Kaiser Philipp von Schwaben von Otto von Wittelsbach ermordet seyn soll: Der Stauferkönig und römische Kaiser Philipp von Schwaben (reg. 1198–1208) wurde in Bamberg vom bayerischen Pfalzgrafen Otto VIII. von Wittelsbach ermordet.

246 Franz Ludwig: Franz Ludwig von Erthal (1730–1795). Als aufgeklärter Regent leitete er zahlreiche Reformen im Bildungswesen und in der Armenfürsorge ein. Das 1789 errichtete Krankenhaus war das modernste seiner Zeit.

247 Churfürsten von Pfalzbayern: Kurfürst Maximilian IV. Joseph. Er regierte seit 1799 als Herzog von Bayern. 1806 stieg er durch das

Bündnis mit dem napoleonischen Frankreich als Maximilian I. Joseph zum ersten König Bayerns auf.

248 producirt: vorgezeigt.

249 Buch of Bamberg: Buch ob Bamberg, heute: „Bug".

250 dem lezten Kriege: der erste Koalitionskrieg mit Frankreich 1792–1797.

251 Jourdans und Le febers: Jean-Baptiste Jourdan (1762–1833) und François-Joseph Lefebvre (1755–1820), französische Generäle.

252 Dicasterien: Bezeichnung für die Behörden bei der römischen Kurie.

253 Burgweinheim: Burgwindheim.

254 Eberach: Ebrach.

255 Reichsritterschaftliches Gebiet: Neuses am Sand war ein Rittergut, dessen Grundbesitz 1717 an die Grafen von Schönborn-Wiesentheid ging.

256 Abhuf: Abhub. Das, was von der Speisetafel nach der Mahlzeit übrig bleibt.

257 am Ufer des Rheins verlebt hatten: Die Hochzeitsreise hatte das Ehepaar Gondela 1790 schon einmal nach Heidelberg und an den Rhein geführt.

258 Professor Blank: Joseph Bonavita Blank (1740–1827), Professor der Philosophie und der Naturgeschichte in Würzburg. Direktor des Kunst- und Naturalienkabinetts.

259 Fürstbischof von Würzburg: Franz Ludwig von Erthal (1730–1795).

260 Küttner: Karl Gottlob Küttner (1755–1805), Reiseschriftsteller. Die Beschreibung des Schlosses befindet sich im 4. Bd. seiner *Reise durch Teutschland, Dänemark, Schweden, Norwegen und einen Theil von Italien in den Jahren* 1797–99 (Leipzig 1801) auf S. 371 ff.

261 Hautelice: Hautelisse. Mit senkrechter Kette gewebter Wandteppich.

262 Schönborn: Die Würzburger Residenz wurde 1719–1744 unter der Regentschaft der Fürstbischöfe Johann Philipp und Friedrich Karl von Schönborn erbaut.

263 Tiepolo: Giovanni Battista Tiepolo malte die Fresken 1749–1751.

264 Jul. Romanus: Giulio Romano (1499–1546), italienischer Maler.

265 van Deick: Anton van Dyck (1599–1641), flämischer Maler.

266 Guido Reni: (1575–1642), italienischer Maler.

267 Titian: Tizian, eigentlich Tiziano Vecellio, gest. 1576, venezianischer Maler.

268 Bourgignon: Jacques Courtois (Giacomo Cortese), genannt Le Bourguignon (1621–1675), franz. Maler in Rom.

269 Platfond: richtig Plafond. Gemeint ist das Fresko an der Decke des Treppenhauses.

270 Chef der eingerückten Pfälzer: Georg August, Graf zu Ysenburg

und Büdingen (1741–1822), war Kommandant der rheinpfälzischen Division der bayerischen Truppen.

271 Kleinschrodt: Gallus Aloys Kleinschrod (1762–1824), Hofrat und Professor der Rechte an der Universität Würzburg.

272 Mathissons: Friedrich von Matthisson (1761–1831), populärer Lyriker seiner Zeit. Seine Elegie *In den Ruinen eines alten Bergschlosses geschrieben* erschien 1786.

273 Starkenburg: Die Starkenburg liegt am Rand des Odenwalds bei Heppenheim.

274 Bischof Julius: Julius Echter von Mespelbrunn (1545–1617), Fürstbischof von Würzburg und Herzog in Franken.

275 Franz Ludewig: Franz Ludwig von Erthal (1730–1795).

276 v. Kranke: Venerische Kranke, Geschlechtskranke.

277 Nichols: Balthasar Heinrich Nickel (1743–1799), Bildhauer.

278 Hofrath Kleinschrodt: Gallus Aloys Kleinschrod (1762–1824), Professor der Rechte an der Universität Würzburg. Sein *Entwurf eines peinlichen Gesetzbuches für die kurpfalz-baierischen Staaten* erschien 1802 in München.

279 Geist: Schreibfehler? Gemeint war wohl „Geiz".

280 Citadelle: die Festung Marienberg. In Würzburg fand eine Schlacht im 1. Koalitionskrieg statt, bei der 1796 die französischen Truppen unter General Jourdan eine Niederlage erlitten.

281 Oben steht eine Capelle: die Wallfahrtskirche Mariä Heimsuchung, 1748–1750 nach Plänen von Balthasar Neumann erbaut, „Käppele" genannt. Zur Kirche führt ein als Kreuzweg gestalteter Treppenaufgang.

282 prämeditirt: beabsichtigt, mit Vorsatz.

283 Frescogemälde von Tiepolo: Die Deckenfresken der von Balthasar Neumann erbauten Kapelle sind von Mathäus Günther.

284 um Wirzburg tägliche Kämpfe vorfielen: Im 2. Koalitionskrieg, der mit den Friedensschlüssen von Lunéville (1801) und Amiens (1802) endete, kam es zu französischen Militäroperationen in Süddeutschland, wovon auch Würzburg erneut betroffen war.

285 Meiners: Christoph Meiners (1747–1810): *Kleinere Länder- und Reisebeschreibungen*, 2. Bd., Berlin 1794.

286 Dicasterien: Ämter, Behörden.

287 Carl Freyherrn von Fechenbach: Georg Karl von Fechenbach (1749–1808), Fürstbischof von Würzburg bis zu seiner Abdankung am 28. November 1802.

288 nach dem Frieden von Lünevile ohne Ausnahme verlohr: Der Friede von Lunéville beendete 1801 den 2. Koalitionskrieg. Für die linksrheinischen Gebietsverluste sollten die deutschen Fürsten durch Säkularisation und Neuordnung der Territorien rechts des

Rheins entschädigt werden. Karl Friedrich Wilhelm zu Leiningen erhielt auf diese Weise für das verlorene Dürkheim Mainzer und Würzburger Besitzungen im Odenwald und verlegte seine Residenz nach Amorbach.

289 Gatterer: Christoph Wilhelm Jakob Gatterer (1759–1838), Professor in Heidelberg, seit 1790 Bergrat, 1805 Oberforstrat.

290 Bergräthin Gatter: Justina Amalia Gatterer, geb. Klingsöhr (1767–1863).

291 Bergrath Medicus: Ludwig Wallrad Medicus (1771–1850), Professor für Land- und Forstwirtschaft.

292 Redmann: Albert Ludwig Rittmann, Direktor am Evangelisch-lutherischen Konsistorium in Heidelberg.

293 der Badenschen Occupation verhandelt, die bald vor sich gehen sollte: Die rechtsrheinischen Gebiete der bayerischen Kurpfalz sollten zu Baden gelangen, das außerdem noch einige geistliche Besitztümer am Oberrhein erhielt. In Heidelberg fand der Wechsel nach Baden am 25. September 1802 statt.

294 weisesten Fürsten: Karl Friedrich von Baden (1728–1811), 1746 Markgraf, 1803 Kurfürst.

295 Carl Theodors: Karl Theodor (1724–1799), seit 1742 Kurfürst der Pfalz, seit 1777 der Pfalz und Bayern, verlegte 1778 seine Residenz von Mannheim nach München.

296 Frank: Ignaz Frank (1742–1795), Jesuit und Beichtvater Karl Theodors.

297 Grafen Oberndorf: Franz Albert Leopold von Oberndorff (1720–1799), Minister und Statthalter der Kurpfalz.

298 Churfürsten von Pfalz-Bayern: Maximilian I. Joseph (1756–1825), seit 1795 regierender Herzog von Pfalz-Zweibrücken, seit 1799 Kurfürst, ab 1806 dann König von Bayern.

299 Oberstlieutnant von Traiteur: Johann Andreas von Trait(t)eur (1752–1825), kaiserl. Ingenieur-Obristleutnant, Professor der Zivil- und Militärbaukunst in Heidelberg.

300 Türkischen Waitzen: Mais.

301 Verwüstungen des Bombardements: Am 20. September 1795 war französisches Militär in Mannheim eingezogen. Seine Vertreibung erfolgte durch die österreichischen Truppen des Generals von Wurmser, der im November 1795 die als Festung ausgebaute Stadt Mannheim unter Beschuss nehmen ließ und am 22. November zurückeroberte. Die Festungsanlagen wurden 1799–1801 geschleift und dann zu einem Landschaftspark umgestaltet.

302 Wurmser: Dagobert Sigismund Graf von Wurmser (1724–1797), österreichischer Heerführer, Befehlshaber der Koalitionstruppen am Oberrhein.

303 Ifland: August Wilhelm Iffland (1759–1814), Schauspieler und Bühnenschriftsteller. Seit 1796 Direktor des Berliner Nationaltheaters.

304 Beil: Johann David Beil (1754–1794), Schauspieler.

305 Beck: Heinrich Beck (1760–1803), Schauspieler und seit 1801 Leiter des Mannheimer Theaters.

306 Knigge: Adolph Freiherr Knigge (1752–1796), ab 1790 hannoverscher Oberhauptmann in Bremen.

307 Büreaux: hier: Schreibstuben, Amtsstuben.

308 Mosbach: Mußbach.

309 bey unserer lezten Anwesenheit: Das Weingut in Königsbach war Ziel der Hochzeitsreise, die das Ehepaar Gondela 1790 unternommen hatte. Christine Gondela hatte das Gut geerbt, vermutlich von ihrem Vater Gerhard Oelrichs (1727–1789), der sich bis 1768 als kaiserlicher Rat und und Resident in Frankfurt am Main aufhielt.

310 Schmidt: der Verwalter des Gutes.

311 Maire: Bürgermeister.

312 Ruine des Schlosses Hambach: Die durch das „Hambacher Fest" (1832) bekannte Burganlage wurde in ihrer Geschichte mehrmals zerstört und blieb seit der Zeit des pfälzischen Erbfolgekriegs 1688 Ruine. Eine wieder aufgebaute Burgkapelle wurde 1794 niedergebrannt. Erst 1844 begann man mit dem Wiederaufbau des Schlosses, der jedoch bald zum Erliegen kam.

313 Neufränkische Neujahrsabend: Der französische Revolutionskalender, der bis 1805 galt, datierte den Jahreswechsel auf das Herbstäquinoktium.

314 pränumerirt: vorausbezahlt.

315 Neubecks Gesundbrunnen: Valerius Wilhelm Neubeck (1765–1850): *Die Gesundbrunnen, ein Gedicht in vier Gesängen*, Berlin 1795.

316 zusammengefügte fasces: Rutenbündel, Symbol der höchsten Amtsgewalt im alten Rom.

317 Lustrum: Zeitraum von fünf Jahren.

318 notre union est notre force: Unsere Einigkeit ist unsere Stärke.

319 vive la republique et la Loix: Es lebe die Republik und das Gesetz.

320 paix aux peuples, guerre aux tyrans: Friede den Völkern, Krieg den Tyrannen.

321 Robespierschen und Maratschen Zeit: Die Zeit der jakobinischen Schreckensherrschaft (La Terreur) 1793–1794. Maximilien Robespierre (1758–1794) und Jean Paul Marat (1743–1793) gehörten zu den radikalen Anführern der Jakobiner.

322 Fürsten: Karl Friedrich Wilhelm von Leiningen (1724–1807).

323 Scenen aus Iflands Leben: Gemeint ist August Wilhelm Ifflands autobiographischer Bericht *Meine theatralische Laufbahn* (Leipzig 1798). Der Dichter stand in enger Verbindung mit dem Leininger Fürsten, auf dessen Gesellschaftstheater am 9. März 1785 die Uraufführung von Ifflands berühmtem Schauspiel *Die Jäger* stattfand.

324 ein neues Fürstenthum zugewiesen wurde: aus Teilen der säkularisierten Bistümer Worms und Mainz mit Amorbach im Odenwald als Residenz. Das Fürstentum hatte nur kurz Bestand und wurde 1806 zwischen Baden, Bayern und Hessen aufgeteilt.

325 Das „Kloster" von Mathisson: *Das Kloster*, Gedicht von Friedrich von Matthisson (1761–1831).

326 Pharus: (griech. Pharos): Leuchtturm. In Matthissons Gedicht ist von einem Turm am Meer die Rede.

329 Municipalität: Franz.: Municipalité. Verwaltungseinheit innerhalb eines Département, meist aus mehreren Gemeinden bestehend.

328 Grüner: Christoph Sigismund Grüner (1758–1807), Schauspieler, war 1797/1798 in Bremen engagiert.

329 Elegie auf die Ruinen eines alten Bergschlosses: Friedrich von Matthisson (1761–1831): *Elegie. In den Ruinen eines alten Bergschlosses geschrieben.*

330 Hebe: Tochter des Zeus, die an der olympischen Göttertafel den Nektar servierte.

331 Jakobi: Gemeint ist vermutlich der Dichter Johann Georg Jacobi (1740–1814).

332 Staubberg: Stabenberg.

333 Rump: Heinrich Rump (1768–1837), Professor am Bremer Gymnasium und Bibliothekar, ein enger Freund der Gondelas.

334 „anmodige Köhlung", wie Voß sagt: „Hier in dem Holt, hier weit anmodige Köling." Zeile aus der Idylle *De Geldhapers* von Johann Heinrich Voß (1751–1826). Voß, der vor allem durch seine Übersetzung von Ilias und Odyssee bekannt ist, war ein besonderer Freund der plattdeutschen Sprache.

335 Notaire public: (Öffentlicher) Notar.

336 Ruppersburg: Ruppertsberg.

337 Gülten: Abgaben.

338 Vorstadt Egypty: Die Ägyptenvorstadt. Eine seit dem ausgehenden 15. Jahrhundert so genannte Vorstadt.

338 im nordischen Mai (wie Klopstok den September nennt): „Der May ist wiedergekommen, / Ob er gleich September sich nent". Friedrich Gottlieb Klopstock (1724–1803) in seinem Gedicht *Die Wiederkehr* (Oden, 2. Bd., Leipzig 1798, S. 205).

340 Consul für Lebenszeit: Am 2. August 1802 wurde Napoleon durch

Senatsbeschluss Konsul auf Lebenszeit. Dem Beschluss folgte ein Plebiszit.

341 Pfirschen: Pfirsiche.

342 Antikensaal: Der Mannheimer Antikensaal wurde 1767 als Akademie-Sammlung eingerichtet. Ihr Direktor war seit 1793 Peter Simon Lamine (1738–1817). Auf Anordnung des bayerischen Kurfürsten Maximilian Joseph im Jahre 1803 wurden die Abgüsse nach München gebracht.

343 Villa med.: Abgüsse aus der Antikensammlung der Villa Medici in Rom.

344 Argandsche Lampe: Öllampe mit Hohldocht und Glaszylinder, 1783 von dem französischen Physiker Argand erfunden.

345 Der Herbsttag: Schauspiel von August Wilhelm Iffland (1759–1814).

346 Staubbergs: Stabenberg.

347 Kahle Mücke: Die Kalmit.

348 Donnersberg, der den neuen französischen Departement den Nahmen giebt: Département Mont Tonnerre.

349 ara Jovis: Altar des Jupiter.

350 Beck: Heinrich Beck (1760–1803), Schauspieler und Leiter des Mannheimer Theaters.

351 Regierungsrath Medicus: Friedrich Kasimir Medicus (1736–1808), Arzt und Botaniker, Direktor des Botanischen Gartens von Mannheim.

352 Schreibpult: *Das Schreibepult oder Die Gefahren der Jugend*, Schauspiel von August von Kotzebue (1761–1819).

353 Grüner: Christoph Sigismund Grüner (1758–1807), Schauspieler.

354 Collation: Zwischenmahlzeit, Imbiß.

355 nach einer alten Legende: Die Seherin Jette (bei Gondela: Jutta) soll dort der Sage nach von einem Wolf zerrissen worden sein.

356 Darmstadtische Gränze: Die rechtsrheinischen Teile des Bistums Mainz fielen an Hessen-Darmstadt.

357 Mathisson: Friedrich von Matthisson (1761–1831): *Elegie. In den Ruinen eines alten Bergschlosses geschrieben.*

358 Dorf Allerheiligen: Arheilgen.

359 Titus: Oper von Wolfgang Amadeus Mozart (Libretto: Pietro Metastasio). An der Aufführung wurden besonders die Dekorationen von Giorgio Fuentes gerühmt.

360 Willmans: Friedrich Wilmans (1764–1830), Verleger. Er stammte aus Bremen und zog 1802 nach Frankfurt.

361 Rheinbrücke: Muss richtig heißen: „Maynbrücke".

362 Die Judengasse ist halb verbrannt: Während der Beschießung der Stadt durch französisches Militär war in der Nacht vom 13. auf

den 14. Juli 1796 das jüdische Ghetto, dessen Bewohner geflohen waren, fast vollständig niedergebrannt.

363 Senator Brenner: vermutlich Johann Karl Brönner (1738–1812), seit 1793 Senator in Frankfurt.

364 Eltermann Pundsacks: Gemeint ist wohl der Bremer Eltermann Thomas Pundsack. Die Elter- oder Älterleute waren die Vorsteher der Kaufmannschaft.

365 Doctor Grambsch: Johann Georg Grambs (1756–1817), Jurist.

366 Kaufmann Schepeler: Vermutlich der in Bremen geborene Johann Georg Schepeler (1779–1848).

367 tracktirte: traktieren = bewirten, Essen anbieten.

368 Berliner Künstler: Es handelte sich um den Bassisten Ludwig Fischer (1745–1825).

369 Demmer: Joseph Karl Demmer, Schauspieler.

370 Schöff Wallacher: Vermutlich Gerhard Matthäus Wallacher (1744–1806). „Schöffen" war die Bezeichnung für die Frankfurter Ratsmitglieder.

371 Schlachte: Name der Bremer Kaianlage an der Weser.

372 Kotzebus Kleinstädter: *Die deutschen Kleinstädter,* Lustspiel von August von Kotzebue (1761–1819). Die Erstaufführung des neuen Stücks fand in Frankfurt am 10. Juni 1802 statt.

373 die Böttcher: Charlotte Christiane Bötticher (1760–1835), Schauspielerin.

374 Werdy: Friedrich August Werdy, Schauspieler.

375 Brandt: Gemeint ist der Schauspieler Prandt.

376 Stille Wasser sind tief: Lustspiel in vier Akten von Friedrich Ludwig Schröder (1744–1816).

377 Donauweibchen: Singspiel von Karl Friedrich Hensler, Musik: Ferdinand Kauer (1751–1831).

378 Maria Stuart mißfiel: Die Dramen Schillers waren in den Jahren zuvor uraufgeführt worden: *Wallenstein* 1798/1799 (Weimar), *Maria Stuart* 1800 (Weimar) und *Die Jungfrau von Orleans* 1801 (Leipzig).

379 Contrescarpe: Bezeichnung für die Außenseite einer Befestigungsanlage. Die Beseitigung der Festungsanlagen wurde in Frankfurt 1802 beschlossen, aber erst einige Jahre später umgesetzt. Ähnlich wie auch in Bremen geplant, sollte auf dem Gelände ein Landschaftspark entstehen.

380 Ennujanten: ennuyant (franz:): langweilig.

381 Dwerhagenschen: Rahel Dwerhagen (1730–1761) war in erster Ehe verheiratet mit Gerhard Oelrichs (1727–1789), dem Vater Christine Gondelas. Oelrichs war Konsul und kaiserlicher Rat in Frankfurt am Main.

382 Tobacksfabrikanten Kraft: Philipp Casimir Krafft (1773–1836), Tabak- und Zigarrenfabrikant in Offenbach.

383 Schloße des Fürsten von Isenburg am Mayn, das unbewohnt und unbewohnbar ist: Wolfgang Ernst II. zu Isenburg und Büdingen (1735–1803) residierte auf Schloss Birstein. Sein Schloss in Offenbach stellte er 1787 den Frankisten zur Verfügung, einer von Jakob Frank (1726–1791) gegründeten religiösen Bewegung, die vor allem unter den Juden Polens und Litauens Anhänger fand. Die Frankisten wurden sowohl vom traditionellen Judentum als auch von der katholischen Kirche ausgeschlossen und verfolgt. Durch den Schutz des Isenburger Fürsten erhielten ca. 400 Frankisten mit ihrem als Messias verehrten Anführer in Offenbach Asyl.

384 Bernhard: Johann Nikolaus Bernard (1709–1780) gründete 1733 die „Fürstlich Isenburgische privilegierte Schnupftabakfabrik", die später von Peter Bernard (1755–1805) und Jean Georg d'Orville weitergeführt wurde.

385 Franckfurter Banquiers Metzler: Der Bankier Friedrich Metzler (1749–1825) besaß in Offenbach einen am Main gelegenen Sommersitz mit einem Garten, der 1793 im englischen Stil gestaltet wurde.

386 das Schmitsche, das Schweitzersche: Das Rote Haus wurde 1635/1640 als Hotel und Gasthof erbaut und 1790 im klassizistischen Stil umgestaltet. Das Schweitzersche Haus war das Stadtpalais des aus Verona stammenden Seidenhändlers Franz Maria Schweitzer (1722–1812). Das Schmidtsche Haus wurde von dem Kaufmann Johann Friedrich Schmidt erbaut.

387 Niederwieselm: Nieder-Weisel.

388 Fitzburg und Klüberg, wenn ich in den Nahmen nicht irre: Vetzberg und Gleiberg.

389 Holzdorf: Halsdorf.

390 Jesbach: Josbach.

391 Musäum: Das Museum Fridericianum. Es wurde während der Regentschaft des Landgrafen Friedrich II. von Hessen-Kassel (reg. 1760–1785) unter der Leitung des Architekten Simon Louis du Ry 1769–1779 im klassizistischen Stil errichtet.

392 Philipp dem Großmüthigen: Landgraf Philipp I. von Hessen, genannt der Großmütige (1504–1567).

393 Schildbachsche Sammlung von Holzarten: Die Sammlung von Hölzern und Pflanzenteilen wurde von Carl Schildbach (1730–1817) angelegt.

394 Kulenkamp: vielleicht der Kaufmann Nicolaus Kulenkamp (1750–1815).

395 Bildergallerie: Die Gemäldegalerie war im sogenannten Bellevue-Schloss untergebracht. Im Galerieflügel befanden sich

Blindfenster, das Licht fiel durch eine darüber angebrachte Fensterreihe.

396 Raphael: Raffaello Santi (1483–1520), italienischer Maler.

397 Guido Reni: (1575–1642), italienischer Maler.

398 Die Jahrszeiten: Korrekt: Tageszeiten (Der Morgen, der Mittag, der Abend, die Nacht). Die vier Gemälde des französischen Landschaftsmalers Claude Lorrain (1600–1682) wurden wie viele andere von den Truppen Napoleons 1806 beschlagnahmt und befinden sich heute in der Eremitage St. Petersburg.

399 Potter: Paulus Potter (1625–1654), niederländischer Maler. Es handelt sich hier um das Bild von der „pissenden Kuh". Es befindet sich seit 1815 in der Eremitage St. Petersburg.

400 Berghem: Claes Pietersz Berchem (1620–1683), niederländischer Maler.

401 van Dyk: Anton van Dyck (1599–1641), flämischer Maler.

402 Reusdal: Jacob van Ruysdael (1628/1629–1682), niederländischer Maler.

403 Marmorbad im Augarten von Landgraf Carl erbaut: Das Marmorbad wurde 1722–28 unter Landgraf Karl von Hessen-Kassel errichtet. Das Innere gestaltete der römische Bildhauer Pierre Etienne Monnot (1657–1733).

404 Otto der Schütz: *Otto der Schütz, Prinz von Hessen*. Schauspiel von Friedrich Gustav Hagemann (1760 – um 1830).

405 100 tausend Rtl. gekostet habe: Die Löwenburg wurde während der Regierungszeit des Landgrafen Wilhelm IX. (1743–1821) in den Jahren 1793–1801 errichtet. Die Leitung des Projekts hatte der Gartenbauarchitekt Heinrich Christoph Jussow (1754–1825), dem auch die ab 1785 erfolgende Umgestaltung der Wilhelmshöhe anvertraut war.

406 Hautelisse Tapeten: mit senkrechter Kette gewebte Wandteppiche.

407 Kriegsrath Engelhard: Johann Philipp Engelhard (1753–1818), Jurist. Er war verheiratet mit Magdalene Philippine Gatterer (1756–1831).

408 Dichterin Philippine: Magdalene Philippine Engelhard, geb. Gatterer, war durch ihre Lyrik bekannnt, die unter anderem im Göttinger Musenalmanach veröffentlicht wurde. Sie zählt zu den bedeutendsten Schriftstellerinnen des ausgehenden 18. Jahrhunderts.

409 „Du arme Leyer wirst im Staube hängen denn mancherley Geschäfte wird sich drängen zum jungen Weib.": Aus dem Gedicht: *Der künftige Gemahl* (Gedichte von Philippine Gatterer, Göttingen 1778).

410 Nordhausen: Gemeint ist Northeim.

411 Pütters: Johann Stephan Pütter (1725–1807), Professor für Staatsrecht.

412 Gatterers: Johann Christoph Gatterer (1727–1799), Professor der Geschichte.

413 Feders: Johann Georg Heinrich Feder (1740–1821), Professor der Philosophie.

414 Superintendenten Klingsöhr: August Konrad Klingsöhr (1737–1818), Superintendent in Hohnstedt bei Northeim, war der Schwiegervater von Christoph Wilhelm Gatterer, Professor in Heidelberg.

415 Haus des Teufels: Vermutlich das Hünengrab in Stöckse bei Nienburg, „Teufelsbett" genannt.

Textgrundlage ist das handschriftlich verfasste Reisetagebuch von Heinrich und Christine Gondela mit 367 gezählten Seiten, das sich im Besitz der Staats- und Universitätsbibliothek Bremen befindet (Brem.b.660.c.). Das dem gebundenen Manuskript später angefügte Vorsatzblatt trägt neben der Signatur den Titel: „Simon Heinrich und Rahel Christine Catharine Gondela / Gesammelte Schriften. / III. Reisetagebuch durch Sachsen, Böhmen, / Franken etc. im Jahre / 1802.“ Die Handschrift des Reisetagebuchs ist die Rahel Christine Gondelas. Im Original befinden sich eingeheftet einige zum Teil kolorierte Stiche und einige von Heinrich Gondela angefertigte Skizzen.

Die vorliegende Edition folgt im Lautstand dem Original. Grammatische Eigenheiten blieben erhalten. Auch die Interpunktion blieb in der Regel gewahrt. Einige wenige Schreibfehler wurden stillschweigend korrigiert oder durch [ ] gekennzeichnet. Im Zweifelsfall wurde jedoch stets die Schreibweise des Originals beibehalten.

Die Unterstreichungen des Manuskripts wurden im Druck übernommen.

Erläutert werden Fachtermini, Fremdwörter, Zitate und heute ungebräuchliche Ausdrücke sowie Ortsnamen, sofern sie von der heutigen Benennung stark abweichen oder im Text fehlerhaft wiedergegeben sind. Auf Personen wird – soweit ermittelbar – mit ihren Lebensdaten und Tätigkeiten hingewiesen. Kurz erläutert werden auch historische Ereignisse, die im Reisebericht erwähnt werden.

Das Register enthält die im Reisetagebuch genannten Orte in ihrer heutigen Schreibweise. Stark abweichende Schreibweisen sind erläuternd hinzugefügt.

Die Abkürzungen für Münzeinheiten sind: Rtl. = Reichstaler, fl. = Gulden, gr. = Groschen. Eine häufig vorkommende Abkürzung ist p. oder pp. (lat. perge = fahre fort) für das heute gebräuchliche „usw.“ („und so weiter“). Die Längenmaße waren damals nicht einheitlich. Die Länge der im

Reisebericht genannten „Meile" entsprach etwa 10 Kilometern (1 alte Hannoversche Landmeile = 9347 m). 1 Bremer Fuß entsprach knapp 30 cm, 2 Fuß = 1 Bremer Elle.

„… so sollen ja diese Blätter dazu dienen, uns oft an die schönen Tage dieser Reise zu erinnern."

Nachwort von Michael Rüppel

Um das Jahr 1800 war Reisen eine beschwerliche Angelegenheit. Schon das gemächliche Tempo der Fortbewegung auf Straßen, die mit heutigen Maßstäben gemessen eher Feldwegen glichen, ist uns heute ebenso wenig vorstellbar wie die Tatsache, dass die mediale Kommunikation damals nicht schneller war als ein reitender Bote.

Und doch dürfte dem heutigen Leser vieles bekannt sein: die Vorfreude, die Aufregung des Packens, das Zurücklassen des Alltags. Die Reise des Bremer Senators Heinrich Gondela und „Nantes", seiner Frau Christine, ist eine Fahrt in den Urlaub. Man genießt die Natur, besichtigt die auf dem Wege liegenden Sehenswürdigkeiten, lernt fremde Menschen kennen. Das sind vertraute Motive einer touristischen Freizeitgestaltung, an der im 19. Jahrhundert erst ganz allmählich auch weniger betuchte Bevölkerungskreise teilnehmen konnten. Heute sind mehr Menschen als je zuvor als Touristen unterwegs. Reisen ist etwas Selbstverständliches geworden.

Das war zur Zeit unserer Tagebuchschreiber noch anders. Nur eine kleine wohlhabende Elite konnte das nötige Geld und die Zeit für eine Reise erübrigen, die nicht einer Notwendigkeit entsprang, wie die Wanderfahrten der Handwerksgesellen, die Dienstreisen von Beamten, die Handelstransporte der Kaufleute. Auch Musikanten, Hausierer und Bettler waren nicht ohne Grund auf den Straßen unterwegs.

Schon lange war es üblich, dass junge Adelige, dann auch Bürgersöhne, nach ihrer Ausbildung eine längere Reise unternahmen. Eine solche „Grand Tour" diente der Welt- und Menschenkenntnis. Dass man im späteren Berufsleben zum Vergnügen Reisen unternahm, war neu. Die Reiseliteratur nahm in den letzten zwei Jahrzehnten des 18. Jahrhunderts einen ungeheuren Aufschwung, und diese Literatur war ein Kind der Aufklärung. Unübersehbar war das Bedürfnis, Erfahrungen zu sammeln, zu vergleichen, die bestehende Ordnung kritisch zu hinterfragen. Zur Zeit der Französischen Revolution hatten viele Reiseberichte zudem das Ziel, bestehende Missstände öffentlich zu machen. Die Berichte wurden subjektiver, sie versuchten dem Leser die eigenen Eindrücke und Empfindungen zu vermitteln.

Um 1800 rückte ein neues Interessengebiet in den Mittelpunkt: die Natur. Am deutlichsten zeigt sich dies an der veränderten Wahrnehmung der Gebirgsgegenden, namentlich der Alpen. Zahlreiche Künstler entdeckten die Landschaft. Reisen in die Schweiz kamen in Mode. Auch Heinrich Gondela hatte sich 1788 nach Abschluss seines Jurastudiums dorthin aufgemacht. Nun galt es, das „Paradies von Deutschland" zu erkunden, die Ufer der Elbe, Heidelberg und die Gegend um Neustadt an der Haardt, wo die Gondelas in Königsbach ein Weingut besaßen. Erst nach knapp zwei Monaten trafen sie wieder zu Hause ein.

Dass wir die Reise und die damit verbundenen Eindrücke in aller Frische und Unmittelbarkeit noch heute nachvollziehen können, verdanken wir ihrem Reisetagebuch, das hier zum ersten Mal an die Öffentlichkeit gelangt. Soweit bekannt, ist es nur in dieser einzigen Fassung in Christine Gondelas Handschrift überliefert. Die Herausgabe hat das deutlich erleichtert: Heinrich Gondelas Schrift ist viel schwerer zu lesen. Er hat wahrscheinlich nicht ohne Grund seine Frau, wie der Nachlass zeigt, auch in anderen Fällen mit der Reinschrift beauftragt.

Die Reise ist aus Heinrich Gondelas Perspektive geschildert. Es ist aber anzunehmen, dass die Ausarbeitung des Tagebuchs ein Gemeinschaftswerk beider war: Das – vermutlich von Bibliothekar Heinrich Rump – dem Manuskript später zugefügte Vorsatzblatt nennt denn auch Heinrich und Christine Gondela als Verfasser. Mit ein paar hinzugefügten Erinnerungsstücken in Form von Stichen und einigen Skizzen

Heinrich Gondelas diente es dem persönlichen Gebrauch. Das Anfertigen solcher Reisetagebücher war eine verbreitete Praxis, an eine gedruckte Veröffentlichung war dabei nicht gedacht. Für den heutigen Leser ist es ein Glücksfall, blieben auf diese Weise doch viele Details erhalten, die sonst einer inhaltlichen Glättung zum Opfer gefallen wären. Dennoch ist festzuhalten, dass auch das Reisetagebuch in seiner vorliegenden Form nach den mitgebrachten Reisenotizen mit Sorgfalt formuliert wurde. Einzelne Episoden, mit einer gewissen pointierten Zuspitzung dargeboten, lassen den nicht ungeübten Schriftsteller erkennen. Als handschriftliches Unikat blieb ein sehr persönliches und faktenreiches Dokument erhalten, in dem nachzulesen ist, wie die stadtbürgerliche Oberschicht um 1800 touristische Hauptattraktionen gezielt ansteuerte und mit welcher Selbstverständlichkeit sie dies tat.

Heinrich Gondela war ausgesprochen unternehmungslustig. Er hatte bereits als Göttinger Student verschiedene Reisen unternommen und in „Nante" eine Gleichgesinnte gefunden, die seine Leidenschaft teilte. Nach der Heirat 1790 führte die Hochzeitsreise an den Rhein und zum Weingut in Königsbach, das Christine, die aus wohlhabendem Hause stammte, in die Ehe eingebracht hatte. Auch die Bremer Umgebung wurde von beiden geschätzt. Das schwiegermütterliche Anwesen vor den Toren der Stadt Bremen war Ziel allwöchentlicher Wanderungen. Christine wie Heinrich Gondela waren bei solcherart Training gut zu Fuß, ja sie waren geradezu süchtig nach dieser Art der Fortbewegung.

Heinrich Gondela war Jurist, sein Interesse galt jedoch zeitlebens schöngeistigen Dingen. Die Neigung zu Musik, Literatur und Theater stand in seinem Leben oft genug in Konflikt mit den Verpflichtungen, denen er seit seiner Wahl in den Rat der Stadt nachzukommen hatte. Er setzte sich in dieser Zeit für das Theater ein und wurde 1802, kurz vor Antritt der Reise, Mitglied der städtischen Deputation zur Umgestaltung der Bremer Befestigungsanlagen in einen englischen Landschaftsgarten. Man wollte die alten Wälle und

Mauern niederreißen, die nicht mehr zeitgemäß erschienen und in kriegerischen Konflikten die Neutralität der freien Reichsstadt in Gefahr bringen konnten.

Die Besichtigung verschiedener Landschaftsparks während der Reise, vor allem aber die Spaziergänge in den Gärten und Anlagen Leipzigs, dienten also nicht nur der Erholung, sondern auch der Orientierung und Anregung. Der Deputation legte Gondela nach der Rückkehr eine detaillierte Beschreibung der Leipziger Parkanlagen vor. Auf diese Weise ließ sich das Angenehme mit dem Nützlichen verbinden.

Wobei die Reise, aus heutiger Sicht betrachtet, alles andere als angenehm war. Zwar verfügten die Gondelas über einen eigenen Wagen und reisten gemeinsam mit ihrem Bediensteten. Es wechselten auf den Stationen also lediglich die Pferde und die als „Postillone" bezeichneten Kutscher. Das war gegenüber dem Fahren mit dem gewöhnlichen Postwagen, der „Ordinari-Post", eingezwängt unter fremden Menschen, eine schon privilegierte Fortbewegungsart. Allzu luxuriös darf man sich das Fahrzeug der Gondelas aber nicht vorstellen. Es handelte sich um einen in Norddeutschland weit verbreiteten „Stuhlwagen", der wegen seines Aussehens in südlicheren Gegenden durchaus Aufsehen erregte und manchen Zolleinnehmer ins Grübeln brachte, ob er das Gefährt als Kutsche oder vielmehr als Karren taxieren sollte. Und in der Tat erinnerten solche Wagen mit ihren vier großen Rädern und einem geflochtenen Wagenkorb eher an bäuerliche Leiterwagen als an eine Kutsche.

Auch wenn die Gondelas sich ein besser ausgestattetes Exemplar leisten konnten: Bequem war das Reisen in einem solchen Stuhlwagen nicht, die Fahrgäste wurden auf den unebenen Straßen furchtbar durchgeschüttelt, bei schlechtem Wetter schützte ein Verdeck nur notdürftig gegen den Regen. Und auch die Tatsache, dass der Wagen neu war, bewahrte nicht vor Achsenbrüchen. Einmal brach das Vorderrad weg, zweimal das Hinterrad, und das keineswegs am Schluss der Reise. Der erste Unfall dieser Art ereignete sich bereits am zweiten Reisetag, mitten in der Heide „auf dem ebensten Wege, ohne alle sichtbare Veranlassung".

Obgleich Urlaubsreise, war das Unternehmen doch keine geruhsame Sache, bei der man endlos Zeit hatte. Die Route war genau geplant, jeder Zwischenfall ärgerlich, jeder allzu langsame Postillon machte ungeduldig. Schon vor der Abfahrt hatten die Gondelas den Verlauf der Reise genau bedacht, sie hatten Karten studiert und Reiseführer zu Rate gezogen. Deren Lektüre wurde unterwegs so manche Stunde geopfert: „Da wir beyde noch Manches aus Nantens Auszügen, und aus einer mitgebrachten Beschreibung von Leipzig zu lesen und dann zu schreiben hatten, so kamen wir ziemlich spät in die Kleider". Ganz offensichtlich folgte man den damals gängigen Anweisungen wie Posselts „Apodemik oder die Kunst zu reisen", in der nicht nur das Führen eines Reisetagebuchs empfohlen wurde, sondern zur Vorbereitung auch das Zusammenstellen eines „Reisehandbuchs". Dadurch wisse man bereits, was man zu sehen und zu untersuchen habe und werde dreimal mehr beobachten als mancher andere Reisende und darüber hinaus viel Zeit sparen. Das Reisetagebuch bezieht sich denn auch an mehreren Stellen auf zeitgenössische Beschreibungen von Sehenswürdigkeiten. Gut vorbereitet, kannten die Gondelas die zu erwartenden Höhepunkte schon im Voraus und überließen kaum etwas dem Zufall. Dieses Vorgehen vermittelte das Gefühl von Sicherheit, ja Überlegenheit in der Fremde. Beruhigt konnten sie so die Umgebung genießen oder sich Betrachtungen hingeben und „sentimentalisch-politische Bemerkungen über Verbeßerung und Cultivirung der niedern Stände" austauschen.

Nur Hinrich, ihr Bediensteter, störte bisweilen mit naiven Fragen, „die es sehr deutlich an den Tag legten zu welcher Classe von Reisenden er gehörte". Eine Landkarte zu Rate zu ziehen war nicht seine Sache und er gab zu verstehen: „Auf so einem Papiere sich herumzufinden, das lerne er all sein Tage nicht, aber er habe auf seinen Wanderungen als Handwerksbursche recht gut die Wege gefunden, wenn die

Leute ihn zurecht zeigten, und noch beßer, wenn einer mitgegangen, der sie kenne." Ein Bericht aus Hinrichs Perspektive wäre spannend zu lesen, da seine „Classe von Reisenden" aber nicht schrieb, bleibt seine Sichtweise der Phantasie überlassen. Überliefert ist nicht einmal der Nachname des treuen Begleiters.

Lästig wie hinderlich waren auf der Reise die regelmäßig wiederkehrenden Zollkontrollen. Bei jeder Einfahrt in eine große Stadt musste am Tor eine Wache passiert werden, später, nach der Einkehr im Hotel, erschien der Zollvisitator, um den Wagen und das Gepäck zu inspizieren. Meist eine Formsache, die sich mit einem Geldstück gütlich regeln ließ. Der Wagen war ja ordentlich bepackt mit allerlei Dingen, die man auch auf Reisen nicht missen mochte. Man wusste ja nie, ob man unterwegs den richtigen Tabak bekam, und auf das Tabakspfeifchen nach dem Mittagessen wollte der Herr Senator ebenso wenig verzichten wie auf ein gutes Glas Wein, von dem man etliche Bouteillen mitführte. Den eigenen Geldvorrat hatte man sorgfältig versteckt, mit ihm musste haushälterisch umgegangen werden, Sparen war auch auf Reisen erste Bürgerpflicht. Dabei waren die Gondelas wohlhabend genug; wenn möglich, kehrten sie stets in den besten oder doch wenigstens guten Gasthöfen ein.

Ein erster Höhepunkt der Reise war Dresden, das am Abend des 20. August erreicht wurde. Auf einer schönen, von Pappeln gesäumten Chaussee fuhr der Wagen über die große steinerne Elbbrücke ins Zentrum der Residenzstadt, vorbei an der katholischen Hofkirche – „die wir nach unserm Kupferstiche sogleich dafür erkannten" –, durch das Schloss hinein in die belebte Wilsdruffer Straße zum Gasthof „Goldener Engel", dem Haus, in dem schon Friedrich Schiller 1785 genächtigt hatte.

Dresden war in jener Zeit die wohl prächtigste deutsche Residenz. Die Stadt hatte ihre Blütezeit unter August dem Starken und dessen Sohn, die als Bauherren und Förderer der schönen Künste Dresden zu einem Zentrum barokker Prachtentfaltung machten. Trotz der Zerstörungen des Siebenjährigen Krieges, in dem die Preußen die Stadt stürmten und ausplünderten, war Dresden nach wie vor berühmt für die dort aufbewahrten Gemälde, für die antiken Statuen und für die Preziosen der Schatzkammer, des sogenannten „Grünen Gewölbes". Dies und die landschaftlich reizvolle Lage Dresdens am Rande der Sächsischen Schweiz zogen alljährlich große Scharen von Besuchern an. Oft schloss man sich mit anderen Reisenden in einer Gruppe zusammen, so konnte man sich die Bezahlung des Führers teilen. Auch die Gondelas, die in ihrem Hotelzimmer wegen des Straßenlärms früher als geplant erwachten, suchten sich eine Reisegesellschaft. Gemeinsam mit einem Regierungsassessor aus Minden, einem Berliner Husarenleutnant und einer ebenfalls aus Berlin angereisten „gichtbrüchigen Geheimeräthin" nebst Kammerzofe wurden nun die „Merkwürdigkeiten Dresdens" aufgesucht.

Das Besichtigungsprogramm unterschied sich kaum von noch heute gängigen Gepflogenheiten. Interessant sind die Wertungen, die Gondela dem Tagebuch anvertraut: Für barocke Prachtentfaltung hat er nicht viel übrig. Das Grüne Gewölbe mit all seinen Edelsteinen und anderen Kostbarkeiten lässt den Senator völlig kalt. Gondela stellt nüchtern fest, dass die Edelsteine eines Zimmers tatsächlich so viel wert sein könnten wie manches ganze deutsche Fürstentum, vom künstlerischen Standpunkt aus betrachtet war die Pracht für ihn wertloser Kitsch: „Der Anblick war mir widerlich." Mit distanziert-amüsiertem Blick verfolgten die Gondelas auch den Auftritt des Hofes. Das Defilee des Adels als Touristenattraktion – ein lächerliches Schauspiel.

Heinrich und Christine Gondela interessierten sich für andere Dinge. Als wahre Kunstkenner verehrten sie die Antike und den in ihrer Zeit als modern geltenden klassizistischen Stil. Dementsprechend interessiert waren sie daher an den antiken Statuen, die im Japanischen Palais ausgestellt waren. Sie hatten sich vorgenommen, zu diesen „schätzbaren

Reliquien" mehrmals zu „wallfahrten", und nahmen sich dafür ausgiebig Zeit.

Das Bürgertum des ausgehenden 18. Jahrhunderts orientierte sich an der Natur. Ob es sich um Gemälde, Plastiken oder Theateraufführungen handelte, stets wurde die Qualität eines Kunstwerks daran gemessen, wie treu es die „Natur" nachahmte. Zweifellos handelte es sich bei dieser Richtschnur um eine idealisierte Vorstellung von Natur, das wird vor allem bei den Garten- und Landschaftsbeschreibungen deutlich.

Die Forderung der Natürlichkeit erstreckte sich auch auf das Verhalten beim Betrachten von Kunstwerken: Nicht der affektierte Aufschrei, sondern die ruhige Empfindung galt als angemessen. Beim Besuch der Dresdener Gemäldegalerie hofften Gondelas allerdings vergebens, die Kunstwerke allein und in Ruhe genießen zu können. Sie mussten die Räume mit einer Gruppe vornehm tuender Kunstbanausen teilen, die sich der Museumsführung anschlossen und bedauerlicherweise überall im Wege standen. Hauptattraktion der Dresdener Galerie war das berühmte Gemälde der Maria mit dem Kinde, Raffaels „Sixtinische Madonna". Heinrich Gondela konnte dem Kunstwerk nicht viel abgewinnen. Er hütete sich jedoch wohlweislich, solche „Ketzereyen" öffentlich zu äußern, wie er dem Tagebuch anvertraute. Mit Göttern, Päpsten und Heiligen konnte der aus dem calvinistischen Bremen angereiste Senator wenig anfangen. Er rechnete sich zu den aufgeklärt-vernünftig denkenden Menschen, die Kirche und Religion, besonders der katholischen, distanziert gegenüberstanden. Auch ein Besuch in der Dresdener Hofkirche galt daher nicht dem Gottesdienst, sondern der Kirchenmusik, dem Chor und den Orgelklängen.

Kunstgenuss war nicht alles, was Dresden bot. Die reizvolle Umgebung, die Lage der Stadt am Ufer der Elbe, das waren Eindrücke, die sich kaum ein Reisender entgehen ließ. In dieser Hinsicht unterscheidet sich das Reisetagebuch von 1802 deutlich von Berichten, die rund zwanzig Jahre früher verfasst wurden. So zeigen zum Beispiel Johann Kaspar

Riesbecks „Briefe eines reisenden Franzosen“, dass auch er nicht unempfänglich für landschaftliche Reize war. Doch sieht Riesbeck die Natur nüchtern, eher mit dem Blick des Statistikers. Seine kritischen Ausführungen gelten den Menschen und ihren sozialen Verhältnissen. Das änderte sich zum Ende des 18. Jahrhunderts. Zu Gondelas Zeiten findet die Landschaft eine ganz neue Beachtung.

Um diese richtig genießen zu können, musste man sie unmittelbar erleben, sich möglichst ohne zivilisatorische Hilfsmittel in sie hineinbegeben. Ohne Fahrzeug, ohne Hinrichs Begleitung, möglichst auch ohne einen Führer, der einem durch Geschwätzigkeit die Stimmung verdarb, nur zu Fuß erschlossen sich die Schönheiten der Natur. Wann immer es möglich war, unternahmen Heinrich und Christine Gondela Spaziergänge und lange Wanderungen, was im Jahr 1802 durchaus noch keine selbstverständliche, allgemein anerkannte Fortbewegung des bürgerlichen Standes war und sich schon gar nicht für Frauen ziemte. Die weiblichen Insassen der vorbeifahrenden Kutschen machten aus ihrer Neugier daher keinen Hehl: „Besonders schien ihnen Nante, mit ihrem raschen Schritte aufzufallen; die weissen Hälse reckten sich auf das äußerste, um diesen interessanten Anblick im Auge behalten zu können.“ Nante ließ sich jedoch nicht beirren. Sie „sah den schönen Neugierigen keck ins Angesicht, ohne sich in ihrem Laufe zurückhalten zu lassen.“

Nur Angehörige der unteren Schichten gingen zu Fuß. Bei der Einkehr in einem Wirtshaus wusste die versammelte vornehme Tischgesellschaft denn auch nicht so recht, wie sie die eintretenden Wanderer einordnen sollte. Waren sie vielleicht „reisende Musikannten, die ihnen eine Tafelmusik machen würden“? Es kostete Heinrich Gondela einige Mühe, das Tischgespräch so zu lenken, dass man ihn endlich „nach Nahmen, Stand und Würden fragte“, wonach man dem Bremer Senator und seiner Frau einen Platz im Wagen anbot. Diese lehnten das freundliche Angebot ab mit dem Hinweis, dass sie „aus Wahl den Weg zu Fuße machten“ und den eigenen Wagen und den Bedienten in Dresden zurückgelassen hätten, „um ungestörter und beßer die Schönheit des Weges zu genießen.“

Das Wandern entwickelte sich im ausgehenden 18. Jahrhundert wie das Spazierengehen als Form bürgerlicher Fortbewegung. Der neuen Mode folgend, wurden an Brunnenorten, dann auch in anderen landschaftlich reizvollen Gegenden, Fußwege und Promenaden angelegt. Nach Vorbild des Landschaftsparks wurden malerische Ausblicke mit Wegen verbunden, Ruhepunkte geschaffen und mit den bekannten Requisiten jener Parks ausstaffiert: Rundtempeln, Waldhütten, Denkmälern. Glücklich der Ort, der auch noch über eine Burgruine verfügte, sie komplettierte die romantische Ideallandschaft, zu der nicht nur Berge, Wälder und Wiesen, sondern auch ein Dörfchen mit seinen roten Dächern und seiner weißen Kirche gehörten.

Ideal ist die „Mannigfaltigkeit“ – ein im Tagebuch häufig zu lesender Begriff –, worunter eine abwechslungsreiche und überschaubare Szenerie zu verstehen ist, ganz so, wie sie zum Beispiel Christian Garve in seiner Abhandlung über die „Schönheiten der Gebirgsgegenden“ beschreibt: ein Tal, auf beiden Seiten von nicht allzu hohen Bergen umschlossen, mit Blick auf eine besiedelte Ebene. Es ist nicht die wilde, bedrohliche Natur, sondern die ruhige Landschaft, die den empfindsamen Betrachter in Hochstimmung versetzt:

„Auf das Geländer vor der Terraße gelehnt, standen wir lange, und konnten uns nicht satt sehen an der herrlichen Gegend, wo Anbau und wilde Natur, Wiesengründe und Felsen, bebaute Felder und dichte Waldungen im schönsten Verein stehen. Ich wüßte nicht wo man sich mehr gedrungen fühlen könnte, Hölty's: o Wunderschön ist Gottes Erde: aus voller Kehle anzustimmen, als hier. Ich that es, und Nante, wenn sie auch nicht mit einfiel, gab mir durch Blick und Wort zu erkennen, daß sie mit mir gleich empfand.“

Den zahlreichen Landschaftsschilderungen, die im Reisetagebuch festgehalten sind und besonders die Beschreibungen der Fußwanderungen begleiten, lässt sich entnehmen, dass es nicht um die Wahrnehmung der realen Umgebung ging, sondern um das Wiederfinden idealer Landschaften. Die Hervorhebung des „Malerischen“ zeigt, dass man die Natur mit den Vorstellungen wahrnahm, die durch die Landschaftsmalerei vorgeprägt waren, hauptsächlich durch die klassizistischen Landschaften eines Nicolas Poussin, Salvator Rosa oder Claude Lorrain: „Ein röthlicher magischer Duft umzog die fernen Berge, die in diesem Dufte schwammen. Alles eckigte Scharfe war verschwunden, sanft geründet, und wie in einen verschönernden Schleyer gehüllet, lag die Gegend vor uns da. Mit dem Verschwinden der Sonne, veränderte der röthliche Abendhimmel sich in ein liebliches Violett, bis er in ein dunkles Blau überging, und die Formen der fernen Berge, und dann die nähern Gegenstände sich dem Auge verlohren. – Wir glaubten beyde, nie einen Abendhimmel und nie eine Beleuchtung gesehen zu haben, die den Gemälden von Claude Lorrain näher gekommen wären.“

Der romantisch verklärende Blick vermied die Wahrnehmung der sozialen Wirklichkeit, der man durch das Fußwandern doch eigentlich hätte näher kommen sollen. Anders als Johann Gottfried Seume, der 1801/02 auf seiner Wanderung, dem „Spaziergang nach Syrakus“, den Menschen auf Augenhöhe begegnen wollte, ist ein solches Motiv bei Senator Gondela nicht zu spüren. Er ärgerte sich gewaltig über die herablassende Haltung dünkelhafter Adliger, hielt seinerseits aber auch Distanz zum einfachen Volk. Zu große Nähe wurde, so zeigt das Reisetagebuch, als unangenehm, wenn nicht gar als bedrohlich empfunden.

So gerät Gondela in höchste Verlegenheit, als nach Ende einer längeren Wanderung der bestellte Wagen nicht da ist und man genötigt ist – „das gewöhnliche Loos der Fußreisenden“ –, sich in der als Treffpunkt ausgemachten Dorfschenke in einem Raum mit Kutschern und anderen Bediensteten aufzuhalten. Erst ein tiefer Griff in den Geldbeutel: „ein paar Thaler für einen Führer und einen Louisd’or für einen Wagen nach Dresden“ half aus der peinlichen Lage.

Unangenehmer sollte es in Böhmen kommen. Nach Dresden standen Teplitz und Karlsbad auf dem Programm. Zunächst ging die Reise ohne Zwischenfälle voran, obgleich der beschwerliche Weg durch das Erzgebirge mit seinem steilen Abstieg ins Tal zu bewältigen war. Hinrich wurde vorausgeschickt, um entgegenkommende Fuhrwerke zu warnen, Heinrich und Christine Gondela gingen zu Fuß hinter ihrem Wagen her. Auf diesem Weg, der diesmal kein Spazierweg war, zeigt sich mit einem „grausenvollen Gemisch von Klippen und Tannen" die Natur von ihrer weniger freundlichen Seite. Doch dank des erfahrenen Kutschers geht alles gut. Auch in Böhmen werden die Sehenswürdigkeiten ausgiebig gewürdigt, man unternimmt eine lange Wanderung von Teplitz bis zur Burg Schreckenstein an der Elbe, diesmal in Begleitung eines ortskundigen Führers, was sicherer erscheint.

Doch bei der Weiterreise, auf dem Weg zwischen Teplitz und Karlsbad, wird das Urlaubsvergnügen auf die härteste Probe gestellt: Mitten in einer öden Gegend, während eines heftigen Gewitters, bricht erneut die Achse des Wagens. Es bleibt den Reisenden nichts anderes übrig, als in der nächstgelegenen menschlichen Behausung Schutz und ein Nachtquartier zu suchen. Es ist „eine finstre, niedrige Spelunke mit kleinen Fenstern und einem ungeheuern Schornstein." In der schlecht beleuchteten Gaststube, bei einer Gruppe von Bauern, die sich am Braunbier und einer Pfeife labten, fühlt der Herr Senator heftiges Unbehagen: „Es war mir unmöglich, den Gedanken zu verbannen: hier ist Gefahr für Eigenthum und – Leben." Obgleich Wirt und Bauern sich gastfreundlich zeigen, verbringt Gondela eine schlaflose Nacht, zusätzlich aufgeschreckt durch das Klopfen eines späten Gasts fürchtet er das Schlimmste: „Wer kennt die Gesinnungen der Einwohner eines Böhmischen Dorfs? und war es nicht in der Nähe, wo noch kürzlich Raub und Mord verübt wurde?" Doch alles geht gut, am Morgen wird die Fahrt fortgesetzt, und beim Spazieren durch den Schönhofer Park ist bald alles wieder vergessen.

Über Karlsbad, Bayreuth, Bamberg und Würzburg erreichen die Reisenden endlich Heidelberg, wo sie Freunde treffen: den Heidelberger Professor und Bergrat Christoph Wilhelm Jakob Gatterer und dessen Frau Justina Amalia. Die Ruinen des viel besungenen Heidelberger Schlosses weckten bei Gondela erneut eine „eigne wunderbare Stimmung", die seine Phantasie in die Vergangenheit schweifen lässt. Heidelberg, der Rhein, das Weingut im pfälzischen Königsbach – es ist das „Paradies von Deutschland", dessen Schönheiten ausgiebig genossen werden. Kein Zufall, dass das Ehepaar Gondela später, 1816, Heidelberg als Wohnsitz wählte. Heinrich Gondela ist dort im Jahre 1832 gestorben.

Die Naturschwärmereien des Reisetagebuchs sollten nicht zu dem Schluss verleiten, Gondela hätte kein Gespür für die ihn umgebenden Realitäten gehabt. Dazu war der Bremer Senator doch zu sehr Politiker und mit den von der Reichsdeputation seinerzeit verhandelten Änderungen vertraut, die sich in einigen besuchten Orten bereits durch militärische Okkupationen bemerkbar machten. Auch die Zeitungsblätter wurden, sofern verfügbar, mit Interesse gelesen. So zum Beispiel während eines Aufenthalts in einem Posthaus, wo Heinrich Gondela der Presse „mit sehr vielem Vergnügen" die Vorschläge für die Bedingungen entnimmt, mit denen Hannover zum Besitz von Osnabrück gelangen sollte. Mit der Übernahme der rechtsrheinischen Kurpfalz durch Karl Friedrich von Baden verbindet sich die Hoffnung auf ein Aufblühen des Landes unter dem „weisesten Fürsten unserer Zeit".

Heinrich Gondela sympathisierte mit vielen der anstehenden Neuerungen, vor allem mit denen, die verschwendungssüchtige Despoten durch aufgeklärte Fürsten ersetzen oder der Herrschaft der Kirche ein Ende machen sollten. Ohnehin war für ihn der Einfluss der (katholischen) Kirche gleichbedeutend mit Armut und Bettelei: „Die Straßenbetteley verschwindet mit den Heiligen", bemerkt er beim Grenzübertritt von Böhmen in die Markgrafschaft Bayreuth.

Kritisch beobachtet er die Meinung der Bevölkerung, die nicht immer der eigenen entsprach. Das zeigt sich vor allem bei dem längeren Aufenthalt in der Pfalz, bei dem die Gondelas vom 18. September bis zum 7. Oktober 1802 auf ihrem Gut in Königsbach bei Neustadt an der Weinstraße wohnen und von dort aus die Umgebung erkunden. Anders als viele Bewohner der Pfalz, die die Franzosen als Besatzungsmacht wahrnehmen, die man gerne wieder loswürde, nimmt Heinrich Gondela die französische Verwaltung der linksrheinischen Gebiete als gegeben hin. In einer Zeit, in der die Beschlüsse der Reichsdeputation die Landkarte radikaler veränderten als je zuvor, war in den Augen Heinrich Gondelas die französische Republik eine realistische Option zur Überwindung von Kleinstaaterei und Kirchenmacht.

Menschen, denen im Krieg zuvor Haus und Hof geplündert worden waren, sahen das natürlich anders. Heinrich Gondelas greiser Gutsverwalter hoffte sehr, dass die Franzosen „mit Schande und Schmach bedeckt, den Deutschen Boden wieder räumen müßten." Heinrich Gondela wollte dem Alten den „süßen Wahn" nicht rauben: „Ich stellte mich überzeugt, und er trank mir mit jugendlicher Lebhaftigkeit zu: baldige Befreyung der Pfalz von ihren Unterdrücker. Ich mußte den Toast annehmen und erwiedern, denn der meinige: auf beßere, ruhigere, glückliche Zeiten, genügten ihm nicht, weil nichts gegen den national Feind darinn vorkam."

Er selbst vermochte keine Unterdrückung zu erkennen. Mit Erstaunen stellt er fest, dass man im „Département du Mont Tonnerre" über die neuen Herren in aller Öffentlichkeit lästert, ohne dass ein Soldat eingreift: „Freyheit in Reden ist, wie sich aus allem dem zeigt, wirklich in diesem Lande zu Hause. Alles läßt durch Worte seinen Unwillen gegen die Beherrscher und ihre Civil- und Militair-Autoritäten aus; es wiederfährt deshalb Niemanden irgend ein Leid, aber bey den Worten muß es denn auch bleiben und vor allen Dingen muß ein Jeder – zahlen, was des ersten Consuls ist." Auch wenn die Klagen so mancher Pfälzer den Bremer Senator nachdenklich gemacht haben mögen: Er glaubt nicht an eine Rückkehr zu den früheren Verhältnissen.

Die Gondelas erlebten während ihres Aufenthalts am 23. September den mit dem republikanischen Kalender eingeführten „neufränkischen Neujahrstag" des Jahres XI und Heinrich Gondela nahm als Besitzer des Weinguts sogar an der Wahl Napoleons zum Konsul auf Lebenszeit teil: „Ich wurde, wie die übrigen Bürger des Orts vom Maire eingeladen, aufs Gemeindehaus zu erscheinen, wo jeder seine Stimme zu geben hatte. Der Act selbst war sehr einfach: der Maire berichtete, daß es in Paris beschloßen: die Consulwürde Napoleon für Lebenszeit zu übertragen, und schloß dann mit den Worten: seyd ihr alle damit einverstanden, so schweigt. – Eine allgemeine Stille bestätigte die Wahl. Man hatte einstimmig gewählt, wie der Bericht sagte."

Heinrich Gondela hegte eine gewisse Sympathie für die Staatsform der Republik, glaubte er doch auch in Bremen in einer Art „Bürgerrepublik" zu leben. Es gab in seiner Heimatstadt aber weder demokratische Mitwirkungsrechte noch eine unabhängige Justiz.

Die unsichere Lage mag ein Grund dafür gewesen sein, das Weingut zu verkaufen. Schweren Herzens nimmt man Abschied vom Paradies und tritt die Rückreise an, die über Mannheim und Heidelberg nach Frankfurt führt. Von dort aus wählen Heinrich und Christine Gondela den direkten Weg nach Hause. Der Besuch in Kassel mit dem Park auf der Wilhelmshöhe ist ein letzter Höhepunkt der Reise.

Nach den Kunstschätzen in Dresden, der Sächsischen Schweiz und den Böhmischen Wäldern, ganz besonders aber nach dem Aufenthalt am Rhein waren die Eindrücke nicht mehr zu steigern. Das ist dem Tagebuch deutlich anzumerken. An der Grenze zum Hannoverschen wird die Landschaft langweiliger, der Zollbeamte grober und als Mahlzeit wird die bekannte „gewöhnliche Weinsuppe" mit „eingeschnittnem Braten" vorgesetzt. Öde Heide, Sandwege, wenige Dörfer. Bald erreicht man Bremen. Die Urlaubsreise ist zu Ende.

Biografisches zu Simon Heinrich (1765–1832) und Rahel Christine Catharine Gondela (1769–1845)

Simon Heinrich Gondela wurde 1765 in Bremen geboren. Sein Vater war der sehr geschätzte Arzt und Physikus Christian Adam Gondela, ein vielseitig gebildeter Mann, der als Leibarzt des Fürstbischofs Friedrich August nach Eutin berufen wurde, wohin die Familie 1774 übersiedelte. Die Jugendjahre in Eutin hinterließen bleibende Eindrücke und begünstigten die künstlerischen Neigungen, die der Vater – er starb bereits 1777 – nach Kräften förderte. Musik und Gesang, aber auch das Zeichnen gehörten zeitlebens zu den Lieblingsbeschäftigungen Heinrich Gondelas. Das Elternhaus stand Gästen stets offen: Zu den Besuchern zählten die bekannten Ärzte Johann Albert Heinrich Reimarus aus Hamburg und Johann Georg Zimmermann aus Hannover. Besonderen Eindruck machte auf den jungen Gondela ein Aufenthalt von Matthias Claudius, der mit seiner Familie, zu Fuß reisend, im Haus übernachtete.[1]

In Eutin erhielt Heinrich Gondela eine Ausbildung durch einen Hauslehrer, den Prediger Johann Adolph Nasser (1753–1828), der, 1789 zum Professor ernannt, in Kiel Vorlesungen über Archäologie, Kunst- und Literaturgeschichte und über die römischen Dichter hielt. Nach dem Tod von Gondelas Mutter 1780 hatte Nasser die alleinige Verantwortung für die Erziehung des nun Fünfzehnjährigen, dessen Ausbildung er auch in den folgenden Jahren begleitete. 1781 gingen beide nach Kiel, wo Heinrich Gondela im Jahr 1783 das Jurastudium aufnahm. Vielfältige geistige Anregung boten dort die Häuser des Grafen Conrad Holck und des Philosophieprofessors Martin Ehlers. Gondela begegnete dem Dichter Jens Baggesen und dem Professor Karl Friedrich Cramer. Stets in Erinnerung blieben ihm die Besuche bei der Familie Holck auf Gut Eckhof. Der an der Ostsee gelegene Hof war von einem großen Park umgeben, dessen landschaftliche Schönheit gerühmt wurde. Auch Klopstock hatte sich hier mehrmals aufgehalten.

In Göttingen setzte Gondela 1785 sein Jurastudium fort, auch hier begleitet von Nasser, der sich dort nicht weiter der Theologie widmete und nun den Doktor der Philosophie anstrebte. Gondela schloss sein Studium 1788 mit der Promotion ab. Gemeinsam mit Nasser, der seinem ehemaligen Zögling ein guter Freund geworden war, reiste er in die Schweiz, das Eldorado für alle Freunde des Idyllischen wie Erhabenen. Das „Wunderland der Natur" bot „dem für Naturschönheiten so Empfänglichen hohen Genuß".

Heinrich Gondela reiste leidenschaftlich gern. Bereits während des Studiums nutzte er jede Möglichkeit: Mit Freunden besuchte er die Kasseler Residenz, war in Thüringen und Sachsen unterwegs. In den Herbstferien 1787 unternahm er eine Reise an den Rhein und nach Mannheim, wo er das Theater besuchte, in dem bekannte Schauspieler jener Zeit auftraten, darunter Iffland und Beck.

Gondela ließ sich 1789 als Advokat in Bremen nieder und heiratete 1790 Rahel Christine Catharine Oelrichs (1769–1845). Einer Familienüberlieferung zufolge waren Heinrich und Christine füreinander bestimmt, hatte doch sein Vater als Arzt im Oelrichs'schen Haus das scheinbar tote Neugeborene erfolgreich wiederbeleben können, wonach er es dem erfreuten Vater mit den Worten: „Da hast du das Mädchen, bewahre es für meinen Sohn!" in die Arme legte. Jedenfalls habe eine Tante dies immer so erzählt. Nicht überliefert ist, wie Christine zu ihrem Namen „Nante" kam, den sie in späteren Jahren auch selbst benutzte.

Christine war eine Tochter des Juristen und Syndikus der Älterleute[2] Gerhard Oelrichs (1727–1789), bis 1768 kaiserlicher Rat und Resident in Frankfurt am Main. Christines Mutter war Gesche Margarethe, geb. Weitsel, die bereits 1773 starb. Rat Oelrichs heiratete dann in dritter Ehe 1775 Almata von Büren. Sie brachte das vor den Toren Bremens in Tenever gelegene Gutshaus mit seinem großen Garten in die Ehe. Dort, bei ihrer Stiefmutter, wuchs Christine auf.

In Tenever wurde auch am 29. Juli 1790 die Hochzeit gefeiert. Heinrich und Christine Gondelas Hochzeitsreise ging zunächst zu Verwandten[3] nach Holstein, dann nach Süden über Göttingen und Frankfurt bis zu dem bei Neustadt an der Weinstraße gelegenen Königsbach. Dort, in dem kleinen Weingut, das Christine geerbt hatte, hielt sich das Paar zwei Wochen lang auf und unternahm Wanderungen in die Umgebung. Auf dem Rückweg nach Bremen machte man dann noch eine Schiffsreise auf dem Rhein von Mainz bis nach Köln. In Nante hatte Heinrich Gondela ganz offensichtlich eine Lebensgefährtin gefunden, die am Reisen, besonders aber auch an Fußwanderungen Gefallen fand. Kinder gingen aus der Ehe nicht hervor, sodass sich die Gondelas ganz unbeschwert diesem gemeinsamen Hobby widmen konnten.

Simon Heinrich Gondela verfolgte seit seiner Niederlassung in Bremen das Ziel, in den Rat bzw. Senat[4] der Stadt gewählt zu werden, es glückte ihm endlich im Juni 1792. Der Aufstieg in den Führungszirkel der Hansestadt war mit zahlreichen Aufgaben verbunden. So war Senator Gondela darüber hinaus Gohgräfe[5] des Werderlandes, wo er unter anderem für die Deichsicherheit zuständig war. Außerdem erhielt er das Amt des Richters in dem nördlich von Bremen gelegenen Flecken Vegesack. Als solcher erwarb er sich durch sein Engagement für die Verbesserung der Straßen und anderer öffentlicher Einrichtungen vielfache Verdienste.[6] Der Einsatz für das Gemeinwohl der Stadt wurde nicht nur als politische, sondern auch als persönliche Verpflichtung verstanden.

Auch in dem neuen Lebensabschnitt hinterließen die künstlerischen Neigungen ihre Spuren. Heinrich Gondela unterstützte die Einrichtung eines stehenden Theaters in Bremen und war ab 1793 Mitglied der Theaterkommission. Das Haus wurde am 16. Oktober 1792 eingeweiht, die Direktion übernahm Gustav Friedrich Wilhelm Großmann (1743–1796). Es war Bremens erstes Theatergebäude, zuvor hatten die auftretenden Gesellschaften mit einer umgebauten Reithalle oder anderen Provisorien vorliebnehmen müssen.

Kurz vor der Wahl in den Rat hatte man Gondela nur mühsam davon abbringen können, als Laiendarsteller aufzutreten. Er wäre zu gern Mitglied im Liebhabertheater des

Freiherrn Knigge geworden, das dieser 1791/92 gemeinsam mit anderen Bremern gegründet hatte, sah aber ein, dass die Schauspielerei seiner politischen Karriere möglicherweise hätte schaden können.

Heinrich Gondela gehörte zu den Gründungsmitgliedern der Bremischen Literarischen Gesellschaft, die 1797 ins Leben gerufen wurde. Vorbild war eine schon länger bestehende Einrichtung in Oldenburg, die Justizrat Gerhard Anton von Halem begründet hatte und der man sich freundschaftlich verbunden wusste. Zu den Vorträgen, die in der Gesellschaft gehalten wurden, trug Gondela ebenfalls bei: Er referierte am Beispiel einiger Kriminalfälle über „Züge zum Charakter der mindern Stände", aber auch über historische Themen, wie zum Beispiel über Katharina II.

Eine besonders enge persönliche Beziehung bestand zwischen Heinrich Gondela und dem acht Jahre jüngeren Johann Smidt (1773–1857)[7], dem späteren Bürgermeister. Bereits als Schüler war Smidt häufig auf dem Landgut in Tenever anzutreffen, wo er mit Gondela Verse schmiedete. Auch ein gemeinsam verfasstes Drama mit dem Titel „Liebe und Freundschaft" fällt in jene Zeit. Gondela finanzierte nicht nur Smidt, sondern auch dessen Freund Hermann Ludwig Coch einen Teil des Studiums und gehörte zu den drei Wahlherren, denen Smidt 1800 die Aufnahme in den Rat der Stadt zu verdanken hatte.

Als Mitglied dieses Gremiums nahm Gondela an wichtigen diplomatischen Missionen teil, insbesondere in der sogenannten Franzosenzeit 1806–1814. Nach der Besetzung durch französische Truppen wurden im Dezember 1810 die Hansestädte wie der übrige Nordwesten Deutschlands dem Herrschaftsbereich Frankreichs angegliedert. Bremen wurde „Bonne ville de l'Empire français" im Departement der Wesermündungen. Zwei Monate später wurde der Senat aufgelöst. Gondela verlor auch sein Amt als Richter in Vegesack, der Ort wurde dem Arondissement Bremerlehe zugeschlagen.

Er zog sich jedoch nicht aus der Politik zurück, sondern stellte sich den neuen Aufgaben. Die französischen Rechts-

und Verwaltungsstrukturen mussten umgesetzt werden. Gondela reiste, zunächst noch begleitet von seinen Kollegen Smidt, Vollmers und Horn, nach Hamburg, dem Sitz der französischen Regierungskommission. Schon bald genoss er das besondere Vertrauen des Juristen Louis-Joseph Faure (1760–1837), der den Auftrag hatte, in den norddeutschen Departements die französische Rechtsordnung einzuführen. Gondela wurde auch gebeten, für die Auswahl der in Bremen zu besetzenden Stellen Vorschläge einzureichen. Es ist anzunehmen, dass er sich bei vielen der dabei Übergangenen unbeliebt machte, von anderen wiederum als „Franzosenfreund" verachtet wurde.

Gondela selbst erhielt das Amt des Vizepräsidenten beim Ziviltribunal, das er in den Jahren 1811–13 ausübte. Es waren schwierige Jahre, die nicht nur durch die zahlreichen eingeführten Neuerungen, sondern auch, bedingt durch die Kontinentalsperre, von materieller Not geprägt waren. Wie Heinrich Rump betont, war Gondela auch in diesen schwierigen Zeiten zu „rastloser Anstrengung für das bedrohete Wohl" des Staates bereit und habe dadurch oft genug seine Privatangelegenheiten vernachlässigt.[8] Es war erneut Gondela, der nach der Niederlage der Franzosen im November 1813 eine Regierungskommission anführte, bevor der Senat wieder in seine Rechte eingesetzt wurde.

Nur schlecht hat ihm seine Heimatstadt diese Verdienste gedankt. Als Gondelas finanzielle Probleme immer drückender wurden, blieb jede Hilfe aus. Er musste sein Haus verkaufen, beschloss Bremen zu verlassen und bat im August 1816 um Entlassung aus dem Amt. Das Konkursverfahren zog sich noch bis 1822 hin, wobei sich viele der Forderungen als Ausgaben herausstellten, die Gondela in seinem Amt getätigt hatte, es waren Auslagen für Deich- und Wegebau oder solche, die im Zusammenhang mit seiner Tätigkeit als Richter in Vegesack standen.[9]

Im Herbst 1816 verließ Gondela Bremen und zog mit seiner Frau nach Heidelberg, jenem im Reisebericht romantisch verklärten Ort am Neckar. Beide lebten zurückgezogen und in einfachen Verhältnissen. Eine kleine Pension für den aus dem Dienst geschiedenen Senator kam erst auf Intervention durch Smidt zustande. In Heidelberg hatten die Gondelas jedoch Freunde, darunter den Heidelberger Professor Christoph Wilhelm Gatterer (1759–1838). Der Berg- und Oberforstrat ist auch als Gartenarchitekt hervorgetreten, unter anderem für den bei Mannheim gelegenen Schwetzinger Park.

Gondela betätigte sich als Schriftsteller. Er verfasste Gelegenheitsgedichte, unter anderem eines zur Begrüßung des Dichters Jean Paul, Theaterstücke, wie zum Beispiel das Schauspiel „Die Mauren in Spanien" – es erschien gedruckt 1821 in Heidelberg –, und Beiträge für verschiedene Zeitschriften, darunter zahlreiche Rezensionen, vor allem für die „Heidelberger Jahrbücher". Gondela stand in Verbindung mit der Schriftstellerin Therese Huber (1764–1829), Redakteurin von Cottas „Morgenblatt für gebildete Stände" und suchte sie für seine schriftstellernde Nichte Charlotte Thiesen – natürlich auch für seine eigenen Werke – zu interessieren.[10] „[Ich] entsagte meinen Verhältnißen als Senator in Bremen [...], und floh aus den unfreundlichen Gegenden Norddeutschlands, dem südlichen herrlichen Heidelberg zu", schreibt Gondela in einem Brief an Therese Huber. In Heidelberg sei dann seine Neigung zur Beschäftigung mit der Literatur erneut erwacht.[11]

In der neuen Heimat an Neckar und Rhein unternahm Gondela gemeinsam mit seiner Frau wieder ausgedehnte Wanderungen entlang der Bergstraße, durch den Odenwald oder in die Vogesen. Trotz mancher Einschränkungen mögen die Jahre in Heidelberg im Vergleich zu den Mühen und Schwierigkeiten in Bremen glückliche Jahre gewesen sein.

Heinrich Gondela starb im Januar 1832 in Heidelberg. Christine „Nante", seine Frau, überlebte ihn um dreizehn Jahre. Sie kehrte wieder nach Bremen zurück, wo sie bis zu ihrem Tod im Jahre 1845 im Haus eines langjährigen Freundes, des Bibliothekars Heinrich Rump, lebte. Nante Gondela pflegte weiter die früheren Freundschaften, insbesondere die zu Johann Smidt. Über ihr Leben wissen wir viel weniger als über das ihres Mannes, dessen Wirken in den Akten zahlreiche Spuren hinterließ. Es ist ihr zu verdanken, dass das Reisetagebuch und manch andere Schrift ihres Mannes erhalten blieb. Über Rump gelangten die Manuskripte aus dem Nachlass in den Besitz der Stadtbibliothek, der heutigen Staats- und Universitätsbibliothek Bremen.

1 Dazu und zum Folgenden: *Gondela, eine biographische Skizze* (Manuskript, verfasst von Heinrich Rump), SUB Bremen. Die Aufzeichnungen enden mit der Aufnahme Gondelas in den Senat 1792.

2 Älterleute (Elterleute) waren die Vorsteher der Kaufmannschaft.

3 In Schwartau lebte die Schwester Heinrich Gondelas, Gebetha, verheiratete Thiesen.

4 Nach 1815 lautete die Bezeichnung dann auch offiziell „Senat".

5 Die vier Gohe des Bremer Umlands waren Verwaltungs- und Gerichtsbezirke, an deren Spitze jeweils ein Ratsherr als „Gohgräfe" stand.

6 Christian Abraham *Heineken, Geschichte der Freien Hansestadt Bremen von der Mitte des 18. Jahrhunderts bis zur Franzosenzeit.* Bremen 1983, S. 410.

7 Nicola Wurthmann, *Senatoren, Freunde und Familie. Herrschaftsstrukturen und Selbstverständnis der Bremer Elite zwischen Tradition und Moderne* (1813–1848). Bremen 2009, S. 196ff.

8 *Gondela, eine biographische Skizze* (wie Anm. 1).

9 Akten dazu befinden sich im Staatsarchiv Bremen.

10 Vgl. dazu Elisabeth Klatte, *Die Bremer Schriftstellerin Charlotte Thiesen*, Bremen 2000.

11 S. H. Gondela an Therese Huber, Heidelberg, 7.1.[1819]. Zit. nach Klatte., S. 62.

Ortsregister

Abbildungsnachweis

S. 7, Stuhlwagen, 18. Jahrhundert. Aus: Herbert Schwarzwälder, Blick auf Bremen. Ansichten-Vogelschauen-Stadtpläne vom 16.–19. Jahrhundert. Bremen 1985, S. 43.

S. 12, Marktplatz und Rathaus in Celle. Gezeichnet von Julius F. Lange, um 1845. Aus: Georg Lange und Karl Wagner, Original-Ansichten der historisch merkwürdigsten Städte in Deutschland. Darmstadt 1837/59.

S. 23, Braunschweiger Straßenszene. Gemälde von Jacques François Carabain, 19. Jahrhundert.

S. 34/35, Moritzburg und Domkirche in Halle. Stahlstich von Johann Poppel, um 1855. Aus: Georg Lange und Karl Wagner, Original-Ansichten der historisch merkwürdigsten Städte in Deutschland. Darmstadt 1837/59.

S. 39, Das Hallische Thor, Leipzig. Aus: Romantische Gemählde von Leipzig. Eine Folge von vier und zwanzig Prospecten, gezeichnet und gestochen von Karl Benjamin Schwarz. Leipzig 1804.

S. 47, Place de Repos. Gezeichnet von Farr, gestochen von Schwarz, 1793. Stadtgeschichtliches Museum Leipzig. Inventar-Nr. Kv/413.

S. 61, Ansicht des Burgbergs von Meißen. Künstler unbekannt. Aus: Gondela, Reisetagebuch, bei S. 48.

S. 64, Das Buschbad bei Meißen. Kupferstich, Künstler unbekannt, um 1800. Aus: Gondela: Reisetagebuch, bei S. 50.

S. 70/71, Wilsdruffer Gasse, Gasthaus zum Goldenen Engel. Dresden. Johann Carl August Richter, Sammlung von Radierungen, Dresden um 1820. Stadtarchiv Dresden, Bibliothek (Signatur: 18-F1.03)

S. 89, Die Festung Königstein. Radierung von Christian Gottlob Hammer, um 1810. © bpk/Staatliche Kunstsammlungen Dresden/Herbert Boswank.

S. 105, Die alte Augustusbrücke in Dresden. Radierung von Friedrich Wilhelm Skerl, um 1790. © bpk/Staatliche Kunstsammlungen Dresden/Herbert Boswank.

S. 108, Die Katholische Hofkirche in Dresden. Johann Carl August Richter, Sammlung von Radierungen, Dresden um 1820. Stadtarchiv Dresden, Bibliothek (Signatur: 18-F1.03)

S. 131, Die Büste Salomon Gessners in den Heiligen Hallen. Im Hintergrund die Ansicht von Tharandt. Radierung von Johann Carl Richter, um 1815. © bpk/Staatliche Kunstsammlungen Dresden/Herbert Boswank.

S. 140, Die Lochmühle im Liebethaler Grund. Kolorierte Radierung von Christian Gottlob Hammer, 1838. © bpk/Staatliche Kunstsammlungen Dresden/Herbert Boswank.

S. 144/145, Claude Lorrain: Pastorale mit Konstantinsbogen, 1648. Kunsthaus Zürich, Inv. Nr. 1996/2, Geschenk des Holenia Trust im Andenken an Joseph H. Hirshhorn, © 2014 Kunsthaus Zürich.

S. 149, Das Felsentor im Uttewalder (Ottowalder) Grund bei Wehlen (Sächsische Schweiz). Kolorierte Radierung von Johann Carl Richter, um 1830. © bpk/Staatliche Kunstsammlungen Dresden/Herbert Boswank.

S. 151, Wehlen an der Elbe. Radierung eines unbekannten Künstlers. Aus: Gondela, Reisetagebuch, nach S. 126.

S. 156, Schloss Pillnitz bei Dresden vom linken Ufer über die Elbe gesehen, im Hintergrund links der Borsberg und rechts die Sächsische Schweiz. Johann Carl August Richter, Sammlung von Radierungen, Dresden um 1820. Stadtarchiv Dresden, Bibliothek (Signatur: 18-F1.03)

S. 169, Ansicht der Drehe, von dem Geiersberge. Kolorierte Radierung eines unbekannten Künstlers, um 1830. © bpk/Staatliche Kunstsammlungen Dresden/Herbert Boswank.

S. 182, Ansicht von Teplitz (Teplice). Aquarell, unbekannter Künstler, um 1820. [Fing. T.] Inventarnummer KAR0501365. Österreichische Nationalbibliothek.

S. 185, Die Burg Schreckenstein an der Elbe in Böhmen. Kolorierte Radierung eines unbekannten Künstlers, um 1830. © bpk/Staatliche Kunstsammlungen Dresden/Herbert Boswank.

S. 226, Karlsbad. Aussicht von Lord Findlater's Tempel. Kolorierte Aquatinta von Eduard Gurk, um 1825. Inventarnummer KAR0501195. Österreichische Nationalbibliothek.

S. 239, Bayreuth. Stahlstich nach einer Zeichnung von Fritz Bamberger, 1847. Aus : Ludwig Braunfels, Die Mainufer und ihre nähere Umgebung. Würzburg 1847.

S. 249, Bamberger Dom und Alte Hofhaltung. Kolorierte Radierung von Friedrich Karl Rupprecht, 1819.

S. 278/279, Würzburg. Mainbrücke und Marienberg. Kolorierte Radierung von Samuel Prout, um 1835. Aus: Facsimiles of scetches made in Flanders and Germany and drawn on Stone by Samuel Prout. London, ca. 1835.

S. 301, Blick auf das Heidelberger Schloss und die Rheinebene. Gemälde von Carl Rottmann, 1815. © Kurpfälzisches Museum der Stadt Heidelberg.

S. 304, Mannheim, Marktplatz mit Rathaus und Sebastianskirche, um 1840. Kolorierter Stich von Joseph Maximilian Kolb. Nach einer Zeichnung von Giacomo Pozzi. Aus: Georg Lange und Karl Wagner, Original-Ansichten der historisch merkwürdigsten Städte in Deutschland. Darmstadt 1837/59.

S. 332/333, Karte des „Département du Mont Tonnerre“.

S. 340, Neustadt an der Haardt. Ansicht von Norden mit der Maxburg (Hambacher Schloss) im Hintergrund. Um 1850. Stahlstich. Bibliographisches Institut Hildburghausen. Aus: Meyer's Universum oder Abbildung und Beschreibung des Sehenswerthesten und Merkwürdigsten der Natur und Kunst auf der ganzen Erde. Bibliographisches Institut Hildburghausen, 1835–1860.

S. 368, Mannheim. Blick von der Aussichtsplattform der Sternwarte. Stich von Jakob Rieger, 1790. Universitätsbibliothek Heidelberg.

S. 380, Frankfurt am Main. Lithographie von Robert Bowyer, um 1810. Aus: An illustrated record of important events in the annals of Europe, during the years 1812, 1813, 1814 & 1815. R. Bowyer, London 1815.

S. 383, Nordseite der westlichen Zeil vom Roten Haus bis zum Weidenhof. Kolorierter Stich von Johann Ludwig Ernst Morgenstern, 1793.

S. 385, Marburg von der Morgenseite. Stahlstich von W. Lang nach einer Zeichnung von Ludwig Rohbock, 1850. Aus: Aloys Henninger, Das Kurfürstentum Hessen in malerischen Original Ansichten, in Stahl gestochen von verschiedenen Künstlern, von einem historisch-topographischen Text begleitet. Darmstadt 1850, S. 472.

S. 390/391, Kurfürstlich hessische Residenzstadt Cassel von der Nordostseite. Stahlstich von C. Frommel nach einer Zeichnung von Georg Stietz, um 1830.

Auf der Reise ins Paradies ist im Februar 2014 als dreihundertzweiundsechzigster Band der ANDEREN BIBLIOTHEK erschienen.

Die Herausgabe lag in den Händen von Christian Döring, die Redaktion bei Linda Vogt.

Die Textvorlage ist das handschriftliche Manuskript „Simon Heinrich und Rahel Christine Catharine Gondela / Gesammelte Schriften. / III. Reisetagebuch durch Sachsen, Böhmen, / Franken etc. im Jahre / 1802", welches sich in der Handschriftenabteilung der Staats- und Universitätsbibliothek Bremen befindet (Brem.b.660.c.). Bei dieser bedanken wir uns für die Bereitstellung.

Informationen zu den Abbildungen finden sich im Abbildungsnachweis.

Michael Rüppel hat diesen Band ediert, kommentiert und mit einem Register, einem Nachwort sowie einer Biographie angereichert.

Michael Rüppel, geboren 1949, ist Literaturwissenschaftler. Neben zahlreichen Publikationen zur Bremer Lokalgeschichte und zum Bremer Theater ist er Mitglied im Arbeitskreis zur Erforschung von Leben und Werk des Adolph Freiherrn Knigge und Mitherausgeber von dessen Werken und Briefen.

Dieses Buch wurde von Roland Stieger, St. Gallen, aus der Novel Pro gesetzt und gestaltet.

Die Herstellung betreute Renate Stefan, Berlin.

Das Memminger MedienCentrum druckte auf 100 g/m² holz- und säurefreies, ungestrichenes Munken Pure. Dieses wurde von Arctic Paper ressourcenschonend hergestellt. Den Einband besorgte die Conzella Verlagsbuchbinderei in Aschheim-Dornach.

Die Originalausgaben der ANDEREN BIBLIOTHEK sind limitiert und nummeriert.

1. – 4.444 Exemplare
2015

Dieses Buch trägt die Nummer:

2723 *

ISBN 978-3-8477-0362-4

AB – Die Andere Bibliothek GmbH & Co.KG
Berlin 2015

Die Andere
Bibliothek